Ψ

学界

教育

社会

用「心」育人——中小学教师心理健康教育指导手册

彭玮婧　胡宓　编著

中国教育出版传媒集团

高等教育出版社·北京

内容提要

　　这是一本写给全体中小学教师的心理健康教育指导用书。本书厘清了班主任、科任教师等在心理健康教育中的定位与作用，明确了教师育人工作职责与要求；运用心理学、教育学相关理论分析学生常见心理现象与行为，为教师实施心理健康教育提供指引；按照"心理健康促进—心理问题预防—心理问题干预"的逻辑，指导教师科学、有效地开展心理健康教育；精准分析一线案例，提供应对策略，设计参与式活动，为教师组织心理健康教育活动提供"脚手架"。全书共6章，第一章至第五章从"心理健康促进"层面分别论述了用"心"育人的基本内涵、教师的心理健康维护，以及如何依托师生互动、学科教学、学生发展、校内外环境建设等场景实现用"心"育人。第六章从"心理问题预防"和"心理问题干预"两个层面分别论述了教师如何发现具有潜在心理风险的学生并提供支持与帮助，以及当学生出现心理问题后如何应对。

　　本书可作为中小学教师心理健康教育培训指导用书，也可作为相关研究者和高校相关专业学生的参考资料。

图书在版编目（CIP）数据

　　用"心"育人 ：中小学教师心理健康教育指导手册 /彭玮婧，胡宓编著 . -- 北京 ：高等教育出版社，2023.10
　　ISBN 978-7-04-061136-6

　　Ⅰ．①用… Ⅱ．①彭… ②胡… Ⅲ．①心理健康-健康教育-中小学-教学参考资料 Ⅳ．①G444

　　中国国家版本馆 CIP 数据核字（2023）第 173000 号

Yong "xin" Yuren: Zhongxiaoxue Jiaoshi Xinli Jiankang Jiaoyu Zhidao Shouce

策划编辑	傅雪林	责任编辑　傅雪林	特约编辑　倪伊瑶	封面设计　姜　磊
版式设计	杜微言	责任绘图　马天驰	责任校对　刘娟娟	责任印制　赵　振

出版发行	高等教育出版社	网　　址	http://www.hep.edu.cn
社　　址	北京市西城区德外大街 4 号		http://www.hep.com.cn
邮政编码	100120	网上订购	http://www.hepmall.com.cn
印　　刷	河北鹏盛贤印刷有限公司		http://www.hepmall.com
开　　本	787mm×1092mm　1/16		http://www.hepmall.cn
印　　张	19.25		
字　　数	430 千字	版　　次	2023 年 10 月第 1 版
购书热线	010-58581118	印　　次	2023 年 11 月第 2 次印刷
咨询电话	400-810-0598	定　　价	49.80 元

编委会

当前中小学心理健康教育已经受到党和政府的高度重视，并得到社会各界的普遍关注。多年来，作为心理健康教育的研究者，我一直呼吁学生的心理素质应和道德素质、身体素质一样，在教育过程中同步获得培养和强化，教育要促进学生的心理成长。应该说，经过全社会的共同努力，目前许多学校已经意识到了心理健康教育的重要性，然而令人遗憾的是，许多学校将注意力放在心理危机预防和干预上，更多扮演着"救火员"的角色，忽视了心理健康教育的目的是提升全体学生的心理健康素养，从源头预防和减少心理问题。

在接到《用"心"育人——中小学教师心理健康教育指导手册》的书稿后，我眼前一亮。该书倡导的心理健康促进理念，恰好是对当前许多学校心理健康教育方向的校准和纠偏。以心理健康促进为导向的心理健康教育，能确保大家所开展的工作都朝着使全体学生受益的方向发展，朝着全员参与的方向发展。学校不能只满足于培养没有心理问题的学生，而是要不断促进全体学生的心理健康素养，优化他们的成长环境，改善他们与周围人的关系，只有这样才能帮助他们更好地应对成长中的各种风险和挑战，并且不断超越自我、激发潜能。我也十分欣喜地看到这一理念和模式在两位作者这么多年来坚持不懈的探索和推动下，已在湖南这片敢为人先的热土上"生根开花"。

在继续深入阅读书稿后，我还惊喜地发现，作为一本写给全体中小学教师的心理健康教育用书，作者并没有在一开始就对读者提出这样或那样的要求，而是在言简意赅地阐述原理后，让教师们首先维护好自己的心理健康，这恰恰反映出作者对人本理念的践行和对生命价值的尊重。第二章如何用"心"与学生互动部分也与我这几年积极推进的"共情陪伴"项目的理念十分契合。"共情陪伴"的四层次"换位思考、感同身受、积极回应、正向引导"和五步骤"停、看、听、说、做"在这一章都有了具体的呼应和呈现。而且作者还从一线收集了大量案例，并基于对案例的挖掘和分析，生成了各种心理健康教育的实践策略，让人读来不牵强，能自然而然地内化和接受。此外，作者在第五章提出建设友好校园要以"优化"替代"重建"，也令人耳目一新。其实整本书都蕴含了此种观点，即班主任和学科教师开展心理健康教育并不是要脱离现实条件，重新开启一项新的工程，而是要在进行手头的工作时，增添一种心理学的视角，用"心"投入教育工作，那么"全员心育"也就自然落到了实处。

总之，在通读全书后，我能感受到整本书从策划到写作是颇费了一番苦心的，也实现了心理学理论知识与学校教育实践的有效结合，让心理健康教育成为广大教师学得会、用得上的理念和方法。大家看完此书后，就会知道原来心理健康教育可以这样融入学校的方方面面，且知道"为什么可以这样做"以及"为何这样做能够顺应学生需求"，从而更好地拓展、迁移至其他情境，并最终成为每位教师专业意识与能力不可缺的一部分。

我相信，这本书一定能对学校有所帮助，成为老师们的良师益友。我作为该书主要作者彭玮婧博士在北京师范大学进修学习期间的导师，也期待与她的进一步合作，并希望她能沿着中小学生心理健康促进这一方向有更深入的探索。

衷心希望心理健康促进这一理念在更多的中小学校获得推广，并落地生根、开花结果！

（伍新春）

北京师范大学心理学部 教授

中国心理学会临床与咨询心理学专业委员会 主任委员

前　言

　　这是一本写给全体中小学教师的心理健康教育指导手册。许多教师可能会疑惑：为什么我们要了解心理健康教育，心理健康教育难道不是心理教师的工作吗？事实上，只要有教育存在的地方，就会有心理健康教育。换句话说，我们作为教育工作者，自然也是心理健康教育工作者。

　　教育不仅仅是各类知识传授的过程，也是学生知情意行发展的过程。教育本身就具有且应当达成一定的心理健康教育目的，所以一切教育的设施、计划、组织活动都应遵循学生身心发展规律，建立在学生心理活动的基础上。此外，作为与学生互动频繁的教师，我们的一言一行都对学生有着潜移默化的影响，不仅影响着他们的文化学习，更影响着他们的身心健康，所以我们需要对学生的心理活动进行感知、认识、把握与判断，并据此展开教育行为。由此可见，心理健康教育寓于学生全部的学习和生活过程，是每一位教育工作者的基本责任。

　　我们不是心理健康教育的旁观者，而是心理健康教育的重要参与者。这是本书要向每一位教师传递的核心价值——用"心"育人。用"心"育人不仅意味着对待学生要用心，更强调要以促进学生心理发展的视角看待既定的教育教学活动，并自觉把培养学生积极心理品质、促进学生身心健康发展纳入教育教学活动的基本目标。所以本书面向的读者群体是全体中小学教师，包括班主任、科任教师以及行政岗位教师。心理教师阅读本书可以更深刻地理解"全员心育"的内涵，并进一步明确自己在心理健康教育中的定位：不仅是专业实践者，还是带动其他教师参与心理健康教育的组织者和协调者。

　　本书基于学校心理健康教育三级工作体系，按照"心理健康促进—心理问题预防—心理问题干预"的逻辑推进。这是我们团队经过多年研究探索构建的工作模式，已在湖南省大部分地区得到推广应用和实践验证，并获得广泛认可。该工作模式荣获全国教育科研优秀成果三等奖、湖南省基础教育教学成果特等奖。

　　本书第一章至第五章从"心理健康促进"层面分别论述了用"心"育人的基本内涵、教师的心理健康维护，以及如何依托师生互动、学科教学、学生发展、校内外环境建设等场景实现用"心"育人。第六章从"心理问题预防"和"心理问题干预"两个层面分别论述了教师如何发现具有潜在心理风险的学生并提供支持与帮助，以及当学生出现心理问题后如何应对。

　　本书每一节的内容都由"心"现象、"心"视角、"心"方法和"心"链接构成。"心"现象列出了与主题相关的学生常见心理现象；"心"视角运用心理学、教育学相关理论对学生常见心理现象进行诠释，让教师不仅知其然，还能知其所以然；"心"方法通过选用或构建一些实用的策略工具，为教师提供"脚手架"，帮助其实现从知到行的转变；"心"链接提供了一些与主题相关的拓展资料，以便感兴趣的教师进一步了解、学习和研究。书中还设置了"案例探讨""案例分享""思考""练习""小贴士"等板块，我们期望用此种互动方式增加本书的可读性，调动大家的阅读兴趣，并试图让大家在理解上达成共识：心理健康教育并非遥不可及，身边许多老师实际上每天都在用"心"育人，我们日常开展的许多工作也都是在用"心"育人。为打破传统图书版面的局限，我们还在正文相应位置嵌入了一些数字化资源，有的是团队精心制作的微视频，有的是供延伸阅读的文本资源，大家在阅读时不妨拿起手机"扫一扫"书中的二维码，获得更丰富的阅读体验。

在写作过程中，我们充分认识到，让每一位教师自觉践行心理健康教育绝非易事。隔行如隔山，学科的壁垒和工作的边界都需要我们去融通、去突破。教学须以学科为载体，而育人不应被学科所割裂。为此，我们听取了李媛、龚欢、刘家琦、石依婧、莫盛雄、赵靖、谭旦、虞相如、刘亚雄等一线教师和教研员的意见。他们不仅为本书提供了大量鲜活的案例，还让我们提出的实践策略更具针对性和可操作性，同时行文上更加平实易懂、接地气。当然，是否能达成这一目标，尚有待读者的检验。

我们还要特别感谢中南大学湘雅二医院肖水源教授对本书的理论和方向引领，湖南师范大学刘旭教授、广州医科大学附属脑科医院周亮教授对本书部分章节内容的指导。感谢高等教育出版社编辑的信任，他们为本书的篇章布局和文字表达提出了许多细致严谨的意见。作为湖南省新时代基础教育名师名校长培养计划项目成果，本书的出版还得到了湖南省教育厅、湖南省教育科学研究院的大力支持。

本书由彭玮婧、胡宓负责内容统筹和全书统稿，由湖南省部分中小学一线教师和心理教研员参与写作，具体分工如下：第一章，周小滋（第一节），廖智慧（第二节）；第二章，蒯佳蓉；第三章，张沛琳（第一节）、何园竹（第二节）、袁春龙（第三节）；第四章，吴燚；第五章，王警可（第一、二、三节）、周斌（第四节）；第六章，尹嘉杰。鉴于团队成员的知识水平和教育经验有限，本书还可能存在疏漏之处，恳请各位读者提出建议和意见，以便我们及时改进。

彭玮婧　胡　宓

2023 年 7 月

目 录

第一章 用"心"育人，从"我"做起

　　心理健康教育对老师们来说总有种"这么近那么远"的感觉。说"近"，是因为这几年从各级出台的政策文件到老师们参加培训的主题，乃至日常所听到的新闻报道都有大量与心理健康教育密切相关的内容，许多老师都主动或被动地与之"近"距离接触过。说"远"，是因为不少老师对心理健康教育仍不太了解，心理问题与精神障碍究竟有没有区别？心理问题是如何产生的？作为普通老师又能做些什么？这些看上去专业复杂的概念和问题，成为阻碍老师们参与心理健康教育的主要原因。本章将介绍与心理健康教育相关的重要概念，厘清心理健康教育各参与方的关系，帮助老师们开启用"心"育人的第一步。

第一节 用"心"育人概述

越来越多的老师感到：精心设计一节课，课堂上激情满满、活力四射，但主动回答问题、配合老师的学生寥寥无几；与学生交流时苦口婆心，恨不得将自己认为有用的知识和道理倾囊相授，但最后好像只感动了自己。这些现象说明，如果依然用过去的思维方式教今天的学生，忽视他们的心理发展，就会出现"水土不服"的现象，影响教书育人的效果。现在的学生心理发展特点有哪些变化？为什么会有这些变化？如何基于学生的心理发展特点开展工作，从而使教育教学更为有效？这些都是本节需要探讨的问题。

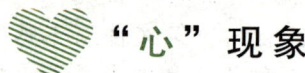 **"心"现象**

你的学生存在以下现象吗？请将你遇到过的现象勾选出来。

☐ 在学校容易和同学产生冲突，动不动就"爆炸"。

☐ 不愿意社交，更喜欢宅在家里玩手机。

☐ 被父母说两句就扬言要离家出走。

☐ 考试分数虽然很高，但不明白学习的意义。

☐ 好像什么都不缺，却总是闷闷不乐，甚至出现自伤行为。

☐ 三天两头不想上学，厌学情绪严重。

☐ 常常抱怨生活"无趣""没劲"。

☐ 遇到困难时很容易打退堂鼓。

其他（请补充）：_____

_____

你有过以下感受吗？请将你经历过的情况勾选出来。

☐ 每次和学生沟通都要小心翼翼，生怕哪句话说错了，触发他们敏感的神经。

☐ 以前主要花心思教育那些调皮的学生，现在发现成绩好的学生、平时安安静静的学生同样需要关注、重视、费心教育。

☐ 有时用于处理学生心理问题的时间和精力比用于教学的还多。

☐ 现在因家庭教育方法不当而导致学生出现问题的情况越来越多，而且有的父母还不配合对孩子进行教育。

☐ 没听说过学生喜欢玩的那些游戏，有时也听不懂学生说的流行语。

☐ 现在的学生很有主见，越来越不服从管教。

其他（请补充）：_____

_____

你认为现在的学生有哪些心理特点？

作为教师，我们应该如何走进学生心里，帮助他们健康成长？

 **"心"视角**

一、关于心理健康，我们需要知道什么

（一）心理健康的标准

世界卫生组织将"健康"定义为："健康的个体和群体能满足其生存的期望，能适应各种环境的改变。健康是生活的来源，而不是生活的目的。健康是从解剖、生理和心理相结合的状态出发来考虑的，能发挥自己在家庭、单位和社会中的价值；能处理来自生理、生物、心理和社会各方面的应激；能避免各种疾病的危险和过早死亡。健康是人类与物理、生物和社会环境的平衡；是各种功能活动的和谐。"所以"健康"包括"身体健康"和"心理健康"。而心理健康不仅仅是没有精神疾病，它是个体在成长和发展过程中，认知合理、情绪稳定、行为适当、人际和谐、适应变化的一种完好状态。具体来说，指个体的记忆、思维、感知觉良好，能合理调节情绪且积极情绪较多，行为符合社会规范，能建立和维持和谐的人际关系，并且有应对变化的能力。所以心理健康是一种幸福状态。在这种状态下，个体能发挥其身心潜能，有能力应对正常的生活压力，能够有效地学习、工作，并为社会做出一定的贡献。[①]

（二）心理健康的基本特征

有些人认为，大多数中小学生的心理是健康的，因此不需要过于强调心理健康教育，太重视心理健康教育反而会加重学生的心理负担，其实这是对心理健康的基本特征不够了解而产生的认识误区。心理健康的基本特征如下：

1. 心理健康是可以促进的

个体心理是从"完全健康"到"完全疾病"的连续体，大多数人处在中间位置，所以无论心理健康处在何种水平、如何动态变化，都有着不断促进和提升的可能。中小学生的人格尚未发展至稳定状态，某些心理问题可能是发展中的困惑和成长中的烦恼，只要及时接受科学的心理健康教育，加之个体生理的成熟、经验的积累和外部环境的改变，他们的心理发展就会逐渐协调并趋于健康。况且心理健康教育也不只是为了培养没有心理疾病的学生，而是将心理健康视为学生发展的基础与动力，通过心理健康教育激发学生的潜能，

[①] 祁双翼，西英俊，马辛. 中国人心理健康研究综述［J］. 中国健康心理学杂志，2019（6）：947-953.

帮助学生更好地应对学习、生活中的各种风险挑战,进而不断超越自我,最终度过幸福且有意义的人生。

2. 不同环境对心理健康水平的要求不同

我们在教育工作中常会发现有些学生在所谓的"名校"很难适应,但换一个宽松的学校就生龙活虎起来;有的学生在小学可能发展得很好,但进入中学后就适应不良。是学生前后的心理健康水平不一样吗?当然不是,其实是不同环境对学生心理健康素养的要求存在差异。"名校"汇聚了更多成绩好的学生,学业竞争压力很大;从小学进入中学,需要学习的科目增多,学习内容的难度提高,这些都给学生带来更大的压力和挑战,需要他们有更高的心理健康素养。而心理健康素养的培养非一朝一夕之功,等到了竞争激烈的环境再去提升,恐怕为时已晚。所以,心理健康素养的培养应与学生的成长和发展同步进行,甚至可以适当超前。学生的心理健康素养培养得越好,他们应对不同环境挑战、适应不同环境要求的能力就越强。

(三)心理问题及其分类

关于心理问题,人们常会存在一知半解或误解的情况,由此造成心理问题的污名化。例如,认为"有病才要心理咨询",给有心理问题的人贴上"变态""不正常"等标签,并对他们避而远之。实际上,这些社会误解是对"心理问题究竟是什么"这一问题认识不够导致的。

心理问题是指个体由于生理、心理或社会原因在认知、情绪、行为等方面出现了某种程度的异常或功能失调。心理问题的具体表现为:个体不能有效地进行感知、想象和思维等活动,如注意力难以集中、记忆力减退、反应速度下降、思维不受控制等;个体的情绪体验能力失常,不能有效调节自身的情绪,如在轻松愉悦的气氛中怎么也开心不起来,情绪不稳定、过度低落或过度高涨等;不能做出与环境相适应的行为反应,如行动缓慢、退缩,或行为过于冲动、有攻击性等。心理问题还会对个体的社会功能造成影响,即影响个体的正常的学习、工作和生活,如学习成绩下降、产生人际冲突或矛盾等。

根据症状表现、严重程度、持续时间、社会功能受损情况和主要处理方式,心理问题可以划分为一般心理问题、严重心理问题和精神障碍等类型(表1-1-1)。

表1-1-1 心理问题的分类

类别	一般心理问题	严重心理问题	精神障碍	
			非精神病性精神障碍	精神病性精神障碍
症状表现	有	有	有	精神病性
严重程度	轻	明显	达到诊断标准	达到诊断标准
持续时间	2周以内	超过2周	超过2周	不要求持续时间
社会功能受损情况	几乎无影响	有影响	有影响	明显受损
主要处理方式	观察	心理咨询	精神科治疗	精神科治疗

案例分享

这个学期以来小涵学习十分努力，很想在考试中取得好成绩以证明自己。下周就要考试了，小涵开始担忧：考的内容如果很难怎么办（认知）？同学们这学期好像都很努力，我考不过他们怎么办（认知）？在家时父母稍微多说几句，她就觉得很烦躁，不想搭理他们（情绪）。她在睡前总止不住地胡思乱想，越想越睡不着，越睡不着越着急（行为）。小涵此时在认知、情绪、行为等方面已经出现了一些反应，但如果随着考试结束，她的这些反应也随之消退，没有继续影响正常的学习和生活，那么小涵产生的就是一般心理问题。

可是小涵没有考好，她觉得很受打击：这么努力都没考好，我就不是学习的料（认知）；之前同学叫我去玩，我为了复习都没去，现在他们肯定在背后嘲笑我（认知）；最擅长的英语这次也考砸了，老师一定对我很失望（认知）。小涵不想去学校了，她害怕面对同学的嘲笑，害怕见到老师失望的样子（情绪）。她坐在书桌前学习，却一个字也看不进去，脑子里空空的（行为）。父母见到她这个样子，也不知道该怎么办，想说些什么又怕说错话，惹得小涵更加不开心。此时小涵在认知、情绪、行为等方面的症状已经超过2周，且带给她的困扰较为严重，小涵变得不想去上学，拒绝人际交往（对社会功能产生了影响），小涵的心理问题已经变得较为严重。

如果此时小涵觉察到自己的异常，求助于心理老师，或是在父母、班主任的引导下求助专业心理医生，那么小涵的心理问题就可以得到及时处理，对其影响尚不算大。如果小涵或她的同学、家人、老师都没有意识到小涵的异常是心理问题引起的，没有带她及时进行咨询或检查，甚至还因此批评、责怪或排斥她，她的情况就会愈发严重，甚至可能演变成精神障碍。

从案例中我们看到，一般心理问题通常由特定的情境所诱发，持续时间较短（一般在2周以内），并且能通过自我调适和外界引导得到明显好转。严重心理问题一般是由强烈的现实刺激引发的，持续时间更长，对生活、学习的影响程度更大，通常还会出现泛化，即个体会对与最初刺激事件相类似的事件产生相似的反应。相比一般心理问题和严重心理问题，精神障碍有其诊断标准，不同精神障碍的诊断标准不同，需要由专业心理医生或精神科医生依据临床诊断标准给出诊断结果。精神障碍又包括非精神病性精神障碍和精神病性精神障碍。两者的区别在于，精神病性精神障碍患者通常缺乏对症状的自知力，即不承认自己有病，不愿意寻求医生的帮助，会有严重脱离现实的精神病性症状，如幻觉、妄想等，精神分裂症就是典型的精神病性精神障碍。而非精神病性精神障碍一般不会出现明显的精神病性症状，自知力也比较完整，如抑郁症、焦虑症、强迫症、注意缺陷以及多动障碍、品行障碍等。儿童青少年群体中出现的精神障碍多是非精神病性精神障碍。

值得一提的是，许多教师认为有以下行为表现的学生就是有心理问题：

- 性格内向，不爱与人打交道。
- 情绪不受控制，受到一点刺激就暴跳如雷。
- 明明各方面都表现不错，但自我评价偏低，容易自卑。
- 内心空虚，无所事事，找不到奋斗目标。
- 喜欢用诟骂、挑衅、斗殴的方式攻击他人。
- 对网络游戏、偶像明星等充满狂热。

实际上，学生是否有心理问题，需要从认知、情感、行为等维度，结合症状表现、严重程度、持续时间、社会功能受损情况等综合判断。如果症状表现不严重、持续时间不长、对社会功能影响不大，就不算严重的心理问题。相反，有些学生没有上述行为表现，没有明显的外部线索指向心理问题，看上去和一般学生也没什么两样，但可能心理问题已较为严重，如"微笑抑郁症"和一些较难被发现的自伤行为。而且当这些学生的问题暴露出来后，周围的人会十分惊讶。曾经有一位班主任在得知学生自杀后十分伤痛、不解："我无论如何都没想过他会自杀，他成绩那么好，看起来又很阳光，我以为他绝对不会出问题！"所以有些心理问题具有隐蔽性，学生本人、家长、老师、同学只有具备良好的心理健康素养，才能及时发现并恰当处理。

二、学生心理健康问题真有那么糟糕吗

（一）学生心理健康问题现状

当前，我国常见精神障碍和心理行为问题人数逐年增多，个人极端情绪引发的危机事件时有发生。根据2019年公布的《健康中国行动（2019—2030年）》，我国抑郁症患病率达到2.1%，焦虑障碍患病率达4.98%。截至2017年底，全国已登记在册的严重精神障碍患者581万人。《中国国民心理健康发展报告（2021~2022）》指出，中国青少年抑郁症状的检出率是24.1%。世界卫生组织调查表明，全球有约14%的10—19岁儿童青少年患有精神障碍疾病。一项流调报告显示，我国6—16岁在校学生精神障碍总患病率为17.5%，超过17%的中学生曾有过自杀意念，2.9%的中学生曾自杀未遂。[①]

另外，近年来一些专业的研究机构和学者也对中小学生的心理健康状况进行了分析。2021年，一项由清华大学社会科学学院、中国科学院心理研究所、北京师范大学心理健康与教育研究所等机构共同进行的全国调研发现，目前我国青少年正遭遇以"学习无动力、真实世界无兴趣、社交无能力、生命无价值感"为典型特征的心理危机。[②]俞国良等人对我国大中小学生心理健康问题检出率进行系统研究后指出，中小学生抑郁、焦虑、睡眠问题和自我伤害检出率偏高，整体心理健康状况堪忧，需要引起全社会的高度警觉。[③]卿素兰认为新时代青少年心理健康状况有三个主要特征，一是青少年心理健康水平并未随经济

---

① 俞国良.中国学生心理健康问题的检出率及其教育启示［J］.清华大学教育研究，2022（4）：20-32.
② 蒋芳，郑天虹，刘璐璐.青少年正遭遇的"四无"心理风暴值得警惕［J］.云南教育（视界综合版），2021（5）：38-39.
③ 俞国良.中国学生心理健康问题的检出率及其教育启示［J］.清华大学教育研究，2022（4）：20-32.

增长而提高，二是青少年心理问题导致的行为破坏力日益增强，三是网络成瘾与"空心病"成为新时代青少年心理健康杀手。[1]

由此可见，"学生心理问题越来越严重"或许不仅仅是老师们的主观感受，而是当前学生心理健康状况的真实写照。

（二）为何学生心理问题如此突出

对于学生心理问题的产生，大众很容易出现这些反应——"学生越来越脆弱了""家庭教育失职""学校的心理健康教育不到位""整个社会病了"。人们似乎倾向于简单归因，然而，学生的心理发展是复杂多变的，如果仅从某一两个方面去分析判断，并不能看清全貌。当前，越来越多的人认识到学生心理健康不仅受个体因素影响，也受到外部复杂环境的影响，学生的心理问题不是单一因素造成的，而是多维度多因素交互作用的结果。布朗芬布伦纳的生态系统理论模型为这种认识提供了很好的理论支撑（图1-1-1），即个体身处不断变化的环境之中，家庭、学校、社会等不同系统之间以及系统与个体之间发生着持续的交互作用，综合影响着个体发展。

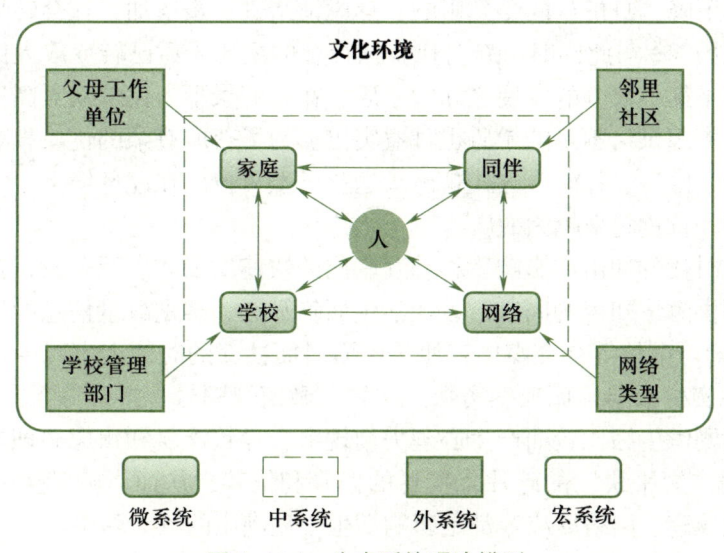

图1-1-1 生态系统理论模型

案例分享

李老师发现班上的小旭经常逃课出去打游戏，甚至通宵达旦，沉迷于游戏世界无法自拔。她很担心，希望通过观察、与小旭本人谈话、家访等方式收集信息，找出小旭沉迷游戏的原因。

和同龄人相比，小旭自控能力较差（个体）。在一帮哥们的鼓动下，他发觉逃课去附近的网吧（社会）打游戏是一件很刺激、很酷的事，既收获了"友谊"，又

---

[1] 卿素兰. 新时代青少年心理健康状况审视与生态促进 [J]. 人民教育，2020（20）：38-41.

> 能在游戏中找到久违的快感，还能躲避学习和考试（学校）。通过家访，李老师得知小旭的父母在外地工作，他从小就跟着爷爷奶奶一起生活，老人也拿他没办法，说得最多的就是："他父母工作忙，一年到头在家也待不了几天，我们年纪也大了，实在管不住他了（家庭）。"

从案例中可以看到，学生的心理发展并非单一因素可以决定的，而是个体、家庭、学校、社会综合影响所致。因此，学生在从幼稚走向成熟、从儿童走向成人的过程中，不仅要面临个体身心发展带来的考验，还要面对新时代背景下家庭、学校、社会等多层面的变化带来的压力和挑战。

1. 社会层面

（1）社会转型下的社会心态变化。随着经济快速发展，生活节奏不断加快，生存压力和竞争压力随之加剧，使得"内卷"现象日益突出，焦虑成为一种普遍社会心态。对此，俞国良等学者认为社会转型所带来的经济发展、社会多元化和环境不确定性，导致学生的主观幸福感有所下降、身份认同受到影响、焦虑情绪进一步增加，社会转型是影响学生心理健康的深层原因。[①]与此同时，新时代我国社会的主要矛盾已转变成人民日益增长的美好生活需要和不平衡不充分的发展之间的矛盾，在此背景下人民群众对高质量教育的需求与基础教育优质资源供给不足的矛盾也日益突出。为了获取有限的优质教育资源，很多家长通过购买高价学区房、补课等方式挤破头送孩子上名校。在此环境下，学生很容易被社会焦虑心态裹挟，背负越来越大的压力。

（2）新媒体时代的冲击与影响。移动互联网的快速发展和广泛普及，在帮助学生拓宽视野、为学生提供海量知识的同时，也让学生面临筛选、辨别海量信息的挑战。例如，大量、长期使用QQ、微信等社交媒体，使学生面对面社交的时间大大减少，这种社交隔离可能导致他们现实感减弱，孤独感增强。又如，微信视频号、抖音等平台上的海量信息，容易在无形中加剧学生因比较而产生心理失衡现象，导致浮躁和焦虑心理的产生，同时容易使学生产生对"短平快"的碎片化信息的偏好和依赖，从而影响学生的注意力和思考力。网络与手机成瘾、网络欺凌等都是影响学生心理健康的巨大隐患。

（3）重大突发公共卫生事件的影响。2020年初爆发的新型冠状病毒感染给学生带来了新的挑战。长期居家隔离的学生不仅要适应线上学习方式，还要应对生活环境、社交活动的变化带来的心理影响，封闭和不确定性使他们更容易产生焦虑、恐惧和抑郁情绪。而且由此带来的家庭收入减少、运动减少、网络沉迷等问题，对学生造成的影响将是长期且深远的。在接下来的很长一段时间里，人们都可能面临应激后的焦虑、抑郁和社会交往等问题，尤其是青少年有可能在成年后面临某些不协调或缺陷。因此，如何寻找确定感、保持良好心态是当前全社会需面对的共同课题。

---

① 俞国良，王浩. 文化潮流与社会转型：影响我国青少年心理健康状况的重要因素及现实策略［J］. 西南民族大学学报（人文社科版），2020（9）：213-219.

思考

你认为还有哪些社会层面的变化会对学生的心理产生影响？

2. 学校层面

（1）"双减"政策下的学校变革。"双减"政策的出台旨在有效减轻学生过重的作业和校外培训负担，回归教育育人的本质，促进学生身心健康和全面发展。然而，就"双减"政策目前的实施成效来看，校外培训市场虽已被极大压缩，但由于"一考定终身"和"唯分数"录取的方式没有得到彻底改变，学业成绩仍然是衡量学生学业水平的核心指标。加之长期以来形成的"应试思维"，对大多数学生而言，要想取得理想分数，必须通过"加班加点"的刷题训练和补习来实现。因此，学生的学业负担短时间内尚未缓解，学生的学业压力过大、睡眠与运动不足，也会影响其心理健康状况，"双减"政策在推动学校变革的过程中还面临诸多挑战。

（2）同辈群体的影响。学校是学生活动的主要场所，同辈群体是其主要人际交往对象。特别是进入青春期后，学生对同辈的依恋程度明显增强。一方面，同辈群体是一种"催化剂"，即同辈群体越优秀，越能推动个体进步，反之亦然；另一方面，同辈群体可能成为学生心理健康的"压力源"，即同辈能力越强，个体感知压力越大，心理状况越差。在现实生活中，好学校的学生更有可能提高自己的学业成绩，但来自同辈群体的竞争压力也更大。这也使得不少学生学习成绩很好，但心理健康状况欠佳。

（3）教师心理健康的影响。小学和中学阶段是学生认知发展、人格塑造、习惯养成的关键时期，教师作为学生这一时期的陪伴者、指导者和示范者，其一言一行都会对学生的成长产生直接而深刻的影响。可以说，教师是学生成长中的"重要他人"。但教师带给学生的影响并不都是积极的。近年来，教师因错误的教育观念和行为、心理健康知识缺乏，以及自身心理健康问题等造成的"师源性"伤害事件时有发生。根据《国民心理健康发展报告（2021~2022）》，我国教师的心理健康状况逐年下滑，中小学教师的心理健康水平低于其他群体。教师的心理健康现状堪忧，由此给学生心理健康带来的消极影响也不免令人担忧。

思考

你认为还有哪些学校层面的变化会对学生的心理产生影响？

3. 家庭层面

（1）多子女家庭增多。国家生育政策调整以来，很多家庭进入了二孩、三孩时代，这或多或少给家庭成员带来了影响和改变，尤其是家庭中的长子女，他们不得不面临从"独享"父母到与弟弟妹妹"共享"父母的转变，容易产生适应不良、焦虑、嫉妒、恐惧、反抗等消极情绪状态或行为，影响心理健康状况。有研究发现，孩子的出生顺序能负向预测他们的心理健康问题。①另外，多子女家庭的孩子表现出更高的集体意识和合作性，兄弟姐妹之间互相帮助和陪伴，能在一定程度上成为个体成长的积极资源和有力支持。可见，多子女家庭的增多所带来的有利或不利因素都将影响孩子的发展。

（2）家庭结构剧变。随着经济社会的不断发展，婚姻家庭观念的不断更新，我国离婚率呈现逐年上升趋势，离异家庭数量明显增多。家庭作为个体赖以生存的微系统，对个体，尤其是中小学生的成长起着至关重要和难以替代的作用，而父母关系的不稳定势必会给他们的心理健康带来诸多不利影响。对离异家庭子女的研究表明，父母离婚与否虽不再是影响他们心理发展的决定性因素，但父母离婚前后的冲突还是会对他们产生影响。②另外，随着人口的大规模流动和进城务工人员的增多，留守儿童不断增加，祖孙相伴的隔代家庭也越来越多。隔代家庭往往容易出现教养方式上的极端——过度溺爱或疏于管教，导致留守儿童心理问题日益凸显。

（3）家庭教育理念变化。在很长一段时间内，受应试教育的影响，"不让孩子输在起跑线上"等家庭教育观念占据主流，很多家长有意无意地遵循着从"好学校"到"好工作"的定式育儿路径，家庭教育日趋功利化、短视化。家长将更多的注意力放在孩子的学习成绩上，对孩子的心理健康、人格发展不够重视。这种成绩驱动式家庭教育不仅使孩子被过高的教育期望所"绑架"，还让他们难以感受到家庭本该有的温暖和轻松，内心压力无处排解，焦虑无处释放。不过，随着"双减"政策和家庭教育促进法的出台，科学的家庭教育理念受到了越来越多家长的关注。在此背景下，家庭教育理念将面临从成绩导向的功利化教育向促进孩子全面发展的转变，从重学业监督式教育向重内心沟通式教育的转变。③越来越多的孩子将在科学的家庭教育理念下健康成长。

？ 思考

你认为还有哪些家庭层面的变化会对学生的心理产生影响？

4. 个体层面

（1）大脑发育。中小学生正处于大脑发育的关键时期，与认知相关的脑区在此阶段迅速发育，使学生的学习能力和对新鲜事物的接受能力不断增强，记忆能力迅速提升。大脑发育所带来的认知能力提升让这个时期的学生能像海绵一样快速汲取知识。与此同时，掌管冲动和控制情绪的脑区——前额叶的发育相对缓慢，学生对情绪和行为的控制能力跟

---

① 彭雅婷. "二胎"家庭出生顺序对中学生心理健康的影响机制［D］. 上海：上海师范大学，2020.

② 邓林园，赵鑫钰，方晓义. 离婚对儿童青少年心理发展的影响：父母冲突的重要作用［J］. 心理发展与教育，2016（2）：245-256.

③ 边玉芳，张馨宇. "双减"背景下如何做好家庭教育指导［J］. 中国电化教育，2022（5）：8-12.

不上认知的发展，容易产生较大情绪波动和行为冲动，因此青春期也被称作"暴风骤雨"期。此外，这个时期的学生喜欢追求刺激和冒险，因此许多学生喜欢玩密室逃脱、剧本杀和网络游戏，甚至出现早恋、抽烟、喝酒等行为。

（2）生理巨变。青春期的学生迎来个体生长发育的第二个高峰期，将在生理上发生三个重要变化：一是身体外形急剧变化，身高和体重快速增长；二是内脏机能快速健全；三是第二性征出现，性功能逐渐发育成熟。生理变化会带来心理转变。例如，外形变化使学生高度关注身材和相貌，可能会产生自卑和烦恼；身体成熟所产生的成人感与心理发展的半成熟状态存在身心发展不协调，从而导致学生情绪和行为问题的产生；性功能发育所带来的性意识觉醒，可能引发学生早恋和性行为，从而使学生产生性冲动与性压抑的困扰等。近年来，随着饮食习惯、睡眠习惯等生活方式和社会环境的变化，儿童青少年性早熟的发病率呈上升趋势，且总体上女生的发病率略高。性早熟不仅会影响学生的身体发育，还会在一定程度上对他们的心理健康产生影响。

思考

你认为还有哪些个体层面的变化会对学生的心理产生影响？

综上可见，新时代背景下的社会、学校、家庭、个体自身都发生着诸多变化，而这些变化也影响和塑造着学生的心理，使得学生的心理发展呈现出以下新特征：

一是自主性大大提升。现在的学生更加敢于表达自己的思想，多元化的社会赋予了他们更多自主选择权，小到穿衣打扮，大到今后的职业发展，他们都有了更多自我决策的空间和自由。

二是对新环境的适应能力增强。学生的自主性提升使其更加自信，更加敢于和乐于探索新事物、新环境、新领域。同时现在的学生从小就接触电子设备，他们对新奇事物的反应速度更快、操作能力更强，表现出更快适应和融入新环境的能力。

三是认知广度扩大。家庭对教育的投入不断增大，使现在的学生获取知识的途径不仅限于课堂，兴趣班、课外书籍、网络、旅行等多种渠道都能帮助他们开阔眼界、拓展知识面。

四是延迟满足能力减弱。一方面，随着物质水平的提升，很多家庭已经有能力即时满足孩子的要求，导致学生的延迟满足能力有所弱化；另一方面，通信和网络的飞速发展让学生能够在第一时间与他人取得联系或获取资讯，这种信息的易得性和即时性使学生的延迟满足能力持续减弱，对学生的自控力和注意力的稳定性产生负向影响。

五是缺乏正确价值观的支撑。在社会多元化的趋势下，尤其是伴随互联网的发展，现在的学生更早、更快地接触到复杂的世界，受到多元价值观的冲击，展现出"早熟""头脑复杂"的一面。但在沉重的课业负担之下，他们接受价值观教育的机会不够充分，导致一些学生价值观混乱或缺乏正确价值观的支撑，从而陷入迷茫和抑郁。

然而，当前很多教育工作者对学生的心理发展特征变化浑然不觉，依然用过去的思维方式培育今天的学生，学校的教育模式也没有进行相应改革，学生成长中的新困境没有被及时发现，学生心理方面的新需求没有得到及时满足，从而导致学生的心理问题越来越严重。

三、我们应该如何促进学生心理健康发展

教育部等十七部门印发的《全面加强和改进新时代学生心理健康工作专项行动计划（2023—2025年）》提出要"五育并举共促心理健康"，并"把心理健康工作质量作为衡量教育发展水平、办学治校能力和人才培养质量的重要指标"。也就是说，学生心理健康应成为学校人才培养目标的重要方面，心理健康工作应成为学校每一位教师的基本责任。教师作为影响学生健康成长的"重要他人"，应当切实承担起这份责任，依据学生的心理发展特点，运用科学的教育方法和手段，把教育做到学生的心坎上，即通过用"心"育人促进学生心理健康发展。

（一）关注全体学生：用"心"育人的基本理念

在传统的心理健康工作中，学校、家庭和社会总是将更多的注意力放在对学生心理危机的预防和干预上，这使得心理健康工作者不得不扮演"救火队员"的角色，疲于处理各种由心理健康问题引发的校园安全事件。从效果上看，确实有一部分学生的心理问题得到了有效疏解，但深受心理问题困扰的学生仍不在少数，且新的"问题学生"依然会源源不断地出现。这种以问题为导向的被动干预使中小学心理健康工作陷入了"头痛医头，脚痛医脚"的尴尬局面，不仅耗费了大量的时间和精力，而且治标不治本，很难从根本上减少学生心理问题的产生。那么，怎样做才最有效呢？

近年来，以学校为基础的公共精神卫生服务为中小学心理健康教育带来了新的视角，即学校心理健康促进。心理健康促进是一种提升个体心理健康水平和幸福感的积极行动，主要通过创造有利于个体心理健康的积极条件和环境，减少影响个体心理健康的不利因素，来提高个体的自尊感、控制感、幸福感、归属感以及抗挫力和适应力。心理健康促进与传统的心理预防有何区别呢？考恩认为，"预防"是由患病危险驱动而进行的早期干预，目的是要防止心理问题或疾病发生；而"促进"是由健康幸福驱动而采取的积极行动，致力于心理健康的提升与发展。[①]相比之下，心理健康促进是一项更为广泛、基础、系统的工作，它跳出了学校教育来看待学生发展，整合了教育系统内外部资源，强调学校、家庭、社会的有机联动，与前面提到的生态系统理论模型相契合。

我们结合前面的案例进一步了解什么是心理健康促进。李老师认为缺乏父母关爱和家庭监管是小旭沉迷游戏的重要原因，而他的家庭情况又一时难以改变，所以李老师很无奈，认为自己不管怎么做都难有效果。而在心理健康促进理念的指导下，李老师可以与心理老师协作，通过心理课、心理活动、团体辅导等帮助小旭提升健康生活素养，发展同伴

---

① 刘甜芳，杨莉萍. 心理预防概念的更新及其对实践的指导意义［J］. 心理科学，2012（6）：1513–1518.

交往技能；可以与学科老师协作，激发小旭的学习动力，帮助他在学习上找到成就感；可以通过班会课及日常管理，让小旭在积极向上的班级氛围中发展团结互助的同学关系；可以通过家长培训、家校信息平台等指导小旭的家长加强与小旭的情感联系，提高家长关注孩子心理需求的意识与能力……

这些工作不仅能缓冲、抵消小旭成长环境中不利因素带来的消极影响，预防其心理问题产生，还能提高其学习和生活质量，增强其幸福感。更为重要的是，这些措施和行动惠及的不仅仅是一名学生，更是全体学生；参与者不仅仅是班主任和心理教师，更是全体教育工作者（包括家长）；改进的不仅仅是心理健康工作，更是整体教育氛围与环境。

总而言之，心理健康促进强调心理健康教育不应只针对问题被动干预，而应主动强化学生的心理素质，优化学生的成长环境，即重在培育而不是修补，面向全体学生而不是少数"问题学生"。它将心理健康教育的关口前移到促进全体学生心理健康发展，不仅能有效降低心理问题或心理疾病的发生，更能在整体上提升学生的心理健康水平，理应成为当前心理健康工作的出发点和立足点。

（二）实现全员参与：用"心"育人的工作框架

中小学心理健康教育是一项复杂、系统的工程。从心育对象来看，我们面向的是全体学生，需要对他们进行相应的心理健康教育，以提升他们的心理健康水平。同时，还要对存在潜在心理危机的学生以及已经出现严重心理问题的学生采取及时的预防和干预措施。从心育内容来看，由于学生的心理发展水平不一，心理健康程度不同，且影响学生心理健康的因素较多，因此心理健康教育的内容、途径和方法不尽相同。从参与心育工作的团体来看，中小学心理健康教育应从家庭、学校、社区以及渗透在其中的文化环境着手，多方面协同开展工作。对此，如何整合调动家庭、学校、社会各方面的资源，分层分类有针对性地开展心理健康工作，构建起基于心理健康促进的学校心理健康教育工作体系是摆在我们面前的重要课题。

公共卫生领域的三级预防模型或许可以给我们提供好的思路。其中，一级预防指疾病尚未发生之前，通过干预导致疾病的危险因素和增加保护因素来减少疾病的发生；二级预防是通过检查，对患病高危人群进行早期识别、诊断和防治；三级预防是对已患病人群进行一系列药物或非药物治疗及康复。借鉴公共卫生三级预防模型的思路和做法，我们可以构建出学校心理健康教育三级工作体系（图1-1-2）。

学校心理健康教育三级工作体系在生态系统理论的支撑下，以心理健康促进理念为导向，突出学校的主阵地作用，强调学校、家庭和社会之间的协同，具体包括以下三个层面：

第一层为心理健康促进，是针对全体学生的心理健康教育，主要通过改善学生的成长环

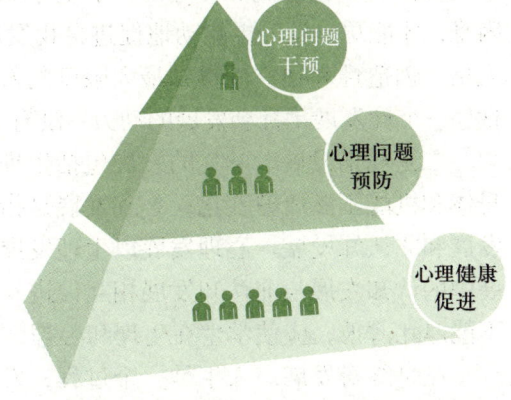

图1-1-2 学校心理健康教育三级工作体系

境和提高学生心理健康素养来提升全体学生的心理健康水平。例如，为学生营造积极、开放、和谐的校园环境和具有支持性功能的班级文化，通过心理健康课和活动向学生普及心理健康知识，帮助学生树立心理健康意识，为家长和教师提供心理健康培训等。

第二层为心理问题预防，主要针对在心理筛查中发现的高风险个体，通过为他们提供及时有效的帮助，有针对性地强化相关心理品质，进而减少或缓解其心理问题。例如，对学生开展心理普查、访谈评估、有针对性的个体辅导或团体辅导等。

第三层为心理问题干预，主要针对已经出现严重心理问题或精神障碍的学生，通过开展危机干预、转介等工作，避免发生可能的真实危机，最大限度地降低心理问题给学生带来的消极影响。

学校心理健康教育三级工作体系呈"金字塔"形结构。值得注意的是，该"金字塔"模型层与层之间的工作不是割裂的，而是一个环环相扣、动态变化的有机整体。如果学生心理健康促进和心理问题预防工作没有得到有效开展，很可能导致更多的学生因心理问题加重而流动到上一层，这将给心理问题干预工作带来很大压力。相反，如果基础工作做得扎实到位，流入上一层的学生数量就会减少。另外，心理健康促进是"金字塔"的基底，是覆盖面最广、最基础的工作，同时也应贯穿心理健康教育工作的始终。也就是说，在心理问题预防和干预过程中，同样需要心理健康促进。

学校心理健康教育三级工作体系夯实了全体教师的心理育人责任，为全员参与心理健康教育提供了支撑。对照体系中每个层级的工作内容，教师将更清楚自己的"应为"与"可为"，即在心理健康教育中的地位和作用，以及可以从哪些方面促进学生心理健康发展。

（三）促进学生健康发展：用"心"育人的目标

用"心"育人的目的是促进学生健康发展，这是我们工作的出发点和落脚点。结合时代要求和当前中小学生的心理特征，促进学生健康发展至少应包括以下三方面的内容：

一是个性发展。每个学生都是独立的个体，具有独特的个性、天赋、思维方式和行为习惯。当每个学生的身心素质都能得到发展和完善，能够按照自己的特长、爱好选择适合的发展方向且不被抑制和否定时，学生才能充分发挥主体意识，才能主动克服和排除遇到的困难，才能更自觉、更能动地促进自我发展。个性发展不是不守规矩，而是让学生的个性、人格、创造性和独立性得到最大限度的发挥，既不妨碍别人的发展，也不妨碍正常的社会秩序。个性发展是社会发展的动力，没有个体的充分发展，也就不会有社会的充分发展。

二是和谐发展。学生的发展包括生理发展和心理发展两个方面。生理发展是指个体的身体和机能不断成熟变化；心理发展是指个体的认识能力和个性特征的发展，又包括认知发展和非认知发展。心理发展以生理发展为基础，同时也会反过来影响生理发展。心理发展中的认知发展与非认知发展相互促进、彼此制约。所以在促进学生发展的过程中，教育不能厚此薄彼，应使学生在生理和心理、认知与非认知等方面协调发展，不断走向和谐。

三是终身发展。人生是一个过程，发展赋予这一过程以积极意义。教育的责任就在于尽力协助和辅助学生顺利经历、把握、完善人生过程。对于学生的发展，我们不能只看一事一时，要着眼长远、放眼未来，帮助学生具备持续发展的能力。同时，在任何时候都不要抱怨学生有这样或那样的问题，因为每个人都是片面的，但是他们都能以特定的方式、按照特定的途径经历一个个特定的发展时段，走向自己的全面。

由此可见，个性发展是健康发展的前提和基础，和谐发展是健康发展的应有之义，终身发展是健康发展的终极指向，三者共同促进学生健康发展。

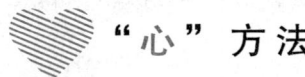 **"心" 方法**

一、教师如何用"心"育人？

（一）心理健康促进层面

1. 提升自身心理健康素养

教师的心理健康水平会影响学生的心理健康发展，教师的自我关怀和照料能有效避免"师源性"伤害。一方面，教师可以通过运动、冥想、阅读、倾诉、培养兴趣爱好等方式积极主动地维护自身心理健康，缓解职业倦怠；另一方面，教师可以通过参加心理成长小组等，掌握一定的助人和自助方法，在同辈互助中觉察自我、挖掘潜能，提升自身的幸福感和心理健康水平。

2. 学习相关知识与技能

为了更好地"读懂"学生，教师除了要更新所教学科知识外，还可以通过阅读各种心理学、教育学书籍，以获取心理学、教育学的相关知识，从而认识学生的心理发展阶段及特点，了解识别和干预学生心理问题的知识与技能，掌握谈话和谈心的技巧，不断提升心理育人能力。

3. 实现心理健康教育与学科教学的融合

学科教学建立在学生心理活动基础之上，心理健康教育是学科教学的有机组成部分，应贯穿教学全过程。教学不仅仅是各类知识传授的过程，同时也是学生心理成长、知情意行发展的过程。学科教学是学生获得知识、掌握技能、养成学习态度、建立师生与生生感情、形成心理品质的主要渠道，教学活动则是主要载体。所以，教师要把学科教学与心理健康教育有效融合，将心理健康教育贯穿教育教学全过程，积极挖掘课程中的心理健康教育资源，在教育教学活动中有意识、有目的、合理地运用心理健康教育知识和原理，促进教育教学活动良好开展和学生心理健康发展，实现教学和育人的统一。教师可以在这方面大胆探索和实践，如开展"学科教学＋心理健康教育"教研活动，邀请心理教师从心理学视角观课、议课，帮助学科教师在教学活动中更娴熟、更准确地把握学生的心理状态，激发学生的学习兴趣，提升课堂教学效率和效果。

4. 开展学生心理辅导

心理辅导不是心理教师的"专利"，每一位教师都是学生心理健康的维护者。教师可以定期与学生开展谈话或谈心，了解学生的心理动态，及时帮助学生排解心理困扰；主动宣传普及心理健康知识，提升学生主动求助的意识；积极协助心理教师开展发展性团体辅导，组织心理健康活动、心理专题讲座、心理班会课等。

5. 营造校园心育环境

教师作为学校的建设者，塑造和维护着学校的物理和人文环境。教师可以主动参与学校的发展和建设，如站在促进学生身心发展的角度，为学校的发展规划和管理制度的制定出台、学校的整体布局以及学校的文化建设等建言献策，运用心理学原理和方法组织和建设良好的班集体。

6. 密切家校沟通

教师是学校和家庭之间有效沟通的桥梁。教师可以通过家访、家长学校、家长沙龙等活动，加强与家长的交流，帮助家长了解学生心理发展的特征和规律，并指导家长改进教育理念和方法，形成教育合力。

（二）心理问题预防层面

1. 协助开展学生心理普查

班主任和学科教师可以协助心理教师做好普查前的家长知情同意、设备调试等工作，以及普查中的学生组织管理、指导答疑等工作。

2. 帮助心理教师评估学生

在学生心理普查和访谈评估工作中，班主任和学科教师要尽可能给心理教师提供信息支持，如学生的日常表现、学习情况和家庭状况等信息，确保评估工作更真实、全面、准确。

3. 密切观察学生动态

班主任和学科教师要密切关注学生的心理健康状况，尤其要掌握有潜在心理问题的学生的动向，必要时请心理教师一起共同关注跟进。

（三）心理问题干预层面

1. 及时发现与报告

当发现学生出现危机情况时，在尽可能稳定学生的情况下，应及时告诉学校领导、相关科室负责人、心理教师，共同处理。

2. 协助做好转介工作

当学生经过评估被认为有必要转介到专业医疗机构进行治疗时，班主任或学科教师可以协助学校做好与学生家长的沟通协商工作，帮助家长进一步了解情况，增加家长的配合度。

3. 关心学生康复情况

学生不在校期间，班主任应与学生及其家长定期联系，了解学生的心理状况、恢复情况，并给予必要的支持和帮助。

4. 持续跟踪了解

学生恢复并返校后，班主任应对其进行密切的观察和持续的跟踪记录，尽量提供安全、接纳的环境，帮助学生巩固治疗效果。

二、用"心"育人需要注意哪些伦理规范

学校心理健康工作除了面向全体学生外，还与家长、其他教职工、医疗机构相关人员等产生互动，这其中就回避不了伦理的议题。通俗地讲，伦理就是工作中的人际互动规范。教师只有了解相关的伦理规范，才能更好地为学生服务，同时也保护好自己。学校心理辅导遵循《中华人民共和国教师法》《中华人民共和国精神卫生法》《中小学心理辅导室建设指南》《中国心理学会临床与咨询心理学工作伦理守则（第二版）》等文件中的相关伦理规定。

相关法律文件

（一）保持善行

学校心理健康工作是为提升学生心理健康水平服务的，工作的出发点应是促进和提升，避免伤害。在使用心理测评量表或其他测试手段时要谨慎选择，不得强迫学生接受心理测试，如要进行测试须经学生及其监护人知情同意。同时，不得随意给学生贴上"有心理问题"的标签。

（二）建立良好关系

心理健康教育强调尊重和接纳学生的内在需求和想法，最大限度地给予学生共情、理解和包容，以平等、关怀、负责任的态度给学生提供心理支持，与学生建立和谐安全的关系。

（三）保护学生隐私

在工作中要严格遵循保密原则，保护学生隐私。但在学生可能出现自伤、他伤等极端行为时，应突破保密原则，并及时告知学生的班主任和监护人。在教学、研究以及成果发表、经验分享中，涉及学生个体案例的应避免使用完整案例，并隐藏学生的个人信息。

（四）明晰职责边界

学校心理健康工作相关教师要通过培训和学习不断提升心理育人能力，提高个人心理健康水平，以更好地满足工作需要。但学校心理教师不具备心理诊断及治疗的资质，如果发现有严重心理问题或精神障碍的学生，应及时将其转介到专业医疗机构，不做超出职责边界和专业胜任力的工作。

 "心" 链接

英国中小学"全校园"心理健康促进行动[1]

儿童的心理健康问题是世界各国面临的共同问题，中小学在儿童心理健康问题的预防和干预中扮演着重要角色。在心理健康促进理念的指引下，英国中小学采用"全校园"方式，积极促进儿童心理健康，取得了显著成效。

英国教育部规定所有学校都要把促进学生心理健康放在首位，并在2018年颁布的白

---

[1] 谢健. 英国中小学"全校园"心理健康促进行动探析［J］. 比较教育研究，2021（4）：81-88.

皮书《学校中的心理健康与行为》中搭建了"全校园"行动框架，包括预防、识别、早期干预、转介、评估。

全面的心理预防教育：预防是学校心理健康促进的基础工作。英国中小学强调从根源上促进儿童的心理健康，因此将大量精力用于覆盖所有学生的心理预防教育，包括开发儿童心理健康预防课程、开展课余预防活动等，如在所有教室张贴情绪图表，帮助儿童识别和表达情绪；定期开展校园集会、家长论坛，向所有学生或家长传递心理健康的信息；将心理健康教育融入绘画、工艺品制作、体育运动等课余活动，发展儿童的技能并帮助其获得自信心。

用多种手段识别问题儿童：教师、心理健康工作人员通过谈话、观察、烦恼箱、热线电话等了解学生心理和行为的变化；建立心理健康信息系统，记录学生的家庭背景、学习情况、出勤率；通过心理测试工具对有潜在心理问题的儿童进行非正式心理测试，以鉴定其心理健康程度，评估须经过家长同意，并由经过培训的专业人员进行操作。

灵活多样的早期干预：由符合资格的从业人员在学校为有困难或苦恼的儿童提供咨询；学校结合教育阶段特征，开发了各种适用的干预方式，如游戏疗法、艺术疗法、园艺疗法等。

全方位的转介支持：当学校或教师发现有心理问题的儿童时，会将其转介到专业的心理健康机构进行检查或治疗。一般情况下，机构会先判断儿童的情况，当儿童不需要保护时，会被送回学校，接受早期干预；当儿童需要保护、遭受或可能遭受重大伤害时，会留在机构，接受专门的治疗和照料服务。

卓有成效的系统评估：一是官方评估，即根据教育质量、行为与态度、个体发展、领导与管理等要素对学校展开评估；二是由第三方评估机构开展的社会评估，一般考查学校对国家法规的遵从情况、学校和学生的心理健康教育质量。

第二节 用"心"育人，从维护教师的心理健康开始

飞机安全广播里有这样一句话：如果您是与儿童相邻而坐，请先戴好自己的氧气面罩，再帮儿童戴上氧气面罩。为什么是这样的顺序呢？结合教师的职业特点，你有什么启示？教师要用"心"教育好学生，首先要保持自己的心理健康。本节将探讨教师用"心"育人的第一步：维护自己的心理健康。

❤ "心"现象

小何是一名小学教师，以下是她一天的工作：

7：20　进入班级检查学生出勤、卫生、交作业、晨读情况，发现教室里桌椅凌乱、一片狼藉，迟到现象仍然存在。

9：30　督促学生出操、做操，看到几个学生动作懒散，点名批评。

10：20　课间巡视，刚刚做操不认真的那几个学生又在走廊追逐打闹，怒火一下就冒上来了，事后觉得自己训话时语气太重了。

11：00　课堂巡视，发现后排几个学生在传纸条，课后喊他们到办公室谈话。

12：10　组织学生有序就餐，到教室守着学生午睡，很想眯一会儿，但心里还惦记着明天的公开课，总感觉磨得不够，有些担心。

15：30　打电话约小强的家长到学校聊一聊，小强最近总欠交作业，学习状态也不是很好，但父母都说工作忙没时间，只能让爷爷过来，很无奈。

16：40　课后服务，约两名学生到办公室面批作文，离开时学生送了自己两颗巧克力，心里暖暖的。

17：30　组织放学，再次强调第二天负责卫生值日的学生要早点到校，明天公开课记得穿好校服，放学路上注意安全。

18：00　下班回家，碰到上一届的学生和家长，得知升入初中后孩子的语文成绩在班里领先，主要得益于小学阶段打下的扎实基础，感到十分欣慰。

20：00　回复家长消息，解释学校工作，沟通学生在校表现，一位家长发来消息："十分感谢何老师的良苦用心！我家孩子性格有些内向，您却给了他在升旗仪式上展示的机会。他努力背稿、积极排练，终于较圆满地完成了任务，没有辜负您的期望。希望他在这个过程中收获到的责任心、上进心和自信心今后能渗透到成长的各个方面，争取更大进步！"那一刻，眼睛湿润了，感动于家长的理解与认可，一天的疲惫好像都消除了。

21：00　精神满满地准备第二天的公开课，列出各项工作安排，计划明天再找小强聊一聊。

23：00　一天结束，虽然从早忙到晚，每天的工作内容也差不多，但和学生在一起总是有意想不到的事情发生，有时是"惊吓"，更多的是"惊喜"。

以上哪些情况是你经历过的？

_____

_____

你认为教师这一职业有哪些特点？

_____

_____

作为教师，我们应该如何维护和促进自己的心理健康？

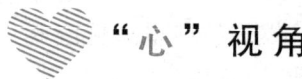

"心"视角

一、什么是教师心理健康

（一）教师心理健康的标准

心理健康是个体在成长和发展过程中，认知合理、情绪稳定、行为适当、人际和谐、适应变化的一种完好状态。教师心理健康既有一般心理健康标准的普遍性，也有其职业的特殊性。基于此，教师心理健康的标准主要包括以下五个方面：

一是对自己和所从事的教育工作有正确的认识，能平衡自我与现实、理想与现实的关系。例如，能根据自身的实际情况确定工作目标和个人抱负；对个人职业作用的发挥有客观、中肯的评价；对教师角色有正确的理解，能结合工作对象和实践不断深化职业认同。

二是在日常生活和工作中，能真实地感受、表达情绪并恰如其分地控制情绪。例如，保持乐观的心态，尽量避免将不愉快的情绪带入课堂或迁怒于学生；能冷静地处理课堂情境中的不良事件；能及时觉察自己的情绪状况并对症处理。

三是积极投入教育工作，能根据教育对象不断调整教育策略，优化教育行为，提升教育效果。例如，能依据学生特点采用适合的教育方法和手段，因材施教；在遇到问题时能及时调整自己的教育观念和方式方法，不断学习、不断进步。

四是保持良好和谐的人际关系，能客观地了解和评价学生、家长以及同事，彼此尊重、真诚沟通。例如，既能发挥对学生的榜样作用，又能理解学生的需求，乐于为他人提供帮助；了解家校关系中的权利义务，与家长相互信任、有效协作；与领导、同事相处时，能欣赏对方并乐于合作。

五是面对教育改革、岗位调整等变化，能较好地适应。例如，能根据教学改革的新要求，不断完善知识结构，更新个人教育理念；能适应岗位和工作环境的变化，转变角色，愿意接受挑战。

结合以上标准，我们编制了教师心理健康自评问卷，感兴趣的教师可以进行自我评估。

请认真阅读每个条目，勾选符合你实际情况的选项。"从不"计0分，"偶尔"计1分，"时常"计2分，"总是"计3分。

条目	符合程度			
	从不	偶尔	时常	总是
1. 我感到教师是一个无上光荣的职业				
2. 随着时代和学生的改变，教师的社会责任感更强了				
3. 我认为教育教学的过程极富吸引力				
4. 教育教学能充分展现我的个人才能				
5. 学生的成长和进步带给我强烈的成就感和满足感				
6. 我能从教育工作中收获惊喜和成长				
7. 在充分考量教师职业特性的基础上，我能合理确定工作目标和个人抱负				
8. 当学生的某些行为影响教学活动时，我能妥善处理，让教学活动顺利进行				
9. 我能理性面对学生顶撞、同事猜疑、领导批评、家人不理解等问题，并努力尝试解决它们				
10. 我能接纳教育教学过程中发生的事情，包括愉快的和不愉快的				
11. 我尽量不将工作和生活中的负面情绪带入课堂				
12. 我遇到不顺心的事情时能控制情绪，不迁怒于学生				
13. 当情绪出现波动时，我会主动寻找原因，并尝试用深呼吸、转移注意力等方式主动调节				
14. 我感到自己对工作和生活的热情有所降低，有时甚至觉得有些麻木，感受不到情绪的存在				
15. 与学生交流时，我会根据不同学生的特点选择不同的谈话方式和策略				
16. 备课时我会结合时代与学生的变化，富有创造性地理解教材、选择教法				
17. 当发现自己一贯的教育方法对某个学生不起作用时，我会请教经验丰富的同事，寻求他们的帮助				
18. 我会时常对自己的教育理念和方法进行反思				
19. 课堂上发现学生的反应与教学预设相距甚远时，我会及时调整策略				
20. 学生发展存在个体差异，我不会以同样的标准要求所有学生				
21. 我会有意观察学生，尽可能做到了解他们				

续表

条目	符合程度			
	从不	偶尔	时常	总是
22. 我和学生的关系很融洽，他们愿意听我说话，向我倾诉				
23. 我能客观评价学生，不以貌取人，也不以偏概全				
24. 和家长沟通时，我能够理解他们的难处与不易				
25. 我很愿意和同事交流，他们总能给我积极的支持与帮助				
26. 和领导沟通时，我能做到不卑不亢、真诚表达				
27. 同事间的竞争令我感到不快				
28. 与家长有分歧时，我会真诚沟通，让他们感受到我是真心帮助孩子				
29. 虽然当教师压力不小，但其实每个行业都有各自的压力				
30. 我会主动了解本学科领域的前沿研究				
31. 我会主动了解每一轮课程标准修订的背景和新变化				
32. 如果领导安排我到新的岗位，我会积极接受和适应				
33. 当工作任务繁重时，我会想办法调整自己的身心状态，避免长时间被工作困扰				
34. 我总是担心工作和生活中可能面临的变化				
35. 日复一日的教育工作使我疲乏，精神不振				

其中，1—7题为职业认知，8—14题为职业情感，15—21题为职业行为，22—28题为人际关系，29—35题为适应能力。另外，14、27、34、35题为反向计分。

特别说明：这不是一份专业的心理测评问卷，只是我们结合教师心理健康标准设计的一份自助式问卷。该问卷的最高得分为105分，得分越高，心理健康状况越好。测评结果只能作为参考，不能作为评估心理健康状况的标准。

你得分最高的维度是：

□职业认知　　□职业情感　　□职业行为　　□人际关系　　□适应能力

你得分最低的维度是：

□职业认知　　□职业情感　　□职业行为　　□人际关系　　□适应能力

评分结果与你此前对自己职业心理状态的认知是否一致？

看到自己的评分结果，你有什么样的感受？

（二）心理健康的教师的特征

在了解教师心理健康的标准后，你认为心理健康的教师是怎样的？此时不妨闭上眼睛想一想，身边那些你认为心理很健康的同事（当然也可以包括你自己）有哪些共同的特征？

人生不如意事十之八九。那些心理健康的同事，虽然看起来好像没有什么烦恼和压力，在工作和生活中也总是表现出积极的状态，但其实他们的状态并非一成不变的，也会随着生活的经历而不断起伏变化（图1-2-1）。

图1-2-1　你以为的心理健康与实际上的心理健康

每个人在生活中都会遇到各种可能对心理健康产生负面影响的压力和挑战，只不过心理健康的教师在面对压力和挑战时，更倾向于保持积极的心态并寻求适当的支持和帮助，以维护自己的心理健康。具体而言，心理健康的教师有如下特征：

一是能够识别压力源，主动预防或躲避可能遭遇的压力困境。生活中的变化无处不在，这些变化都可能成为压力的来源。心理健康的教师在面对变化时，能较好地评估自己的能力和具备的支持条件，尽量避免让自己陷入压力困境。

案例分享

王老师是一所中学的英语老师。她有两个孩子，大儿子刚上初中，小女儿刚上小学。为了提升专业水平，她今年还考上了研究生。开学前，校长找王老师谈话，想要她担任教育处副主任，并表示了对她工作的认可。王老师很纠结，她很感激校长的信任，但又觉得这个时候承担行政工作会带来较大的压力，她担心到时候生活、学习、工作无法兼顾。王老师除了自我考量，还问询了其他同事的建议，征求了家人的意见，最终她婉拒了这份行政工作。

二是能够通过自我调节或求助他人，较快地走出压力困境。工作和生活中有些压力是我们不得不面对的，如班上有几个过于调皮的孩子，教学以外的事务性工作太多，需要照顾家人。心理健康的教师在面对这些压力时，会积极主动地采取多种措施，如向经验丰富的同事求教，积极看待引起压力的生活事件，关注解决问题而非一味抱怨，从而让自己较快走出压力困境。

三是能够处理压力带来的身心反应，避免对自己或他人产生消极影响。压力会带来一系列情绪和行为反应，如头疼、心慌、失眠、烦躁、焦虑等。如果我们不能较好地处理这些反应，不仅自己的健康会受影响，还会波及旁人，尤其是学生。心理健康的教师会及时"对症下药"，如尽量避免被情绪裹挟，让工作和生活节奏慢下来，主动通过运动等疏解压力。

？ 思考 .... ○

你认为心理健康的教师还具备哪些特征？

二、教师为何要"先戴好自己的氧气面罩"

（一）教师心理健康的积极意义

1. 教师心理健康关系到自身健康与生活幸福

心理健康是幸福生活的前提和基础。教师也是普通人，当社会对教师如何教育好学生提出诸多要求时，不要忘记教师必须首先是心理健康的人。教师只有尽力维持好自己的心理健康状态，做到了解自我、接纳自我，具有良好的人际关系以及处理人际关系的能力，才能愉悦地生活、工作，才能处理好工作与家庭的关系，规划好自己的生活，全身心地投入工作。

2. 教师心理健康关系到每一名学生的心理健康

教师的工作对象是学生，只有心理健康的教师才能培养出心理健康的学生。当教师心理健康状态不佳时，会对学生产生消极影响。一是教师自身的负面情绪，如焦虑、紧张、抑郁等会在无形之中"传染"给学生，使学生产生消极体验。试想，如果教师上课时始终紧绷着脸，或情绪很低落，那么学生在听课时也会比较紧张，难以投入课堂学习，甚至担心自己表现不好触怒老师。有的教师还会受情绪影响对学生做出不恰当的教育行为，如发火、训斥、嘲讽、罚站等，这些都不利于学生的身心健康发展。二是教师所承受的来自学习成绩、升学率等方面的压力可能会传导给学生，增加学生的学业负担，如挤占学生的休息时间、拼命补课、依赖"题海战术"等。同时还会使师生关系变得很糟糕，使学生对教师、学校采取消极、对立甚至敌视的态度，从而影响学生的健康成长。

3. 教师心理健康关系到学校的教育环境

心理健康的教师对待同事能做到关心、不嫉妒、不诽谤、不拆台，能提供有利于同事专业发展的中肯建议，这样既能优化工作环境，营造相互协作、积极进取的工作氛围，使更多教师愿意主动提升自己的专业能力，又能改善学习环境，使学生得以接触到更多乐教、善教的教师，学校教育质量也能得到提升。

（二）教师心理健康现状及成因

1. 教师心理健康现状不容乐观

近年来，不少教师受到心理健康问题的困扰，教师的心理健康水平逐年下降，教师的职业倦怠问题日趋严重，教师的主观幸福感呈现逐年下降的趋势。《中国国民心理发展报告（2021～2022）》显示，中小学教师的心理健康水平低于其他群体，有重度抑郁、焦虑风险以及严重工作倦怠的教师群体比例虽然不高，但亚群体值得关注，其中31～50岁的中青年教师是心理健康问题的易发群体，担任班主任的教师焦虑水平较高。

教师心理健康为何会呈现如此现状？

一是与中小学生心理特征的变化有关。正如本章第一节所述，新时代中小学生心理发展呈现出许多新特征，要求建立新型师生关系。教师不能只满足于将现成的知识原封不动地教给学生，而是要在尊重学生自主性与独立性的基础上，带着他们主动探索广袤的知识海洋。所以如果继续沿用过去的教育方式对待现在的学生，将难以跟上他们的步伐，更难以走进他们的内心，教育效果将大打折扣。此外，学生心理问题越来越突出，抑郁、焦虑、自伤、自杀行为的发生率都呈上升趋势，这对教师的专业能力提出了更高的要求和更大的挑战。

二是与社会公众期待的变化有关。随着社会发展，教育越来越受到人们的重视与关注。这种关注"转嫁"给学校和教师，使人们对教师的期待越来越高。教师不仅要有学识、充满智慧，还要有崇高品德和人格魅力；不仅要帮助学生提高成绩，解决他们在学习中遇到的问题，还要关心学生生活，尽力培养学生良好的个性品质。来自家长的多样化需求常常让教师无所适从，"严格也不行，不严格也不行"。此外，网络媒介越来越发达，急剧膨胀、纷繁复杂的信息空间构成了真假难辨的社会舆论场，一些与教师有关的不和谐事件在被报道后产生"蝴蝶效应"，极大地损害了教师群体的形象，加剧了部分人对教师的不信任，给教师的工作带来挑战。

三是与教育改革要求的变化有关。基础教育改革不断推进，有些地区出台了教师轮岗交流政策，但由于一些配套支持和管理机制不健全，轮岗教师面临着新的适应困难。"双减"政策加大了教师在课后服务、作业设计和管理、作业批改、学业辅导、家校沟通等方面的工作量，这意味着教师要在工作上投入更多的时间和精力，而且还会面临家庭与工作、教学与事务性工作之间的冲突。《中国国民心理发展报告（2021～2022）》显示，教师每周的平均工作时长达到了52.36小时，班主任教师每个工作日的工作时长接近10小时。

以上这些变化都给教师的工作与生活带来了挑战。当我们难以适应变化时，就会产生心理压力。

2. 压力是影响教师心理健康的主要原因

压力是人与环境相互作用的产物。当内外环境的刺激超过个体自身的应对能力及应对资源时，人就会产生压力。换言之，压力是由于内外需求与机体应对资源不匹配破坏了个体的内稳态。

让人产生压力的压力事件就是常说的压力源，也就是让人感到紧张的刺激或变化。国内外学者研究发现，教师的压力源主要来自以下方面：工作太多，没时间批改作业；教学能力不被认可，发展机会少；学生课堂纪律差，学习动机不强；有人际关系压力，需要处理与学生、家长、同事、领导等复杂的关系。

国内中小学教师压力源又是怎样的呢？研究发现，排在前六位的压力源分别是：工作负担重、社会对教师的要求高、升学率的要求、休息时间少、人际关系紧张、身体健康状况不佳。其他压力源依次是：自己孩子的成长与教育、学校领导对教师的要求、家庭经济负担、个人职称评定等。[①]

以下是我们通过访谈获得的教师压力的具体来源：

• 班级管理、材料撰写、各种会议、各种检查……教学以外的事务太多。

• 每个学生都是不同的，他们都有着不同的学习偏好与学习需求。我希望和他们每个人都深入沟通联系，但是面对四五十名学生，这很难做到。而有些学生真的很需要帮助。

• 当学生不学习时，当工作没有按照我的预想发展时，我会变得很沮丧。我可能太在意这些事情了，我觉得自己对学生的每件事都负有责任。

• 有的家长来到学校，希望我照顾好他的孩子，让孩子好好学习，可是当我希望得到他的配合与帮助时，他却"消失"了。

• 学生管理方面的一些问题看起来似乎处理好了，但突然又恢复到原来的样子，我必须不断调整和改变管理方法，这需要很多思考和创意，真的太难了。

• 各类评估检查真的太多了，作为教师，我感到不被信任。我们投入大量时间来教育学生，却没有被看到，大家反而花很多时间来关注我们的不足。这么辛苦的工作得不到应有的认可与支持，我觉得很挫败。

• 学校只要求我们干好本职工作，而很少提供有助于我们改进的建议。我希望学校能够对教师的专业成长多一些指导与帮助，这方面真的很缺乏。

……

看到这些压力源你是否深有同感？多重的、复杂的压力源会给个体带来较强烈的应激反应，也就是压力反应。

压力反应即个体对压力源产生的身心反应，如流汗、心跳加速等生理反应，或焦虑、紧张等心理反应。人在面对某些刺激或变化时，会想要努力地去适应它们，在不断适应和调整中就会产生一系列身心反应。压力形成的路径图可以帮我们更好地理解压力源是如何带来压力反应的（图1-2-2）。

由此可见，并非所有的刺激或变化都会带来压力反应，关键在于压力源出现后个体的评估，即该压力源是否会对我们构成挑战。这个评估既包括对压力源的评估，也包括对自己应对能力的评估。当压力源足以构成挑战，但挑战程度与自己的能力差距不大时，适度的压力反应激发的潜能，不仅能使人更积极地应对压力事件，还能使人在此过程中获得成

---

① 杨彦平. 中小学教师心理健康发展现状分析与对策思考［J］. 现代教学，2020（24）：36-39.

长与提升。

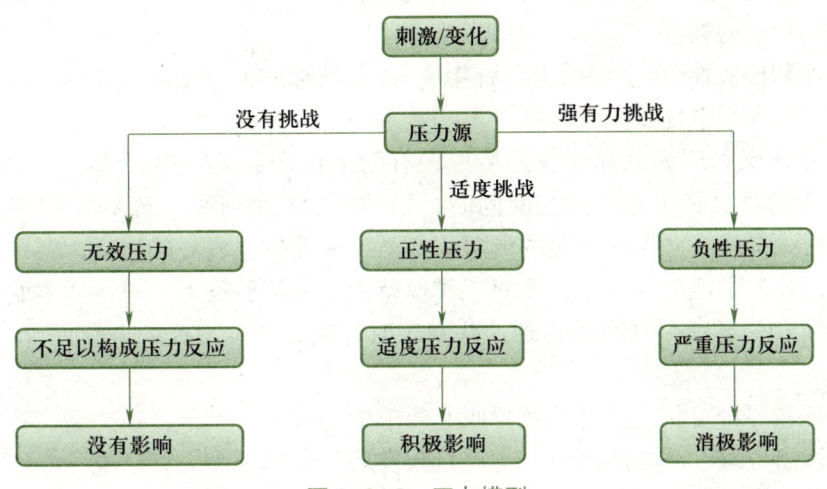

图1-2-2 压力模型

然而，当压力源构成的挑战过大或个体的应对能力不够时，就会出现严重的压力反应，进而对心理健康产生消极影响。这是因为当人感知到危险或威胁时，会进入"战或逃"的状态，此时不管是勇敢面对还是逃避危险，都需要身体的高度配合。这时人体的肌肉系统、神经系统、心血管系统将发挥最高效能，心跳加速可以增加血流供给，呼吸急促可以增加气体交换，肌肉收缩可以使人体随时做出反应，胃肠道血流减少可以避免不必要的资源浪费，这一系列生理反应都是为了提高身体的反应能力。可是这些反应并不能长久，因为它们虽然提高了机体能力，但也加速了对身体资源的消耗，一旦压力持续下去，就会出现一系列生理、心理和行为症状，并在不知不觉中"蚕食"人的身心健康。

三、维护和促进教师心理健康的策略

（一）正确认识和评价自我

教师的主要任务是教书育人，不仅要传授科学文化知识、训练技能，还要培养积极心理品质和健全人格，促进学生身心健康。教师所从事的工作对学生成长具有相当重要的作用，因此教师需要对自己的工作性质和职业特点有清晰的认识。教师职业具有以下特点：

- 复杂性和繁重性。教师的工作不是简单的重复，而是复杂的、塑造人的灵魂的工作；不是轻松的活动，而是繁重的脑力劳动；需要因材施教，而不能像工人一样按照统一的图纸、模具和操作规程生产、加工产品。

- 创造性和灵活性。教师的工作尽管有一些基本的原则和要求，但针对每个学生的教育来说，并没有现成的操作规程。教育必须根据学生的具体情况，灵活运用教育原则，创造性地设计教育方法。

- 主体性和示范性。教师除了要将教育手段作用于学生以外，还要给学生做出示范，以自己的形象影响学生。教师的一言一行都是学生模仿和学习的对象，教师的言行举止都是对学生潜移默化的教育。

- 长期性和长效性。"十年树木，百年树人。"教师的工作很难在短期内获得效果，必须坚持不懈，促进学生逐步成长。

教师充分认识和理解教师职业的特点，有助于提升意义感和价值感，坚定自己从事教书育人工作的信念和决心。但与此同时，教师职业对教师的工作和发展提出了较高要求。我们要时刻提醒自己保持完美的形象，在学生面前树立良好的榜样；要鞭策自己加强学习，不断提高教学能力与水平；要对工作保持积极的情感投入，对待学生始终耐心、尊重。因此，当有些老师一时间达不到这些要求时，就会产生消极的自我评价，出现焦虑、沮丧等情绪。

正确认识和评价自我是在遵从教师职业要求的前提下，基于自我的真实状态与内心需求，对自己做出合理、清晰的定位，实现自我发展与外部环境的和谐统一。事实上，教师不可能每时每刻都以完美、积极的状态示人。他们也会遭遇各种生活应激，也会有情绪崩溃的时候，也会感到无力与倦怠。在自我状态不好的情况下，我们可以暂时降低对自己的要求，主动躲避可能遇到的压力困境，消除一些自我矛盾与冲突困扰，预防心理问题的产生。我们再回到王老师的案例，看看她是怎样做出职业发展决定的。

案例分享

王老师在校长找自己谈完话后，仔细思考了自己的职业目标，并从以下方面评估了自己当下的状态：

1. 想要什么：现阶段她更希望专心读研究生，提高专业理论水平；同时她发现儿子进入青春期后，开始变得情绪化，她想多花一些时间陪伴儿子。

2. 能干什么：虽然她的教学能力还不错，与其他同事打交道的能力也还可以，但公文写作、组织协调等行政能力还需要提升，要适应新岗位还需要付出更多精力。

3. 环境是否支持：她的丈夫经营的一家公司近几年经营得不太好，眼下她的丈夫正想办法改善公司状况，心理压力和经济压力都比较大；她的父亲前不久生了一场病，和母亲一起回老家休养了，她现在每天都要自己做饭、接送孩子。

经过一番思考，王老师明确了自己当下更倾向于将精力放在读研和陪伴孩子上，同时也希望为丈夫分担一些生活压力。虽然她也想挑战新岗位，但每个人不可能什么都要，也没有必要把自己压得喘不过气来。自己健康从容地工作和生活才是对学生负责，也是对人生更长远的投资。

（二）有意识地觉察自我身心状态

虽然我们能主动躲避可能遭遇的压力困境，但仍然有一些压力源是难以消除的，这些压力源所带来的压力反应也是难以避免的。我们要有意识地觉察自己在应对压力时的身心状态，捕捉到自身压力反应从适度到过度的预警信号，以便及时做好自我调节，应对压力反应。以下是压力反应过度的预警信号：

- 生理信号：头疼的频率、程度增加；肌肉紧张，主要发生在头部、颈部、肩部和背部；皮肤干燥、有斑点和刺痛感；消化系统出现问题，如胃疼、消化不良或胃溃疡；心悸，胸部疼痛。
- 情绪信号：容易烦躁或喜怒无常；消沉和经常性忧愁；丧失信心或自负自大；感觉精力枯竭且缺乏积极性；感到无力和孤独。
- 心理信号：注意力难以集中，大脑中的事情太多；优柔寡断，缺乏决断力，对无关紧要的事情也一样；记忆力下降，经常忘事。
- 行为信号：睡眠易受打扰；吸烟、饮酒比平常多；无法应付人际交往；身体很难放松。

（三）主动发展应对压力的能力

我们在应对压力时，要先消除或减少压力源，预防出现多重压力反应，如培养健康的生活方式，增强对职业的认同，改变对压力源的认知与评价等。当压力源难以消除时，可以通过主动调节和求助他人等方法，尽可能减少压力对自身的影响，防止出现心理健康问题，如提高解决问题的能力，学习简单的放松训练，丰富社会支持系统等。

"心"方法

一、消除或减少压力源

中小学教师常常要面临诸多压力事件，压力源叠加会给人的身心健康带来巨大挑战，所以我们要通过适当的方式消除或减少压力源，避免自己陷入多重压力困境。

（一）培养健康的生活方式

健康的生活方式是有益于健康的生活和行为习惯。例如，生活作息规律，睡眠充足；合理膳食，保证食物多样性；坚持运动，能选择适宜的运动方式、运动强度、运动频率和运动量；不吸烟，不酗酒；注意保健，定期体检，生病后及时就医；建立良好的人际关系，积极参加健康有益的文体活动和社会活动；等等。健康的生活方式对于每个人的身心健康都很重要，不仅能帮助我们预防疾病，增强机体免疫力，缓解压力和焦虑等问题，还能提高生活质量。

此外，我们还可以给自己的生活做"减法"。身处快速发展的社会，效率越来越重要，每个人的工作、生活都在不断"加码"，以致不堪重负。

1. 减少不必要的担忧

每个人在生活中都有着不同程度的担忧。你有哪些担忧？你的担忧来自何处？人的担忧主要来自以下几种情况：一些从未发生过的事情；对过去已经发生的事情无法释怀；担心别人对自己的想法；琐碎不重要的小事；个人无法控制、无法改变的事情；目前手头正在处理的难度较大的事情。

担忧可以分为不必要的担忧、可以改变的担忧和难以改变且确实存在的担忧。对于不必要的担忧，可以将它们从脑海中删除；对于可以改变的担忧，可以聚焦改变的过程与方法；对于难以改变且确实存在的担忧，可以尝试以下方法：明确地写出心中的担忧—找出担忧的根源—试想事情最坏的状况—采用可以立即开始改变的方法。

当然，我们也要清楚地知道成功需要时间和过程，尽量把注意力集中在解决问题的方法上，认识到一切都会过去。如果还是担忧，那就允许自己担忧吧，但最好限定在某个时间段，然后再立即着手改变的行动。

小吴老师下个月要参加教学比赛，这是她第一次参加教学比赛，感到压力很大，有着各种担忧：课堂出岔子；学生没有做出精彩的回答；自己进入课堂的状态不佳；自己在流程上卡壳；没有取得理想的成绩……

你是否有过类似经历？你当时有哪些担忧？请帮帮小吴老师，看看她的担忧中哪些是不必要的，哪些是可以改变的。

不必要的担忧：_____

可以改变的担忧：_____

2. 简化生活，明确优先级

同时进行多件事情常使我们身心俱疲。如果这些事情都是不得不做的，那么就要对它们进行评级，以确定需要优先处理的事情。如果时间和精力有限，那么为了实现主要目标，必要时可以牺牲次要目标。

这里再以小吴老师为例。她不仅要面对即将到来的教学比赛，还要准备一年一度的课题申报，因此有些着急，担心自己时间不够、顾此失彼。为此，她对教学比赛、课题申报这两件事进行了评分（表1-2-1）。

表1-2-1 事项评分表

事项	难度（能力差距）（1~5分）	可获得资源的便利程度（1~5分）	重要程度（1~5分）	紧急程度（1~5分）
教学比赛	2	4	5	4
课题申报	4	1	4	2

小吴老师根据"难度""可获得资源的便利程度""重要程度""紧急程度"对教学比赛和课题申报两个事项进行了评分。她发现，教学比赛虽然很重要，但前期已经做了充足

的准备，难度似乎没那么大，并且领导、同事以及教研员都表示会全力支持，因此可以按部就班地准备。课题申报也比较重要，难度比教学比赛更大，且能得到的支持并不多，但距离申报截止日期还有2个月，可以等教学比赛结束后再集中精力完成。

同时，小吴老师发现，她给事项评分就是一个不断澄清想法、盘点资源的过程，经历过这个过程后，她觉得内心踏实了很多，之前的焦虑和担忧不再像乱麻一样缠绕在心里，而是被梳理得更清楚了。

当前你是否也有许多不得不处理的工作事项？如果有，不妨也试试小吴老师的方法。

● 明确优先级卡片

事项	难度（能力差距）（1~5分）	可获得资源的便利程度（1~5分）	重要程度（1~5分）	紧急程度（1~5分）

经过梳理与评分，你决定要优先处理的是：＿＿＿＿＿＿＿＿＿

接下来，你的行动是：＿＿＿＿＿＿＿＿＿＿＿＿＿＿＿＿＿

＿＿＿＿＿＿＿＿＿＿＿＿＿＿＿＿＿＿＿＿＿＿＿＿＿＿＿＿＿

（二）增强对职业的认同

充分认识教师职业的特点，深刻理解教师职业的价值，可以提升工作中的意义满足，使我们对工作葆有兴趣并更有动力，在工作时能够维持积极、充实的心理状态。

我们可以写教育日记或者随笔，促进自我反思，让自己的发展与进步可视化；可以记录作为一名教师最享受的事情，并定期回顾；还可以与同事、朋友分享讨论成为教师后最有价值的事情……这样的记录、回顾和分享会带来意想不到的激励。

练习

当有人问你为什么当老师时，你会怎样回答？我们先来看看几位老师的答案：

● 教师这份职业既是传承过去，更是创造未来。只有将工作的价值放在学生身上，从学生那里反观自己的成绩，才能真正知道教师这个岗位的意义。如果在工作中忘记了学生，就会陷入迷茫和困惑。

● 当老师最棒的事情就是和学生建立关系。就像现在，一天结束的时候，我送学生放学，告诉他们明天见，他们开心地和我挥手说："老师明天见！"

- 看着一个集体慢慢成长是最棒的，学生去年刚入学的时候都很害羞、陌生，然后慢慢交往和进步……成了一个大家庭。

- 陪在学生身边，我爱他们，爱他们各种奇妙的想法。我从每届学生身上都能学到很多东西，弄明白他们的想法，这很有趣。

- 当我的学生升入其他年级还仍然来和我打招呼的时候，那种感觉真是太好了。

- 有时在外面走着，碰到我教过的学生与他的家人一起，学生立马会和他的家人说这是我的老师。此时我充满了自豪感！

- 教师无法左右外界条件，但依然可以发挥自己的主观能动性来擦亮自己的教育人生，点亮学生的人生之路！

你为什么当老师呢？不妨写下来彼此交流分享一下。

（三）改变对压力源的认知与评价

有效化解压力的关键在于对压力的积极评价。改变对压力的认知，特别是从积极的角度看待压力，会减少引发消极反应的压力源，使压力成为一种助力。人的情绪不是由其遭遇的某件事情决定的，而是由他对这件事情的想法和态度决定的。如果我们能够改变对事情的想法和态度，那么同一件事情所带来的结果就会大不相同。换句话说，问题本身不是问题，如何认识问题才是问题！

 练习

校长在新学期工作会议上宣布，为提高教学质量，本学期他将实行推门听课制度，争取每周都对所有教师的课堂教学进行评估。对于这个消息，教师们的想法迥异。

A教师：这是个很好的学习机会，我会从这个过程中了解自己的不足；校长这么重视教学质量，真是件好事情。（结果：兴奋、受鼓舞、积极参与）

B教师：校长会发现我上课没有那么好；如果恰好碰到学生捣乱就惨了。（结果：焦虑、担忧）

C教师：太无聊了，非要整这些形式主义，不就是新官上任想刷存在感吗；他和我不是一个学科，怎么评估我的教学。（结果：沮丧、恼怒）

三位教师面对同一事件，为何反应截然不同？

现在请你试着改变B、C两位教师的想法，帮他们获得相对愉悦、积极的情绪和行为结果。

B教师：＿＿＿＿＿＿＿＿＿＿＿＿＿＿＿＿＿＿＿＿＿＿＿＿＿＿＿＿＿＿＿＿

＿＿＿＿＿＿＿＿＿＿＿＿＿＿＿＿＿＿＿＿＿＿＿＿＿＿＿＿＿＿＿＿＿＿＿＿＿

C教师：_____

_____

请你选择一种给你带来消极感受的压力源，尝试对它进行重新评价。

你的压力源是：_____

你会这样解释它：_____

重新解释后，你的感受是：_____

二、提高压力应对能力

当压力源难以消除时，我们可以通过提高应对能力来减少压力带来的不良影响。

（一）提高解决问题的能力

很多时候压力来自面对问题时的手足无措，当问题得到有效解决后，压力自然会降低。

案例分享

新学期报到时，范老师给每个学生准备了小零食，希望增加开学的仪式感。学生们拿到零食后很开心，范老师也很有成就感。但是学生小徐的妈妈给范老师发信息，希望她以后不要花钱做这些花哨的事情，而且吃零食不健康。

看到小徐妈妈的信息，范老师感到很生气、很委屈。她下意识的反应是：小徐妈妈平时就不配合班级工作，总是喜欢找茬儿。（不可控）待冷静下来后，范老师想：这或许反映了家长的一些担忧，我可以和小徐妈妈进一步沟通，或者问一下其他家长的想法。（可控）

同时，范老师还列出了可能的解决方法：给小徐的妈妈回信息，告诉她自己的意图，争取她的理解；也许只是小徐妈妈个人的想法，懒得理睬；大不了以后不给小徐发零食了；找有经验的班主任聊一聊，听听他们的建议。（列出解决方法）

当把这些方法列出来后，范老师发现"懒得理睬""以后不给小徐发零食了"虽然不太合理，但这些一闪而过的念头反映了其内心的真实想法。其实，家长的建议并非不合理，出发点也是为了孩子好，所以这两种方法都不可取。因为它们既不利于促进家校关系和谐发展，又不利于孩子健康成长。

想清楚后，范老师决定给小徐的妈妈回信息，争取获得她的理解，并向有经验的班主任请教，看看还有哪些更好的方式可用于开学典礼。（评估和选择解决方法）

在日常工作中，我们可以按照以下步骤解决问题：

第一步：用可控的方式定义问题。

第二步：写下能想到的所有解决方法，先不管是否可行或对解决问题有帮助。当我们尽可能多地列出解决方法后会发现，那些一闪而过的念头基本都不是有效的好方法，但没关系，只有写下来才能"看到"我们内心的真实需求，促进自我反思。

第三步：评估和选择解决方法，也就是分析每一种方法的可行性、有效性和需要付出的代价，评估哪种方法最可能带来想要的结果，哪种方法是我们愿意且有能力做的。做出选择后尽快付诸行动。

第四步：评估效果，在实施完上述步骤后评估自己的情绪，如果委屈的感受有所好转，那么方法就是有效的。

请选择一个最近给你带来严重困扰的问题，根据下面的个人问题解决单来尝试自主解决问题。

● 个人问题解决单

你的问题是：_____

请用可控的方式定义它：_____

可能的解决方法有（请尽可能多地写下来）：_____

_____

在以上方法中，最可能得出你想要的结果的是：_____

_____

你最愿意且有能力完成的是：_____

因此，你打算采用的方法是：_____

上述步骤完成后，你认为该方法的效果是：_____

问题解决能力可以通过训练不断提升。高效的问题解决者并不是因为他们第一次就能找到正确的问题解决方法，而是他们往往能坚持得更久，尝试了更多方法。

（二）学会简单的放松训练

面对压力，我们可能会出现肩膀紧张、头痛等身体症状，也会有紧张、焦虑、疲惫不堪、不知所措、急躁等情绪体验。简单的放松训练可以帮我们缓解压力，如有氧运动、太极、瑜伽、冥想等。我们也可以尝试一些简易可行的呼吸练习，如深呼吸练习法、呼吸可视化法等。

深呼吸练习法：吸气后数到5，然后呼气后数到5，再逐渐延长到10或更久。将呼吸频率降到每分钟5~6次，持续10~15分钟，你会发现身体的放松反应被激活了，心率变慢了，血压下降了。腹式呼吸能较好地达到深呼吸效果，与胸式呼吸相比，它以膈肌运动为主，有着良好的气体交换率，呼吸节奏更缓，更容易让人身心放松。

呼吸可视化法：吸气时，想象吸入新鲜、洁净的空气；呼气时，想象吐出了有压力的气体。你可以想象气体进出的画面，也可以想象肚子里有个气球，随着呼吸扩张或缩小。任何放松、平静的呼吸想象过程都能帮助你集中注意力，获得身心放松。

　　紧张的工作之余，也可以做一些让自己身心放松的"小事"。它们能帮我们从日复一日、枯燥乏味的生活中发现美好，让心情更放松、更愉悦。以下这些有助于放松心情的"小事"你会经常做吗？你可以将自己喜欢的"小事"勾选出来，并将你认为能放松心情的其他"小事"补充在后面。

□ 主动联系自己信任、喜欢的人。

□ 做自己喜欢的运动。

□ 闻一闻自己喜欢的味道。

□ 和朋友在一起。

□ 画画或者涂鸦。

□ 打扫或者重新布置房间。

□ 看电影，把自己带入电影情节中。

□ 回忆自己的开心时刻。

□ 写日记、更新自己的微博。

□ 听大自然的声音。

□ 触摸自己熟悉或喜欢的毛绒玩具或宠物。

□ 吃自己喜欢的食物。

□ 听自己喜欢的音乐或者跳舞。

□ 洗一个热水澡。

□ 玩填字游戏。

其他：＿＿＿＿＿＿＿＿＿＿＿＿＿＿＿＿＿＿＿＿＿＿＿＿＿＿＿＿＿＿＿＿

你还可以与同事、家人、朋友分享交流。如果发现他们有更好的办法，也可以增补进来，并尝试付诸行动。

（三）丰富自己的社会支持

　　社会支持不同于社会关系。每个人都拥有客观存在的关系网络，但并不一定能从中获得有力的支持。那些支持我们、愿意与我们分享生活甘苦的人会提升我们的幸福感和成就感。正如卡尔·罗杰斯所说，人如果能少受到一些评判和控制，多从人际关系中得到一些正向的理解、肯定和支持（即无条件的积极关注），就容易克服困难，并向自我完善的方向发展。

　　你了解你的社会支持系统吗？可以做一个简单的自我评估。

1. 如果我想去旅行几天，很容易找到同伴和我一起去。　　　　□是　□否

2. 我能够第一时间找到人与我分享担忧和恐惧。　　　　　　　□是　□否

3. 关于我的家庭问题，我有可以寻求建议的人。　　　　　　　□是　□否

4. 如果我生病了，我可以轻松找到帮我处理日常杂务的人。　　□是　□否

5. 如果我临时决定今晚去看电影，我可以找到一起去的人。　　□是　□否

6. 当我需要关于处理个人事务的建议时，我知道该找谁帮忙。　□是　□否

7. 我经常会收到别人聚会或者活动的邀请。　　　　　　　　　□是　□否

8. 如果我离开家几个星期，我能找到帮我照看房子的人。 □ 是 □ 否

9. 如果我想和别人一起吃午餐，我可以很容易找到人。 □ 是 □ 否

10. 如果我要搬家，我可以找到人帮忙。 □ 是 □ 否

选择"是"的有_____项，选择"否"的有_____项。

看到结果后，你的感受是：_____

_____

如果结果不够理想，接下来你需要学习如何建构自己的社会支持系统；如果结果还不错，你也可以进一步完善自己的社会支持系统。

第一步：为他人提供支持。社会支持是相互的，我们不能一味依赖他人的支持，自己也要承担起应尽的责任，只有这样才能获得别人的尊重，才能与他人形成相互帮助、共同成长的关系。

第二步：维护自己的社会支持系统。社会支持系统并非一成不变的，常常有人进来，也有人离开，想要让它稳定运行、发挥作用，就需要好好地维护它。以下是一些维护社会支持系统的方法，请勾选出你认可并打算使用的。

□ 相互问候。

□ 赠送小礼物。

□ 送上节日祝福。

□ 参加共同的娱乐活动。

□ 交流秘密。

□ 写信、发邮件。

□ 打电话交流谈心。

□ 一起出游。

□ 分享零食。

□ 共进早/午/晚餐。

其他（请补充）：_____

_____

第三步：积极参加团体活动。我们要主动走出去，积极参加一些团体活动。一对一的交往和群体交往带给人的支持感是不同的，在团体活动中你更容易发现与你兴趣相投、经历相似、性情合拍、三观一致的人。

成为教师以后，你在哪些团体活动中交到了朋友？

_____

_____

目前你参加哪些相对固定的团体活动？有哪些同伴？

活动一： 同伴：	活动二： 同伴：
活动三： 同伴：	活动四： 同伴：

你还想尝试和体验的团体活动有：＿＿＿＿＿＿＿＿＿＿＿＿＿＿＿＿＿＿＿

　　如果你在尝试以上方法后发现有些问题自己依然难以解决，或身心健康已经受到明显影响，就要马上寻求亲人、朋友或专业人员的帮助，千万不要讳疾忌医。

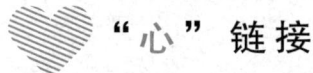 **"心" 链 接**

正念减压疗法[①]

　　在日常生活中，我们有太多事情要去做、要去考虑，以至于很容易忽略身边的美好。我们常常不假思索、习惯性地开启每天的工作；我们狼吞虎咽地吃完早餐，却连它的味道都没有仔细品味；我们在上下班的路上只顾着思考工作、生活或看着手机屏幕，而没有留意沿途的美景；我们走在街上，脑子里想着的是今天学校里发生的各种事情，而没有留意微风吹拂在皮肤上的感觉或脚下树叶的嘎吱声。

　　正念能帮我们将思想集中于某一处，调动大部分的感觉器官来专注于一个物体，花几分钟时间活在当下。它能把注意力从脑海中那些转个不停的想法中解脱出来，转移到身体和环境中，使整个人像被按下"暂停"键一样。以下是一些可以在生活中练习的正念活动：

* 洗澡时将关注点放在洗澡这件事情上，注意水淋在皮肤上的感觉，看一看淋下来的水柱、水花，感受一下水的温度，闻一闻肥皂或者沐浴露的香味。
* 泡上一杯茶，观察茶叶在水里慢慢舒展、散开，再慢慢沉淀到杯子底部，堆积在一

---

① 加拉格尔，诺尔斯，麦克尤恩. 穿越迷茫：战胜成长焦虑［M］. 段鑫星，司莹雪，刘莞毓译. 北京：中国人民大学出版社，2021：158−167.

起，静静地躺着，茶汤的颜色慢慢变深。

• 带孩子一起吹泡泡，关注泡泡的颜色、形状和泡泡被吹出来的过程，在泡泡破裂前许一个愿望。

• 想象自己的思绪漂浮在树叶上，随着小溪顺流而下。

• 想象自己躺在田间，看着云从眼前飘过，它们大小不一，颜色各异，形状各异，绵延不绝。

• 睡觉前被太多想法压得喘不过气时，就把各种想法写下来，放进抽屉，什么都不去想，让大脑充分放松，第二天早上再做选择。

• 在家里拖地时，看着拖把湿润过的每一块地方、每一个角落，感觉到灰尘已经被全部清理干净了。

当尝试正念练习时，一开始可能会感到很难集中注意力，这是因为我们总执着于做成某件事，做不成时便会沮丧、会分心。但其实经过反复多次的练习后，我们的大脑会变得越来越专注。况且，即便偶尔分心，那又有什么关系呢？

第二章　用"心"与学生互动

　　作为老师，和学生互动是一件稀松平常的事情。然而，当我们走近一个个具体教育案例时不难发现，无论是对"调皮"学生的教育转化，还是主动找心情沮丧的学生聊天，抑或是走进寝室给住校学生讲睡前故事，这些都与老师们看待学生的视角、与之沟通的方式以及采取的行动策略密切相关。对学生来说，与老师的互动是温暖的还是冰冷的、是得到鼓励还是受到打击，很大程度上取决于老师的一言一行。本章将从看、听、说、做四个维度介绍老师与学生互动的策略和方法，希望能够帮助大家成为学生成长过程中的"重要他人"。

第一节　如何用"心"看

　　请你回想日常工作中的某一天，走进教室，你首先看到的是什么？是班级整体精神状态好不好，是那几个经常违反纪律的学生又在调皮捣蛋，还是那些喜欢你授课的学生兴奋期待的样子？现在请你再回忆那个场景，还有哪些是你当时可能忽略、没有看到的？为什么你当时没有关注到？关注到这些会对你的工作起到什么作用？这些都是本节需要探讨的内容。

 **"心"现象**

　　你的学生存在以下这些现象吗？请将你遇到过的现象勾选出来。

☐ 有的学生看上去听课很认真，但从不举手回答问题。

☐ 有的学生上课总是无精打采，毫无兴趣。

☐ 有的学生积极举手回答问题，但很少答对。

☐ 有的学生学习很认真，但学习成绩不太好。

☐ 有的学生很喜欢和同学讨论问题，但很少向老师请教。

☐ 有的学生偏科严重，对弱势科目特别厌烦。

☐ 有的学生很喜欢交朋友，但他身边的同学好像不怎么喜欢和他玩。

☐ 有的学生喜欢独来独往，鲜少有朋友。

☐ 有的学生平时看起来并无异常，家长却忽然告知学生出现了较为严重的心理问题。

☐ 有的学生无法和父母好好相处，总是矛盾重重。

其他（请补充）：_____

　　我们每天要面对不同的学生，他们表现各异，个性也大不相同。你认为我们应该重点关注学生的哪些行为和表现？

_____

_____

　　我们应该如何更全面、更系统地观察学生？

_____

_____

♥ "心" 视 角

一、什么是用"心"看

用"心"看是通过观察实现对学生的关注，开启给予学生支持和帮助的过程。它可以为我们支持学生的发展、满足学生的心理需求提供有效的信息和切实可行的帮助。用"心"看不仅是一种能力和技巧，更是一种态度和信念。它需要我们通过观察学生在日常学习、生活、人际交往等方面的言语、表情、行为表现，分析学生的心理特点，发现学生的心理需求，加深对学生的了解。

有些老师可能会想：观察学生谁不会呢？不就是关注他们的日常行为表现吗？其实，用"心"看并不是一般的观察，它与普通的观察最本质的区别在于观察的视角，视角的转变体现了用"心"看的以下内涵：

一是从只看行为本身到看见行为动机的转变。每一个行为背后都有其内在动机。如果只看学生的外部行为，就如同只看到"冰山一角"，并不能形成全面、客观的评价和判断，甚至有时还会失之毫厘、谬以千里，而我们接下来建立在片面、偏颇的行为评价基础上的鼓励表扬或批评教导，都可能因无法锚定学生内心的真实需求，达不到应有效果。如果将"看"学生的视角从看行为本身转变到看行为动机，就能全面、真实地了解学生需求，使接下来采取的教育行为更具针对性、更有效。

二是从只看问题不足到看见独特优势的转变。在教学过程中，调皮的学生很容易引起老师的关注。当我们将目光聚焦于学生的问题，用问题取向的视角观察学生时，会发现问题越来越多，学生也容易透过我们的眼睛看到自己的问题和缺点，产生自卑心理，甚至自暴自弃；而当我们将目光转向学生的独特优势，用资源取向看待学生时，会发现学生的亮点越来越多，学生透过我们的眼睛可以看到明亮的自己，产生自信和勇气。用"心"看学生的独特优势就是为学生点燃内心的萤火，支持学生朝向光明。

三是从只看最终结果到看见成长过程的转变。学生的成长发展或行为改变不可能一蹴而就。我们观察学生时，若只注重最终结果，会发现成功不常有而失败常有，很容易陷入失望，感觉自己的教育无效。当这种失望情绪传递给学生后，学生会更加受挫，丧失努力的勇气，甚至选择放弃。若我们转化视角，看见学生成长的过程，尤其是看见学生在过程中的努力，并及时给予过程性反馈，学生会因此备受鼓舞，想方设法调整学习策略，应对挫折，我们自身也会因看见学生的点滴进步而倍感喜悦，增强工作的成就感和价值感。

二、用"心"看的积极意义

（一）了解学生基本心理需求，助力学生心理发展

人类的三大基本心理需求包括自主感、胜任感和联结感（表2-1-1）。这是人们获得持续的心理成长、整合以及幸福感所必需的内在心理营养，也是学生获得心理健康和幸福感的必要条件。

表2-1-1　人类的三大基本心理需求

基本心理需求	含义	解释
自主感	希望拥有我能决定自己的选择的感觉	拥有自主感的学生，希望在说什么话、做什么事、见什么人、交什么朋友、选什么专业、未来从事什么职业等方面，都拥有自主选择权，能按自己的意愿行事，能自己做决定
胜任感	希望拥有我能行的感觉	拥有胜任感的学生，不仅相信自己能把事情做好，更会在现实生活中通过实际体验确认自身的能力，也相信通过努力就能得到预期的结果，对自己的能力充满自信，面对困难也更具韧性
联结感	与人互动时希望拥有被关爱的感觉	拥有联结感的学生，感觉自己被他人所接纳，与他人有着密切的联系，觉得自己是有价值的、值得被爱的

学生在成长的过程中，基本心理需求若能得到满足，会更加自信，面对挑战时也会更加努力；基本心理需求若未能得到满足，则容易产生挫败感，面对挑战时容易自我设限、退缩逃避。学生在求学期间会遇到许多困难和挑战，如果我们能通过观察，了解学生的发展水平，及时发现学生的心理需求，尽可能地帮助学生在学习和生活中获得自主感、胜任感和联结感，将大大促进学生心理健康发展。

（二）发现学生个体差异，探寻适宜教育方法

每一个学生都是独特的个体，受到生理遗传、家庭背景、社会文化等方面因素的影响，其心理发展具有独特性，个人能力、气质类型、个性特征等方面都存在差异。例如，有的学生善于观察思考，有的学生善于动手操作；有的学生喜欢与人交流，有的学生喜欢安静独处；等等。

当我们能秉持多元的价值观用"心"看学生时，就能更加尊重学生的个体差异，加深对学生的了解，发现学生的独特之处，看到学生的亮点和成长的可能性；能针对不同的学生量身定制适宜的教育方法，帮助学生找到个性化发展之路。

（三）观察教育结果，调整教育行为

如果我们没有用心观察学生，没有进行分析思考，即便拥有多年的工作经历，也只是日复一日地重复劳动，谈不上成长和进步，没有总结的经验也会随着时间烟消云散，只留下忙碌的身影和心力交瘁的挫败感。

如果我们用心观察学生，常常有意识地对教育结果进行观察，发现问题并对问题提出假设或猜想，通过归纳、总结、分析、思考等方式，找到其中的原理和规律，及时调整教育行为，形成新的实践知识与经验，就会获得职业价值感，在真正实现高效教学的同时促进自身专业成长。

三、用"心"看的基本原则

（一）随意观察与有意观察相结合

目之所及皆为看的过程，教师每天和学生相处时，都要坚持随意观察与有意观察相结

合的原则（图2-1-1）。随意观察是指教师在日常与学生互动的过程中，无计划、无目的、被动地观察学生。随意观察有助于教师笼统地感知班级氛围、了解学生成长发展的大致状况等，可以帮助教师从生活的细微处积累大量的感性认知，更加广泛地了解学生。有意观察是指教师事先明确观察的目标、方向和内容框架，并根据自己要观察的内容而进行的有计划、有目的、细致的观察，可以为筛选关键事件提供方向指引。

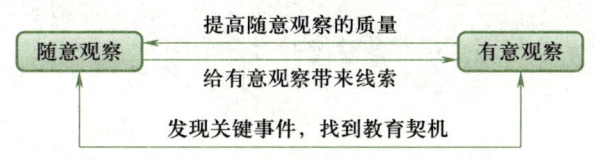

图2-1-1 随意观察与有意观察的关系

（二）共性与个性相结合

教育面对的是人，他们具有共同的心理特征与社会性，又具有个体的差异性。教师用心观察学生，既要了解学生群体的共同心理特征，又要了解个体的差异。例如，在学习过程中，有的学生偏向听觉刺激，有的学生偏向视觉刺激，有的学生偏向动觉刺激；有的学生喜欢独自学习，有的学生喜欢结伴学习；有的学生能自我激发学习兴趣，有的学生则需要教师激发其学习兴趣；对于小学低年级学生，可以用物质激励激发其学习动机，对于高年级学生，可以慢慢转用精神激励激发其学习动机。

在教学过程中，我们既要观察学生的身心特点、认知规律和情绪变化等方面的共同特征，找到契合他们内在需求的教育策略，又要观察不同学生的知识储备、认知风格、学习兴趣，帮助个体实现差异化发展。

（三）个体与环境相结合

学生是单独的个体，同时也是生态系统中的一员。学生的行为既有其个性特点，又受到同辈群体、家庭、学校、社会等多方面环境因素的影响。观察学生时，既要观察学生的特质，又要观察学生的成长环境；既要根据学生的个性特点，给予恰如其分的有效帮助，又要用系统的视角看待和全面了解学生，理解其个性发展历程，协调多方面因素，为学生发展营造支持性成长环境。

案例分享

小童是班长，学习好，人缘好，各方面都很优秀。高二的时候，小童患上了抑郁症，老师们都觉得很奇怪，这么优秀的学生怎么忽然就抑郁了？班主任仔细回想了平时对小童的观察：小童是一个比较敏感的人（个人特质），很在乎别人的看法，凡事力争优秀，给自己很大的压力；升入高二后，小童的学习成绩开始下滑（学业成绩）；平时虽很少看见小童有负向情绪（情绪表达能力），但有一次看见他手上好像有锤墙留下的伤痕（情绪宣泄方式）。后来通过和小童母亲沟通才知道（成长环境），小童的父母感情不和，偶尔还会在家打架（原生家庭），小童平时没有和乡下的父母同住，寄住在城里舅舅家，舅舅和舅妈也经常争吵（寄住家庭）。小童也曾说起，上初中时有一群常在一起打球的队友，但进入高中后学业繁忙，在一起打球的机会越来越少，与队友基本断了联系，现在和班级同学看起来相处得很好，但总觉得找不到志同道合的朋友（人际关系）。

班主任将个体与环境结合起来看，发现小童的心理问题可能是多方面因素日积月累综合影响的结果，因此更能理解小童的处境，在之后的工作中一直努力协调各方面因素，为小童的抑郁症康复营造支持性成长环境。

 "心" 方法

一、提升用"心"看的意识

用"心"看是教师获取实践知识的重要途径，也是有效获取学生信息、调整教学策略和实施教学行为的基础。我们要经常有意识地观察学生，了解学生的心理状态和思想动向，敏锐地体察学生的变化，对观察到的结果进行深入分析和思考，从中发现学生的特别之处，懂得学生之间的差异，关注不同学生的心理需求，有针对性地调整教育行为，运用正确的教学策略促进学生成长，为满足学生的心理需求创造有利条件，达到相对有效的教育结果。

我们要时刻提醒自己用"心"看，可以将冰山图（图2-1-2）贴在自己的桌面上，提醒自己关注学生的行为动机与心理需求。也可以准备一个专门的观察记录本，摆在桌面上显眼的位置，提醒自己养成有意观察、定时记录的习惯。

图2-1-2 冰山图

二、把握用"心"看的内容和时机

（一）看学生的行为和情绪变化

在教学过程中，我们可以通过用心观察学生课堂内外的个体行为和情绪变化，了解学生的学习状态和情绪状态，及时调整教育策略，找到更契合学生的教育方法。我们还可以从面部表情、言行表现、作业表现和活动表现等维度观察学生课堂内外的行为和情绪变化（图2-1-3）。

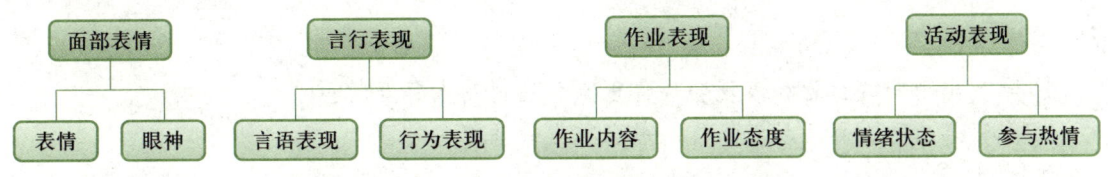

图2-1-3 观察学生行为和情绪变化的维度

学生的个体行为和情绪发生变化时，是我们用"心"看的时机。例如，在课堂上，我们发现学生表情木然、眼神空洞、对上课内容不感兴趣时，要把握用"心"看的时机，快速分辨这是个体现象还是群体表现。若是个体现象，可在课后与该生细谈，找到帮助该生的方法；若是群体表现，则需要迅速调整课堂活动，激发学生的学习兴趣。

思考

1. 在课堂上，你觉得学生有哪些具体的行为和情绪变化需要教师把握时机、重点关注？
2. 在课后与学生互动交流时，你觉得学生有哪些具体的行为和情绪变化需要教师把握时机、重点关注？

（二）看学生的人际互动

联结感是学生的基本心理需求之一，学生都希望自己能被身边的"重要他人"（包括父母、老师、同伴等）关心、尊重、接纳、重视，获得"我很重要"的体验。我们可以有意观察学生与周围环境中"重要他人"的互动方式，关注人际互动不良的学生，找到阻碍学生人际互动的因素，运用各种资源帮助学生构建支持性人际互动环境。我们还可以从亲子互动、师生互动和同伴互动等维度观察学生的人际互动（图2-1-4）。

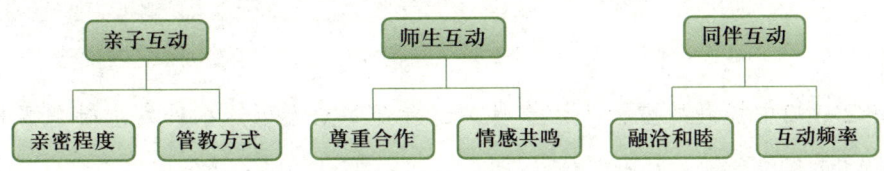

图2-1-4 观察学生人际互动的维度

在亲子互动方面，我们可以从亲子关系的亲密程度和父母的管教方式，观察学生与父母的情感联结是否紧密、家庭界限是否清晰、家庭中有无集体休闲娱乐时间、家庭关系是否和谐等；在师生互动方面，可以看学生是否和老师相互尊重、交流过程能否产生情感共鸣、遇到困惑和问题时是否积极主动和老师沟通求助等；在同伴互动方面，可以看学生与他人的相处是否融洽和睦、如何处理冲突、与同伴互动的频率等。我们可以在平时的教学和生活中，注重观察学生的人际互动，找到规律和线索，实现对学生的用"心"看。

思考

1. 学生出现哪些行为和表现会让你重点关注他的人际互动？
2. 观察学生的人际互动时，你一般会重点关注哪些方面？

（三）看重大生活事件

学生容易受到生活事件的影响，尤其是重大生活事件，可能会导致学生的价值观、生活状态、心理健康状态等发生改变。以下重大生活事件（表2-1-2）的发生可能会给学生造成巨大的心理压力，我们要及时关注。

表2-1-2　重大生活事件

社会重大事件	公共卫生事件	班级重大事件	学生突然意外离世	个人重大事件	身体突发疾病或意外伤害
	社会安全事件		临时更换教师		亲人离世或父母离异
	自然灾害事件		严重的师生冲突		人际关系不良
	事故灾难事件		班级暴力事件		学习成绩严重下滑

社会重大事件发生时，我们要把握用"心"看的时机，注重对学生的观察，对受影响较为严重的群体或个人及时给予支持和帮助；班级重大事件发生时，我们要观察当事人或受事件影响较大的学生，有针对性地实施帮助；个人重大事件发生时，我们要重点观察当事人，记录事件发生的始末、当事人的反应及事后表现，并及时给予关注、关心和支持，必要时帮助学生寻求心理咨询服务。

思考

除了表2-1-2中提到的重大生活事件，还有哪些重大生活事件发生时需要教师及时关注？

三、注重看后的反思

爱因斯坦说：什么是荒谬？持续不断地用同样的方法做同一件事情，却期望获得不同的结果，这就是荒谬。若教师的工作只是用固定化的方法完成，没有通过观察进行反思和改进，得到的将是同样的结果。学生在变化，我们的教学理念和方式也需要不断更新。我们要注重看后的反思，让教育教学更具前瞻性和规划性，通过书写、回顾等方式，敏锐地捕捉观察到的要点，反思自身教学行为对学生的影响，透过对实际问题的进一步探讨，寻求更好的教学策略和解决方法，指引下一步行动。

案例探讨

刘老师眼中的小文

一、我为什么会关注小文

有一天，我发现小文上课时有些心不在焉，下课后也默默地坐在座位上，不像往常一样和朋友开心地聊天，感觉无精打采的。我有些奇怪，这确实不太像平时主动积极、乐观开朗的小文。我找她询问原因，但无奈她不愿多说。一周过去了，小文看起来情绪更低落了。因此我打算每天对小文进行观察，并写下观察记录。

二、我的观察记录

3月21日

课堂上，小文眼神空洞、心不在焉，看起来有些忧伤（观察情绪）。

3月22日

小文的好友小希今天通过了学校演讲比赛的初赛，很兴奋地和小文分享，小文只是淡淡地说了几句祝贺的话（观察人际互动），若是往常，小文应该会和好友一起开心得手舞足蹈。

3月23日

今天联系了小文的父母，询问小文在家的状态，父母表示小文最近在家话也变少了。问及原因，父母提到小文的儿时好友最近被检查出患有抑郁症（关注个人事件），目前正在医院接受治疗，小文听到消息后很震惊，因为儿时好友看起来很阳光、很乐观。之后小文很少提及此事，也没有表示要去看望好友，我不确定小文的情绪是否受到此事的影响。

3月24日

小文的好友小希告知，上个月阅读课时班上纪律不太好，小文大声地斥责过那些讲话的女同学（关注个人事件），今天听到她们背后议论小文，说她对男生、女生的态度不一样，很虚伪。

3月25日

小文在周记中提到什么是真正的朋友（发现重要线索），有一些自己的思考。

回想起来，小文的情绪低落有一段时间了，除了好友小希常常表示关怀外，其他玩得好的朋友似乎并没有发现，也没有看到她们表示担忧。

三、我的思考

经过持续观察，我判断人际关系应该是小文情绪低落的关键点，于是在接下来的时间里更加注意对小文人际关系的观察，并时常用言语、眼神表达对小文的关心，或是找小文谈心，向小文的父母、好友了解情况。这些有意无意的关注让小文越来越信任我。终于，她在周记里写下了原因。原来从上次斥责那些讲话的女同学开始，她们就持续不断地在背后说小文的坏话，其中还有曾经跟小文关系不错的同学，这让小文对自己的人际交往能力产生了质疑，再加上听到儿时好友抑郁的主要原因也是因为校园欺凌，种种经历让小文对他人产生了严重的不信任感，不愿与人交流，忧思深重。

四、我的反思

我及时观察到了小文的情绪变化，从她的父母、好友处了解了她的情况，并对小文予以持续不断的关注，从而让她逐渐卸下心防，愿意敞开心扉。但我也有一些困惑，想与大家探讨：

1. 青少年的情绪容易受到人际关系的影响，我们应该如何营造良好的班级人际交往氛围呢？

2. 班里还有没有像小文一样遭受他人非议、情绪低落的学生？如何才能敏锐地觉察到学生的状态？

3. 小文目前只是在周记里写出原因，并不愿意和我当面聊，接下来我该如何继续获取她的信任，后续又该如何帮助小文解决她的问题呢？

透过观察到的现象，不断反思和调整教育行为，提升专业能力，是教师成长的必经之路。提升观察意识，把握观察时机，注重看后反思，是实现用"心"看的有效策略。只有看到学生行为背后的动机，聚焦学生的独特优势，关注学生的成长过程，我们才能真正实现用"心"看，才能真正给予学生支持和帮助。

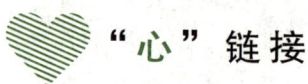 "心"链接

提升被关注的力量：霍桑效应

20世纪20年代，美国西部有一家制作电器的霍桑工厂。工厂管理者发现，工厂的娱乐设施、医疗制度和养老金制度在同行业内都是一流的，但员工却常喋喋不休地抱怨待遇不好，从而影响了生产效率。于是，管理者们进一步改善了娱乐设施、医疗制度和养老金制度，但生产效率没有得到提升。

管理者们在无计可施的情况下，邀请了以梅奥为首的心理研究团体，希望通过一系列的改善工作，找到提高工作效率的办法。研究团体设定了一个"谈话实验"的重要环节，

分别找工人们推心置腹地谈话，耐心地倾听他们对待遇、环境等方面的意见和不满，并将其言论记录在案。

在研究过程中，团队人员惊奇地发现：当工人受到额外关注和自己的意见得到倾听时，生产效率就会大幅度提高。此后，人们把这种个体意识到自己正在被别人注视和自己的情绪得到合理宣泄后就逐步改变自己行为的倾向叫作霍桑效应。

霍桑效应中导致生产效率提高的两个重要条件值得我们参考。一是当人们意识到自己正在被关注时，会刻意地、积极地改变自己的行为，展现更好的一面；二是人们的想法和情绪得到宣泄有利于提高工作效率。我们可以运用关注，让学生感觉自己被重视，同时适时与学生谈话，倾听学生的心声，引导学生合理发泄情绪，激发学生内心中更美好的特质，使学生更乐意展现自己的美好。

第二节　如何用"心"听

有人说："人之所以有两只耳朵一张嘴，是为了让我们少说多听。"回想一下你与学生的交流场面，是你听他说的时间多一些，还是你更希望让他听你说？当你在听他说的时候，你的表情、姿势是怎样的？你当时听懂了他的"弦外之音"吗？听学生说话要用"心"听，这些都是本节将要探讨的内容。

♥ "心"现象

回想日常与学生交流的场景，你的倾听行为和以下哪些选项比较接近？请将符合的选项勾选出来。

□ 当学生向我倾诉时，我不急于插话，也不急于打断他。

□ 当学生表达不同意见时，我能耐心地听他把话说完。

□ 我不会因为对学生印象不好而拒绝听他说话。

□ 当学生找我倾诉时，我能专注地听他说。

□ 我总能用适当的表情或姿势鼓励学生把心里话说出来。

□ 我与学生谈话时，既能关注学生的口头信息，也能感知到学生所要表达的情感。

□ 听学生倾诉时，我不匆忙下结论，不轻易做判断。

□ 听学生倾诉时，如果我理解他的想法，会通过一些方式传递出我的理解。

□ 我很少指手画脚地替学生出主意，而是帮学生确信他自己有解决问题的能力。

□ 当学生表达得不清楚时，我不会急躁，能慢慢引导学生表达。

你觉得自己是一位善于倾听的教师吗？是□　　否□

在和学生的互动过程中，你认为倾听能起到怎样的作用？

_____

_____

我们怎样才能听懂学生的"弦外之音"？

_____

_____

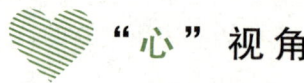

"心" 视角

一、什么是用"心"听

用"心"听就是全神贯注地听学生诉说，是一种内心与学生同在的状态，能实现准确接收信息、清晰传达理解的目的。

"听"的繁体字"聽"对什么是倾听进行了生动诠释，请试着根据自己的理解对"聽"字进行拆分，并说明其含义。

_____

_____

拆解完"聽"字后，你有什么感受？是不是发现原来"听"这一常见行为本身就有如此深的内涵。倾听即在听的过程中眼睛专注柔和地看着对方，身体稍微前倾，一心一意、全神贯注，并用适当的面部表情、姿势或"嗯""是的"等合适的口头语言予以回应，传递关注与理解。

用"心"听则是在专注倾听的基础上更进一步，即不带预设与偏见地倾听，尽可能听懂学生的真实意图，并通过积极回应向学生传递理解。如果将教师与学生的沟通比喻成在双方之间挖一条水渠，通过这条水渠让师生心意相通，让彼此的想法、感受、情感自然地流向对方，那么用"心"听就是开渠凿壁之前的勘探，只有先确定好引水点，才不会偏离方向。

用"心"听并不是一定要帮助学生解决问题，而是去理解他们的感受和想法。当我们能够耐心地、以不急于评价的态度去倾听学生的心声时，他们就会感觉"虽然有很多困难，但仍然有老师能够理解我、支持我"。所以，用"心"听不仅包括听信息，还要听对方的情绪和需求（图2-2-1）。

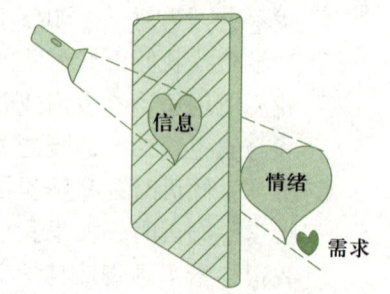

图2-2-1　用"心"听的基本内容

案例探讨

　　新型冠状病毒感染防控措施优化调整后，正在读高一的小强戴着防毒面罩、穿着防护服返校复课。班上同学都觉得小强太夸张，嘲笑他"怕死"。文老师知道后，私下找到小强询问缘由。小强正处于被他人嘲笑的愤怒中，回怼文老师："我就是怕死，我就乐意，怎么了？"

　　如果你是文老师，
　　你"看"到小强的表情是：＿＿＿＿＿＿＿＿＿＿＿＿＿＿＿＿＿
　　你"听"到小强的语气是：＿＿＿＿＿＿＿＿＿＿＿＿＿＿＿＿＿
　　你"感受"到小强的心情是：＿＿＿＿＿＿＿＿＿＿＿＿＿＿＿

　　文老师听到小强这样回答，心里不太舒服，本来是好意关心，却被误解。但文老师知道，人在愤怒时说的话是将自己的情绪带入到了表达的内容中，所说的话和内心真正想表达的意思不一定一致；哪怕是在不愤怒的情况下，有些学生的语言表达能力有限，仅凭语言也很难表达清楚自己的想法。

　　文老师认真观察了小强的眼神、神情和肢体语言，听到了小强言语背后的愤怒和担忧。他对小强说："同学们的嘲笑让你很生气，而你看起来生气的背后好像还有些担忧，是这样吗？"小强冷笑了一声，说："他们什么都不懂，我也懒得和这些人说。我根本就不是怕死，我是不想被感染，得了会传染给爷爷。"说到这里，小强的眼眶湿润了，他顿了顿说："我爷爷有尿毒症，要是被我传染了，真的很危险。"

　　文老师这才明白，原来小强假装坚强、满不在乎的言语背后（信息），是对爷爷身体的担忧（情绪），他希望爷爷好好活着（需求），小强需要用戴防毒面罩、穿防护服来确保自己不会感染，也希望得到同学和老师的理解（需求）。

　　从案例可以看出，我们在用"心"听学生的语言时，不能仅停留于文本内容的读取，还要留心观察对方的眼神、面部表情、语音语调、肢体语言，感受其中蕴含的情感信息，并透过信息和倾诉者的情绪，体察对方的真实意图与内心需求。

？ 思考

　　为什么当面沟通比电话沟通效果更好？这对我们开展学生工作有何启示？

二、用"心"听的积极意义

（一）表达对学生的重视

　　教师是学生的"重要他人"，是学生获得关心的重要来源。教师专注的目光、全神贯注的表情、心无旁骛的倾听，都传达着对学生的关心，表达着对学生的重视。用"心"听向学生传递着一个重要信息：你很重要，你说的话很重要，你表达的内容很有价值，值得我用"心"听。这种被重视的感觉会让学生产生对教师的信任，相信自己是被看重的，也相信教师会重视他们的感受、关心他们的所想所为，从而获得自尊感、自我效能感和学校归属感，愿意加大在学校的情感投入和学习投入。

（二）帮助学生厘清情绪

用"心"听就像为学生撑出一个"安全空间"。在这个空间里，学生可以自由地表达自己。表达即疗愈，是一种情绪的宣泄，可以将混乱的情绪释放出来；表达还可以梳理内心的想法与感受，因为只有不断思考才能持续表达，而思考可以激活大脑中的认知加工区域，增强对情绪的控制。被教师用"心"听的学生，会在表达中慢慢地理解并接纳自己的感受，澄清自己的迷茫；也会在表达中慢慢地厘清情绪，解开负向情绪的枷锁，冷静客观地看待自己，看到情绪背后的真实需求，启动理性思考，找到满足需求的方法。

正如前面案例中提到的小强，他的内心积压了很多担忧和愤怒的情绪。面对文老师友好的询问，他不由自主地"怼"了回去。幸好当时文老师没有生气，而是通过用"心"听，撑出了一个温暖、接纳的倾听空间，让小强感受到了安全，自然地放松下来，阐述了他担忧的原因，不仅促进了文老师对小强的了解，也让小强在表达中厘清了情绪，明白了自己的真实需求。在此之后，文老师和小强一起讨论了厘清情绪、表达情绪的方法，引导小强合理地表达情绪。

（三）让学生感觉被接纳

当教师不加评价地倾听学生时，学生会产生被接纳感：知道自己有迷茫、有困惑是正常的，不会受到嘲笑；遇到事情不会处理是可以说的，会获得帮助；考试成绩不理想是被允许的，会获得理解。这种被接纳感会使学生欣然接受自己的现实状况，并更加客观理性地看待自己，不因自身的优点而骄傲，也不因自身的某些缺点而自卑。

三、用"心"听的原则

（一）主动地听

一方面，当学生来找我们时，我们应停下手中的事情，表达出愿意听学生倾诉的倾向。要知道，并不是每个学生都有足够的勇气主动来找我们，有些学生在来之前可能已经做了很久的心理建设，所以我们要珍惜这样的机会，利用这一契机与学生建立起良好的信任关系。有条件时，我们可以在办公桌旁放一把椅子，方便学生坐下来慢慢表达。这些细节看似不起眼，却传递出我们欢迎学生来找自己、愿意听学生充分表达的态度。

另一方面，我们不能只被动等学生来找自己，也要主动找学生聊天谈心。哪些学生可以成为我们"主动出击"的对象呢？

- 曾经来找过我们，但碍于当时的时间、场地等条件，没有表达充分的学生。
- 根据本章第一节用"心"看所观察到的线索，提示需要进一步交流的学生。
- 无论是本人还是家长，无论是课堂上还是课后，都交流不多的学生。
- 其他（请补充）：_____。

? 思考 ┈┈┈┈┈┈◇

请回想自己的学生时代：当老师主动找你聊天谈心时，你的心情如何？你曾经主动找过哪些老师聊天谈心或寻求帮助？他们有哪些共同特点？

（二）专心地听

有些教师似乎认为自己可以一心二用，边批改作业边听学生说。且不管听的效果如何，这样做会让学生产生"你对我的话不感兴趣""我不重要"等想法，从而失去继续表达的欲望，长此以往教师就可能失去学生的信赖。

此外，通过专心地听，我们可以抓住学生表达的关键点，分清哪些内容是重要信息，哪些内容没有那么重要，并对听到的内容进行"解码"，然后将自己的理解以肢体语言、口头语言等反馈给学生。学生核实自己的意思与教师的反馈是否一致，如果存在偏差，就再次"编码"并进行表达，逐步实现有效沟通（图2-2-2）。

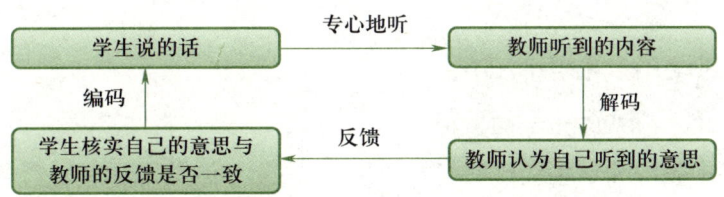

图2-2-2　师生有效沟通的过程

（三）耐心地听

在倾听时，我们很容易受过去经验的影响，不等学生把话说完就急于做判断、下结论，以至于表现得缺乏耐心，这样不仅没有体现出对学生应有的尊重，也会让学生对我们做出的判断或提出的意见产生怀疑，从而对我们失去信任。

用"心"听要求我们在与学生交流时，将过去的经验"悬置"，秉持开放、接纳的态度，耐心地听他们把话说完，全面了解事情的经过，完整收集他们表达的信息。在这个过程中，我们要尽量将注意力维持在学生身上，多感受对方的情感，理解对方的处境，并保持一定的好奇，避免先入为主，同时要注意培养倾听的耐心，不要将注意力放在急于想对策、想办法上。

（四）共情地听

学生的想法有些听起来很"稚嫩"，有些似乎是自寻烦恼，有些也许价值观"不正确"……但其实这些对处于成长阶段、价值观仍在逐步形成的中小学生来说，是很正常的。我们不应高高在上地对学生的想法进行"道德判断"，不应只从自己的角度看待学生的问题，认为他们做得不好或自寻烦恼，而应俯下身来，走出自己的框架，转换到学生立场，设身处地感受他们的内心世界。只有这样，学生才能从我们共情的态度中滋养出自信和勇气，直面困难，努力解决问题，获得成长。

练习 ------------------○

小钰马上要转学了，她对老师说："我爸妈让我转学，但是我舍不得好朋友，不想转学。我不知道去了新学校会怎么样。"如果你是小钰的老师，你从她的话里听出了怎样的情绪？你会如何回应呢？请在你认为合适的选项前打勾。

☐ 你要转到更好的学校去了，是好事呀。

☐ 你要学着适应新的环境，转学就是一种挑战。

☐ 放心，你去了以后肯定会很快交到新朋友。

☐ 没关系，你还可以和朋友们联系呀。

☐ 你好像很舍不得你的朋友，到一个新环境重新开始，确实不容易，我能理解你对朋友的留恋和对新环境的担心。

参考答案

♥ "心"方法

一、积极创设用"心"听的条件

（一）找寻用"心"听的专属场所

以下是校园中教师和学生交流的场景（图2-2-3），你觉得哪个场景会让学生更放松、更愿意袒露心声？

如果我们在办公室、走廊等地方找学生谈心，周边人来人往，不仅学生难以卸下防备、袒露心声，我们也可能无法真正做到专注、耐心地倾听。所以我们平时可以有意识地寻找、开辟一些与学生谈心交流的"专属空间"，这些地方最好是安全、安静且相对方便的，既属于校园内又能远离喧闹人群的公共场合。

图2-2-3　师生交流的常见场景

 **练习** ------------------○

以下是教师与学生谈心的场所，请结合你所在学校的具体设施和个人偏好，勾选你认

为最合适的与学生谈心的"专属空间"。

☐ 学校操场。

☐ 学校草坪或花园旁的座椅。

☐ 教室外的师生交流区。

☐ 教师办公室内隔出的谈心谈话隔间。

☐ 心理辅导室。

☐ 教学楼走廊的僻静一角。

其他（请补充）：＿＿＿＿＿＿＿＿＿＿＿＿＿＿＿

＿＿＿＿＿＿＿＿＿＿＿＿＿＿＿＿＿＿＿＿＿

你可以将这些地方布置得尽可能温馨一些，营造让学生感到更安全、更放松的氛围。相关要求可以参考教育部发布的《中小学心理辅导室建设指南》。

中小学心理
辅导室建设
指南

（二）约定用"心"听的专属时间

有时学生过来时，我们可能正忙得焦头烂额，根本没有时间和精力耐心听学生倾诉。所以，当时机不合适时，我们可以和学生另约时间并信守承诺。有时学生虽然没有主动找我们，但我们通过用心观察发现有必要与其谈心时，可以通过一些方式主动邀约对方。对于不同性格的学生、不同的问题，采取的方式也不一样。我们可以当面直接邀约，也可以写纸条，还可以借其他老师和学生之口转达期待——希望他主动来找自己。同时，我们最好能在每天或每周安排一个相对固定的时间段，专门用于和学生谈心谈话，如午饭后、自习时间等。

练习

请为你所在的学校或班级设计"倾听一刻钟"活动，引导教师、学生、家长每天抽出一刻钟时间，停下手头的事务，放下手机，心无旁骛地倾听自己的学生、同学、孩子诉说。在这个过程中，倾听者不要轻视、走神，更不要打断、插话或随意评判、指责，只要专注地听对方诉说即可。

二、用"心"听完学生要说的话

（一）用肢体语言表达愿意听

我们在与学生交流时，如果运用点头、身体微微前倾、眼神交流、目光接触等肢体语言，可以传递出"我正在用心听""我愿意听你说"等态度；如果面部表情跟随交流的内容而变化，并和学生保持同频，还能传递出"我理解你说的内容""我懂你此刻的心情"等信息。我们的正确态度和合理反应可以让学生感受到肯定与鼓励。

　　如果我们在与学生交流时，总是跷二郎腿、双臂环抱或皱眉叉腰，则可能让学生感受到漫不经心或居高临下，产生"老师不认可我""老师嫌我烦"等想法，从而关上心门。

　　我们不妨请同事抓拍一张自己和学生说话时的照片，并结合以下表格检视自己说话时的肢体语言（表2-2-1），回想自己在做出这些肢体语言时学生的反应，并思考还有哪些方面需要改进。

表2-2-1　肢体语言自我检视表

肢体语言	符合用"心"听的程度（分数越高越符合）	学生的反应	需要改进的部分
面部表情	1　2　3　4　5		
身体姿态	1　2　3　4　5		
眼神交流	1　2　3　4　5		
点头或表示赞同	1　2　3　4　5		
双臂打开或身体放松	1　2　3　4　5		
其他：＿＿＿＿＿＿＿＿＿	1　2　3　4　5		

（二）用口头语言表达愿意听

1. 适时采用简短的鼓励性回应

　　当学生在倾诉或描述某件事情时，我们要适时采用简短的口头语言进行鼓励性回应，如"嗯""哦""是的""啊""确实""然后呢""你能说得更具体一点吗"。这些回应可以向学生传递"我在全神贯注地听""我对你的话很有兴趣""你慢慢说，我愿意了解你的感受"等信息。

　　我们在回应时需要注意语音、语调和语速。例如，短音"哦！"、上扬音调的"哦？"、长音"哦……"是有明显区别的：短音"哦！"如果加上严肃或不耐烦的表情，会表达出"这件事我知道了，你不用再说了"；上扬音调的"哦？"如果配上好奇的表情，则是在表达"我对你的话很有兴趣"，鼓励学生继续往下说；长音"哦……"则表达"原来如此，我好像有些懂了"。

2. 核实听到的内容

　　师生之间的交流有时很难做到彼此真正了解，有时可能还会因为价值观冲突导致某些信息在传递时出现理解错位。所以，当学生在述说时，我们要仔细地听他表达的内容，抓住重点，简明扼要地概述，并向学生核实自己听到的是否正确，从而尽可能地减少理解错位的发生。常用句式为摘要对方表达的重点并进行核实，如"你的意思是……我理解得对吗？"

 **练习**

清清说："我都这么大了，我妈老把我当小孩子看，什么事情都过问、盘查。我知道她是关心我，但我真的很想多一些自由！"如果你是清清的老师，以下哪句话是在核实你听到的内容？

☐ 这就是天下父母心，总是爱自己的孩子，你要好好珍惜！

☐ 你是不是曾经做过什么事情让妈妈不放心了？

☐ 你应该极力去争取你的自由，不要轻易妥协放弃！

☐ 你觉得妈妈过度操心，你希望多一些自由，我理解得对吗？

除此之外，你还可以这样回应：_____

参考答案

_____

如果你是清清，当听到老师这样回应时，你的感受是：_____

_____

三、用"心"体会学生的情绪和需求

（一）感受学生的情绪

用"心"听不仅是听学生表达的信息，更重要的是听他们的情绪感受。一般而言，情绪可以依据四象限划分为正向的、负向的、强烈的（兴奋的）、微弱的（消沉的）。我们可以通过一些小练习分辨并感受学生的情绪。

 **练习**

以下是学生对你说的话，请你根据听到的信息，将他们的情绪感受在右边图形合适的位置标出来，并试着分析他们产生此种情绪的原因，以及可能伴有的肢体语言。

1. 这次演讲比赛我原本可以拿到第一，评委太不公平了。

蕴含的情绪：_____

产生的原因：_____

_____

可能伴有的肢体语言：_____

_____

```
          强烈的（兴奋的）
              │
        ┌─────────┐
正向的 ─┤ 模糊不易 ├─ 负向的
        │ 辨识区  │
        └─────────┘
              │
          微弱的（消沉的）
```

2. 同桌总是喜欢上课时找我讲话，我真的好烦！

蕴含的情绪：_____

产生的原因：_____

_____

可能伴有的肢体语言：_____

```
          强烈的（兴奋的）
              │
        ┌─────────┐
正向的 ─┤ 模糊不易 ├─ 负向的
        │ 辨识区  │
        └─────────┘
              │
          微弱的（消沉的）
```

3. 我什么都没说，她们却造谣我说了她们的坏话，现在大家都不理我了。

蕴含的情绪：_____

产生的原因：_____

_____

可能伴有的肢体语言：_____

（二）把握学生的需求

除了感受学生的情绪，我们还要把握他们表达信息背后的需求。根据以上练习内容，我们可以判断学生说这些话时内心真正的需求分别是什么。

学生表达的话	背后的需求
这次演讲比赛我原本可以拿到第一，评委太不公平了	
同桌总是喜欢上课时找我讲话，我真的好烦	
我什么都没有说，她们却造谣我说了她们的坏话，现在大家都不理我了	

❤ "心" 链 接

《请你听我说》①

心理学家徐钧在《心理咨询师的部落传说》中提到，在澳大利亚心理治疗界流传一首诗，这首诗来自一位心理困扰患者。据说这首诗是他为了抒发心情而作，他身边的家人和朋友过于关注他，总是劝他不要有负面情绪和不满，但从来不关注他说什么。而这正是他情绪困扰的重要原因之一。这更加凸显了倾听在人类各项社会活动中的重要作用。

请你听我说

当我叫你听我说，而你开始给我你的意见时，你没有回应我的请求。

当我叫你听我说，而你开始告诉我不该有某些感受时，你是在践踏我的感受。

---

① 徐钧. 心理咨询师的部落传说［M］. 北京：中国致公出版社，2018：91–93. 引用时有修改。

当我叫你听我说，而你觉得你应该做点什么来解决我的问题时，你已把我当作失败者了。

这样说可能有点怪。

听好！我所要的仅仅是你能听我说，你不需说些什么、做些什么，只需听我说。

建议是廉价的，不同专家的意见有的是。

这件事我自己会做，我还没有无助至此。我是有些泄气和乏力，但还不至于无助至此。

当你替我做些我需要自己做，而我又能自己做的事时，对我来说，你使我更加忧虑、更加软弱。

但当你能接受一个简单的事实，当你能接受我有某些情绪、某些感受，而不去管这些情绪和感受是否合理时，我就不用千方百计地去说服你我正受困于某些情绪。

我就能去想想在这些非理性的情绪背后到底是怎么一回事。

而当我弄清这点时，我要做什么便会一目了然，不需要什么建议。

所以，请你听我说，你只需要听我说就够了。

如果你想说些什么，请稍等一下，不要打断我，我说完后便会听你说。

第三节　如何用"心"说

语言只是沟通工具吗？如果你这么认为，那么就大大低估了语言的作用。语言是有力量的。有时你一句不经心的话，也许就会改变学生的一生。回想一下你曾经和学生说过的话，你最常说的是什么？你的本意是什么？你说的话有没有传递出你的本意？学生在听了你说的话后，是否有所改变？本节将探讨如何通过用"心"说，让改变一点点发生。

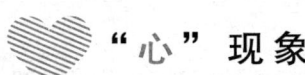 **"心" 现 象**

在和学生沟通时，你遇到过以下情况吗？请将你遇到过的选项勾选出来。

□学生愿意主动找你沟通，和你说心里话。

□你和学生沟通时能够鼓励学生，表达对他们的期待。

□当学生对你的观点持不同看法时，也能够说出来。

□学生认为和你的某一次谈话使他受益匪浅。

□在与学生进行多次深入沟通后，你发现他做出了好的改变。

□和学生的观点有冲突时，总不由自主地进行说教，难以和学生达成共识。

□和学生沟通时，不管如何动之以情、晓之以理，他似乎都无动于衷。

□本想鼓励学生，但学生和你谈完话后，好像更没有自信了。

□花了很长时间和某个学生谈话，却发现没有效果，他依然我行我素。

□和学生谈话时，你认为自己已经说得很明白了，但学生却没有听懂。

你遇到过的是前五种情况较多，还是后五种情况较多？

你觉得自己是一位善于沟通的教师吗？是□　　否□

顺畅和有效的沟通让我们享受到更多成就感与乐趣，而沟通不顺畅或者无效时，我们就可能体验到挫败与失望。那么我们应该如何说才能让学生发生一些改变呢？

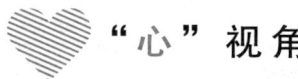

"心" 视 角

一、什么是用"心"说

用"心"说是教师在把握学生心理需求的基础上，选择合适的方式与学生进行沟通，说学生能听懂的话，把话说到学生的心坎里，促进学生产生积极的改变。用"心"说不是一种简单的沟通技巧，而是强调教师与学生沟通时态度的转变。

（一）从要求听话到平等对话

在信息时代成长起来的学生，获取知识和资讯的渠道相当丰富，已经不再局限于学校和家庭，这使得他们对很多事情都更加容易有自己的思考与判断，为自己"做主"的能力明显提升。他们不再简单服从于权威，而是通过质疑甚至叛逆的方式为自己争得话语权。如果我们还停留于"我说的才是有道理的""你听我的才能少走弯路"等观念上，一味地以要求学生听话、服从的态度与学生沟通，那么学生的想法和观点就会被"压制"，从而产生抵触情绪。此时不管我们再说什么，他们可能都很难再听进去了。平等对话则是教师在与学生沟通时不居高临下、不自以为是、不简单压制，相信学生的观点和表达必有其道理；愿意站在学生的角度看问题，用尊重和真诚的态度与学生对话。

（二）从急于评判到充分了解

有的教师听到学生一些"不成熟的想法"，看到学生一些"有问题的行为"，往往还没有了解具体原因，就急于评判、纠正，结果不但没有起到有效的引导作用，还容易使学生对教师心生不满。

案例分享

小成的课堂练习错了不少，刘老师要求他及时修正。可下课后，刘老师却看见他和同学在走廊嬉笑打闹。刘老师很生气，当众批评道："小成，你做错那么多题，还有心情在这里玩？！错题都修正了吗？你该好好反思一下自己的学习态度了。"

小成脸色变了，没有搭理刘老师。同学们在旁边哄笑。刘老师感觉面子上有些挂不住，生气地走了。

回到办公室，刘老师忍不住向师傅胡老师抱怨："现在的学生真难教，不爱学习就算了，说他几句还不理人，太不尊重老师了。"胡老师了解来龙去脉后，和刘老师说："你刚刚可能有些着急了。你应该先了解小成修正错题的情况，如果他已经都修正完了，那岂不是冤枉他了。当然，即便他没有修正完，你也可以先问问他，为什么没有及时修正错题，是不是还有其他原因，或许他有些题目还是不太会呢？而且刚刚你当着那么多人的面说他，他内心可能有些不满。现在的学生的确不一样了。"

在日常教育教学工作中，我们不能只依据自己听到的、看到的就急于评判，而是要尽可能了解学生想法背后的需求、行为背后的原因，充分收集信息，再"对症下药"。例如，上述案例中刘老师如果得知小成确实没有修正完错题，可以将他叫到一旁这样问："小成，老师不是批评你，只是有些疑惑，平时你学习挺认真的，今天怎么没有及时修正错题呢？是不是有其他原因？"这样的提问没有急于评判，而是传递出想要尽量了解小成的态度，既表达了对他的尊重和关心，也让他有机会说出真实原因从而促进刘老师了解小成行为背后的原因，进而找到解决问题的关键。

（三）从理性说教到共同探索

我们先看这样几组对话。

- 学生：我没有朋友。

  教师：你就是太内向了，胆子要大一点，主动交朋友。

- 学生：我心情不好。

  教师：你要往好的方面想，不要因为一点小事影响了心情。

- 学生：我感觉他们在针对我。

  教师：你就是喜欢想太多，别管别人，先做好自己。

试想一下，如果我们是学生，当得到这样的回应时，我们会有怎样的感受？这种直接给出结论、理性说教的方式，容易打消学生向教师倾诉的欲望，并使其产生防备心理，阻断师生间顺畅的沟通。虽然教师的话没错，但这些道理学生并不是不懂，而是做不到。学生之所以向教师倾诉求助，就是希望在教师那里获得"做到"的信心和"做到"的方法。

所以，我们要"带有好奇"地以开放的心态倾听学生此刻的情绪和想法，不要急于说教、给出结论，而是要真正理解学生的感受，看到学生在遭遇困难时的努力，和学生一起在解决问题的道路上共同探索，找到问题的"卡点"，发掘学生自身的资源与优势，相信他们有解决问题的能力与办法，为他们赋能。当学生通过自己的努力做出了改变，哪怕这种改变只有一点点，他们都会感受到莫大的希望和鼓舞，会更有信心去解决问题（图2-3-1）。

理性说教 共同探索

图2-3-1 理性说教与共同探索

二、用"心"说的积极意义

（一）与学生建立心灵联结感

苏霍姆林斯基曾说过："学校的教学不是干巴巴地把知识从一个头脑搬入另一个头脑，而是每时每刻在进行心灵接触。"[①]用"心"说可以帮助教师贴近学生的内心世界，与学生建立心灵联结感，形成良好的师生关系。

案例分享

小妮成绩不错，但上课时总是违反纪律，不是睡觉就是吃东西、看小说，有时还喜欢和老师对着干，说一些刺激老师的话。班主任多次对其进行批评教育，但效果并不明显，小妮依然我行我素。

有一次，小妮再次犯错，这已经是数学老师本周第五次告状了。班主任忍无可忍，把小妮喊到办公室狠狠地批评了一顿，小妮什么都不说，目光斜视，一脸倔强，充满不屑地站在那里。班主任越看越气，说："你打电话喊你妈妈来办公室，我不和你说，我要和你妈妈谈。"小妮狠狠地看向班主任，眼泪却不争气地夺眶而出："我没有妈妈，我妈妈三个月前跟别人跑了，不要我和弟弟了。"班主任顿时愣住了，她从小妮的表情中感受到了一种被妈妈抛弃后深深的绝望感。她伸手抱住小妮，抚摸小妮的后背轻声地说："难怪你会这样，换作是我，也会特别难过，也想自暴自弃。这段时间，你过得太不容易了。"小妮听到后紧紧抱住班主任，头埋得更深，哭得更厉害了。就在这一刻，班主任感觉和小妮建立了心灵上的联结，这种深刻的联结感让她们彼此温暖。

在之后的日子里，小妮虽然还是会违反纪律，班主任有时还会告诫小妮，但大家都能看出，小妮的态度变了，她在努力变好，遇到困难时会向班主任倾诉，把班主任当作自己的妈妈一样对待。

相互信任的关系是促使改变发生的先决条件。学生只有与老师有了联结感，感受到老师的尊重、接纳和关怀，才愿意相信老师是真的从"我"的角度出发帮助"我"更好地成

---

① 苏霍姆林斯基. 苏霍姆林斯基教育箴言［M］. 北京：教育科学出版社，2016：66.

长，才愿意开启深刻对话的通道，敞开心扉说出自己的困扰。老师也才有机会帮助学生解开心结，理清思绪，探索改变的可能。

（二）帮助学生产生胜任感

我们在与学生谈话时，要聚焦学生自身的力量，观察学生正在努力的细节，发现学生在处事过程中展现出的优良品质，指引学生看见自己已经拥有的资源和已经采取的行动，促使学生产生胜任感，为学生赋能，帮助学生相信自己的能力，激发改变的动力，更有信心地面对困难、迎接挑战。

案例分享

校园歌唱比赛要开始了。小姣的歌声特别好听，她很想参加比赛，却怎么都不愿报名。她的朋友们既着急又惋惜，希望魏老师能鼓励小姣报名参赛。魏老师问了原因才知道，小姣在小学时曾报名参加过班级歌唱比赛，但因为太紧张，上台后硬是没唱出声。其他同学都在台下起哄笑她。小姣担心自己上台后一紧张就唱不出声音，不敢再尝试。

魏老师问："你当时没有唱出声，之后呢？你默默地走下台了？""没有，当时听到他们起哄，我好生气，就说了一句，至少我敢站在台上，就比你们强。"小姣回答道。"哇，你好厉害，胆子好大，反应好机智，当时你那么紧张，哪里来的勇气回怼那些嘲笑你的人？"魏老师发出惊叹地问。"也没有啊，我当时太生气了，就是不喜欢被他们嘲笑，再说了，我说的也是事实啊！"小姣有些不好意思地笑了笑。"嗯，敢于站在台上，就是在战胜内心胆怯的路上迈出了一大步。"小姣想了想，说："老师，我知道了，无论结果如何，敢于尝试就是进步，我现在就去报名。"

在这段对话中，魏老师引导小姣跳出了自己觉得一紧张就唱不出声音的思维框架，帮助小姣看见了自己的勇气，看见了自己在战胜胆怯路上的努力，让小姣对上台唱歌这件事产生了胜任感，使小姣有信心迎接歌唱比赛带来的挑战。

（三）促进学生的改变发生

我们用"心"与学生沟通时，如果能秉持"相信学生想要变得更好"并且"学生自己有能力变得更好"的信念，就可以帮助学生找到问题的"卡点"，发现行为背后真正的需求与期待，找到解决问题的策略与方法，让学生相信改变是可能发生的，并鼓励学生为改变的发生努力一小步。

案例分享

"老师，我昨天和妈妈打了一架。"高一的小敏告诉刘老师。

"怎么了？"刘老师吃惊地问。

"我妈妈要看我的日记，我不肯，她上来就扯我的日记，还扯我的头发，我当时特别生气，就和她打起来了。"小敏看起来还是有些生气。

"小敏，谢谢你信任我，跟我说这件事。当时的你肯定是被气疯了吧？"（共情）

"嗯，我也不想和她打，看着她被我推倒在地，我其实还是有些不忍心，但我当时就是控制不住自己。"（问题的卡点）小敏有些愧疚。

"看得出来，其实你还是很心疼妈妈的。（共情）这是你们之间第一次发生这么严重的冲突吗？"刘老师问。

"也不是，我妈妈特别强势，要求我必须什么都得听她的，上次因为我去同学家玩，忘记告诉她了，回家后我们也打了一架，还有一次……每次都是她先动手我才还手的。"

"妈妈很强势，让你觉得自己完全没有自由，对吗？"（共情）

"嗯，尤其是看我的日记，让我感觉自己连最后的隐私都没有了。"

"自由对你而言真的很重要。我有一种感觉，不知道对不对，如果不对，你一定要告诉我。你希望妈妈更尊重你，尤其是尊重你的隐私。但你也不想通过打架这种方式来获得自由，我理解得对吗？"（洞察需求）

"嗯。"小敏深深地点了点头。

"那除了打架，我们一起想想，还有没有其他方式可以帮你获得尊重和自由。"（共同探索）

"我不知道，我妈妈太强势了，真的没有办法。但我确实不想和她打架了。或许我可以试着让爸爸或小姨劝劝她，再不行我就写一本专门给她看的日记，在日记里控诉她的强势，希望她有所改变。"小敏说。

"其实你一直在努力让妈妈知道你的想法，让爸爸或小姨劝她和写一本专门的日记，你觉得哪个效果更好、更容易实施呢？"（共同探索）刘老师问。

"找小姨劝劝她吧，小姨比较有文化，妈妈平时比较能听进去小姨的话，上次小姨劝她后，我们就好了一段时间。"（相信改变可以发生）小敏想了想说。

"那你觉得小姨怎么劝她，才能使你和妈妈之间的关系缓和得更久一点呢？"（策略和方法）刘老师问。

"我也不知道，我还没有想好，我等会儿就跟小姨写封信，把我想说的都告诉她（努力一小步），希望她能劝妈妈多给我一些自由和尊重！至少先做到不看我的日记"（具体可执行的目标）

在这段师生对话中，如果刘老师先入为主，不管事情的背景是怎样的，都认为小敏和妈妈打架就是不孝的行为，那么就不会有后面的对话了，刘老师也就错失了一个让小敏改变发生的好时机。好在刘老师用"心"听完小敏的话，找到了小敏问题的"卡点"，发现了她行为背后的需求和渴望，促进了小敏的自我觉察，帮助她意识到自身的责任，共同探索了解决问题的策略和方法，促进了改变的发生。小敏也收获了信心，愿意为改变的发生做出一小步尝试。刘老师通过用"心"听和用"心"说，让小敏看到了改变的可能，促进了亲子关系的和谐。

三、用"心"说的基本原则

（一）聚焦目标

心理学家罗杰斯认为，每一个人都像是一颗种子，都有自我引导、向上生长的倾向。而农民不能强迫胚芽从种子中发芽，他唯一能做的，是为种子提供发展所需的条件。[①] 所以我们在与学生沟通时，要明确"需要改变的是学生的行为，而不是学生"，并基于这一核心目标，与学生共同协商解决问题的方法，促使他们做出方法的改变。学生的成长本就是一个不断试错的过程，他们的行为有一些"问题"，并不意味着他们本身有问题，只是在面对问题和困难时选择了不恰当的应对方式。所以，我们要理解学生成长路上的"磕磕绊绊"，通过用"心"说，让他们意识到行为不当可能带来的不良后果，同时教给他们解决问题的正确方式，为他们改变行为增添勇气。

（二）真诚一致

有的老师会使用一些话术技巧与学生沟通，但"精于术而乏道者亦不能长久"。不管我们采用什么样的语言表达方式，如果没有真正发自内心地理解学生，那么学生依然能从肢体语言、语音语调等方面敏锐地觉察出我们的真实想法和感受。所以，我们要真诚对待学生，心口一致，在沟通过程中如实地表达自己的观点、想法和情感。

案例分享

小玲对文老师说："班主任最近总说一些鼓励我的话，但我听着总觉得很奇怪。"文老师好奇地问："班主任对你说了些什么话？""就是说你是有潜力的、你还是很棒的、你要加油啊、老师很喜欢你之类的话，我总觉得他说这些话只是为了哄我，说话时皮笑肉不笑的，目的性很强，我也说不好那是一种什么感觉，就觉得有点假。"小玲回答道。文老师听后更加奇怪了，找机会问了小玲的班主任。班主任叹了一口气，说："小玲成绩不好，纪律更差，最近闹着不肯读书了，家长着急，天天打电话问我，我这边也没办法，就想着多哄哄她，多鼓励她，但我估计这些都没有用，她的心思根本就不在学习上。"

文老师这才明白，当教师不能真诚地表达想法时，学生的心里其实很明白，他们都能感觉出来，这样的沟通不仅毫无意义，而且很有可能会让学生反感。

（三）准确表达

我们对学生用"心"说，需要说学生能听懂的话，只有这样才能保证信息传递的准确性，不会产生理解的偏差。例如，有的老师和学生沟通时，喜欢引经据典，说一些似是而非的大道理，学生听了半天抓不住重点，就会失去倾听和诉说的耐心；而有的老师善于用

---

① 罗杰斯. 个人形成论：我的心理治疗观 [M]. 杨广学，等译. 北京：中国人民大学出版社，2004：325-326，362-363.

讲故事的方式说明抽象的道理，用具体、直白、简洁的语言表明期待，这符合学生的心理认知特点。准确表达看似简单，却需要我们不断练习，特别是多听学生的反馈和感受，进而不断理清思路，把握住问题的关键，将话说到学生的心坎上。

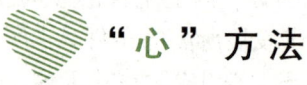 **"心"方法**

一、始终以好奇的心态开启对话

（一）好奇的好处

好奇是打开与学生平等对话之门的钥匙，是走进学生心灵世界的开启石。如果我们对学生身上所发生的事情没有好奇，只想给予解决办法，就没有机会了解学生遭遇问题的卡点。而学生没有得到理解，也就不再想表达了。所以，好奇可以打开沟通的大门，会带来叙述，而叙述会带来疗愈。运用好奇，我们可以了解学生的想法，也可以帮助学生了解自己的想法，学生在我们好奇的提问中，可以不断扩大视野，厘清思绪，对自己产生新的认识。

（二）开启好奇的时机与问句

我们应该如何用好奇开启与学生的对话呢？请参看图2-3-2。

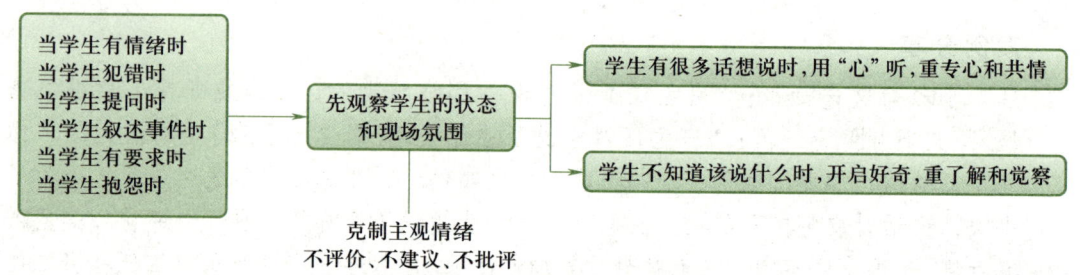

图2-3-2 用好奇的心态开启对话

在与学生对话的过程中，我们可以用一些澄清当下状态的问句和回溯反思的问句帮助学生打开话匣子（表2-3-1）。好奇问句需要刻意练习才能在实际对话过程中充分发挥作用。

表2-3-1 好奇问句列举

状态问句	回溯问句
怎么啦？	是从什么时候开始的？
你还好吗？	以前遇到过这样的问题吗？
发生了什么？	之前你是怎么应对的？
你怎么看？	你觉得产生问题的原因是什么？
这对你来说意味着什么？	为什么这件事对你而言很重要？

请根据以下学生的陈述，分别完成两句以上好奇问句，实现与学生的持续互动。

小梅（三年级）：我不知道怎么才能交到好朋友。

小杰（五年级）：他总是喜欢上课找我讲话。

小星（八年级）：我也不想违反纪律，但我怎么都管不住自己。

小柯（高一年级）：高中的友情都是这么复杂的吗？

小盼（高三年级）：我肯定达不到自己的目标，我想放弃了。

二、洞察行为背后的需求

（一）深入体会双方的感受

我们和学生沟通时，要先觉察自己的感受和观念，再从自己的框架中跳出来换位思考，感同身受。例如，小星总喜欢在上课时以各种搞怪的行为吸引同学和老师的目光。

老师的感受	小星的感受
● 难以理解小星的行为	● 同学都被我逗笑了，真有成就感
● 这种行为令人厌烦	● 我这样会在班上更受欢迎
● 每一位同学都应当遵守纪律	● 老师不会只关注成绩好的学生了
● 这种行为会影响其他人	● 老师愿意主动听我的想法

很多时候，我们和学生的想法与感受千差万别。我们如果不能换位思考，了解学生的感受，就会以己度人，习惯性地从自己的思维框架里寻找解决问题的方法。

（二）体会感受背后的内在需求

在体会学生的感受后，我们还要洞察他们的内在需求，尤其是学生积极、正向的需求。例如，意识到小星搞怪行为的背后是希望自己受关注、受欢迎，我们可以用猜测的句式与他对话，让他逐渐澄清其内在需求。

老师：小星，我有一种感觉，不知道对不对，如果不对，你一定要告诉我。我猜你喜欢上课搞怪，有没有可能是希望获得大家的关注？

小星：不是，我并不是想获得大家的关注，只是希望多一些人喜欢我而已。

老师：你真的很希望自己被更多人喜欢，也值得被喜欢，对吗？

小星：嗯！

在以上对话中，老师用了非确定性的猜测句式"我猜……（具体行为），有没有可能是希望……（内在需求）？"虽然小星一开始表示否定，但在否定的过程中，他说出了真实的内在需求，这比老师直接给出自己的判断更为有效。试想一下，如果老师直接说"小星，你就是想获得大家的关注和喜爱"，反而会让小星产生被分析、被评价、被窥视的感觉，引发反感，从而调动各种信息和情绪进行反驳。相反，如果用猜测句式，则是站在小星的角度，试着将其内在需求和模糊不清的感受用非确定性的语言表达出来。当然，老师有时也会猜错，但没有关系，我们可以在前面加一句"我有一种感觉，不知道对不对，如果不对，你一定要告诉我"，这样可以体现师生间的平等沟通。毕竟老师不是能够洞悉一切的"圣人"，也需要来自学生的真诚反馈。而且只有通过不断的否定，学生才能逐渐清晰自己真实的内在需求，促进对自我的了解。

三、用鼓励为学生赋能

每个学生都有其独特的优良品质。我们要善于透过学生的行为或从学生叙述的一些具体事例中发掘学生的优良品质。我们可以参考塞利格曼提出的24项积极心理品质（图2-3-3）。

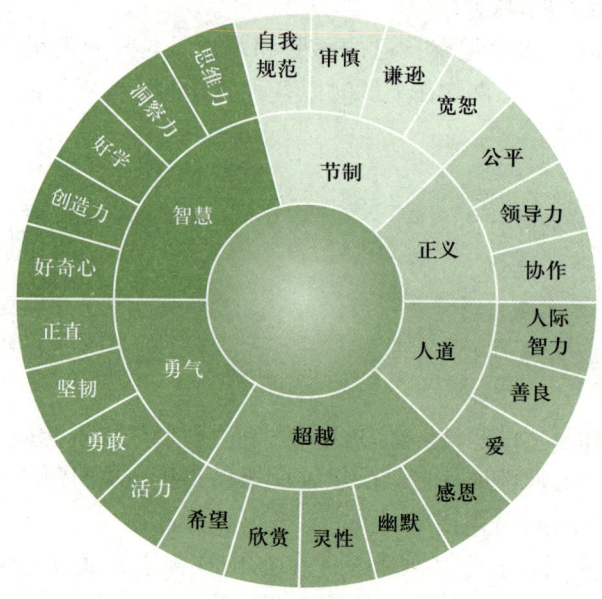

图2-3-3　24项积极心理品质

（一）鼓励的语言

在发现学生的优势品质后，我们要用鼓励的语言表达出来，让学生也认可。鼓励的语言不能空洞，如"你是最棒的""你真厉害"这类语言会让学生感到敷衍，甚至产生自我怀疑。鼓励要落实到具体的事件或学生独特的优良品质上，才能让学生相信并接受，改变才有可能发生。

鼓励的句式练习

句式1：从这件事可以看出，你是一个<u>（优良品质）</u>的人。

如：小星，你每次总能用各种方法把同学们逗笑，从这件事可以看出，你是一个很有创意又很幽默的人。

还可以这样说：＿＿＿＿＿＿＿＿＿＿＿＿＿＿＿＿＿＿＿

句式2：虽然这件事看起来结果不太好，但我知道你一直在<u>（努力的事情）</u>。

如：小星，虽然这件事看起来结果不太好，但我知道你一直在努力地想让大家开心，让大家都喜欢你。

还可以这样说：＿＿＿＿＿＿＿＿＿＿＿＿＿＿＿＿＿＿＿

句式3：<u>（陈述支持信心的客观证据）</u>，我对你有信心。

如：小星，你总能想到新点子逗大家开心，这么机智的你，肯定能找到正确的方法获得更多人的喜爱，我对你有信心。

还可以这样说：＿＿＿＿＿＿＿＿＿＿＿＿＿＿＿＿＿＿＿

（二）鼓励的时机

你知道你的学生在何种情境下需要鼓励吗？请你试想，如果你的学生处在下列情境，需要得到鼓励的程度如何（评分等级越高，意味着越需要获得鼓励）？你会给予他们怎样的鼓励？

需要鼓励的时机	评分等级	我能给予的鼓励
当学生缺乏学习兴趣时	☆ ☆ ☆ ☆ ☆	
当学生帮助他人却遇到困难时	☆ ☆ ☆ ☆ ☆	
当学生遇到突发事件时（如被欺负、被批评……）	☆ ☆ ☆ ☆ ☆	
当学生信心不足时	☆ ☆ ☆ ☆ ☆	
当学生没有按计划完成任务时	☆ ☆ ☆ ☆ ☆	
当学生被嘲笑或受到不公正对待时	☆ ☆ ☆ ☆ ☆	
当学生取得进步时	☆ ☆ ☆ ☆ ☆	
当学生为班级做出贡献时	☆ ☆ ☆ ☆ ☆	

续表

我还能想到学生需要鼓励的时机	评分等级	我能给予的鼓励
	☆ ☆ ☆ ☆ ☆	
	☆ ☆ ☆ ☆ ☆	
	☆ ☆ ☆ ☆ ☆	

需要注意的是，对待不同的学生，采用的鼓励方式也应该不一样。例如，在上述案例中，小星喜欢逗同学发笑，这样的学生乐于展示自己，渴望被更多人关注，采用放大优点、当众表扬的方式更契合小星的内在需求。而对那些不太喜欢引人注目的学生，私底下的鼓励更能温暖他们。所以，我们要根据每个学生的特点和内在需求，找准时机并采用合适的方式给他们具体而真诚的鼓励。

四、商议做出改变的一小步

所谓商议，不是老师一方的说教，或任由学生自主倾诉，而是师生身处平等对话的立场，共同确定对学生的成长和改变真正有帮助的目标，并且目标应该是正向、具体、可达成的。例如，在小星的案例中，如果确定改变的目标是"不再上课搞怪"，那么这只满足了老师一方的需求，这样即便小星的行为获得了改变，也只是一时的服从，不能持久，抑或是以其他行为方式呈现出来。而经过商议，老师和小星共同确定了这样的目标：同学们能发现小星是一个幽默的人。

在目标确定后，还要探索达成目标的策略与方法。我们可以通过向学生提出引导性问题等方式，与学生共同探索。

- 我们可以一起来想想，学习什么新技能可以解决这个麻烦？
- 如果问题解决了，我们一起来想想，你可能会有哪些方面的改变？
- 我们一起来想想，有什么更好的方式可以取代你目前的行为？
- 哪些方面可以帮助我们观察到你的目标已经达成了？
- 你有什么我可以帮助的？
- 你需要我为你做些什么？

在基本的策略和方法确定后，就要共同商议达成目标的"一小步"。

首先是制订行动计划。指向目标的行动计划应在学生的能力范围内，最好是他们能独立完成的。在制订行动计划的过程中，我们可以和学生这样商议：

- 这些行动你觉得哪些能轻松做到，哪些实施起来比较困难？
- 你打算如何克服这些困难？有什么需要我帮你的？
- 为达成目标，你今天可以开始的"一小步"是什么？

接下来再开始实践达成目标的"一小步"。我们可以为学生迈出第一步创造条件，让他们有个好的开始（如帮助学生链接资源，邀请同学、家长成为学生的支持者）。例如，为了让小星更好地呈现幽默，可以组织班队活动"为生活加点'料'"，每天课前5分钟让学生们自主上台讲搞笑故事或用一些幽默的方法让大家发笑，同时与小星商议目标：每周主动上台展示1~2次。

当然，改变的发生并非一蹴而就的。有些学生好不容易迈出了第一步，但如果没有得到持续的鼓励和反馈，就可能很快回到原点。所以我们要持续跟进，及时了解学生遇到的困难或心理上产生的阻碍，不断为学生赋能，让他们看到自己的努力成果，让改变持续发生。

现在让我们回溯小星的案例，看看如何通过用"心"说让小星慢慢改变。

案例分享

小星的问题行为是：喜欢用课堂搞怪的方式引起老师、同学的关注。

老师用"心"说的具体做法：

第一步：保持好奇以开启对话。

- 小星，你还好吗？
- 小星，今天课堂上你怎么了？
- 你是从什么时候开始喜欢用搞怪的方式引起大家注意的？
- 这对你很重要，是吗？
- 逗大家笑这件事为什么对你这么重要？

第二步：洞察小星行为背后的需求。

小星，我有一种感觉，不知道对不对，如果不对，你一定要告诉我。我猜你喜欢上课搞怪，有没有可能是希望获得大家的关注？

第三步：用鼓励为小星赋能。

小星，从你每次都能用不同的方式把大家逗笑这件事来看，你是一个既富有创意又幽默的人。

第四步：商议做出改变的一小步。

小星，像你这么富有创意的人，想要获得更多人的关注，除了上课搞怪以外，还有哪些方法能让大家更关注你呢？我们一起来想想哪些是你可以做到的，好吗？

 **"心"链接**

如果说出的话能被看见

——常德芷兰实验学校 李均一

如果说出的话能看见
我们所在的教室
是剑拔弩张的战场

还是姹紫嫣红的田园
是愁云惨淡的满目疮痍
还是五彩缤纷的遍地花开

如果说出的话能看见
有些话像一把把利刃插进你的胸膛
有些话像一阵阵花香沁入你的肺腑
有些话像一阵阵冰霜浇冷你的热血
有些话像一缕缕阳光温暖你的心房

如果说出的话能看见
老师的当众指责像一只巨大的手
将你瞬间推入深渊
老师的柔声鼓励像一股轻柔的风
让你刹那间心旷神怡

如果说出的话能看见
老师伤人的话有时像冰冷的雨滴
浇灭了我们的希望
老师温暖的话有时像夜晚的星星
时刻指引着我们前行的方向

那些空洞的托词
像是翻滚的云海
盛大却转瞬即逝
那些真诚的鼓励
如同山间的清泉
平凡却经久不息

如果说出的话能被看见
我定见过夏日清风、秋日晚霞、冬日初雪
还有春日的细雨如酥
而老师的话，定是那炎日下四季常青的大树
高大、坚实、可靠，让人安心
但也不全是，有时也会是遥不可及的海市蜃楼
虚无、空幻、缥缈，让人不安

如果说出的话能被看见
否定的话，是利剑，斩碎他人的遐想
批评的话，是钢钉，扎进他人的心底
说教的话，是铁壁，阻断他人的世界

还好，说出的话看不见
我看不见硝烟弥漫
我看不见伤痕累累
我看不见子弹横飞

可惜，说出的话看不见
我错过了五光十色
我错过了花红柳绿
我错过了大树葱葱

幸运的是，在我的世界里
有老师的话看得见
那里有满树的梨花盛开
那里有满田的麦浪翻涌
那些话亲切、和煦
与人力量、给人温暖

我愿将自己的幸运分享
愿那些和善的话语都能被看见
愿全天下的孩子都能得到属于他们的温暖

第四节　如何用"心"做

当你走进校园成为一名老师，你对学生说的话、投向学生的目光、写下的课堂板书和教学评语、个人的言行举止与穿着打扮……都会在不经意间影响着你的学生。教师是与"人"打交道的职业，面对一个个鲜活的生命个体，你应该如何通过自己的一言一行向学生传递积极的影响呢？这将是本节要探讨的内容。

♥ "心" 现象

你在职业生涯中是否遇到过以下现象？请将你遇到过的勾选出来，也可以补充一些你对学生产生影响的独特经历。

☐ 毕业多年的学生回来看你，才知道原来他选择现在的专业是受了你的影响。

☐ 你每次批改作业都十分认真，评语很详细，学生对待你布置的作业也不敢马虎。

☐ 你无意间发现学生把你的板书当成"字帖"，在模仿你写字。

☐ 家长说他的孩子经常提到你，而且你的话就像"圣旨"一样特别管用。

☐ 马上要开校运会了，你每天早早到校陪学生训练，他们也干劲十足。

☐ 一贯调皮的学生最近上课好像认真了起来，于是你经常点他回答问题，上课时也有意无意地看向他，他的学习劲头更足了。

☐ 你很喜欢阅读，与学生交流时常提到一些经典著作，后来班上很多学生受你的影响，也爱上了阅读。

☐ 有时你会和学生分享自己的成长经历和人生感悟，他们很感兴趣。

☐ 在面对填志愿、选科等重要选择时，学生愿意听取你的建议。

☐ 当你发现学生有某些特长或优势时，会不时鼓励他们，希望他们坚持并发扬。

其他（请补充）：_____

_____

你认为教师的教育行为会从哪些方面影响学生？

_____

_____

你认为教师怎样做才能对学生产生正向影响？

_____

_____

♥ "心" 视 角

一、什么是用"心"做

用"心"做就是教师在与学生交往的过程中，秉持促进学生发展的教育观，以做最有益于学生发展的事为指南，将对学生的教育期待转化为合适的教育行为，为学生的成长发展带来正向影响。

（一）用"心"的教育行为

教育行为是教师在教育教学活动中的外显性活动和动作，是教师教育思想、情感等的外在表现，不仅包括课堂上的教育行为，还包括与学生日常交往过程中的教育行为。教师秉持的教育观、对学生的教育期待，都通过教育行为直接影响和作用于学生。

教师的教育行为分为言语行为和非言语行为。言语行为，如本章第三节的用"心"说，即运用心理学的原理和方法，让同样的言语内容达到更好地改变学生、促进学生发展的教育效果。非言语行为的内涵较丰富，如本章第一、二节的用"心"看、用"心"听都属于教师的体态语言。此外，师生间的人际距离、教师本人的气质神态，都会对学生产生某种积极或消极的影响。例如，有的教师上课时喜欢走下讲台，和学生近距离交流，这能让学生感觉被关注，与教师很亲近；而有的教师总是站在讲台上，与学生保持一定的距离，容易让学生感觉教师"高高在上"，关系疏远。

教育行为还可以分为有意行为和无意行为。有意行为是教师为实现某种教育意图，有意向学生展露的行为，如一些鼓励性话语、温暖关切的眼神、拍一拍肩膀或击掌。无意行为，顾名思义就是教师无意向学生为之，却被他们关注到并受到影响，包括一些下意识的神态动作，如摆弄手里的小物件、双臂交叉于胸前、脸上习惯性地挂着微笑，以及一些不指向学生的行为，如与同事交谈、在走廊看到垃圾顺手捡起等。

不管是言语行为还是非言语行为、有意行为还是无意行为，只要身处校园之中，教师的教育行为就会影响学生。有意的教育行为很容易通过培训练习进行优化；而无意为之的行为，由于产生的随意性和偶然性很强，因此很难进行刻意调整，唯有发挥教育信念的牵引作用，才能使教师的教育行为自觉指向促进学生发展。

（二）用"心"做的教育信念

教育信念是教师确认并信奉的教育观念，教师关于学生的教育信念是用"心"做的内核。它包括教师对学生特征、发展特点等所持的基本看法（学生观），以及对学生当前与未来学业行为表现的主观期待（教师的期望）。它直接影响着教师在教育活动中的知觉和判断，进而影响其教育行为（图2-4-1）。例如，教师只有相信"教育一定是有效果的"，才会坚守教育岗位，不断追求和实现教育的价值；只有相信"学生都是追求进步向上的"，才会用积极的眼光看待学生，不放弃任何一名学生，尽力引导和守候学生成长。由此可见，教育信念不仅直接影响着教师的教育行为，还为教师提供了行为动力，让那些合适的教育行为得以长久维持。

图2-4-1 教师的教育信念对学生发展的影响机制

用"心"做的教育信念主要包括以下两方面：

1. 相信学生有不断发展的能力

学生是发展中的主体。主体性是人的基本属性，每个人都有主动发展和不断超越自我的原初动力。回想一下，刚出生不久的孩子，努力学习抬头和站立，学走路时摔倒了就爬起来继续……他们想要尝试那些从未体验过的新奇事物，想要学会更多的本领，想要通过自己的能力和努力去做成一些事，哪怕是一些很小的事。他们从中获得成就感，开心不已，而这种成就感也将推动着他们更加积极地体验新事物、发展新能力。

有的教师会疑惑，既然每个人都有求学的欲望，为什么有的学生会表现出一副"摆烂"的样子，好像老师说什么都听不进、也不想听，其实这是一种习得性无助的表现。习得性无助是个体在接连不断地受挫后，对自己及周围的一切感到无能为力，从而丧失信心，产生自暴自弃的心理状态。习得性无助的学生容易产生"我不行""我不如别人"等想法，进而对尝试和体验产生畏惧，并拒绝进一步学习。

作为教师，我们应始终秉持"相信学生有不断发展的能力"这一信念，理解每个学生的成长节律不同，对新知识的学习和理解、对社会和人际适应的速度有快有慢；每个学生的优势和特点不同，有的学生擅长文化知识，有的学生擅长艺术和体育。因此，我们应以全面、发展的眼光来看待每一个学生，尊重学生的个体差异，相信每一个学生都有发展的潜能，帮助学生从习得性无助的感觉中解脱出来，看见自身的优势，重拾自信。

2. 相信自己有影响学生的能力

（1）教师是学生的"重要他人"。我们都知道教师期望效应（也称"皮格马利翁效应"），它是已经被证实有效且对学生发展有着重要影响的教育信念。教师根据学生的性别、身体特征、家庭、社会经济地位等因素形成对学生的期望，这种期望会通过教师的行为传递给被期望的学生，使学生形成对自身的期望，由此激励他们朝着教师期望的方向变化，其结果是学生不仅学习成绩有了明显进步，而且在兴趣、品行、师生关系等方面都产生了较大变化，主要表现为更有适应力、求知欲更强、学习更努力等。

教师期望之所以会产生这些"神奇"的作用，一方面是学生主体本身就有主动发展的能力和自我实现的需要，这是教师影响学生的前提与基础；另一方面是教师期望对学生的行为形成了外部强化，即学生会不断加强那些受到教师赞赏和激励的行为，久而久之便固化下来，内化为良好的学习品质和习惯。所以教师对学生的影响不可小觑。

教师是学生的"重要他人"，教师的一举一动都牵动着学生，影响学生对教师的态度。因此，教师要充分意识到自己在学生心中的重要地位，公平地对待每一个学生，相信他们的潜力，做到真诚的赞赏与激励。

案例分享

　　五年级的小希哭哭啼啼地向班主任请辞劳动委员，因为每次班级扫除总有一些男生不服从她的安排，导致班级老被扣分。今天有个男生任凭小希怎么喊都不动，还怼小希说："你不过就是个劳动委员，成绩还没有我好，我凭什么听你的？"小希被戳中了成绩不好的敏感点，既委屈又生气，眼泪不禁流了出来。

　　班主任听小希描述完事情的经过后，先对她的感受表示理解，接着问："小希，你是转学到我们班的，你知道为什么你刚来我就选你当劳动委员吗？"小希摇了摇头。"因为老师看到你刚过来就交了很多好朋友，她们都很喜欢你；你又有责任心，不仅自己遵守纪律，每次班级纪律不好时，你还会适时地提醒同学，老师认为你一定是个有责任感、有担当的人。"（用语言传递期望）小希半信半疑地看向老师，仔细回想刚转学过来时自己的表现。班主任继续说道："今天遇到这件事，你肯定很难过，老师希望你不要在有情绪时做决定。劳动委员的确不容易，但老师不知道除了你，还有谁能安排动那几个调皮的男生。老师需要你，不希望你辞职。当然，决定权在你，老师也不能逼迫你，不如你回去好好想想你当初竞选劳动委员的初衷是什么，再做决定，好吗？"小希点了点头，擦干眼泪，回到了教室。

之后的两个星期，班主任在班级需要带头人时，总先看向小希（用眼神传递期望），遇到有挑战的事情，也会请小希帮忙（用行动传递期望），小希感受到了班主任的信任与期望，特别希望自己能成为班主任所说的"有责任感、有担当的人"，安排卫生任务时的语气更自信了，也会想很多方法达成目标，如给男生"带高帽"、采用"激将法"等，通过"真诚沟通"让同学们主动参与劳动。之后小希再也没有向班主任提出请辞，劳动委员也当得越来越顺利，班级卫生管理得越来越好。不仅如此，为了不再被别人说成绩不好，小希在学习上也更加努力了。

（2）教师要提升教育效能感。我们除了要相信"我的学生是有发展潜力的"，还要相信"我能帮助学生实现更好的发展"，这种对自己有能力教好学生、影响学生的信念，就是教育效能感。

许多刚毕业的师范生或刚走上教育岗位的教师会很自然地认为：教育能促进学生的身心发展，教育在学生的成长过程中起着决定性作用。但随着从教时间越来越长，在实际工作中碰到的具体情况越来越多，一些教师的想法有了改变。例如，花了很多时间和心思备课，但课堂教学效果不理想，学生不喜欢，自己上得也很没意思；对学生很用心，总是为他们考虑，但学生和家长似乎都不领情，还有诸多不满。渐渐的，这些教师开始产生无力感，对教育本身、对自己的教育能力产生怀疑，自我教育效能感降低。

由此可见，教师的教育效能感包括两个层面：一是教师是否相信学校教育的价值以及对学生发展的促进作用。教师一旦认为社会、家庭等才是学生发展的决定性因素，而学校教育起不了多大作用，就会倾向于认为自己的努力是徒劳无益的，会减少对工作的投入和对学生的期望。二是教师是否相信凭借自己的教育能力可以促进学生发展。其实，教师的能力是可以通过不断反思、训练、内化得到提升的。随着教学年限的增长，教学经验逐步丰富，教学风格日益完善，大部分教师都会逐渐恰当地处理教育工作中的各种问题，教育自信心也会不断增强。所以当我们在工作中遇到困难或一些棘手的问题时，要尽量保持积极乐观的情绪，想办法或求助其他有经验的教师去解决这些问题。当问题解决后，不仅自己积累了经验、提升了能力，还会对未来处理和应对其他问题更有信心，教育效能感也就得到了进一步提升。

作为教师，我们要对自己能够正向影响学生持积极信念。当我们相信自己能对学生产生积极影响，自我教育效能感较强时，不仅能对学生的发展起到促进作用，还会在工作中更具主动性，愿意尝试新的教育策略和方法，充满信心地发挥自己的教育能力，努力排除遇到的各种问题和困难。同时，我们的职业价值感和幸福感也会增强。

案例分享

何老师刚走上教师岗位就接手了初二的班主任工作，遇到了喜欢打架生事的小东。小东的父亲很早就被关进了监狱，母亲不知所踪，家中只有对小东溺爱至极的奶奶。每次小东和别人打架，奶奶都要来学校闹上一番，说别人欺负她孙子。何老师想了很多办法，谈话、家访、请小东吃饭拉近关系、请同学劝说等，效果都不明显。加之班上还有几个喜欢和老师对着干的"刺头"，何老师感到很疲惫、很无力，她觉得自己的职业热情在慢慢消退，甚至怀疑自己能否胜任教师这个职业，更怕因为自己能力不足耽误了学生的发展。

然而，班长的一番话让何老师重燃信心。一天，何老师又在处理小东和别人打架的事情，十分烦心，正好被来办公室的班长看到了。班长安慰道："何老师，我们班本来就不好带，不然也不会换班主任。我和小东住在一个院子里，小学就在一个班，他奶奶出了名的厉害，我们都怕她。但其实小东也不容易，他最恨别人说他爸爸在监狱，每次都会因为这一点和别人打架。您当我们的班主任后，对小东很关心，也给了他很多机会，小东并不是没有感觉。前几天回家路上，我看到别人嘲笑他，他捏紧拳头忍了又忍，对挑衅他的人说：'如果不是不想让何老师失望，今天我非得打你们一顿。'不仅如此，小东有时还会和他的几个朋友说注意纪律，别让班级被扣分，别让您为难。"

班长的话让何老师十分感慨，原来对于自己所做的小东并非无动于衷，他都记在心里，只是小小年纪的他还不知道如何应对这些问题，不知道如何改变他人的偏见，小东的奶奶也只是想保护自己的孙子，毕竟除了她，没有其他人可以保护小东了。之后何老师不断告诉自己，每个学生都是向好的，世上没有所谓的"坏学生"，并且只要自己用心付出，学生都能感受到，影响会在潜移默化中发生。

二、用"心"做的积极意义

（一）肯定学生的潜在价值

陶行知先生曾赋诗"人生天地间，各自有禀赋"，其中的"禀赋"就是每个人所具有的支撑后天发展的内在基础性资源。这些基础性资源被发掘和利用的程度，直接关系到个体一生的发展水平。这些基础性资源便是学生的潜在价值。每个学生的价值就像一座海上的冰山，浮在水面上的可能只是"冰山一角"，也就是能被别人看到的部分，而在海面之下，每个学生还有着巨大的、未被开发的价值需要被"看到"，需要被"发掘"。

教师用"心"做教育，不仅是相信学生具有潜在价值，还要通过合适的教育行为传递出自己对学生的认可，让学生感知到他们的价值被"看到"，获得了肯定，进而才会确认自己是有潜力、被重视的。当学生能看重自己，觉得自己的能力格外受到他人重视时，他们会产生积极的情感体验，会表现得更加自信，他们潜在的价值也就更有可能被发掘和利用。

值得注意的是，教师对学生用"心"的教育行为，不是用统一的标准衡量并改变学生，不是将"后进生"转变成"优等生"、将"坏学生"转变成"好学生"，而是让学生作为独立的个体被看见。教师就像一位"点火者"，去发现不同的"火种"，悉心呵护"火苗"，并寻找合适的教育时机"让火一点一点地亮起来"，为学生提供适合的教育，让他们成为更好的自己。

（二）为学生提供发展方向

当教师通过用"心"做向学生传递期望时，教师的期望与学生的自我评价会产生交互影响，学生会在教师的期望中形成积极的自我评价，沿着教师期望的方向发展（图2-4-2）。

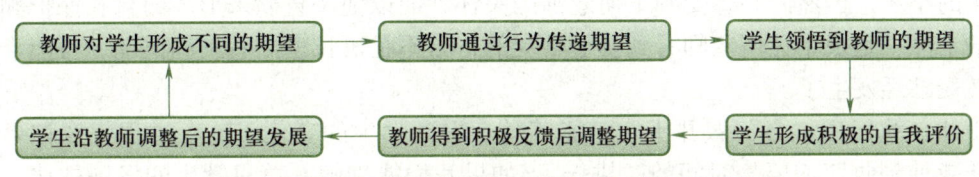

图2-4-2 教师的期望与学生的自我评价的交互影响

以罗森塔尔的实验为例，教师收到实验者的暗示，不仅对名单上"有智力激增潜力"的学生有了更高期望，还有意无意地通过态度、表情等一些非言语性行为，以及给予更多提问、辅导、赞许等行为方式，将隐含的期望传递给这些学生，学生领悟到教师的期待后，按照教师所期望的方向和水平重新定位自我，形成积极的自我评价，使自己的行为朝向教师期待的方向发展，给教师以积极的反馈。这种反馈又激起教师更大的教育热情，使教师进一步强化原有的期待或调整期望。[①] 如此循环往复，以致这些学生的智力、能力、品质等朝着教师期望的方向发展，期待变成了现实。

案例分享

陈老师收到了目前就读于北京航空航天大学的王天宇同学的来信，信中有一段话，让陈老师既感到意外，也备受鼓励。王天宇在信中说："陈老师，您还记得吗？有一次您在课堂上提到中国被'卡脖子'的核心技术，我还记得您当时的神情，有些失落、有些不甘、有些无奈，但又充满希望。当时您在讲到芯片时，将期望的目光投向了我，从那一刻起，我就决定了，我要去北京航空航天大学研究芯片，我这辈子要和芯片死磕到底。"

陈老师为什么在谈到芯片时会将目光投向王天宇呢？他正是通过用心观察和日

---

① 罗森塔尔，雅各布森. 课堂中的皮格马利翁：教师期望与学生智力发展［M］. 唐晓杰，崔允漷，译. 北京：人民教育出版社，2003：185-189.

常沟通，了解到王天宇心怀国事，并且还对科学研究特别感兴趣，所以才会在说到芯片问题时无意识地将目光投向王天宇。就是这一次的目光交汇，让王天宇感受到了陈老师对他的期望，坚定了未来的发展方向，立志要考上北京航空航天大学研究芯片，最终梦想成真。

（三）为学生发展留出时间

我们在工作中常会看到，一些老师在尽心尽力地对待学生后却感受不到明显效果时，教育信念就会动摇，从而怀疑自己的教育能力不行。其实，学生的能力、认知、思维等素质的提升是连续的、阶梯式的，是从量变到质变的过程。

基于学生发展的特点，教育效果存在滞后性和内隐性。也就是说，教师对学生的悉心付出并不是没有效果，只是不一定有即时效果，或不一定以有形、外在的形式呈现。前面案例中的小东，虽然内心感受到了何老师的关怀，但以他一直以来形成的自我保护和不善表达的个性，是很难让何老师看到明显转变的，若不是班长说出看到的情况，可能谁都不知道转变已经发生了。

因此，我们用"心"做并不一定能够马上看到学生的变化，这个过程就像种果树一样，从栽种到收获需要长时间的"耕耘"。如果我们能理解并尊重学生的发展规律，自然就会为学生的发展留出时间，为学生的成长营造安全、接纳的空间，不急不躁，耐心陪伴学生自主、全面地成长，静待开花结果。

三、用"心"做的基本原则

（一）躬身力行

社会学习理论的提出者阿尔伯特·班杜拉发现，大多数人的行为是通过观察他们的榜样而习得的，这种学习方式被称为观察学习，即学生通过观察他人正在发生的行为而学习新的行为。在日常教学中，学生模仿老师的行为比比皆是。因此，我们应当重视自己的榜样身份，在潜移默化中带给学生正向的影响。

案例探讨

在儿童节班级联欢会上，孩子们自导自演了一场教师模仿猜猜秀。他们模仿班主任甩刘海，英语老师说"boys and girls"时神采奕奕的表情，数学老师被调皮捣蛋的学生气到要爆炸的样子，体育老师说"加油，你是最棒的"时有些"做作"的语气……惟妙惟肖的表演，不仅让孩子们笑成一团，班主任也被逗得哈哈大笑，还不忘甩了甩稀疏的刘海作为对孩子们表演的认可和回应。

事后，班主任和其他老师分享这场模仿秀，一起开怀大笑的同时也在思考，其实学生不仅喜欢模仿老师的言行举止，还常常喜欢引用老师的话，可见老师的行为动作和价值信念都在无形之中影响着学生。"那么，除了甩刘海，多年之后，我还有哪些言行会留在学生成长的记忆里？"班主任陷入了沉思。

请用心观察、回忆，学生喜欢模仿你吗？他们喜欢模仿你的什么？

_____

当学生模仿你的言行举止时，你有什么感觉？

_____

你希望自己的哪些言行举止、价值信念或优势品质被学生模仿或习得？

_____

教育家梅贻琦先生曾用"从游"来形容师生关系："学校犹水也，师生犹鱼也，其行动犹游泳也，大鱼前导，小鱼尾随，是从游也，从游既久，其濡染观摩之效，自不求而至，不为而成。"[1] 所以，老师之于学生的影响不仅体现在知识和技能的传授上，更体现在性格养成和品德塑造上，这对学生一生的成长都具有积极作用。

（二）因材施教

教师和学生都是有独立人格的主体，教育要建立在尊重、平等、合作的基础上。因材施教蕴含两个关键点：一是"识人"，教师不能对学生有偏见，不能给学生贴标签，应在尊重和接纳全体学生的基础上，了解不同学生的性格特点和能力优势，做到识人而教。二是"施教"。教师应使用差异化教学，对不同的学生采取不同的教育行为，为不同的学生创造适合的环境，让每一个学生得到适宜且充分的发展。

（三）保持界限

有的教师十分注重与学生交流，会主动和学生"打成一片"，这的确能增进师生关系，但有时会因为把握不好"度"而适得其反，如打着为学生好的旗号过度干涉学生的生活，将自己生活的琐碎和对工作的抱怨毫无掩饰地展现在学生面前，没有注意自己的言行对学生价值观的引领。这样的"零接触"不仅不会对学生产生积极影响，还可能会失去学生的尊重。

保持界限就是要"一只脚在岸上，一只脚在水里"。"一只脚在岸上"需要我们保持专业的立场和态度，拥有稳健、坚定的自我概念，以理性客观的态度对待学生，不因过分卷入学生的问题而迷失自我，不因过度想要帮助学生而剥夺学生的自主选择权，好心办坏事；"一只脚在水里"需要我们设身处地为学生着想，贴近学生内心世界，陪伴学生穿越逆境、收获成长。这就要求我们在与学生相处时，不仅要有一颗"热切"的心，还要有"冷静"的脑，才能真正做到有所为、有所不为，保持合理的界限，做真正有利于学生发展的事情。

---

① 梅贻琦. 大学的意义［M］. 武汉：长江文艺出版社，2021：16.

💚 **"心"方法**

一、找到合适的教育行为

(一)找到影响学生成长的教育行为

案例分享

《光明日报》曾报道过湖南常德90后乡村教师麻小娟用故事点亮孩子心灵之光的事迹。麻小娟深爱着学生,也心疼这些农村留守儿童。她坚持7年,每天晚上给寄宿的学生讲30分钟故事,用讲故事的方式陪伴学生成长,在温暖学生的同时,成了他们梦想的点灯人。麻小娟说:"一个故事就像是一滴微不足道的水,也许不足以影响学生的成长,但是,10个,100个,1 000个故事呢?一定会水滴石穿!"

麻小娟为什么会选择给学生讲睡前故事呢?起因是她发现许多学生刚住校时有些不适应,晚上查寝时常常听到哭声,而小时候外婆常给她讲故事,"讲故事"是她童年最美好的记忆,所以她想试着用故事来安抚学生内心的不安。

讲故事是麻小娟根据自己的成长经历选择的教育行为,这种行为坚持下来后,对一批又一批的学生成长产生了实实在在的影响。

能够影响学生的方式不只讲故事这一种。有的老师带孩子写儿童诗、写日记,有的老师陪孩子打球,有的老师带孩子画画,有的老师和孩子聊天……我们只有有意识地对自己的教育行为进行观察和反思,才能针对学生的特质,找到自己擅长且适合的方法并坚持下去。

你觉得自己的哪些教育行为对学生产生了积极影响?

_____

_____

(二)找到促进学生发展的教育行为

学生在成长过程中总会遇到一些问题,如学习习惯不好、喜欢攻击他人等。如果我们相信学生是不断发展的,就会用"心"和学生一起找到解决或替代学生问题行为的新技能,并为学生学习和掌握新技能创造支持环境,通过实施促进学生发展的教育行为,帮助学生更好地成长(图2-4-3)。

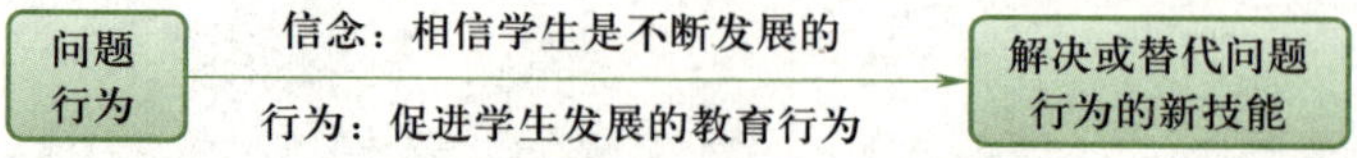

问题行为 → 信念:相信学生是不断发展的 / 行为:促进学生发展的教育行为 → 解决或替代问题行为的新技能

图2-4-3 学生问题行为的转化路径

案例探讨

四年级的小祺生气时喜欢打人，陈老师多次批评，但效果甚微，小祺也知道这样不对，但生气的时候就是控制不住。

之后，陈老师转变思路，和小祺商议，让他以后每次感觉自己要生气时就赶紧深呼吸，配合吐气的手势，跟自己说"心平气和"，这样生气的情绪就会慢慢冷却下来。小祺将这个办法命名为"心平气和"技能。陈老师要求小祺每次使用"心平气和"技能后都要告诉她，然后在小祺的专属"技能本"上进行记录，当累积到20次时，就给小祺颁发"魔法技能认证书"。

小祺在练习过程中虽然还会出现打人的行为，但陈老师看得出小祺一直在努力控制自己，所以每当小祺做到"心平气和"时，陈老师一定会当众对小祺提出表扬，并多次邀请小祺的同学、老师及家长做他的支持者，报告小祺取得的进步。半个月后，小祺的打人行为明显少了很多。一学期后，小祺基本没有再出现打人的行为了。

在这一过程中，陈老师并没有因为小祺生气时喜欢打人就认为他是一个坏孩子，而是认为四年级的小祺还没有学会调节情绪的正确技能。一旦他掌握了正确技能，他的错误行为就会被替代。所以，陈老师教给了小祺正确技能并及时强化，还通过创造支持性环境让正确技能得以巩固，帮助小祺实现了良好的转变。

如果你遇到像小祺这样情绪管理能力有待提升的学生，你还能想到用哪些新技能帮助他们成长呢？

1. 遇事容易紧张焦虑的小科，你觉得她需要学习的新技能是＿＿＿＿＿＿。
   你帮助她的方式是＿＿＿＿＿＿＿＿＿＿＿＿＿＿＿＿＿＿＿＿＿＿。
2. 难过时会锤墙的小冷，你觉得他需要学习的新技能是＿＿＿＿＿＿。
   你帮助他的方式是＿＿＿＿＿＿＿＿＿＿＿＿＿＿＿＿＿＿＿＿＿＿。
3. 不敢和同学说话的小墨，你觉得她需要学习的新技能是＿＿＿＿＿＿。
   你帮助她的方式是＿＿＿＿＿＿＿＿＿＿＿＿＿＿＿＿＿＿＿＿＿＿。

二、向学生传递期望

（一）用非言语行为传递期望

老师对学生的期望很多时候暗含在各种非言语行为中，"润物细无声"地传递出来。以下是老师们常用于传递积极期望的非言语行为，请将你采用过的勾选出来。

□ 向学生肯定地点头，拍拍学生的肩。

□ 眨眨眼，露出欣慰的笑容。

□ 扬起眉毛，肯定地点头并鼓掌。

□ 把学生的观点写在黑板上。

□将学生的作业贴在布告栏中，或当众展示学生的作业。

□与学生保持眼神接触。

□对学生竖起大拇指，为其点赞。

除此之外，你还采用过哪些非言语行为来传递期望？

_____

_____

教育期望的传递不应只是"单向输出"，而应是"双向奔赴"。当我们向学生传递期望时，学生感知到了吗？一项学生调查发现，当老师有以下非言语行为时，学生会感到老师对他们充满了期望。请将你采用过的勾选出来。

□老师会用鼓励的眼神示意我举手回答问题。

□我在课堂上答不出问题时，老师总会耐心地等待或启发我，不让我难堪。

□老师总能发现我情绪不对劲，并及时鼓励我。

□每次问老师问题时，他/她总是面带微笑。

□我总能感觉到老师信任的眼神。

□课堂上出现有难度的题目时，老师会比较期待我的答案。

□每次在路上遇到老师，她总是很热情地向我微笑。

□在人群中，老师总会将关切的目光投向我。

□老师认为我总能完成难度较大的作业或任务。

除此之外，学生还能通过哪些非言语行为感知到老师的期望？

_____

_____

（二）用评价和反馈传递期望

评语也是老师们传递期望的常用方式。班主任会给学生写期末评语或日常表现评语，科任老师可以在家庭作业、试卷上给学生写评语，通过评语反馈对学生学习和行为表现的评价，并对他们提出期望。

案例探讨

长沙市周南中学刘红波老师的期末评语既充满鼓励，又表达了期望。

评语1：梅须逊雪三分白，雪却输梅一段香，慰藉不是声高语，皓首穷经十年功。常是蹙眉笑容少，竞争激烈信心无？紧盯目标朝前赶，如花时节尽开颜。也许高二于你是个坎，开学伊始便是身体抱恙，之后波及学海扬帆不进则退，身为学习委员，屡战屡败而幸得屡败屡战，人前人后流下的泪水，决不能付诸东流，为师信你挺你，我们的亚梅一定人如其名，傲霜斗雪！

评语2：初中高中大不同，上课必须聚精神，高二学业亦基础，提前预习勤总结。完成作业是任务，学习习惯要养成，综观成绩并不差，强身健体都要抓。稳重沉默的你，来办公室多是为了语文的背诵默写，假以时日，如能领悟到语文学习的法门，定会让学业成绩更上一个新台阶！

评语3：一表人才仪堂堂，谦恭有礼义在心，成绩为何起伏大？英语欠妥应自知。军训台前把言发，此等荣誉莫淡看，不学越王勾践苦，书山路上障碍多。你是老师欣赏的有能力有魄力的班干部，在班集体荣誉中立下汗马功劳。在老师看重学业的高二，你却偏偏成绩大涨大跌。绊住你双脚的除了英语，还有勤奋、学习习惯等因素。

评语4：做事认真又较真，学习投入比师忙，火山爆发激情起，牺牲休息服务中。学习也有千般味，全心投入苦也甜。老师佩服子逸同学学习上的干劲与钻研劲头，始终如一的学习精神，你的辛勤汗水换来了考场上的叱咤风云，换来了同学和老师的刮目相看。老师希望你学会管理自己的情绪，做个真正成熟的男子汉。

评语5：我看见那些语文作业本上鲜艳的"A+"，知道是你平时默默地付出才换来每次考试的好成绩，课代表工作兢兢业业换来了全班语文成绩的提高，可惜很多人不清楚，以为考试只是考试，其实考试就是考平时，看你有没有浇水施肥，有没有过程管理。考试仅仅是最后果实成熟了，你搭起梯子，在枝头上寻找最红、最饱满的那颗罢了。平时的辛勤劳动换得丰收的喜悦，沉甸甸的。

评语6：生活态度很好，学习态度不佳；生活方式很惬意，学习方式不理想。一学期来屡败屡战，精神可嘉。如果能把考后的痛心疾首改成考前的头悬梁锥刺股，成绩也不会带给你太多失意。每个人都是独特的，一颗健康纯洁的心、一种散淡的态度、一种无争的气势、一种宽容的心态，真的很有韵味！

你能从这些评语中看出刘老师对学生有哪些期望吗？

刘老师的这些评语充分体现了她对学生特点的关注与了解，每一份评语都非常有针对性，都很精准，堪称量身定制。更为宝贵的是，这些个性特点在她的笔下，不是一个个简单的、静态的标签，她能够将学生的这些特点置于不同的框架下，如与他人共性的比较、与学生过去的比较，引导学生辩证地看待自己的这些特点。换言之，刘老师充分挖掘了学生的特点，并做出了理性的评价，同时还透过丰富的语言表达，对学生提出了希望，表达了期待，也指明了方向。

🎓 **练习** ------------------

请你找出三份自己给不同学生写的评语，试着改写它们，通过评语将你对这三名学生的期望表达出来。如果你的评语已经很好地传递出了对学生的期望，可以分享给其他老师。

三、给学生做好榜样

人的大部分学习过程是有效地学习榜样的过程，包括注意榜样、进行模仿、尽力与榜样的行为一致、得到奖励或评价。而受学生青睐、受人尊敬的教师更容易成为学生注意观察的对象，成为学生的榜样，其行为更易被学生模仿，更能发挥正向影响力。

　　请回忆自己的学生时代，想一想哪些老师是自己的榜样？他/她的榜样之处是什么？我从中学到了什么？

榜样教师	榜样之处	我学到了这些

　　通过回忆，我们应该感受到了老师对自己的深远影响。你希望自己在哪些方面给学生做好榜样？

_____

_____

　　如果你期望学生做出以下这些正向行为，你可以这样做：

期望学生做的正向行为	我可以这样做
表现友好	"你是不是哪里不舒服？""你看起来有些难过，可以告诉我发生了什么吗？"——用微笑、情感共鸣、恰当的帮助行为展现友好
包容差异	"你的想法很有创意，提出了新角度，值得我们共同思考。"——用欣赏差异、发现亮点展现包容
接纳情绪	"这件事你觉得很不公平，所以有些不满想要表达。"——当学生出现负向情绪、表达过激时，不要急于批评，而是要接纳
表达歉意	"很抱歉，这件事是我误会你了。"——当我们出现错误行为时，要真诚地向学生表达歉意
提供帮助	"有什么我可以帮到你的？""我可以为你做些什么？"——为学生提供实际的帮助，如课后辅导、帮忙联系家人等
信守承诺	"答应了同学们的事情，我一定会做到。我们现在就……"——言出必行，若无法立刻履行承诺，也要约定完成日期
遵守规则	"虽然事出有因，但老师迟到也一样要接受惩罚，我明天一早就来打扫卫生。"——和学生一起遵守规则，奖惩同步
充满好奇	"这真是一个有意思的问题，让我们一起来探究吧"——用惊喜的目光、积极的探究行动展现好奇心
充满热情	"我特别喜欢和你们一起学习。"——让学生通过你的眼神、表情、言语、行动感受到你的热情

老师对学生的影响是方方面面的，你觉得老师还可以做哪些事情给学生带来正向影响？

_____

_____

 **"心" 链接**

警惕看学生时产生"晕轮效应"

晕轮效应最早由美国著名心理学家桑代克于20世纪20年代提出。晕轮效应是指人们在交往认知中，对方的某个特别突出的特点或品质会掩盖人们对其其他特点或品质的正确了解，形成以点概面或以偏概全的主观印象。

桑代克用实验来证明晕轮效应的存在。他随机选取了一些人的照片展示给志愿者看，这些照片上的人有的魅力十足，有的邋遢猥琐，还有的毫无特色。他让志愿者根据照片评价这些人的性格特点。结果表明，被试者对有魅力的人赋予了更多的理想特征，如和蔼、沉着、好交际等。

受到晕轮效应的影响，当我们对学生还不太了解，初见某个学生时，他积极或认真的学习态度会让我们看他什么都觉得好，赋予他很多他可能并不具备的品质，对他格外偏爱。而当我们初见一个衣冠不整、表现出傲慢或叛逆的学生时，我们容易主观地对其产生偏见，在学习和生活中也容易选择性地看到他的缺点和不足。

在日常教学中，我们要警惕看学生时产生晕轮效应，不要带有偏见地看待我们所认为的"差生"，不要对"优生"过于偏爱，也不要对"差生"不抱期望。

第三章　用"心"助力学科教学

　　开展心理健康教育，常常被认为是在和学科教学争抢时间和资源。实际上，学习本身就是心理过程，只有符合学生心理规律、满足学生心理需求的教学方式才能达成好的效果；要提升学生学习兴趣、培养学生好的学习习惯也离不开心理学的理论和方法；甚至大家看重的学习成绩，也可以从心理学的视角提供行之有效且长远的提升方法。本章将详细介绍心理学的理论和方法如何助力学科教学，希望帮助老师将心理健康教育有效融入学科教学，实现学生身心健康发展和学校教育教学质量提升的"双赢"。

第一节　如何提高学生的学习兴趣

"知之者不如好之者，好之者不如乐之者。"很多教师发现，学生对于自己感兴趣的学科总是愿意投入更多时间，也往往能够取得更好的成绩。而与之相反的是，如果学生失去了对学习的兴趣，将学习当成一种负担，不仅会影响学生的学习效果，也会让教师的教学变得事倍功半，形成"学生学得苦，教师教得累"的局面。本节将重点围绕如何提高学生的学习兴趣展开探讨。

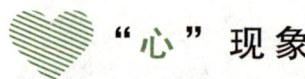 **"心" 现 象**

在你的课堂上，学生目前更多处于以下哪种状态？

☐ 总是对学习新知识充满好奇心。

☐ 学习主要是为了超越别人、证明自己。

☐ 享受学习知识的过程，不会因为学得不好而畏难，反而会迎难而上。

☐ 学习只是为了不辜负父母和老师的期待，总是被动完成任务。

☐ 把学习当成自己的事，会主动思考和探索。

☐ 认为学习本身就是有趣的，人天生就爱学习。

☐ 把学习当成阻碍自己其他兴趣的"绊脚石"，对学习充满抵触和厌恶。

☐ 认为学习和自己的其他兴趣并不冲突，都可以帮助自己收获成长和乐趣。

☐ 学不好时会认为是自己不够优秀，遇到困难容易放弃。

☐ 认为如果不是为了获得奖励或避免惩罚，没有人想学习。

结合你以往的教学经验，学习兴趣浓厚的学生通常会表现出哪些特点？

_____

_____

作为教师，我们可以做些什么来帮助学生提高学习兴趣？

_____

_____

 **"心" 视 角**

一、什么是学习兴趣

在心理学中，兴趣指的是人们出于一定的动机和需要，对某一特定内容所产生的一种主动参与和探究的心理倾向，它既包含认知成分，又包含情感成分。学习兴趣属于兴趣的一种，指的是学习者对学习活动所产生的心理上的喜爱和追求的倾向，具体表现为学生能够持续地参与到学习活动中，并在学习过程中产生积极的情感体验。

（一）学习兴趣与教育的关系

无论是在教育学还是心理学领域，学习兴趣始终都是一个十分关键的课题。学习兴趣作为一种重要动机，能够推动学生认识事物、探索真理，是学生学习活动中最活跃的因素。

我们平时总说要"开展兴趣教学""培养学生的学习兴趣"，于是很多人误以为学生的学习兴趣是靠教育培养出来的，可事实上，学习兴趣是源，教育是流，学习兴趣是比教育更原本的存在。你还记得孩子小时候对万物都充满好奇的模样吗？还记得他们刚上学时拿到课本的欣喜吗？还记得当他们第一次自己读完一本故事书时的自豪吗？其实相比于培养学生的学习兴趣，我们的教育首先应该做的是保护学生最初的兴趣与好奇心，至少应做到不伤害。然而当前的学校教育还存在着一些破坏学生学习兴趣的行为。例如：

• 不遵循学生的个体发展规律，制订过高的学习目标或过重的学习任务。

• 师生之间缺少平等对话，学生在学习内容、学习方式、学习时间安排等方面均没有自主选择的空间。

• 采用打压式、惩罚式教学管理方式，习惯于将学生的错误、失败归因于他们的能力，否定学生付出的努力，缺少鼓励教育。

• 使用"满堂灌"的教学方式，固守"知识本位"，导致课堂氛围过于压抑、严肃、无趣，学生缺少参与感。

• 教学内容过于单调，与学生自身及其生活实际缺乏联系，很多时候学生对于所学内容知其然而不知其所以然，不知道学习是为了什么。

• 对学生的评价方式单一，唯分数论、唯升学论现象仍然普遍存在，缺少全面综合的评价。

好的教育应该首先做到不扼杀学生原有的兴趣，然后才是为兴趣的进一步稳固与发展保驾护航。

你觉得学校教育中还有哪些行为会破坏学生的学习兴趣？请写下来，与其他教师交流分享，同时警醒自己。

_____

_____

（二）学习兴趣的分类

学习兴趣可以分为情境兴趣和个体兴趣（表3-1-1）。其中，情境兴趣是从教学环境出发，一般指学生被教学中的某些条件、刺激所吸引而产生的兴趣，如某同学因为在课堂上被化学老师完成的一个化学实验吸引，于是对化学产生了兴趣。通常那些具有复杂性、新颖性、冲突性、不确定性的内容更容易引发情境兴趣，但这种吸引往往不够稳定和持久。个体兴趣则是从学生主体出发，指学生的个人倾向或偏好，受到个人的知识、价值观和情感的影响，具有相对稳定性和持久性，如某同学很喜欢画画和享受将内心情感视觉化表达出来的过程，在课余会花大量时间和精力去学习和练习画画，不断提升自己的绘画能力。

表3-1-1 情境兴趣和个体兴趣的对比

	侧重点	持久性	稳定性
情境兴趣	由外部环境引发，是一种被动的情感状态	比较短暂或持续一段时间，不够持久	不够稳定，易受环境刺激的影响
个体兴趣	由内部动机引发，主要受个人特质（如知识、价值观、情感）的影响	具有持久性，甚至终身持续	较稳定，属于人格特质

从持久性和稳定性来看，个体兴趣都优于情境兴趣，那是否意味着我们的教育可以直接舍弃情境兴趣，重点发展个体兴趣呢？

当然不是。一方面，在实际教学中，面对一个班级几十名学生，教师要做到了解并匹配每位同学的个人特质是不太现实且效率低下的。另一方面，虽然情境兴趣与个体兴趣在侧重点、持久性和稳定性等方面都存在差异，但二者之间并非完全分割，情境兴趣可以促进个体兴趣的发展，还可以在一定条件下实现向个体兴趣的转化。特别是对于一个已经失去了学习兴趣的学生而言，我们首先应该激发学生的情境兴趣，然后再促使其进一步发展为个体兴趣。

在情境兴趣的激发上，我们应重点关注外部教学环境的创设。例如，可以通过设置一些有趣的图片、视频和游戏活动来营造一种充满趣味的氛围，抓住学生的注意力，激发学生的上课热情。但需要注意的是，学生对图片、视频和游戏活动这些刺激物感兴趣并不代表他们对学习感兴趣，如果刺激物设置不当，也可能对学生的学习兴趣产生负面影响。例如，某位老师为了迎合学生的喜好，在课件上装饰了各式各样的卡通动画，学生看到后马上就被吸引住了，反而忽视了老师对知识点的讲解。因此，在激发情境兴趣时，我们对环境的创设要紧紧围绕教学目标，重点考虑如何将学生的兴趣顺利地从刺激物转移到其中所蕴含的知识上，切不可为了活动而活动。

情境兴趣若得不到维持就会很快消退，因此除了要为学生提供感官刺激以外，还应该提供一些更为深层的支持，促进情境兴趣向个体兴趣转化。随着学习的逐渐深入，相比外界环境的刺激，学生更需要的其实是认知层面的支持与发展，只有这样他们才有机会构建更为完善的知识体系，以解决当前所面临的问题，在不断挑战与突破中体验到学习所带来的成就感。

总之，学习兴趣的培养与发展是一项长期任务、系统工程。通过对学习兴趣进行细致分类，我们可以看到教师在不同阶段的工作重点和适用策略。

二、提高学习兴趣的积极意义

人们常说"兴趣是最好的老师"。学习兴趣对学生的注意力、努力程度、投入程度、学习动机、学习层次、认知功能等都有一定影响。在兴趣的培养上，教师的最终目的应该是触发学生对特定知识的情境兴趣，并通过外部支持将其内化为一种完全自主的、具有自我调节特性的个体兴趣。当学生对某一领域的知识发展到了个体兴趣，就意味着他对此有着持久而稳定的热爱，愿意投入时间和精力，并且不满足于表层的知识，愿意致力于探究和揭示知识的本质，不会因为遇到挫折而轻易放弃，而是会想方设法克服困难，同时在整个过程中会产生一种积极的情感体验。

概括来讲，这些学生通常会表现出以下特点：

- 对待学习具有主动性，而非被动、强迫。
- 受到内部动机的驱动，专注于学习的过程，而非学习所带来的结果。
- 设置掌握目标而非表现目标，认可学习是为了个人成长，而不是与他人比较。
- 将所学知识与未来志向相结合，融入了个人价值观。
- 学习过程中伴随着知识的积累、能力的提升以及积极的情感体验。
- 学习行为能够长时间持续下去，比较稳定。

当学生的学习兴趣达到一定水平后，学生就会变得更加乐学、好学、善学、勤学，教师的教学过程也会变得更加轻松、愉悦、高效。实现"教师教得轻松、学生学得开心"这一教育工作者所共同期待的局面也就有了更大的可能性。

三、提高学习兴趣的路径

兴趣的养成不是一蹴而就的，每个人对特定事物的兴趣水平是逐渐积累、逐渐发展起来的。根据希迪和伦宁格的兴趣发展四阶段模型[1]，学习者兴趣发展和深化的过程可以划分为以下四个阶段：

第一阶段：触发的情境兴趣，这是兴趣产生的起点。当新异教学情境中的某些刺激物引起了学生的注意，并恰好满足了他们自身的某种需要或与他们过往的知识经验发生交互作用时，学生会对其产生一种认知倾向，于是兴趣开始萌芽。因此，外部刺激物的特征以及学生的自身状态都会影响情境兴趣的触发。这就要求教师要了解所教学生的具体学情和注意偏好，不断提升自身的教育热情和教学能力，只有这样才能创设出可以触发学生学习兴趣的教学环境。

第二阶段：保持的情境兴趣。仅停留于关注知识表面层次的情境兴趣很容易消失，只有引导学生从知道"是什么"向知道"为什么"转变，新萌芽的兴趣才有机会得以延续。当学生逐渐摆脱事物的表象特征，开始思考该知识对自身的价值时，他们就会更愿意多

---

① Hidi S, Renninger K A.The four-phase model of interest development [J]. *Educational Psychologist*, 2006（2）: 111–127.

次、反复投入到对该知识的探索中。因此,在这个阶段教师一方面要帮助学生保护好新激发的情境兴趣不轻易受到干扰,另一方面要帮助学生反复激活对同一知识的情境兴趣,并引导学生认识到该知识与他们的相关性,从而促使学生能够主动投入到学习中。

第三阶段:情境兴趣向个体兴趣的转化。随着时间的持续推移,学生通过反复参与对特定知识的学习,已经积累了大量的知识与技能,体验到了更多的积极情绪,对该知识也有了更深层的理解,从情境兴趣向个体兴趣转化。在这个阶段无论有无外部刺激,学生都能够持续地参与到对该知识的学习中。但初步形成的个体兴趣还不是很稳定,容易受到学生的价值观、人格特征和情感状态等因素的影响。同时,随着学习的不断深入,挑战也会随之增加,此时教师能否做到积极关注学生的状态和需求并及时提供全方位的支持,会在一定程度上影响他们在面临困难时的行为表现。

第四阶段:稳定的个体兴趣。这是兴趣发展的最高阶段。学生的知识结构逐渐趋于完善,他们对特定知识形成了高度的价值和情感认同,并能够熟练运用所学内容去创造性地解决实际生活中的各种问题,甚至开始创造新的理论和知识,此时稳定的个体兴趣已经形成。当然,并不是所有的兴趣都能走到这个阶段,要想实现这个目标,教师在这一阶段的工作重点是帮助学生全面系统地掌握知识,多为学生提供迁移和应用所学知识的机会,让他们不断体验到在运用知识的过程中产生的喜悦与成就感。

案例分享

安安的兴趣发展历程

一天,安安在逛书店时无意中被一本书的精美封面吸引了,这是一本介绍服装设计的书籍,她停下来满怀好奇地翻看了好几页,突然妈妈叫她回家,于是她恋恋不舍地放下了这本书,离开了书店。这时安安的兴趣开始进入第一阶段——触发的情境兴趣。

回到家后,安安差不多已经忘记刚刚看过的那本书。但不久后的一天,她在电视上偶然看到了一个对服装设计师的访谈,于是回想起那天在书店翻看过的那些造型精美的服装,脑袋里逐渐冒出了一个想法:服装设计师好像是一个很有意思的职业,我喜欢画画,也喜欢各种漂亮的衣服,感觉还挺适合我的,可以多去了解一下。这时安安的兴趣开始进入第二阶段——保持的情境兴趣。

在接下来的很长一段时期,安安借阅了很多本有关服装设计的书籍,还主动请教美术老师各种设计方面的问题,后来她将服装设计选为自己的大学专业。在大学期间,她认真学习专业课程,还主动找到一家工作室实习,逐渐对这个领域有了越来越多的了解和知识的积累。这时安安的兴趣开始进入第三阶段——情境兴趣向个体兴趣的转化。

在学习和实践过程中,安安越来越明确自己的想法,那就是她今后要通过设计好看的衣服来传递美好。因此,她在课余时间开始尝试探索自己的设计风格,然后创立了自己的服装品牌。虽然这件事对她来说并不容易，但她每天都很享受学习和设计的过程。这时安安的兴趣开始进入第四阶段——稳定的个体兴趣。

在兴趣发展四阶段模型中，从情境兴趣到个体兴趣发展的每一阶段各有其鲜明的特征、发展趋势以及促使兴趣由低阶段向高阶段转化的条件，这提醒我们在教育教学的过程中要遵循兴趣发展的科学规律，因时、因人地选取合适的培养策略，让学生的学习兴趣不断得到触发、保持，实现从情境兴趣到个体兴趣的转化，并使个体兴趣不断发展至稳定，使学生获得更好的学习体验和学习效果。

 **"心" 方法**

下面针对兴趣不同发展阶段应重点解决的问题提出相应的建议与对策。

一、触发阶段：如何吸引学生的注意力

面对正处于无兴趣阶段的学生，触发情境兴趣的关键是通过提供外部教学刺激来吸引学生的注意力，借助充满趣味和吸引力的教学刺激调动学生的积极性，使学生把注意力集中在所要学习的内容上。

（一）了解学生的注意偏好

人的注意具有选择性，受到注意广度的限制。人在同一时间只能专注在一种或少数几种刺激物上。根据有关心理学研究结果，我们发现学生更容易被具有以下特点的事物吸引：新奇的，形象生动、鲜明的，不断变化的，较复杂的（中等难度），引发认知冲突的，对比明显的，留有悬念的，真情实感的，贴近生活的，可参与互动的。

在日常生活中，你是否也常常会被具有上述特点的事物吸引呢？要想让课堂变得生动有趣，必须记住这样一条重要且简单的原则——这样的教学设计是否打动了你自己？

（二）选择适合的刺激物

既然生动、有趣的教学刺激物有助于触发学生的情境兴趣，那么在课堂教学中选择合适的学习材料就显得非常重要。不过这里的学习材料并非单指教材，教具、板书、多媒体、教学活动、教学的物理环境以及教师的语言、语音语调和非语言行为（如眼神、表情、动作姿势）等都可以成为教学情境中的刺激物。

在选择学习材料时要注意结合学科特点、教学内容、教学目标和教学对象等因素进行综合考虑。下方列出了一些可供参考的应用场景：

• 语文课上，老师通过生动形象、充满画面感的语言描绘了新疆吐鲁番，为学生创设了一个富有感染力、如同身临其境的情境（用语言创设情境）。

• 地理课上，老师一边给学生分享自己在暑假期间去云南旅行的照片和视频，一边讲述在旅途中发现的有趣的人文习俗（利用多媒体资源）。

• 历史课上，老师借助清晰、形象的板书和自己能够熟练地画地图的本领，激情昂

扬地为学生详细讲述了当年毛泽东带领红军四渡赤水的故事（利用板书、专业能力和教学热情）。

- 数学课上，老师通过联系学生以前在科学课上学过的"读取温度计"的知识，导入了"负数"的新课教学（引入学生熟悉的旧知）。
- 化学课上，老师带了两管透明的液体来到教室，请学生猜测如果将它们混合在一起会变成什么颜色（设置悬念，引发认知冲突）。
- 生物课上，老师带着学生到校园里，让学生分小组合作，实地探究土壤中的昆虫，动手制作植物标本（鼓励小组合作、实地探究、动手操作）。
- 写作课上，老师故意迟到几分钟，引发学生们着急的情绪，然后不慌不忙地走上讲台布置了今天的作文题：当老师迟到的时候（创设真实情境）。
- 英语课上，老师给学生布置了一个课后阅读任务，并提供了不同内容的阅读材料，涉及运动、美食、音乐等多个主题，学生可以自行选择（提供自主选择的空间）。

（三）遵循一定的投放原则

在一堂课的时间里，学生的注意力是会不断转移的，如在被一开始的导入活动吸引后，过了一段时间他们就有可能被其他事物吸引。因此，仅仅投放教学刺激物是不够的，还应在投放刺激物的时间、数量、顺序等方面进行更为细致的设计。具体可以遵循以下原则：

1. 投放刺激物要及时

不仅要在课堂一开始就抓住学生的注意力，在课堂的中间和结尾也要穿插使用不同类型的刺激物来维持学生的兴趣。

2. 投放刺激物不宜过于密集

触发的情境兴趣可以短暂持续一段时间，所以刺激不必过于频繁，以免妨碍教学目标的实现。

3. 投放刺激物要循序渐进

虽然图片、视频、实物模型等都可以帮助学生更直观地理解所学内容，但这些材料一旦放出，就可能破坏语言和文字本身的美感，也会限制学生发挥想象的空间，所以刺激物的投放顺序要合理，要做到循序渐进。

练习

请挑选你曾经上过的一堂课，参考前面提供的刺激物类型和刺激物投放原则，设计3个刺激物，并列出投放刺激物的时机。

1. _____
2. _____
3. _____

对于重新设计后的这堂课，你的兴趣指数有什么变化？

二、保持阶段：如何激发学生主动参与

触发的情境兴趣是浅层的、表面的、不稳定的，如果不能进一步激发学生深入探究的欲望，那么情境兴趣很快就会消失，而且学生的注意力也会四处漫游，不会一直集中在某个事物上。因此，在保持阶段我们要用更高级的刺激来保持学生的情境兴趣，除了要继续加深教学刺激，反复引起学生注意所学内容以外，更重要的是要帮助学生理解所学知识的意义及其与实际生活的相关性，从而使学生愿意主动参与到后续的学习中。

（一）多角度、多方式复现教学内容

不断复现同一教学内容是为了重新触发学生的兴趣，而多角度、多方式复现，则是为了帮助学生不断深化对这一教学内容的理解，这样既可以重复吸引学生的注意，又有利于帮助学生从多个维度看到这一教学内容在不同场景下的展现形式与应用价值。例如，想要培养学生对古诗词的兴趣，可以从以下几个角度来复现教学内容：

- 选择不同的时间复现，如在新课教学时，在分析写作素材时，在教学同一作者的其他作品时，在教学同一题材的其他作品时。
- 在不同的情境中复现，如抒发个人感情时，帮助学生理解其他有关内容时，激发学生的志气时，为学生树立精神榜样时。
- 选择不同的目的来复现，如解读诗词内容，领悟诗歌意境，了解作者生平背景，赏析遣词造句。
- 选择不同的方式来复现，如在课堂教学中，在作业设计中，在小组活动中，在实践任务中，在提问反馈中。

练习

请根据你所教授的学科，选择一个想要培养的兴趣（可以是对整个学科的兴趣，也可以是对学科中某个具体内容的兴趣），然后在下图中列出它可能适用的多个教学场景。

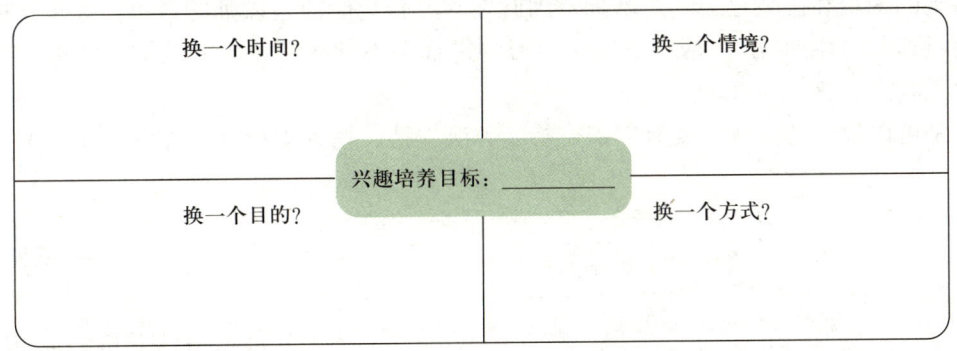

（二）帮助学生关联所学知识的价值

当学生认识到所学知识与自己的实际生活相关，体会到它能在某个方面满足自己的需

求或有助于自己实现某个目标时，他们更有可能在学习上变得主动。因此，我们应在教学中向学生渗透学习内容的应用价值、文化价值、审美价值和科学价值，并培养学生的应用意识，使学生体会到知识源于生活、寓于生活、用于生活，从而产生更多内在学习动力。

在具体操作上，我们可以采用直接传授的方式，即直接告诉学生通过学习这些知识可以收获哪些价值，也可以通过创设问题情境或提供实践机会等方式，让他们在亲身体验和思考中去感悟所学知识的价值。例如，我们可以通过以下方式来引导学生体会学习古诗词的实用价值：

- 直接告诉学生古诗词是语文学习中非常重要且关键的一个部分，学好古诗词不仅是考试的要求，也是一种文化、风骨、气质的传承。
- 请学生用不同的方式来表达自己的情绪，引导学生体会用古诗词表达内心感受时的不同效果，从而体会到古诗词在人际沟通与表达中所散发的独特魅力。
- 通过介绍古诗词蕴含的人生哲理，引导学生结合自己的经历表达观点和感悟，感受古诗词带给人们的精神力量。
- 鼓励学生通过模仿经典古诗词创作自己的作品并积极投稿，让他们在诗词创作中获得成就感。

🎓 **练习** ┄┄┄┄┄┄┄┄○

请列举 5 条你所教授的学科可以给学生带来的实用价值，以及体会学科实用价值的具体方式。

三、转化阶段：如何支持学生度过"困难期"

当学生意识到某个知识对自己有积极意义之后，就会想要深入探索这个领域的知识或主题，希望能够不断丰富和积累自己在这个领域的知识，提升相关技能，但与此同时，学生所遇到的困难和挑战也会随之增加。因此在兴趣转化阶段，教师的重点任务是支持学生顺利度过这段"困难期"，帮助他们在学习的过程中不断积累正向的认知和情感，持续获得成就感和满足感。

教师可以提供的支持主要有知识支持、方法支持、情感支持三个方面（表 3-1-2）。

表 3-1-2 教师可以提供的支持

	支持时机	支持方式
知识支持	当学生课上回答不出来问题时； 当学生总是错同类型的题目时； 当学生无法进行知识迁移时； 当学生无法将知识应用于实践时	梳理知识点，提供讲解示范，认真批改作业，提供补充材料，精心设计提问，当面辅导

	支持时机	支持方式
方法支持	当学生感到时间不够用时； 当学生感到迷茫、没有目标时； 当学生习惯拖延、没有行动时； 当学生沉迷手机/网络/游戏时； 当学生不知如何制订计划时； 当学生很用功却收效甚微时； 当学生遇到问题无法解决时	分享有效的时间管理策略（如重要紧急四象限法、清单法）、记忆策略（如思维导图、艾宾浩斯记忆曲线）、问题解决策略
情感支持	当学生考试失利时； 当学生看起来闷闷不乐时； 当学生与他人发生冲突时； 当学生被父母责备时； 当学生不敢尝试、畏难时； 当学生有了进步时	主动沟通谈心，分享励志故事，给予正向具体的反馈，进行鼓励性评价，提供榜样，给予积极心理暗示

🎓 练习

请使用"当（某位或某类学生）……时，我会……"的固定句式，从知识支持、方法支持、情感支持三个方面，制订一份兴趣支持行动计划。

当＿＿＿＿＿＿＿＿＿时，我会＿＿＿＿＿＿＿＿＿＿＿＿＿＿＿＿。

当＿＿＿＿＿＿＿＿＿时，我会＿＿＿＿＿＿＿＿＿＿＿＿＿＿＿＿。

当＿＿＿＿＿＿＿＿＿时，我会＿＿＿＿＿＿＿＿＿＿＿＿＿＿＿＿。

四、稳定阶段：如何帮助学生加深价值认同感

稳定的个体兴趣是学习兴趣发展的最高阶段，是在情境兴趣的基础上发展起来的，与远大的奋斗目标和崇高的理想关系紧密。在情境兴趣向个体兴趣的转化阶段，学生已经掌握了比较完备的知识结构，能够运用所学知识去解决一些比较复杂的问题，并且一直保持着较高的学习积极性，拥有克服各种困难的决心。因此，在接下来的兴趣稳定阶段，教师的重要任务是帮助学生进一步深化知识背后的情感与价值，引导学生树立正确的学习观，向学生渗透学习的思维方式和经验方法，培养他们的志趣。

（一）帮助学生看见知识的全貌

学生如果只是停留在对学科中部分章节的学习，或者只是机械地跟随教材的顺序逐步学习各个章节而没有建立知识之间的联结，那么他们就难以运用这些知识去灵活解决生活中更加复杂的问题，也很难站在更高的维度上进一步感受整个学科的魅力。

要想帮助学生看见知识的全貌，教师需要改变自己的教学方式，要深入研究教材，尝

试打破教材已有的单元设置，将孤立分散的知识点按照一定的主题和逻辑重新整合在一起，从而有效帮助学生建立学科中各知识点之间（甚至是多个学科之间）的横向与纵向联结，不断完善知识体系的搭建。

在这种思路下，单元主题教学、探究性学习、项目化学习、STEAM学习都是可以选择的教学方式。这些教学方式打破了原本教材在单元上的设置，选择以主题或问题为中心来设计教学活动，并且大多选择的都是没有标准答案、与现实生活紧密相关的问题，这样学生在探究和学习过程中就更容易完成知识的整合、迁移与运用，还有助于提高学生分析、评价、创造等高阶思维能力。

案例分享

英语项目化学习：Plan a day out in Jiaxing

在浙江嘉兴某小学的英语课堂上，老师为了帮助学生巩固用英文表达地点、时态的使用以及口语表达，设计了一个基于真实情境的任务，让学生为外国游客设计一个出游计划，帮助他们了解自己家乡的地理、历史和人文景观。在活动中，学生需要了解家乡相关地点的英文表达，小组协作共同商讨制订一份出行计划，在实地出行后还要制作一份海报来介绍本小组设计的出游路线和景点，并面向全班进行展示和汇报。在这个过程中，学生的英文词汇运用能力、写作能力、口语表达能力等都得到了锻炼，团队协作能力也得到了提升。

（二）为学生提供应用知识的机会

在应用知识的过程中，学生的知识体系将会不断完善，学生也会因此获得更多机会来感受所学知识在现实生活中的价值与作用，从而进一步深化知识背后的情感与价值，树立远大目标和崇高理想。

在实际教学中，知识应用的场景有很多，每个学科都有所不同，比较通用的学习成果形式包括演讲、辩论、表演、视频制作、调查访谈、展示汇报、实验探究、研究报告、活动方案、产品设计等，我们可以通过提前为某个知识的教学确定最终的学习成果，以此来设计相应的应用场景。例如，上生物课时，为了帮助学生巩固有关食物链的知识，可以让学生动手自制一个生态瓶。

练习

请选择一个你感兴趣的理论知识，参考上述学习成果形式，为它设计3个可能的应用场景。

举例：学习完概率后，让学生设计一个收益最大的抽奖游戏活动方案。

♥ "心"链接

提升学习兴趣的教学法："5E"教学模式 [①]

"5E"教学模式是一种基于建构主义理论的教学模式，共分为五步：吸引（engagement）、探究（exploration）、解释（explanation）、迁移（elaboration）和评价（evaluation）。

- 吸引：强调通过创设问题情境激发学生的学习兴趣。这里的问题情境应尽量与现实生活（特别是学生的生活）、课程内容和教学任务联系起来。情境中的问题要能够吸引学生，引起认知冲突，从而激发学生主动探究和主动建构知识的兴趣。

- 探究：教师可以根据上一环节产生的认知冲突，引导学生进行探究。在探究的过程中，学生是主体，教师的作用是适当时给予学生引导和帮助。教师要注意观察、倾听，并进行适当的提示和指导，以了解学生探究的进程和深度，同时避免学生过快地得出结论。

- 解释：教师要将学生的注意力集中在对探究过程和结果的展示及分析上，给他们提供机会展示其对概念的理解、技能的掌握或方法的运用，让学生尝试用自己的理解阐述他们对概念的认知。同时应注意鼓励和提醒学生根据已有的知识经验和上一环节进行探究的过程和结果进行推理。

- 迁移：学生在教师的引导下继续发展对概念的理解和应用技巧，扩充概念的基本内涵，并与已有概念建立某种联系，或用新概念解释新情境或新问题，从而加深或拓展对概念的理解，获得更多的信息和技能。在引导学生利用新概念解释新的类似的情境或问题时，要尽量使用刚刚学习的专业术语，这不仅有助于对新情境和新问题进行回答，还可以加深学生对新概念的理解。

- 评价：教师和学生用正式或非正式的方法评价学生对新知识的理解和应用能力，确保学生活动的方向或鼓励学生对探究过程进行反思，为教师提供评估教学过程和教学效果的机会。

第二节 如何构建高效课堂

每位老师心中都有自己的理想课堂。你的理想课堂是什么样的？是如期达成教学目标，学生一课一得、学有所获；是自己教得全情投入，学生学得兴致盎然；还是通过学生

[①] 吴成军，张敏. 美国生物学"5E"教学模式的内涵、实例及其本质特征［J］. 课程·教材·教法，2010（6）：108-112.

的课堂生成获得成长和提升，体验到教学相长？虽然每位老师所描述的理想课堂的样态各不相同，但它们都有一个共同的特征——高效，即老师能高效地完成教学任务，学生能高效地吸收学习内容，教学效率高、学习效果好。那么我们应该如何构建适合自己的高效课堂呢？这是本节将要探讨的内容。

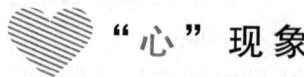 **"心"现象**

以下课堂现象，哪些是你经历过的？请将它们勾选出来。

□ 上课时总是只有个别学生举手回答问题，没被点到的学生松了一口气。

□ 小组活动时永远只有那么几个学生真正投入到讨论中。

□ 上课时刚讲完的知识点，有些学生一下课就忘了。

□ 学生不理解老师在课堂上发出的指令，总是反复询问。

□ 课堂上学生会起哄或者嘲讽回答问题的某些同学。

□ 有的学生上课走神、睡觉，拒绝参与课堂讨论和活动。

□ 学生在课堂上好像都听懂了，一做题就"废"了。

□ 学生能运用课堂上所学的知识解决生活中的问题。

□ 学生在课堂上感觉到师生关系是积极的，课堂氛围是舒服的。

□ 一堂课结束后，你和学生都感觉"畅快淋漓"，期待下节课的来临。

□ 上课后，学生能很快投入课堂，并对课堂内容十分感兴趣。

□ 班上所有学生都积极参与讨论，大家彼此倾听，畅所欲言。

□ 上课铃响了，学生还不能迅速安静，慢慢吞吞地整理课桌、准备用具。

□ 学生能辩证、发散、深入地思考老师提出的问题。

□ 学生能自觉遵守课堂纪律，尊重课堂上的每一个人。

□ 学生在课堂上能发现自己的擅长之处，获得自信感。

其他（请补充）：_____

_____

根据你的经验和理解，你认为课堂上出现这些现象的原因可能是什么？

_____

_____

面对这些情况，你一般会采取怎样的应对方式？

_____

_____

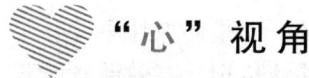

"心" 视角

一、什么是高效课堂

高效，顾名思义，就是指高效率和高效益。高效课堂是相对于课堂教学的低效而言的，是教师在常态课堂教学中，通过课堂经营，引领学生积极主动地参与学习，高效率、高效益地完成教学任务，使学生获得又好又快又公平的发展的过程。

（一）高效课堂的认识误区

1. 高效课堂不是一味追求热闹的课堂

热闹是一种表面效果，课堂热闹并不意味着课堂教学高效。过去常听到关于高效课堂的口号之一就是"让学生动起来，让课堂活起来"，于是我们就看到一些课堂为活动而活动、为讨论而讨论，学生讨论活跃，呈现出一番热闹的景象，但其实很多活动只是停留于表面上的热闹，没有唤起学生深层次的情感体验与思考，学生很难进入学习情境，很难将注意力集中于学习内容，也就难以进入认知、理解的学习状态，更遑论知识的吸收与内化。

高效课堂追求课堂教学效果的最大化。课堂教学效果应以课堂教学行为是否达到预期目标为评价标准。也就是说，教师的课堂教学行为并非越多越好，而是要紧扣目标，做到有的放矢，这样才能保证学生由浅入深、由表及里地参与到学习活动中，避免流于形式、浮于表面的学习。也许这样的课堂比较安静，没有频繁的讨论和热闹的场面，但学生的思考正在"安静"的课堂上热烈地发生着，有时课堂的"静止"才会带来知识的沉淀和思考的深入。所以，高效课堂不是"发言热闹的课堂"，而是"思维活跃的课堂"。

2. 高效课堂不是一味追求效率的课堂

高效课堂追求课堂教学效率的最大化，也就是在一节课的时间内尽量让学生获取更多的知识和技能。为了追求这一目标，有些老师会加大课堂教学容量。例如，一位老师在公开课上借助多媒体设备，快节奏地呈现了15道数学题，评课时有老师对此提出疑问。授课老师说："不是要高效课堂吗？"这就是错误地将增加课堂信息容量简单地等同于高效课堂。事实上，老师在课堂上讲授过多的知识会给学生带来认知过载，削弱学生的思考深度，学生虽然获得了很多新知识，但如果来不及消化理解，教学效果依然是低效的。还有些老师为了加快课堂教学进度，就压缩某些教学环节，简化讲授过程，不让学生经历必需的思考过程就直接给出学习结果。他们将高效课堂等同于"赶进度"，略过了学生对知识的思考和内化过程，违背了学生认知的基本规律。特别是有些老师为了赶进度而采取"考什么就教什么"的做法，导致学生学科知识碎片化，不利于知识体系的建构。这些做法长远来看会严重影响学生的学习效果。

当今时代，人类的知识每时每刻都在迅猛增长，学生的学习负担也随之加重，在这种背景下仍有不少老师过于追求课堂教学的完整流程，将所有新知识都严苛地依照导入、讲授、小结练习、作业布置等环节有条不紊地传输给学生，过程繁琐、结构繁杂；还有些老师认为所有知识都需要经过自己的讲授，否则就不算完成教学任务，于是便抓住早读、午休、自习等一切可以利用的时间补课、复课，给学生带来沉重的课业负担。高效课堂所要求的高效率，是突出学生学习的主线，重现被教学花样遮蔽了的"学生"与"学习"；是剔除教学过程中那些无用、冗余的"泡沫"和"水分"，构建起简洁明快的课堂教学结构；是基于学生的知识基础和认知规律，提取并重组核心知识，以促进学生的理解和掌握为主线组织教学活动，让学习真正发生。

（二）高效课堂的本质是促进学生高效学习

什么样的课堂才算是真正的高效课堂呢？高效课堂的核心内涵是让学习真正发生，通过教学促进学生认知结构的建构与重构，引发学生学习过程中的心理变化，提升学习效果。

案例分享

陈老师执教八年级历史课"外交事业的发展：恢复在联合国的合法席位"时，先用"乔的笑"——一张乔冠华开怀大笑的照片导入，让学生谈一谈从照片感受到的乔冠华的情绪，进而引出照片的背景——1971年中华人民共和国恢复联合国合法席位。

有学生提问"为什么是'恢复'合法席位"。陈老师肯定了这个问题，并围绕"为什么是'恢复'"这一线索，对抗日战争时期、解放战争时期以及新中国成立后的一些重要历史事件进行逐一梳理。学生不仅重温了重要历史事件，还对当时各个国家和政府的角色有了更深入的理解。

当陈老师讲到1972年中日邦交正常化时，又有学生提问："为什么中国在经历了抗日战争后，还愿意和日本建立正常的外交关系？"陈老师马上说："你提了一个好问题！"接着他对20世纪70年代的世界格局进行了深刻分析，说明了中日邦交正常化的背景和意义。

这是教研员推门听的一节常规课。在教学过程中，陈老师不时走下讲台，和学生交流眼神、积极互动。每一位学生都饶有兴致、聚精会神，并始终跟着陈老师的节奏认真思考，敢于发问，积极回答，展现出了积极的学习态度。

从案例中可以看到，陈老师除了有清晰的教学设计与思路以外，还极为关注学生在课堂上的主动思考，并认真对待学生的每一次提问，一方面将提问作为了解学情的契机，使教学内容与学生的思维图式相契合，不仅实现了知识的同化和顺应[1]，还进一步捋清了学科

---

① 同化和顺应：这是由心理学家皮亚杰提出的心理学概念。同化是指个体利用已有的知识结构把新刺激纳入原有的认知结构中。例如，个体在原有认知中，认为有羽毛、会飞的动物都是鸟类，所以当他看见喜鹊就会将其视为鸟类。顺应是指当个体不能利用原有认知结构解释新刺激时，其认知结构会发生改变以适应刺激的影响。例如，个体逛动物园看见了鸵鸟，动物园管理员介绍时说鸵鸟也属于鸟类，这与个体原有认知中的鸟类都"会飞"不符合，所以个体就需要改变原有的对于鸟类的定义。在教学实践中，我们常说的引起认知冲突就是运用了同化和顺应的概念。

知识的逻辑主线，完善了学科的知识体系，促进了知识的理解与运用；另一方面将提问作为与学生互动的桥梁，肯定学生积极的学习态度，让学生感受到被认可，由此进一步激发学生的学习兴趣，使他们更自觉主动地参与教学活动，使学习更为高效。对于前者，起作用的主要是学生学习过程中的认知因素；对于后者，则主要是非认知因素在起作用。所以，高效学习是由学生的认知因素与非认知因素共同发挥作用的过程。

只重视认知因素而忽视非认知因素的教学很容易导致学生对学习产生厌倦。以兴趣为例，凡是令人感兴趣的事物就会引起注意，并能使人感觉敏锐、思维活跃、想象丰富，从而引发探索倾向和愉悦感受，而不能引起兴趣的学习，对学生来说就是一种"苦役"；再以情感为例，情感是人与人之间交往时所产生的心理现象，学生的情感状态与师生关系密切相关，一些学生会因为不喜欢任课教师而不喜欢他们执教的课程，产生情感型厌学。

学习是学生从教学活动中提取、加工信息的过程。学生提取什么样的信息开始学习，是由兴趣、动机等非认知因素决定的。没有它们的参与，即使外来信息的刺激量再大，真正的学习也不会发生。在学习过程中，学生并不是单纯的记忆和模仿，而是带有鲜明的主观倾向。当学生具有学习的兴趣和内在的求知愿望时，就能够主动积极地提取、加工信息，并体验到积极愉悦的感受，这种感受会不断强化他们持续自主学习的意识和能力；如果学生没有学习的愿望和内在的求知动机，只是在强制性的外力驱使下从事学习活动，那么学习之于他们的就是消极和痛苦的体验，这种被动应付式的学习是低效甚至无效的。研究发现，一些学生之所以对学习表现出"消极应付"的态度，产生厌学情绪，主要是因为学习被视为获得功利的捷径，脱离学生的生活，逐渐沦为一种占有性活动；学生被学习活动控制和奴役，丧失了学习的主体地位和天性。

因此，促进高效学习就是要尽可能多地激发学习过程中的认知与非认知因素。例如，在物理、化学等学科的实验教学环节中，有的老师先通过实验操作引起学生的注意，让他们仔细观察，并鼓励学生大胆提问、积极思考，再通过小组合作探究，进一步激发学生的求知欲，使学生产生学习兴趣。在这样的课堂上，学生的注意、观察、思维、想象、动机、兴趣等多种因素被激发，他们会因此对课堂产生更为丰富的情绪感受，学习效率也会获得极大提升。

此外，促进学生高效学习还有一个十分重要的前提条件，即是否保障了学生以充沛的精力与良好的情绪状态参与课堂学习活动。这就需要保证学生在课堂以外有充足的睡眠和充分的体育锻炼。只有让学生在日常的生活世界里尽情地体验、放松和锻炼，劳逸结合，才能让他们的学习中枢——大脑更好地发挥潜能。

二、构建高效课堂的积极意义

（一）顺应了学生主体性增长的趋势

构建高效课堂要充分体现学生的主体性，让学生成为课堂学习的主人，真正实现从被动学习向主动学习转变。一方面，这反映了高效课堂的本质要求，即促进学生高效学习；另一方面，这也是在学生主体性日益增长背景下，课堂教学做出的积极回应。新时代中小学生的自主性大大提升，他们更加敢于表达自己的想法，获取知识的渠道增多，认知广度扩大。这些特征反映到课堂环境中，学生在课堂学习中的自主意识、自我展现愿望愈发强烈。例如，以老师讲授为主、学生被动倾听的传统课堂受到挑战，而师生共同参与、学生自主参与的合作型课堂日益受到推崇。

案例分享

> 三年级的音乐课上，老师带着学生学习歌曲《采山》。这首歌蕴含的是轻快、活泼的情感。然而由于教研员推门听课，学生似乎有些紧张，跟唱的时候"小心翼翼"，声音也打不开。老师不断鼓励："有老师来听课大家有些不敢唱对吗？放松些，尽量将声音唱出来！"同时，引导学生想象下雨天去大自然里玩的场景。接着又通过大组与大组、男生与女生比赛的方式激发学生的参与热情，并鼓励学生自愿站起来唱："机会是留给有勇气、有行动的人！"一开始愿意站起来的学生不多，但随着学生陆陆续续起立，之前想参与却不敢参与的学生也都受到鼓舞站了起来。
>
> 接下来，老师又进一步让学生自己设计动作："如果下雨天去山里采蘑菇，你们会做怎样的动作？"有的学生说可以打伞，有的说可以蹦蹦跳跳，有的学生说可以摇头晃脑。老师很开心，让学生站起来带着自己想象出来的动作和表情一起唱这首歌。此时课已近尾声，大家似乎已经忘了有老师在听课，都放松、自在地边做动作边大声唱着，课堂秩序活而不乱。这堂课也因此被推向高潮。

从案例中可以看到，学生的课堂表现一开始是拘谨的，但是在老师的不断鼓励下，他们逐渐展露天性，表现出了真实的自己；当老师不断激发他们对教学内容的想象与理解后，他们显现出的是与教学目标一致的情感。可想而知，这样的课堂必然是畅快的、高效的。正如有老师所言，高效课堂不是一个墨守成规的课堂，是一次次生活与生命的共鸣，是点燃学生智慧火把的殿堂。高效课堂之所以会广受学生的认可和学校的响应，就是因为它契合了学生主体性增长的趋势。学生是学习的主角与发生器，是知识和技能的建构者、学习过程的亲历者和价值倾向的掌舵者。我们只有认真研究如何发动学生、"利用"学生、解放学生、发展学生，课堂教学才有意义。

（二）还原了课堂教学本真的样貌

课堂教学是在教师的组织和指导下由学生完成的，以促进学生发展为目的的有效学习活动。课堂教学不仅是传授知识，而且是涉及教师与学生双方的交往实践活动；课堂教学的本质是"学"而不是"教"，没有学生的学习发生，教学就失去了意义，学生才是课堂的主体。教育的最终指向是提高育人质量，发展人之发展的动力，授人以自我发展的"发动机"和"钥匙"，并不断提高其能量和功能范围。而课堂教学是落实教育功能与责任的切实保证。只有以提高育人质量为指向的课堂教学才会将学生视为"完整的人"，重视学生的学情基础和个体差异，重视学生对课堂的兴趣和参与意愿，重视学生对教学内容的理解和吸收程度，重视学生的个体评价和反馈建议，并敢于让学生在课堂上去实践、去尝试，让他们在探索与碰撞中收获新知识和能力。

高效课堂的核心内涵与课堂教学的本质特征不谋而合。高效课堂既关注学生对教学内容的理解、记忆、推理判断等认知因素，也关注学生学习过程中的情感、动机、兴趣、意志等非认知因素。它们的共同激发与协同作用让课堂有效地落实培养学生学习心理素质的功能；让学生不再只是被动接受知识的容器，而成为学习活动的认识者与实践者，将学习建立在主动参与、主动建构的基础上。所以高效课堂是立足于学生发展的课堂，也是课堂教学的应然样貌。

案例分享

在六年级数学"圆的教学"公开课上，胡老师教学生测量圆的周长，并引导学生发现规律。在评课环节，一位听课老师提出："这节课最精彩的地方是那几位表现好的同学与老师的对话，但对于全体学生来说，收获到底如何呢？学生解决问题的精彩，多是由于老师之前的预设和铺垫，学生自己是否真的理解掌握了？另外，留给学生独立思考的时间太短，以至于不能确定他们是否真的思考了。"

胡老师听完评价后也产生了思考和感悟：课堂教学不应是按图索骥、墨守成规的过程，我虽然有意识让学生主动思考、解决问题，但在实际操作时仍然放不开手，不敢让他们尝试，可能还是对学生的了解和信任不够。

后来胡老师重新站在"学生发展"的角度来设计这节课，通过创建问题情境"两只小狗绕周长相同的正方形和圆形跑步，谁先到达终点？"引发学生猜想"圆的周长与正方形的周长有什么关系？"。然后以小组为单位，给每组学生发放"报告单"，让学生合作探讨"怎样才能测量出圆的周长"这一问题，引导学生通过动手操作、合作交流，主动提出"绕绳法""滚动法"等方法，归纳出"化曲为直"的数学化归思想，并在师生互动和分析比较中构建圆周率的概念。最后邀请学生担任小老师，将课堂上讨论所得的知识运用于题目讲解之中。

新的尝试带来了新的收获，学生真的没有让老师失望。胡老师感慨道："在进行课堂教学效果的比较研究之后，我更加懂得：数学教学设计的流畅和实效应该以'让学生真实的发展'为依据。"

（三）发展了教学相长的师生关系

理想课堂包含两个主体——教师和学生。这其实反映了大家对高效课堂的共识：课堂教学不应只是教师的"独角戏"，仅靠教师的单方面努力并不能实现课堂教学的高效，更加难以促进高效学习的发生。高效课堂应是教师、学生双主体交往和实践的过程，也是双方相互作用和影响的过程。

案例分享

许老师的课堂之变

许老师是一名中学数学老师,过去她主要采用传统的"满堂灌"教法给学生上课,老师一味地说,学生被动地听。三尺讲台上的"独角戏"唱久了,学生陆续走进"课前不预习、课上被动学、课后作业不会做"的死胡同里,这让许老师看在眼里,急在心上。许老师反思道:"满堂灌的课堂相对比较低效,课堂上师生缺少互动,学生常常被老师的思维牵着走。时间久了,学生就会缺少自主思维能力,特别是基础比较薄弱的学生,他们的课堂参与度会变得更低。自己作为老师,也常常觉得心力交瘁,事倍功半。"

许老师决定改变自己的教育理念和教学习惯,致力于构建更高效的课堂。她将一个个知识点化作生活中常见的场景,引发学生的好奇和思考(关注学生的需要和特点),从前沉默、压抑的课堂变得积极热闹起来。在课堂上,同学们开始根据老师创设的问题情境分析问题,并通过小组合作、讨论等形式提出解决问题的思路(培养学生自主学习的能力),过去的教师被动教变成了现在的学生主动学;教师从之前的讲授者转变为发问者,引导学生不断地质疑、补充和回答(创造课堂的有效互动);从前的"满堂灌"变成了大家谈,教师的"独角戏"变成了学生的"群英荟"。许老师潜心研究课程、课标、学情,制订合适的教学计划,在一节课的时间内完成既定的教学目标,还设计了一定的随堂练习来检验学习效果,不占用学生课前课后的时间,在有限的时间内获得了最好的教学成效,减轻了学生的课业负担(高效完成学习目标),从之前的"课上讲不完、课后布置大量作业"转变为"当堂学当堂会、课后少量作业巩固复习"……

在这样的尝试之后,许老师的学生们感受到了许多变化。有的学生说:"我本来基础比较薄弱,上课跟不上节奏。但是在许老师的课堂上,在小组合作中,我可以向同学寻求帮助,快速解决问题。有时遇到我擅长的领域,我还能帮助其他同学,这让我的自信心有所提高。"还有的学生说:"原本传统课堂的上课方式比较沉闷,我经常走神。但在许老师的课堂上,因为经常有碰撞和分享环节,我会提高专注力以免遗漏重要内容。我还常常跟同学交流分享,跟老师阐述我的观点,久而久之,我的表达能力提升了,成绩也进步了,我在课堂上找到了全新的自己,学习自主性更强了,不用老师、家长再追着催我学习了。"

许老师自己也感慨道:"在课堂上进行这样的改变,我也有过焦虑和彷徨,担心驾驭不了这样的教学模式,所以前期下了很多功夫去研究、思考学生的学情和需求。在亲自实践和积累了一定的经验后,我发现这样的课堂更省力、更高效,因为不再是我推着学生去学,而是学生自主地往我指引的方向主动学。当然,这也是一个教师不断进行自我提升的过程,因为我们必须要有足够的知识储备以及随机应变

> 的能力，去接受学生各种各样的质疑和询问。这是一个教师和学生都在不断学习、不断成长的课堂。"

教师作为高效课堂的组织者，不能再想当然、单向度地只按自己的思路设计教学活动，而应"俯下身来"了解学生的学习特点、个性基础、学习偏好和学习需求，并以此为起点制订教学方案，设计差异化的教学目标、教学方式和评价策略，以激发学生的求知欲和学习动机；对学生的课堂表现和情绪状况要敏锐察觉，适时调整自己的教育教学行为；善于通过提问等方式给学生独立思考的时间和空间，让学生敢于自由表达和自我表现。也就是说，教师既要对教学情境进行感知，又要对教学过程进行理性观察和矫正，还要对学生是否获取有效知识进行内省。在这个过程中，教师是学习的促进者和研究者，学生是学习的建构者和探究者，双方都打开了彼此的思维，共同探讨学习，共同成长进步；教师和学生都敞开了各自的心灵，情感联结碰撞，教学相长的师生关系由此建立。

三、构建高效课堂的基本原则

高效课堂的本质是促进学生高效学习，构建高效课堂应牢牢把握学生学习的特点与规律，在尊重学生需求的基础上，让学习真正发生。具体可遵循以下原则：

（一）具备清晰的对象意识

对象意识是老师在教学过程中所具备的关于教育对象的意识，即始终做到心中有学生，将学生的起点水平作为教学的依据和基础，将学生的认知结构改变作为教学的目标与旨归。

学生的起点水平是教学开始前学生原有的学习准备状态。如果不了解学生的起点水平，教学就很难做到有的放矢。起点定得太高，可能会脱离实际；起点定得太低，则会使学生在低水平的内容上无效劳动。这些都会造成时间和精力的浪费，影响教学的有效性。

要实现高效学习，除了要把握学生的学习起点水平，还要确定学生可能发展的水平，即学生通过一节课的学习所能达到的水平，也就是我们常说的教学要落在学生的"最近发展区"。

由此可见，学生的学习起点水平与可能发展的水平都是我们在课堂教学时需要牢牢把握的。它们既是教学设计的基础，也是教学评价的依据。

教育对象（学生）的哪些方面是我们需要关注和把握的？请将你认可的选项勾选出来，并将你想到的补充在后面。

- □知识经验
- □学习精力
- □近期重要事件
- □认知特点
- □学习动机

☐ 家庭状况
☐ 学习兴趣
☐ 个性特点
☐ 生活环境
☐ 情绪状态
☐ 班级氛围
☐ 未来发展方向
其他：_____

（二）注重激发非认知因素

构建高效课堂要尽可能多地激发学生学习过程中的非认知因素。一是要营造民主、和谐、融洽的课堂氛围。如果师生之间关系不佳，或教师带着消极情绪走进课堂，课堂气氛就会变得紧张、对立、沉闷，身处其中的学生也难以全身心地投入学习。二是要感知和把握学生在课堂上的心理状态，巧妙地开启学生的情感通道，激发学生的学习热情与积极性，激活学生的求知欲，使学生在课堂中拥有愉悦、积极的情感体验。三是要注意规避教学过程中情感不对称的现象，也就是让教师的情感、学生的情感和教学内容中的情感三者之间建立联系，且保持一致性。

教师要善于用自己的情绪感染和影响学生，通过言谈举止、话语表达，乃至不经意的目光、眼神、表情等引发师生心灵的碰撞，增进情感共鸣，唤醒学生的情感体验。此外，还要理解和关心学生的需要，对学生的困惑给予积极回应，提高学生的学习动力和课堂参与度，建立起师生学习共同体。

案例分享

七年级的音乐课，章老师教学生学习合唱指挥，选取了《黄河大合唱》的第七乐章《保卫黄河》部分。他通过讲授"保卫黄河"背后的故事和历史人物，充分调动学生的民族感情和学习热情。他让全体学生站起来，伸出胳膊，模仿自己的动作和表情，跟着歌曲的节奏，练习合唱指挥。全体学生在章老师的带动下，很快就能跟着歌曲的节奏指挥，指挥动作随着歌曲的演唱充满了力量，传递出内心激动的心情。特别是在演唱"端起了土枪洋枪，挥动着大刀长矛"这一句时，全体学生都紧握拳头，满是愤慨，表现出对敌人的仇恨和战斗的决心。

在这堂课上，章老师充分挖掘了教学内容中的情感要素，且自身表现出与教学内容相一致的情绪状态，并通过肢体动作、表情等传递出来，深深地感染、影响了学生。

（三）选择"为学而教"的策略

学生学习经验的获得，是通过学生的主动行为发生的，学生学到什么取决于他做了什么，而不是教师做了什么。[①]以往我们在学校里度过的大部分时间都带有"教"的特点，可是学生按照这种方式所获得的效果往往与学生的"学"没有多大关系，很难使真正的学习发生。学生"真正的学习"往往来自个体的体验和思考，教师的教学策略不能仅以提高知识传授效率为原则，而应丰富每一个学生的学习体验，通过"为学而教"，让学生学会学习、学有所得。

以下是常用的一些能促进学生学习的教学策略：

- 通过有效提问激发学生的求知欲，并给学生独立思考的时间和空间。
- 明确课堂规范，建立起有序、高效的课堂环境。
- 及时反馈学生的学习表现。
- 鼓励学生分享自己的观点，表达自己的感受。
- 为学生提供合作学习的机会。
- 妥善处理课堂问题行为，为学生学习提供支持和帮助。
- 合理运用学生评价结果，及时改进教学行为。

你能想到或采用过的教学策略还有哪些？

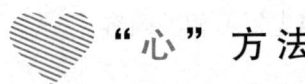

"心"方法

一、课前准备：奠定课堂高效基础

（一）有效的学情分析

我们可以将学生的生理和心理特点、认知经验和知识基础、学习风格和偏好作为学情分析的切入点。

1. 学生的生理和心理特点

在设计教学内容时，我们要注意选择符合学生认知发展特点的教学材料。关于学生的认知发展特点，我们可以参考发展心理学的相关知识，如皮亚杰的儿童认知发展四阶段理论（表3-2-1）。

表3-2-1　皮亚杰的儿童认知发展四阶段理论

阶段	特点
感知运动阶段 （0—2岁）	智力与思维的萌芽阶段。此阶段的儿童离开了手工操作便无法思维

续表

阶段	特点
前运算阶段 （2—7岁）	此阶段的儿童头脑中已经有了事物的表象，而且能用词语来代表头脑中的表象，可以利用知觉表象进行思维；此阶段的儿童可以从具体经验中学习概念，但抽象概括能力还没有形成
具体运算阶段 （7—12岁）	此阶段的儿童的认知结构中已经有了抽象概念，并且能进行逻辑推理。他们可以在原有概念的基础上，以下定义的方式获得新的抽象概念，但仍需要实际经验作支柱，需要借助具体事物和形象的支持进行逻辑推理
形式运算阶段 （12—15岁）	思维发展的最高阶段。此阶段的儿童已经具备理解和使用相互关联的抽象概念的能力，可以在头脑中将形式和内容分开，可以离开具体事物根据假设来进行逻辑推演

2. 学生的认知经验和知识基础

学生能从一节课上学到多少知识？一个最重要的决定因素就是学生已经知道了这方面的多少信息。所以在新的教学任务开始前，我们可以采用单元测验、课堂提问等方式，了解学生已经掌握了哪些先决知识和技能，然后将学生已经掌握的信息与本节课打算呈现的信息联系起来。分析和评估学生的认知经验是必要的，有助于我们确定教学起点。如果学生对这些先决知识和技能掌握较差，那么我们在开始新课之前应当先复习相关内容。

3. 学生的学习风格和偏好

不同学生有着不同的学习风格（表3-2-2），即学生在收集、理解、组织和思考信息时有着各自偏好的方式和特点。例如，有的学生偏好独立学习，而有的学生在团队中更得心应手；有的学生习惯通过阅读获取知识，而有的学生要通过主动实践掌握知识。了解不同的学习风格可以帮助我们理解和解释课堂上所观察到的学生个体差异，并根据个体的学习偏好准备相应的教学策略。

表3-2-2 学习风格分类表[①]

信息加工方式	归纳推理或演绎推理； 动态视觉刺激（如电影）或静态视觉刺激（如图片）； 语言文字刺激、听觉刺激或动手操作； 沉思型或冲动型； 场依赖型或场独立型
感官需求	视觉刺激； 听觉刺激； 多种刺激同时作用于学习

---

① 乌美娜. 教学设计 [M]. 北京：高等教育出版社，1994：116-117.

续表

情感需求	需要经常受到鼓励和安慰； 能自主激发动机； 能坚持不懈； 具有负责精神
社会性需求	喜欢与同龄同学一起学习； 喜欢向同龄同学学习； 需要经常得到同龄同学的赞同
环境需求	喜欢安静或背景声或音乐； 喜欢弱光和低反差； 喜欢一定的室温； 喜欢学习时四处走动； 喜欢在某个固定时间学习； 喜欢某种座椅

我们可以结合教学经验和课堂观察，敏锐捕捉相关信息，通过提出具有挑战性的问题、合作等方式让学生彼此相互学习、取长补短；可以对学习能力突出的尖子生和能力较弱的学困生"因材施教"，采取灵活变通的教学策略。

案例分享

虞老师在执教三年级科学"比较相同距离内物体运动的快慢"一课时组织学生合作完成"在同一条轨道上比较不同小球运动的时间"实验。她让学生4人一组，分别担任操作员、记录员、发令员、计时员。

为了让学生在操作时更投入，虞老师对各个角色提出了明确要求，如操作员在操作时要自然松手，不给小球助力；记录员在轨道一侧兼做观察员，观察小球滚动过程中是否有异常现象发生；发令员口令要简洁明了，如"跑""停"；计时员要做到与发令员口令同步掐秒表。此外，她还有意识地针对学生的个性特点安排角色，让喜欢在课堂上"捣乱"的学生担任计时员，不仅约束了他们的行为，还训练了他们的专注力；让平时思维比较缜密且细心的学生担任记录员，充分发挥他们的优势。当然，学生也可以根据自己的想法与喜好选择角色，虞老师则通过课堂观察随时进行调整。

此外，一个班级的学生在一起时间久了会形成"班级性格"，针对不同的"班级性格"，我们可以设计不同的集体教学策略。例如，有些班级思维活跃、反应迅速，但思维深度不够、准确性稍有欠缺，我们可以多设置一些有人际交流的集体学习情境，采用学习手册、程序教学、演示和有指导的实验练习等方式引导学生深入思考，并给予学生适当的鼓励和支持；有些班级虽较为沉闷，但有较好的思维深度，我们可以设计一些适合个人独立完成的项目，以教学游戏、模拟活动等形式活跃课堂氛围。

（二）教学目标的制定与陈述

1. 制定清晰的教学目标

根据认知过程的层次，布卢姆等人将教学目标分为认知、情感和动作技能三类（表3-2-3），其中，动作技能领域教学目标的分类是最晚提出的，不同学者提出了不同的分类法，尚无公认最好或一致的分类。

表3-2-3 布卢姆的教学目标分类

目标领域	目标层次	目标描述
认知领域	知识	对学习过的知识的回忆
	领会	对已有知识建立联系，领会知识的意义
	运用	在新的情境中运用所学知识
	分析	把复杂、整体的知识分解为各个组成部分并理解各部分之间的内在联系
	综合	把各种要素和组成部分加工、组合成一个整体
	评价	对知识做价值判断
情感领域	接受（注意）	注意或接受某些现象和刺激
	反应	充分参与活动，从中获得满足
	价值评价	表达感受、态度和价值判断
	组织	对价值加以领悟内化
	由价值或价值复合体形成的性格化	形成相对稳定的态度，表现出持续的行为，形成个性化的价值观念

从表3-2-3可以看出，认知领域并非教学唯一重要的目标。学生对某节课的感受与他们学到了多少知识是同等重要的。例如，数学课的目的之一是使学生对自己使用数学的能力产生自信。所以我们在设计教学目标时，应当将情感目标与认知目标同等考量。学生对学习的喜爱、对学习的信心、亲社会的态度等，也是我们要通过课堂教学培养并达成的目标。

2. 准确陈述教学目标

很多老师习惯于用一些模糊的描述来阐述教学目标，如"理解欧姆定律"。对于这种情况，我们可以追问一句："你认为学生表现出哪种行为就表明他理解了欧姆定律？"对这个问题的回答便可引出对教学目标的精确描述。

学习结果应与教学目标相对应。我们在陈述教学目标时可以"以终为始"，从学习结果的行为表现推及教学目标。例如，"理解欧姆定律"这一目标可以更具体地陈述为"能正确说出电流、电压与电阻之间的相互关系"。我们可以参照加涅的学习结果分类，通过具体的学习结果试着准确地陈述教学目标（表3-2-4）。

表3-2-4　加涅的学习结果分类[①]

学习结果类型	描述能力的动词	目标举例（划线的字为外显行为）
辨别	区分、指出、找出	通过比较来区分英语中e和ei的发音
具体概念	识别、找到、选出	通过说出代表植物各部分的名称来识别根、茎和叶子
抽象概念	分类、举例说明	运用一个定义将概念族系分类
规则	演示、运用、证明、计算	通过解答口头陈述的例子来演示正负数的加法
高级规则（问题解决）	生成、设计、创作	通过综合可应用的规则，创作一段描述一个人处于害怕情境下的行为的文章
认知策略	采用	采用想象中国地图的策略，列出各省的名字
言语信息	陈述、解释	用自己的话说出1999年发生的主要政治事件及其影响
动作技能	执行、表演、操作	表演背越式跳高动作（行为过程）
态度	选择	选择听音乐作为一项悠闲的活动

二、课中实施：保障课堂有序高效

（一）通过情境创设实现高效课堂

知识是学生在一定的情境下，借助教师和同学的帮助，利用必要的学习资源，通过意义建构的方式获得的。所以我们在教学时要创设不同的学习情境，丰富学生对课堂的感受，引发积极的情感体验，点燃学生的思维火花。

1. 创设课堂情境的原则

（1）真实性。尽量使情境真实或接近真实，在现实生活中能找到。只有这样，学生才能借助"眼见为实"的丰富、生动、形象的客观事物，探究与情境相关的问题，完成对主题的意义建构。

（2）接近性。创设问题的深度要稍高于学生原有的知识和经验水平，具有一定的思维容量和思维强度，需要学生经过努力思考、通过知识的同化和顺应才能解决问题，也就是我们常说的摘果子时须"跳一跳才能够得着"。

（3）诱发性。在创设教学情境时，一定要保证新设情境能激起学生的认知冲突，促进学生的积极思考。

[①] 加涅，韦杰，戈勒斯，等. 教学设计原理：第五版：修订本［M］. 王小明，等译. 上海：华东师范大学出版社，2018：64-73.

（4）合作性。在创设情境时，要充分利用小组合作学习，让小组成员之间愉快地交流、协作，共同克服学习中出现的困难。要培养学生的集体观念、团队精神和合作能力，让他们学会交流和分享获得的信息、创意以及成果，并在欣赏自己的同时学会欣赏别人。

（5）层次性。学生的学习活动是一个从简单到复杂、由易到难、循序渐进的过程。所以，创设教学情境应尽可能依据学生的实际经验和认知基础，架设好有层次、有梯度的学习框架，考虑好问题的衔接与过渡。

（6）融合性。在创设教学情境时，不仅要考虑师生之间的交流与合作，让学生大胆提出问题，使课堂"乱"起来、"活"起来，还要考虑师生之间的思维碰撞，让师生相互启发、诱导，达到融为一体、和谐共振的境界。

2. 创设课堂情境的方式

（1）积极创设生活情境，加强课堂与生活的联系。选取生活中的真实事例创设教学情境，可以让学生体验学习内容的重要性、生活性和实用性，更重要的是让学生树立知识来源于生活又服务于生活的意识。例如，数学课上，老师在课程初始创设生活情境，提出"在生活中构成角的物品有哪些？"引发学生思考，由此引出更高阶的概念——角的概念推广，激发学生强烈的求知欲，增强学生学习这节课的积极性。

（2）用心创设故事情境，唤起学生内心情感体验。教学的艺术不在于传授本领，而在于激励、唤醒和鼓舞，这是教学的本质所在。在教学中适当地给学生营造一个故事情境，不仅可以激发学生的学习兴趣，更重要的是可以使学生在内心深处产生深刻的体验，有效落实情感、态度和价值观目标。例如，在学习"燃烧和灭火"这节化学课中，老师引用了《三国演义》中"火烧赤壁"的故事，引导学生在这样的情境中学习燃烧的条件和灭火的原理，体现了化学学习的价值和意义。

（3）精心创设实验情境，让学生在"做中学"。根据学生好动、好奇的心理特点，我们可以在课堂上组织学生动手演示或操作，让他们通过自己动手、动脑获得学习结果，既能更好地巩固和运用所学知识，又能提高动手操作能力，培养创造精神。例如，物理课上，老师用多媒体播放了一段火车从远处驶来的视频，但视频没有声音，此时老师提出问题："哪位同学可以给高速驶过的火车配音？"同学们在尝试给火车配音的过程中不知不觉地揭开了探究"多普勒效应"现象的序幕。

（4）巧妙创设竞争合作的情境，调动全体学生参与学习的兴趣。在课堂上引入竞争氛围，为学生创造展示自我、表现自我的机会，可以促进更多学生参与教育教学活动。例如，生物课上，老师问："太阳——是活的吗？"然后让学生根据观点分组、展开辩论。在大家争论相持不下时，老师不失时机地收了网："大家争论的焦点其实不是太阳是否是'活'的，而是'活'的标准。A组的'活'是生物学标准，B组的'活'是天文学标准。分类的标准本来就是人定的，大自然那么复杂，人定的条条框框难免会有漏洞，有例外。"所以，辩论的重点不在输赢，而在于提升学生的科学思维、联想能力和类比推理能力，并且让学生在面对争议时学习溯源的思路，从众说纷纭中找出冲突根源，从本质上解决争端。

（5）适时创设诗意情境，使学生在"乐中学"。学生对自己感兴趣的事情更容易积极主动探究。我们要充分利用学生这一心理特征，抓住时机激发学生的学习兴趣，使他们在愉悦的体验中产生探究欲望。例如，语文课上，老师教学《繁星（一五九）》这首现代诗时，先带着学生在一遍遍饱含情感的诵读中感受诗歌的韵律、节奏之美，将学生带入诗意浓浓的氛围之中，然后引导学生思考：诗中的两个"风雨"有什么不一样？学生很快理解"天上的风雨"是指大自然的风雨，但一时难以理解"心中的风雨"。教师适时介绍作者冰心幼年多病、少年避难、海外漂泊等经历，让学生通过小组合作、想象画面等活动，在思考和探究中逐步理解作者在经历人生挫折和苦难的时候，是母亲一次次为她遮风挡雨，给予她温暖的母爱。这样的一堂语文课从审美到情感，在诗意的情境中促进学生在学中思、思中悟。

（二）通过有效提问实现高效课堂

1. 需要避免的提问策略

在高效课堂中，并不是提问越多越好，有些课堂处处发问，但问题的水平层次低，无法引起学生的深度思考，或者提问对象过于单一，难以调动全班学生参与。以下是一些需要避免的提问策略：

（1）避免提诱导性问题。即提问里蕴含了对答案的明显提示，如"你认为《醉花阴》反映出了李清照浓浓的相思之情，对吗？"如果学生知道他们能从教师的提问中得到答案，他们就不需要专心听讲以做好回答问题的准备了。

（2）避免总是固定向几名学生提问。有些教师总是倾向于提问那些他们认为能够给出正确答案的学生，而不提问反应较慢或不太可能答对问题的学生。然而当学生知道他们不太可能被点到时，他们就不再注意认真听讲，甚至觉得课堂与自己无关，成为教学的"旁观者"。

（3）避免错误的回答被遗留。有时教师会担心让学生丢面子，而纠结于是否应该纠正学生的错误答案。虽然维护答错问题的学生的面子和心情很重要，但是不让全班学生留下错误印象更重要。

（4）避免提过多判断"对错"的问题。有时候，教师会提一些只有对或错两种答案的问题，但是这种问题不能太多，因为猜测的正确率有50%，回答正确了也不代表学生理解了知识。避免出现这种情况的方法就是在学生给出正确答案后进行追问，以此了解学生得出正确答案的过程，考查学生是否真的掌握了知识，同时也可以帮助学生梳理思绪。

（5）避免提不清晰的问题。有时候，教师以为自己问清楚了，但实际上学生不知道教师问的是什么。例如，教师问："这个句子有什么问题？"学生并不知道问题指向句子的语法、拼写、措辞还是意义。

2. 有效的提问方式

（1）创设情境式提问：化抽象为具体。答问过程不只是单一的思维过程，而是伴有丰富的情感体验的认知过程。创设问题情境是一个提高情知统一的思维品质的过程。

案例分享

五年级的数学课上,当学生们经历了操作、分类等一系列活动,用自己的语言总结出了"含有未知数的等式叫方程"时,老师并没有就此写出课题,而是指着"$20+x=100$"这个式子说:"大家已经知道了什么叫方程,谁能描述一件生活中的事,这件事要能用这个方程来表示。"

一个男孩打破了短暂的寂静:"妈妈带了100块钱去超市,花了一些钱后,兜里还有20块,这件事就能用这个方程来表示。"随后,更多学生举出了可以用方程表示的生活例子,学生们说得头头是道,听得津津有味……

这节课上,学生们不仅能够用语言描述方程的意义,而且认识到只要数量关系相同,同一个方程式能够嵌入不同的情境,模型思想的种子在讲故事的过程中不知不觉地在学生的心里扎根了。

(2)检查式提问:让更多学生参与"问题"。在检查提问的过程中,要明确学生是学习的主人,注重引导学生在参与回答、讨论中主动去思考、去回忆、去总结、去探索,以达到最佳的学习效果。

案例分享

一节学习概率的课上,老师组织学生参与摸奖,并告诉大家:"谁能摸到蓝色的球就可以获得奖励。"于是学生们兴致勃勃地举手参与,可好几个学生都没有摸到蓝色的球。此时,老师把摸奖箱里的球倒出来,有红球、黄球和绿球,就是没有蓝球。学生们都大呼老师耍赖!

老师:怎样才能让大家有获奖的机会呢?

学生:在摸奖箱里放进蓝色的球就行了。

于是老师将3个蓝色的球放进摸奖箱。一个学生应邀走到摸奖箱前,老师抛出问题:"请同学们预测一下,这位同学从箱子里摸出一个球肯定能中奖吗?"

学生1:有可能中奖。

学生2:不一定中奖。

学生3:不确定。

老师接着问:"这次大家可是亲眼看见老师把蓝色的球放进去的,怎么还不确定呢?"

学生4:因为箱子里不仅有蓝色的球,还有其他颜色的球,所以有可能中奖,也有可能不中奖。

老师:说得太好了。同学们猜猜看,他会摸到一个什么颜色的球?

学生:四种颜色的球都有可能摸到。

老师:我们只能用可能这个词来描述这次摸奖的结果了,是吗?

学生们众口一词：是！

老师板书"可能"两个字。

……

在这节课上，学生随着老师的层层设问经历了"猜测—体验—推理—验证"的过程。有趣的情境，充满数学思考的追问，老师带领学生向问题的纵深探究。环环紧扣的追问，使学生对"不可能""可能"两个词有了深刻的理解。

（3）辐射式提问：让问题处在扩展中。辐射式提问是从提问的广度上做文章。我们可以在课堂教学中围绕教学的中心目标以及核心问题，从其边沿多角度地发问，进行辐射式提问，从而形成"问题链"，让问题带动问题，使知识由点扩展成面，不断地丰富、完善。例如，教学贾谊的《过秦论》时，可以将杜牧的《阿房宫赋》拿来一起比较阅读，然后提问："两篇文章在内容上、写作特点上、中心主旨上有何异同？"教学《前赤壁赋》时，可以将其与《秋声赋》《黄州快哉亭记》《醉翁亭记》等文章联系一起，提问："古人面对大自然时是如何抒发其性灵怀抱的？对你又有怎样的启示？"总而言之，辐射式提问可以围绕核心问题从不同角度启发学生，让学生掌握解决同一问题的多种解答方向，使学生不断跟随老师的提问去探幽寻微，既拓宽了学生的思维空间，又培养了学生发散思维的能力，增强了学生思维的深度和广度，也让他们明白了学习应该举一反三、灵活变通。

（4）搭桥式提问：用提问架起新旧知识的桥梁。搭桥式提问注重让学生自行构建知识体系和运用学科思维能力来解决学习中的问题，从而达到教学目的。这种提问方式有利于学生明确各种知识间互通的重要性，帮助学生架起知识的桥梁，形成合理的知识结构，在掌握以往所学知识的同时，使新知识得到进一步发展。

案例分享

教学《阿Q正传》时，为了让学生认识到阿Q的"精神胜利法"，老师抓住了文章中当假洋鬼子举起哭丧棒打阿Q时他的表现。如果直接问学生"阿Q的精神胜利法是如何起作用的？"学生可能一下子难以回答到位，出现思考中的难点。于是老师提了以下三个问题：

1. 阿Q面对假洋鬼子的哭丧棒是怎样的反应和表现？

2. 在"果然，啪的一声，似乎确凿打在自己头上了"这一处，阿Q到底有没有挨打？

3. 他为什么是"似乎"又"确凿"地感到？这好像是矛盾的，又该怎样理解呢？

这种将一个核心问题进行分解，然后通过提问逐步搭建问题桥梁的方式，很自然地使学生自己主动研读课文并找到答案：阿Q不但对"假洋鬼子"打他的行为没有任何反抗，而且等候着挨打，被打完之后"于他倒似乎完结了一件事，反而觉得轻松些"。这时学生才真正深刻认识到阿Q精神上的麻木愚昧、凌弱畏强。

从这个教学片段可以看出，老师并没有将中心内容直接"灌输"给学生，而是将内容分解，通过搭桥式提问促使学生自己思考，获得知识、解决问题，培养了学生的自主思维能力。这比老师直接把答案说出来更具有说服力，给学生的印象也更深刻。

（5）反向式提问：打破思维定式。反向式提问就是不直接问为什么，而是从相反的方面提出假设。一般的提问是："这样写有什么作用？"而反向式提问是："不这样写行不行？"这种问法可以揭示突出矛盾，刺激性强，是打开学生思维之门的钥匙，是训练学生思维深刻性的有效方法。例如，教学《左忠毅公逸事》时这样问："文章一开头先交代'风雪严寒'的天气有什么必要？这几个字去掉好不好？"另外，以贬问褒也是反向式提问的一种方式，即在作者的匠心独运之处，偏以"贬"的语气从反面引发学生思考。

除此之外，你还有哪些独具匠心的提问方式？

_____

_____

（三）通过氛围建设实现高效课堂

1. 确立课堂规则

课堂规则应当在开学之初就确立。确立规则时要遵循三条原则：规则数量不宜过多；规则对学生来说应该是有意义的、公正的；要清晰地解释规则，并明确地把规则教给学生。我们也可以带着学生一起讨论，共同确立规则，这样能让学生形成参与感，让学生意识到规则是参与制定的每个人都需要遵守的，如果违反了，违反的不是老师制定的规则，而是集体的规范。常用的课堂规则如下：

（1）礼貌待人。不允许打断他人说话，不允许在未轮到自己时擅自说话，不能取笑或嘲笑他人、欺凌他人、打架等。

（2）认真听课。老师或者其他同学说话时要认真听。

（3）举手发言。回答问题、提问或有其他情况想发言时，应先举手示意。

（4）上课铃响时要坐在座位上准备上课。

你制定过哪些课堂规则？

_____

_____

2. 以最小干预的原则处理课堂不良行为

尽管制定了课堂规则，但学生仍有可能出现一些课堂不良行为，如随便讲话、擅自离开座位、注意力不集中等。所以我们还要掌握一些策略以处理课堂中的行为问题。其中最重要的原则就是运用那些有效的，但不在非必要情况下中断教学进程的策略，即让这些干预对教学进程的影响尽可能降到最小。

最好的干预策略就是不让问题行为发生。首先，可以通过呈现生动、有趣的课程，确定清晰的课堂规则和程序，使学生一直进行有意义的活动；展示对学生的热情和幽默的语言风格，运用合作学习或项目学习等方式，变换不同的教学材料和方法，将任务分解成更小的步骤……总之，要通过有效地运用课堂时间、精心设计教学活动激发学生的兴趣，避免学生因学习内容过难、学习任务过重而产生挫败体验或无聊感受。课堂行为问题的产生多源于学生在学习中的挫败感或者厌倦感，如果教学活动能够保证调动绝大多数学生的兴趣和注意力，或是为全体学生提供成功的体验和机会，那么学生出现问题行为的可能性就会大大降低。

其次，可以运用非言语策略。非言语策略能起到提醒学生的作用，但无须中断课堂教学进程，不以打断多个学生的注意为代价处理某一个学生的行为。我们有时与表现不好的学生保持目光接触就足以制止其不良行为。例如，有两个学生正在交头接耳，我们只需要用眼睛看向这两个学生或其中一个即可，或走到学生身边，或把手轻轻放在学生肩膀上。这些非言语策略都可以传递同一种信息："我看见你正在做什么了，这样做不好，赶紧把你的注意力集中到学习上。"

最后，还可以运用表扬。一是表扬与不良行为相反的行为。例如，对于一个喜欢擅自离开座位的学生，当他/她能够坐在座位上认真学习时，就应立即表扬。其原理是通过对积极行为的强化，消除那些与之相反的行为。二是表扬其他学生的良好行为。例如，学生E正在做小动作，我们可以说："我很高兴看到许多同学都在认真学习，A很投入，B注意力很集中，C和D也做得很好……"此时如果E停下了小动作，开始学习，我们也要对其良好行为进行表扬："我看见E也在全神贯注地看书。"另外，还可以用简单的言语提醒。提醒要及时，并说明学生此时应该做的事，而不是追究做错的事。例如，可以说："小辉，请自己做自己的作业。"而不是说："小辉，不要抄同桌的作业。"正面提醒可以表达我们对学生后续行为的积极期望。此外，提醒时要注意对事不对人。不管学生的行为多么令人难以容忍，学生本人也不应当被排斥。

当上述做法都不能使学生回归课堂时，我们就要让学生做出选择：要么遵守规则，要么承担后果，如在教室后面站几分钟、剥夺部分休息时间、放学后留下或请家长来学校。需要学生承担的后果应当具有这样的特点：让学生感到有些不愉快，持续时间短，并且在学生的行为出现之后尽快出现。也就是让学生意识到，不良行为必然会导致某种后果，建立起行为与后果之间的联系。如果后果太过严厉或持续时间太长，则容易引发学生的仇视与敌对。例如，可以说："你要么马上学习，要么用5分钟的课间休息时间来完成练习。"并且还要确保有人能监督该生在课间完成练习。如果我们自己对要承担的后果不能坚持到底，那么学生也就学会了不理睬。后果实施完成后，我们要尽量避免再次提及，应当给学生一个重新开始的机会。

你的课堂上有一个常常睡觉的学生，你通过分析发现可能有以下原因：

1. 对你所教的学科不感兴趣。

2. 听不懂、跟不上。

3. 不喜欢你，故意睡觉。

4. 身体不舒服。

针对这些原因，你打算如何处理？

3. 营造民主、互助的课堂氛围

高效课堂引导并鼓励学生相互尊重、欣赏，让学生之间建立起友好的交流与互助关系，这种积极的关系将促进学生有效学习。请将下列与你的课堂环境相符的选项勾选出来。

☐ 学生都很尊重我。

☐ 学生常常让我感动。

☐ 我相信所有学生都有自己的优势。

☐ 我尊重学生的选择并鼓励他们。

☐ 学生都愿意在课堂上分享。

☐ 学生认为我了解他们、尊重他们。

☐ 学生之间互相信任。

☐ 学生之间都能看到彼此身上的优秀之处。

☐ 学生能够很好地完成合作任务。

☐ 我的课堂让学生感到安全。

其他（请补充）：_____

_____

三、课后评价与反思

（一）教师自评

教师常常针对教学目标的完成情况进行教学评价和反思，容易忽略自己作为课堂的一分子对教学产生的影响。我们可以在教学结束后对自己在该堂课上的整体状态进行小结和反思（表3-2-5）。

表3-2-5　教师课后自评表

课堂表现	评分（满分五颗星）	评分理由
投入课堂的精神状态	☆ ☆ ☆ ☆ ☆	
应对突发情况的状态	☆ ☆ ☆ ☆ ☆	
教学流程的掌控程度	☆ ☆ ☆ ☆ ☆	
给学生足够的思考时间	☆ ☆ ☆ ☆ ☆	
给学生足够的提问机会	☆ ☆ ☆ ☆ ☆	
给予学生明确的反馈	☆ ☆ ☆ ☆ ☆	

续表

课堂表现	评分（满分五颗星）	评分理由
其他：＿＿＿＿＿＿＿＿＿＿＿	☆ ☆ ☆ ☆ ☆	
这节课我做得好的地方：		
下节课我需要注意的地方：		

（二）学生反馈

在促进学生高效学习的课堂中，我们可以多从学生学习的角度关注教学评价标准。以学评教即学生可以从多个角度对老师和教学进行评价，具体围绕老师的教学能力、教学态度、课堂氛围、教材使用等方面。评价结果一般由学生匿名提交，以便保护学生的权益和隐私。以学评教可以让老师更好地了解学生对教学活动的看法和意见，为改进教学提供参考和依据，有助于提高教学质量。同时，学生通过参与评教活动，也可以更加积极地参与课堂，提高学习兴趣和动力。

在与学生建立关系的初始阶段，我们可以根据课堂规则做一张学生课后反馈表（表3-2-6），让学生对自己在每堂课上的表现和收获进行自评，并对老师的教学做出评价，这既有利于促进学生理解课堂规则，也有利于老师了解学生的课堂学习效果，以及自己的教学不足，从而及时做出调整。

表3-2-6 学生课后反馈表

课堂表现	评分（满分五颗星）	评分理由
愿意参加课堂活动	☆ ☆ ☆ ☆ ☆	
上课专心听讲	☆ ☆ ☆ ☆ ☆	
主动举手发言	☆ ☆ ☆ ☆ ☆	
安静聆听别人的发言	☆ ☆ ☆ ☆ ☆	
带着问题思考	☆ ☆ ☆ ☆ ☆	
主动分享自己的观点	☆ ☆ ☆ ☆ ☆	
欣赏其他同学的表现	☆ ☆ ☆ ☆ ☆	
知识理解吸收程度	☆ ☆ ☆ ☆ ☆	
喜欢老师讲课的方式	☆ ☆ ☆ ☆ ☆	
这节课有很多收获	☆ ☆ ☆ ☆ ☆	
老师尊重每一个同学	☆ ☆ ☆ ☆ ☆	

续表

课堂表现	评分（满分五颗星）	评分理由
我很期待下一次上课	☆ ☆ ☆ ☆ ☆	
其他：_____	☆ ☆ ☆ ☆ ☆	

这节课我做得好的地方：

下节课我需要注意的地方：

（三）课堂反思

教无定法，高效课堂也是千变万化的。如果我们想知道自己的课堂教学行为和方法是否有效，可以参考以下问题对自己的教学进行反思：

- 你的教学是否注重了"不让问题行为发生"？
- 你的教学方法有效吗？在哪些方面产生了效果？这些效果是可持续的吗？
- 你在教学中是否关注到学生的正向行为或积极品质？
- 你的教学是否注重建立人际关系？包括良好的师生关系和同学关系。
- 你的教学是否尽量尊重学生的差异化需求？
- 你的教学方法是否简单、易操作？
- 你的教学方法是否符合你的个性？教学方法不仅要契合教学内容、贴近学生需求，也要尽量符合老师本人的个性特点，只有这样才能在真实、轻松的状态下投入课堂。

你是否也有自己的反思？如果有，不妨写下来。

_____

_____

 **"心" 链 接**

什么是启发式教学?

许多老师在实践中已经对启发式教学形成了一些固有观点，如启发式教学就是提问，讨论是启发式教学，讲授不是启发式教学。但是否只要提问、讨论就具有启发性？只要讲授就没有启发性？事实上，启发式教学不是对应某种特定的方法，而是那些具有启发作用的教学方法里所具有的共通的东西。换句话说，启发式教学是一种思想的内核，不在于方法本身是否具有启发性，而在于方法用得好不好，用好了就具有启发性。

启发式教学是指教师在教学过程中根据教学目的和学习的客观规律，以学生为本，以启发学生的思维为核心，采用各种方式促使他们生动活泼地学习。其中的关键点在于：根据学生学习的客观规律，以学生为本，因学而教，以教引学。

启发式教学具有两个特点：一是"契合性"，即点拨学生时，学生已有的知识和新知识要能衔接上，使学生能在已有知识经验的基础之上，通过思考去理解和掌握新知识，或是根据已有知识产生新的认知点。我们在教学时，不仅要对教学内容非常熟练，并能很好地驾驭，还要让教学内容"跑到学生的脑袋里面去"。只要能发生这个改变，无论是讲授还是提问，就都具有启发性。二是"商量性"，即要实现师生交往。有些老师喜欢说："你们记住了吗？"这不是商量的语气。商量的语气是："我们看这样可不可以？""可不可以这么理解？"我们在上课时，要与学生有目光交流，要在教学中抓住学生的眼神，实现认知因素与非认知因素的共同激发。

第三节 如何评价学生的学习效果

当你使出浑身解数教完一堂课、一个单元、一门课程后，你一定很想了解那些坐在教室里看上去认真学习的学生，他们是否真的掌握了讲授的教学内容。你通常会采用哪些方式检验？这些评价方式，除了检验学生既往的学习效果，是否能激励他们接下来的学习？本节并非要建构一套看上去很完美但却难以落地的学习评价系统，而是试图从心理学视角来理解这些常用的评价方式，基于现实条件更好地运用它们，以达到促进学生全面发展的目的。

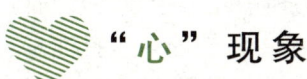 **"心" 现 象**

以下是一些常见的学习效果评价方式，请将你使用过的方式勾选出来。
☐ 书面测验
☐ 随堂练习
☐ 课堂展示
☐ 家庭作业
☐ 书面评语
☐ 口头反馈
☐ 课堂提问
☐ 问卷调查
☐ 学生自我总结
☐ 教师观察
☐ 学生互评

□向家长了解

其他（请补充）：_____

其中，你最常用的三种方式是：

1. _____ 2. _____ 3. _____

你认为这三种方式在评价学习效果方面有哪些优势？又有哪些局限性？如何改进它们？

_____

_____

 **"心"视角**

一、什么是学习效果

在前面的内容中，我们探讨了许多提升学习兴趣的方法，大家一定在考虑如何将它们应用到教学中。为了判断这些方法在课堂上是否有效，你需要评价学生的学习效果。在对学习效果评价展开讨论前，我们必须先明确学习效果的内涵及影响因素。

（一）学习效果的内涵

所处角度不同，所谈论的学习效果内涵也不相同。从教育管理的角度看，学习效果是一所学校整体教育质量的反映，反映整体效果的指标包括毕业率、升学率等。从教师教学的角度看，学习效果是学生在学习中对预设目标的实际掌握程度。例如，学生能在5分钟内做对100道除法题；至少能说出五项所有生命体都具有的机能（如呼吸、繁殖等）；能对肖邦和李斯特的音乐风格进行比较。

学生是学习的主体，从学生自身的角度看，学习效果是由学习所引发的个体心理与行为上的变化，具体分为认知因素的变化和非认知因素的变化。其中，认知因素包括注意、观察、记忆、思维、想象等。它与个体的知识经验、认知水平、认知过程密切相关，在学习活动中主要承担知识的获取、加工和编码，一般指向具体的学习任务，是学习活动的心理基础，决定着学生"会不会学"，也就是常说的学习能力。非认知因素是指在学习活动中表现出来的除认知因素以外的其他心理因素，包括动机、态度、兴趣、情感、意志、人格特征等。它不直接介入学习，但与认知因素相互影响并共同作用于学习，是学习过程的心理条件，决定着学生"肯不肯学"，也就是常说的学习态度（图3-3-1）。

很多时候学生学习的认知因素已经发生变化，掌握了更多的学科知识，思维能力也有了一定的提升，但非认知因素方面并没有提高，有的甚至还下降了。例如，一个每次考试都能进年级前10的学生，学习自信心却不足，每次考试前都十分紧张；有的学生高中毕业后进入大学，发现自己再也不想学习了，学习动力减退，每天沉迷于游戏。所以，我们在谈论学习效果时，不能只考虑认知因素，而忽视了非认知因素的变化。

图3-3-1　学习的认知因素与非认知因素

？思考----------------

你常用的学习效果评价方式有没有考虑学生的非认知因素变化？

（二）学习效果的影响因素

从学习者自身来看，学习效果的影响因素包括个体因素和环境因素两方面。个体因素包括学生是否有明确的学习目标，学生的身心发展状况，学生已有知识和认知结构水平，以及学生的认知能力和认知风格、学习动机和学习兴趣、思维能力和先天素质等。例如，当学生学习的内容过难，与其已有知识结构缺乏联系或"距离较远"时，学习效果就不会很好；学生如果没有得到充足的休息，学习效果也会不尽如人意。

案例分享

小薇是一名高中生，她非常努力地学习每门课程，但是在考试中却经常表现不佳。经过与老师的一番交流，她开始注意到自己的生活方式可能影响了学习效果。例如，她经常熬夜，导致精神状态不佳，注意力不集中；她常常吃快餐，也不太运动，所以缺乏充足的营养和体力。这些都影响了她的大脑运作，进而影响了学习效果。

为了改变这种情况，小薇开始尝试更健康的生活方式。她规定自己早睡早起，每天锻炼一定的时间，并改善饮食。同时，她开始使用时间管理工具，以便更有效地利用时间。慢慢地，小薇的精神状态有了较大改变，学习时更加专注，学习成绩也有了明显改善。

环境因素是指与学生学习的外部环境密切相关的因素，包括学生的文化背景、社会环境、家庭关系、同伴关系、社会支持和资源获得、周围环境对教育的重视程度等，它们通过影响学生个体而间接影响学生的学习效果，并且基本不会因学生的主观意志而改变。例如，有的家长不停地布置各种课外作业，或给孩子报补习班，导致孩子天天处于压力中，产生"学习拖延",影响学习效果;有些单位招聘时动辄要求学生是"985""211""双一流"大学毕业生,引发家长对孩子未来的担忧和焦虑,进而影响孩子的学习和情绪;有的班级班风、学风很好,学生都能遵守课堂纪律,课后交流活跃,表现出积极进取的学习状态。

案例分享

> 小明和小成年龄差不多,住在同一个小区,又是幼儿园同班同学,常常在一起玩耍。进入小学后,老师发现他们的学习习惯差异较大,小明听课十分认真,平时爱阅读,学业表现较好;小成在课堂上总是坐不住,有时还偷偷玩电话手表,学业表现也不太理想。
>
> 家访后老师发现,小明家庭学习氛围浓厚,书柜摆满了书,父母也爱看书,而且还常常带着小明一起讨论书里的人物故事;小成的父母则对孩子的学习不太重视,家访时父亲一直在旁边刷短视频,小成的眼神时不时溜向那边。

从教与学的过程来看,学习效果的影响因素主要包括教师教学和学生学习两方面。

教师教学因素包括教学方式和内容的匹配程度、教学目标的明确性和可行性、教学反馈的及时性和有效性、多媒体教学资源的运用、教学策略的选择和运用等。例如,教学内容符合学生的"最近发展区"时,可以有效促进学生的学习,如果老师讲的内容太简单,都是学生熟知的,学生就会不愿意听,甚至会不屑一顾;如果老师讲的内容太深奥,学生完全听不懂、跟不上,就会失去学习动力。教学要有一定难度,但这个难度是学生通过努力可以达到的。另外,老师在教学过程中及时反馈可以激发学生的学习兴趣,结合教学内容运用适合的多媒体教学资源可以增进学生的理解,这些都能帮助学生提高学习效果。

案例分享

> 小学三年级的语文课上,老师要教学生理解课文中的成语。她在不同班级采用了两种不同的教学方法,一种是传统讲授法,另一种是启发式教学法。在运用传统讲授法的班级,老师讲解了成语的含义和用法,然后让学生背诵和应用这些成语;在运用启发式教学法的班级,老师先让学生读课文,然后给学生一张卡片,上面写着需要掌握的成语,让学生通过理解课文中成语的上下文推断出该成语的含义。
>
> 结果发现,在前一个班级,学生的学习兴趣没有得到激发,学习效果不太理想,他们很难理解和记忆这些成语;后一个班级的学生不仅积极参与到教学中,对成语的理解和记忆更加到位。

需要注意的是,启发式教学法的效果并非一定优于传统的讲授法,教学策略的选择应该与学生的认知特点、教学内容的特征相匹配。

学生学习因素包括学习任务的复杂度和难度、学习材料的呈现方式、学习环境的质量和氛围、学习时间和空间的安排、学习任务的明确性和可行性等。例如，学生在掌握学习材料后，仍然需要复习巩固，适当的"过度学习"比刚好掌握的效果要好，这个"过度"约为学习程度的150%，所以刷题练习是必要的，但过度的、不断重复的机械训练则会导致学生出现注意分散、厌烦、疲劳等现象，以致学习效果下降。

案例分享

　　小学四年级的英语课上，老师想教学生一些新的单词和短语。她给学生分发了两种不同难度的学习材料，让学生自由选择，一种较为简单，另一种较为复杂。

　　在较为简单的材料中，老师将单词和短语的发音和含义进行逐一标注，并让学生反复朗读和记忆。由于这种材料安排与往常记忆单词的方式一致，因此学生一开始感到熟悉和轻松，但时间一长就产生了枯燥、无聊的感觉，注意力开始分散，最终学习效果一般。

　　在较为复杂的材料中，老师设计了一个语境场景，让学生在语境中理解和运用这些单词和短语，并通过对话让学生练习使用这些单词和短语进行沟通。这种材料安排较为新颖，但存在一定难度，学生刚开始有些畏缩，不敢开口，但学生在小组合作中相互支持，参与度逐渐提升，对单词和短语的记忆效果也较第一份材料更好。

　　在课后的小调查中，学生们反馈今后更倾向于采用较为复杂的学习材料，感觉学起来更有意思，效果更好。可见，适当的任务难度、合理的学习方式安排都有利于提升学习效果。

二、什么是学习效果评价

（一）学习效果评价的内涵

评价是学校用来测量学生表现的所有方法。教师一般依据教学目标评价学习效果，以便检查教学进展情况和改进教学。常用的评价方式包括让学生参加测验或考试、回答提问、做家庭作业、写研究报告、进行科技小制作、做口头报告等。我们可以将学生在这些活动中的表现与他人比较，或者与一个绝对的标准比较，然后评价学生的学习效果。

完整的评价包括两个步骤：一是根据一定的规则系统，对学生的行为表现划定分数（如考试分数）或等级（如优秀、良好、合格、不合格），这个过程就是测量；二是收集想要的所有测量数据，如测验分数、家庭作业和课堂表现等级等，并对这一系列测量结果做出价值判断，如评价学生是否已经较好地掌握了本单元的知识体系。测量是对学习结果的客观描述，评价是对客观结果的主观判断与解释。只有通过评价，我们才能判断测量所得结果的实际意义，测量结果才有实际价值。

常用的测量方法包括书面测验和行为表现评估。书面测验的目的是评估学生的知识范围和准确性，也就是测量学生已有知识的数量，这是教师们较常用的测量方法；行为表现评估主要了解学生是否知道做以及做得怎样，也就是测量学生可以利用已有知识做什么，如要求学生解决一个现实情境中的问题、绘制一张旅游攻略地图、写一篇评述文章等。

对于书面测验中常用的选择题、填空题、简答题和论述题，你认为它们的优缺点分别是什么？

当我们收集完测量数据对学生进行评价时，可以采用的方法也有两种：常模参照评定和标准参照评定。常模参照评定不采用外部标准，而是进行学生间的比较。例如，规定分数排名前20%为A等级，接下来的30%为B等级，再接下来的50%为C等级，然后将学生的分数从高到低进行排列，并按比例给他们划分不同的等级，形成最终结果，即根据学生在一个群体中的表现来评价其学习效果。标准参照评定则是基于每个学生达到既定成就或表现的程度评定他们的分数，也就是说学生的成绩只取决于自己表现的好坏，而不是其他同学的表现。

你会在哪些情况下使用常模参照评定，在哪些情况下使用标准参照评定？

（二）学习效果评价的意义

评价学生的学习效果是为了促进学生有效学习。如前所述，学生的学习效果既与个体自身有关，也与周围环境有关，而学习效果评价就是要将学生的学习信息反馈给学生及其周围环境，以建立起个体自主、环境支持的学习效果提升机制。

1. 为教与学提供反馈

评价可以为教学提供反馈。我们在尝试运用一些策略改进某一堂课的教学时，如使用多媒体教学资源、采用小组讨论方式、布置课前准备作业等，如果能够及时知道学习效果的改变情况，就能评价这些教学策略的有效性，进而改进和完善教学。我们可以通过在课堂上的提问、对学生学习时的观察、批改学生的作业等获得学生学习情况的信息，了解学生的思维以及学生是否对知识存在误解；还可以在教学过程中通过一些简短的小测验及时检查学生的知识掌握情况。

评价可以为学习提供反馈。评价可以让学生更清晰地了解自己过去一段时间的努力结果，知晓目前学习行为中存在的问题，从而有针对性地改进提高。例如，老师给学生作文评分的同时给予书面评语，一些学生会发现自己需要在构思方面下功夫，一些学生发现自己的语言修饰有待改善，还有的学生发现自己素材匮乏，需要多阅读、多积累。

2. 为环境优化提供信息

学生所处的家庭和社会环境都会影响学习效果。我们及时将学习效果信息反馈给这些相关主体，可以使他们根据信息不断优化行为，为学生学习效果的提升提供支持。

评价可以为家长提供信息。许多常规的学校评价，如考试分数、奖状、评价手册、在校行为评定，都能使家长随时了解孩子在学校的学习表现情况。如果孩子成绩下降、操行表现扣分，家长就能及时了解情况、跟进并提供帮助。有的学校还会在提供评价结果的同时，为家长提出教育行为建议，如让家长对学生的良好表现进行强化，这样可以使学生一段时期内的积极行为进一步得到稳定和加强。

？思考 ┄┄┄┄┄┄┄┄┄◇

作为教师，你在向家长提供成绩单时，如何确保这份成绩单能帮助家长更好地支持孩子接下来的学习？

评价可以为问责提供信息。对学生的评价通常也可以为评价教师、学校、区域等不同主体的教育行为提供信息。例如，义务教育质量监测就是评价学生的各学科发展水平及核心素养，发现区域教育管理中存在的问题，从而督促问题改进，推动各地教育发展和质量提升。

3. 激励个体不断努力

学习效果评价不仅可以总结学生一段时间内在各种学习任务上的表现情况，帮助学生了解自己的学习成果和不足之处，还能为学生接下来的学习提供方向，促使其根据评价结果做好相应的学习规划，并通过持续努力不断改进。事实上，教学过程中的阶段性小测验、家庭作业、课堂作业、口头提问、行为观察等，都能帮助学生及时发现自己学习中存在的问题，同时告诉教师和学生需要做哪些调整，防止一些小问题在将来演变成大问题。

（三）学习效果评价的困境

1. 教师的评价意识不够

不知道大家有没有这样的感觉：当别人问你是不是学生学习的帮助者时，你会毫不犹豫地回答"是"。但当别人问你是不是学生学习的评价者时，你可能会有些犹疑，内心不再那么笃定。其实我们做学生时就已习惯于这样一种常规：先学习，再接受测验，看看学得怎么样。所以很多人，包括那些打算成为教师的人，都会认为应该在教学活动完成之后再进行评价。因此，很多教师会更重视教学环节的把握，在教学完成后再开始设计和实施评价，使得评价常常凌驾于教学之上或游离于教学之外，没有与教学联动起来，自然也难以发挥出促进教学和改进教学的作用。

2. 教师不清楚要评价什么

一提到评价，很多教师马上就会想到测验、评语，但这些评价内容并不能充分反映学生的学习效果。如前所述，评价学习效果时要充分考虑认知因素与非认知因素的变化，所以评价学习效果时不应只关注学生知识和技能的掌握程度，还要关注学生的学习态度、兴趣、情感等。而且，学生学习的结果具有内隐性，有些长期效果不是当下就能显现出来的，导致测量和评价变得更加复杂和困难，这就要求教师通过学生的言行、作业等学业表现推断学生的学习结果。

3. 教师不了解可以怎样评价

教师在实践中会采用很多评价方式，如书面测验、家庭作业、口头反馈、书面评语等，但依然感到它们的作用很有限。这是因为我们对评价方式及其原理缺乏了解，如不清楚具体题型针对测量学生的何种能力，不知道在评价时选用何种评价方式，不知道该如何应用某种评价方式等，因而未能彻底发挥这些评价方式的作用。

三、改进学习效果评价的原则

学习效果评价应基于现实条件进行改进，使常用的评价方式充分发挥其应有的功能和作用，真正达成促进学生学习的目的。评价改进应遵循以下原则：

（一）既要评价结果，又要评价过程

结果评价是在一段时间的学习结束后对学生的学习成果进行测量，并做出总结性评价。在进行结果评价时，通常还会报告某个学生与他人相比的成绩水平，帮助学生建立起对自己优势与不足的准确认识，以指导他们对未来的决策。结果评价一般通过成绩评定或标准化测验实现，无须经常进行，但要做到公平、公正、可信。

要保证公平，就必须使结果评价紧扣课程开始时所确立的教学目标，避免出现"教是一回事，考是另一回事"。例如，教师在课堂上强调教材核心内容，而考试内容大量来自教材中的脚注和不太重要的部分；教师在课堂上安排学生进行大量的知识记忆和练习，测验却考查复杂的思维能力。这些都不是正确的结果评价方式。我们应当将教、学、评一体化设计，先考虑要培养学生的什么素养（学），并以此为出发点设计教学活动（教），再通过有预设的、可测量的反馈（评）检验学生"学的程度"和教师"教的效果"，让教师"教得安心"、学生"考得放心"。

要使结果评价可信，我们还要注意不能单凭一次测验就给出学生的成绩等级。因为单次测验中的一些不确定因素可能会导致结果出现意外。比较好的方法是结合单元测验、期中考试和期末考试等多次测验进行结果评价。

? 思考 ·························○

有的学生擅长纸笔测验，有的学生擅长论文写作，有的学生擅长表现性评价（如做一次演示或一次口头报告），还有的学生擅长动手操作。不同的学生适合不同的评价方式。我们是否应综合多种评价形式，对学生的学业成绩进行评定呢？

由于结果评价难以对学生日常的学习行为给出反馈，不足以激励学生付出最大努力，

因此应该将过程评价补充到传统的评价体系中。例如，每天让学生做5~10题的小测验，并当堂反馈成绩；也可以让学生根据课堂上学习的主题，每天写一篇小短文。这些都能给学生和老师提供必要的信息，以便及时调整学习或教学策略，纠正错误，改进不足。如果老师能把每天的小测验或小短文的分数作为计算最终成绩的一个因素，或者对积极完成任务的学生给予某种特殊的认可或奖励，以此来强调过程评价的重要性，那么小测验或小短文的分数就会成为一种有效的诱因，及时强化学生的有效学习行为。此外，老师日常对学生学习行为的观察也可以作为过程评价的重要信息。

总之，结果评价能够反映学生的学习成果，但只评价结果可能会给学生带来压力，导致学生注重获得好的结果，却忽视了日常学习行为、学习策略的调整和优化。事实上，结果是由过程发展而来的，我们只有通过过程评价及时发现学生日常学习中存在的问题，才能真正改进教学、促进学习，使学生获得一个好的学习效果。

案例分享

徐老师是小学四年级的英语老师。从去年开始，徐老师除了使用单词听写、课文背诵、单元小测验对学生的学业进行评价外，还会经常在学生的作业中夹上一些小纸条来传递一些信息。以下是部分小纸条的内容：

"×××，今天的你上课很认真，老师看到啦，保持下去，你会越来越优秀的。"

"×××，你的两只耳朵永远跟着老师，上课积极回答问题时的你是发光的，加油呀！"

"×××，你今天回答问题的声音很好听，老师希望多听到你的声音，加油！"

"×××，今天的你有点心不在焉，是发生什么事情了吗？老师希望你能保持住以前专注的学习状态。"

徐老师每次都会选择5个同学，在他们的作业中放入小纸条，这样两周下来每个学生都会收到来自徐老师个性化的纸条反馈。

此外，徐老师还会在学生的单元小测验分数旁写上一些鼓励性反馈，如"下次要细心"，画一个喊着加油的爱心熊或表示非常棒的大拇指。

徐老师发现自己的评价方式改变后，与学生走得更近了，学生学习英语的兴趣也更浓厚了。

在案例中，徐老师既采用了单元小测验的方式评价结果，又选择小纸条的方式评价过程，做到了对学生学习行为的及时反馈，学生的积极行为更容易获得强化。

（二）既要给出结果，又要解释结果

通常情况下，教师给出的评价结果包括绝对结果和相对结果。绝对结果即根据预先设定的标准确定，如某次考试给不同题目赋以不同分值，学生达到多少分值就获得相应的结果。有时也会将分值转换为等级，如正确率达到90%~100%获得A等级，达到80%~89%

获得B等级……采用绝对结果的好处在于，学生的成绩只取决于他们表现的好坏，而不是其他学生的表现，因而更容易激发学生的学习动机。当然，它也有缺陷，即学生的分数可能取决于测验的难度，因此很难做出真正有利于学习改进的客观评价。例如，某次测验很简单，大部分学生都在95分以上，学生看到这个成绩就可能会高估自己的学习效果。此时，我们可以通过等级的方式对结果进行校正，或者在一开始就修订评价标准，对较容易的测验制订较高的标准，对较难的测验则制订较低的标准，并让学生知道这些标准。

相对结果是教师根据学生在班级或年级中的排名进行评价，其好处是可以将学生的分数与其他人的分数联系起来，而不必考虑测验的难度。但它容易引发学生之间的竞争，可能会阻碍学生之间的互助，损害同学之间的人际关系。

案例探讨

某市中考实行等级制，考生的成绩不再以分数公布，而是用等级来评定。以下是某一年该市中考各科原始分数对应的等级（表3-3-1）。

表3-3-1 某市中考分数对应等级

科目名称	A	B	C	D	E
语文	150～119	118～105	104～95	94～80	80以下
数学	120～103	102～90	89～75	74～65	65以下
英语	120～106	105～85	84～75	74～62	62以下
文科综合	200～161	160～131	130～110	109～100	100以下
理科综合	200～180	179～146	145～120	119～105	105以下

对此，社会各界一直颇有争议，认为直接用等级评定会使学生过于注重各科之间的均衡发展，难以激发潜能，并且对处在各等级临界值的学生也不公平，如语文118分的学生因1分之差从A等级降到B等级，直接影响了高中录取层次。

是否改成分数制呢？大家又有了另一番争议：采用分数制会导致学生"分分必争"，加重学业负担和考试焦虑。

究竟是采用等级制还是分数制给出中考结果？你的观点是？

_____

_____

还可以通过哪些方式弥补等级制和分数制的不足？

_____

_____

我们也可以将汇集了绝对结果和相对结果的多次评价整理成一份成绩单，以综合反映学生的学习效果。例如，某所学校的学生成绩单由多项评价结果构成：单元测验和期末考试分数、主题式研究性学习和展示的分数、家庭作业的分数、课堂作业的分数、课堂参与（学业行为，如是否拖沓、态度等）、行为态度（课堂行为，如回答问题等）、努力程度。同时，还可以给这些结果赋予不同权重。需要注意的是，如果赋予了不同权重，那么就要告知学生权重的分布，以使他们了解老师更看重哪些方面，以及怎样做才能提高自己的成绩。

虽然评价是为了促进学习，过程比结果更重要，但我们也应该接受和重视这样的事实：学生很在意评价结果，评价结果会对学生的身心健康产生重要影响。所以我们对给出评价结果应持审慎态度。尤其是当我们了解到某个学生没有发挥其真实水平时，就应当避免基于这样的评价结果做出重要决策。

我们不仅要给出结果，还要解释结果是如何形成的。解释结果时，应尽可能清晰、简单、明了，并对学生需要加强和改进的方面提出指导建议。

案例分享

　　邓老师是一名高中数学老师，每次月考完，他都会抽一些学生到他办公室面批试卷。邓老师会要求被抽中的学生提前对自己的试卷进行分析，并回答三个问题：

1. 考出来的分数是否是自己的真实水平？
2. 哪些方面是自己的优势，哪些方面还存在不足？
3. 接下来一周的学习要做些什么？

　　邓老师会结合学生的回答以及试卷情况予以反馈，并根据近期自己对学生的课堂观察，进一步分析其学习状态，以帮助学生更全面地了解学习结果形成的原因。

　　此外，邓老师还有一个小秘诀，就是给学生自己写的接下来一周的学习任务加量，并在一周后跟进完成情况。

许多老师往往会重视给出相对科学公正的结果，却忽视了解释结果这一环节。其实解释结果的重要性并不亚于给出结果。解释可以帮助学生了解结果是否可信，以及更好地理解结果从何而来，引导学生形成客观的自我评价，并将关注点从结果转向过程。解释过后，还要注重与学生的沟通，了解其理解和接受状况，以及接下来的学习改进计划，帮助学生增进对评价结果的理解，充分发挥评价的作用。

思考

你有没有向学生解释过期末成绩的评定规则？你认为应当向他们解释吗？为什么？

（三）既要总结反馈，又要实现改进

评价可以分为总结性评价和形成性评价。总结性评价注重教学结果，借以对被评价者所取得的学习成果作出全面鉴定、等级区分，对整个教学方案的有效性作出评定。也就是说，教师要对学生的作业、表现、单元测验和考试给出分数或划分等级，并在一门课程或一个学期结束后结合历次的分数、等级最终形成一个总结性评判。

总结性评价通常是在教学单元结束后进行的。它可以帮助学生总结和检查已发生的学习情况；可以帮助老师对过去一段时间实施的教学行为的有效性进行评价，并了解学生的知识掌握程度，依此制订下一阶段的教学目标与计划。

形成性评价是在某项教学活动的过程中，为使学习效果更好而不断进行的评价。它有助于老师及时了解阶段教学的结果和学生学习的进展情况、存在的问题等，以便调整和改进教学工作，促进学生的学习。我们在教学中时常想了解学生是否跟上了教学进度、是否理解了已学过的内容……对于那些学习速度低于或高于平均水平，以及对某些知识点理解有误的学生，我们要及时对教学做出相应调整。

我们可以通过阶段性的小测验、家庭作业、课堂作业、回答问题、行为观察等方式实施形成性评价，以了解学生的学习情况。相较于总结性评价，形成性评价被视为教学过程的一部分，是伴随着学生的学习不间断进行的。

在实际教学过程中，总结性评价和形成性评价都是不可或缺的。我们需要知道自己教得如何，需要对学生的学习效果进行总结和判断，也需要让评价成为良好教学的催化剂，为自己的教和学生的学提供更多有用信息。

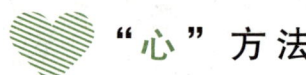

"心"方法

我们根据前述的学习效果评价改进原则，提出常用评价方式的调整优化策略。

一、编制一份有用的测验

（一）基本原则

要编制一份有用的测验，应遵循以下六条基本原则：[①]

第一，测验应该考查清晰的学习目标，并且这些学习目标应与教学目标一致。简单来说，就是当学生看到测验内容时，不应感到意外。

第二，测验考查的应当是有价值、有代表性的学习内容。一份测验难以对学生应掌握的所有知识和技能都进行考查，而是从所有学习内容中取样。如果学生事先并不知道考试内容的范畴，他们为了取得好成绩就必须认真学习所有内容。那些有价值、有代表性的学习内容即教师花费较长教学时间或投入较多精力讲解的重难点内容在测验内容中也应体现

---

① 斯莱文. 教育心理学：理论与实践：第10版［M］. 吕红梅，姚梅林，等译. 北京：人民邮电出版社，2016：391－393.

出同样的分量。

第三，测验中的题目类型应该契合最希望测查的学习结果。题目应尽可能与最终的教学目标紧密联系。如果教学目标是希望学生能够解决真实情境中的一些问题，那么与之相关的题目类型就不宜采用或尽量少用选择题。

第四，测验应该与测验结果的特定用途相匹配。例如，用于诊断学生学习情况的测验就需要考查一些易错的内容，以了解是否需要为学生提供帮助；用于预测学生未来成就的测验就应该评价他们的一般能力和知识广度。此外，用于形成性评价的测验应该与近期的教学内容相关联，用于总结性评价的测验则应该考查更大范围的知识和技能。

第五，测验结果应该尽可能可信，但对结果的解释要谨慎。我们可以通过很多方法提高测验的信度，但不管多么严谨地确保信度，有时仍会出现测量误差。例如，测验时有的学生心情愉快，有的学生情绪低落；有的学生善于考试，有的学生受考试焦虑的困扰，成绩并不能反映其已掌握的实际知识和技能。所以作为老师，我们不宜对任何一项单一测验分数的价值抱有过高的信心，测验分数只是对学生真实知识和技能的一次估计。我们在运用和解释结果时应牢记这一点。

第六，测验应该能够改善学生的学习。测验除了对学生的学习情况进行总结，更重要的是提供了学生学习变化的相关信息，所以测验过后要及时反馈结果，并将反映出的学生学习变化用于改善教学和促进学习。

（二）测验题目类型的特点

编制测验还需要理解不同题目类型的特征及优缺点，以便测量出想要考查的学习结果（表3-3-2）。

表3-3-2　不同题目类型的优缺点

题目类型	优点	缺点
选择题	计分简单、可靠；效率高，可在短时间内考查大量知识点	选项设计容易影响学生作答，如模棱两可的选项、选项中带有明显的暗示等；只能反映学生已有知识，无法揭示出学生可以用这些知识做什么
判断题	计分简单、可靠；效率高，可在短时间内考查大量知识点；可以考查学生对知识细节的理解和应用能力	50%的概率正确，测验结果不一定可信；只能反映学生已有知识，无法揭示出学生可以用这些知识做什么
填空题	答案简单，容易进行统计和分析；可以快速考查学生的基础知识掌握程度	答案可能有多种，需要进行一定的主观判断；无法考查学生的创造性思维和表达能力
简答题	编写容易，可以考查学生对知识点的掌握、理解和应用能力；可以对基础知识进行广泛或深入的评价，由于学生必须提供答案，因此必须回忆而不是再认学习内容	只能反映学生已有知识，无法揭示学生可以用这些知识做什么；出乎意外但貌似合理的答案可能让人难以评分

续表

题目类型	优点	缺点
论述题	可以考查学生回忆、组织和充分应用已有知识的能力，即思考、分析、表达等更高级的能力，促进学生更努力地、有意义地学习	评分的一致性难以保证；答题耗时较多，每次只能给出少量的题目

总的来说，每种类型的题目都有其最适合的用途。我们应当根据某次测验的目的、实施条件以及想测查的学生能力，选用和搭配合适的题目类型。

思考

创造性思维越来越受到重视。你认为评价学生的创造性思维有哪些困难？可以怎样逐步解决？

二、让过程评价更加科学

过程评价时时都在发生。与结果评价相比，过程评价存在随意性强、预先设计不够等不足。我们可以借助一些科学的方法完善过程评价。

（一）轶事记录法

轶事指典型的行为事件，也可以是观察者感兴趣或觉得有意义的事件。轶事记录法是行动观察法的延续，属于定性观察的范畴，即老师随时对观察到的有意义事件进行事实性描述和书面记录，并据此向学生提出改进建议。[①]

我们在采用以评价学习效果为目的的轶事记录法时，应同时关注学生的认知因素与非认知因素的变化。例如，"学生在上课时认真做了笔记"这一行为反映出学生注意力集中（认知因素）、学习积极主动（非认知因素），教师可以记录下来，并适时反馈，既可以向学生表达自己的赞赏与肯定，又可以指导和建议学生兼顾记笔记和听课，以及课后怎样利用笔记复习等。表3-3-3列举了一些可用于评价学习效果的关键行为线索，教师可以参考此表了解学生的这些行为反映的是哪些维度的变化，从而更全面、科学地评估学生的学习效果。当然，也有一些关键行为是阻碍学习的，对于这类行为，我们要及时记录和反馈。

---

① 戚小丹. 轶事记录：学生行为观察的有效方法［J］. 中国德育，2016（19）：43-45.

表3-3-3 学习效果评价的关键行为线索

记录维度		关键行为线索
认知因素	注意	眼神跟随教师；写作业专注、不被周围同学影响；听讲认真……
	观察	阅读投入；审题时认真勾画重点……
	记忆	背诵流畅；默写准确……
	思维	回答问题顺利；表达观点清晰；小组讨论时积极发言……
非认知因素	动机	主动学习；自觉完成作业；积极挑战较难的学习任务……
	态度	主动与老师交流；组织小组讨论时认真负责；积极回答问题……
	兴趣	学习时表现愉悦；愿意在学习上花时间和精力；遇到新知识表现出兴趣；遇到未知事物会主动探索……
	意志	遇到困难能长时间投入；尝试运用多种方式解决问题；失利后仍然不放弃……
	理想	有自己的计划；对未来有期待……

除了上述学习行为线索以外，学生日常发生的一些有意义的事件也可以记录下来。记录的难点在于对事件意义程度的判断，这需要老师具有评价意识和敏锐性，特别是对学生的了解。同样的事件，对某个学生而言可能是有意义的，但对另一个学生而言可能是无意义的。所以轶事记录法更适用于小样本评价，即某一段时间内老师对想要关注的重点学生进行记录。这里的"重点学生"并非是成绩不好的学生，凡是我们对其成绩有所期待的学生，都可以成为关注对象。

你近段时间想重点关注的学生是：＿＿＿＿＿＿＿＿＿＿＿＿＿＿＿＿＿＿＿

你想重点关注他/她的原因是：＿＿＿＿＿＿＿＿＿＿＿＿＿＿＿＿＿＿＿＿＿

请以他/她为对象，尝试进行一周的学习行为轶事记录。

学习行为轶事记录表

记录维度		关键行为线索	有意义事件
认知因素	注意		（可以用来记录事件信息，也可以配上相应的解释性图片）
	观察		
	记忆		
	思维		
	其他：＿＿＿＿		

续表

记录维度		关键行为线索	有意义事件
非认知因素	动机		
	态度		
	兴趣		
	意志		
	理想		
	其他：_____		

短期回顾	接下来的指导
（将学生的最大亮点以关键词的形式记录）	（基于学生现状要做的教学拓展和调整）

在使用轶事记录法时应注意四点：第一，观察记录时应尽可能避免偏见，保证记录的客观性，且要尽快记录，避免遗忘细节；第二，充分观察并记录有意义行为发生的情境，尤其是要寻找出行为背景，将引发行为的线索、行为本身和行为结果密切联系起来，以便全面理解学生的行为；第三，将对事件的描述与解释区分开，描述语言客观准确，避免带有强烈感情色彩和主观推测的语言；第四，为防止过度关注消极行为事件的倾向，积极与消极的行为事件都应该被记录。

（二）人物推定法

人物推定法主要用于学生相互评价，一般是在老师指引下，学生在集体中相互开展的评价。学生常常比老师更了解彼此之间的长处和不足，所以人物推定法在某种程度上可以增加老师评价的准确性。

人物推定法操作起来并不难，就是向每位学生提供一系列行为描述，要求他们逐项对照写出与要求最相符的学生名字，可以是一人，也可以是多人。以下是评价学生"创造性思维"的人物推定表（表3-3-4）。

表3-3-4 "创造性思维"人物推定表

项目	姓名	姓名	姓名	说明
谁经常提出独创性问题？				根据你的观察判断，写出与题目内容最贴切的同学姓名
谁经常参加科技制作比赛？				
谁考虑问题最全面？				
遇到困难时，谁最先想出解决办法？				

人物推定法适用于较高年级的学生，因为他们彼此之间有着较长时间的观察接触和相互了解。该方法可以用来评定学生的思想表现、创新精神等，适合老师对学生进行综合评定时借鉴参考。

三、重视对评价结果的解释

（一）对学生的结果解释

引导学生合理地看待自己的评价结果，有利于学生摆脱因分数高低带来的情绪问题，培养学生理性平和的良好心态。我们可以从以下六个方面入手，帮助学生充分理解某次考试的结果：

（1）总体表现：可以从总分、平均分、及格率、优秀率等方面进行简要的分析和总结。

（2）单项分数：可以通过分析试题类型、知识点等方面，找出学生在哪些方面表现出色，哪些方面需要加强。

（3）难度评估：可以对考试难度进行评估，以便更好地理解考试结果。

（4）学科比较：如果学生参加了多门科目的考试，可以对各门科目进行比较，找出学生在哪些科目表现出色，哪些科目需要加强。

（5）考试策略：可以对学生的考试策略进行分析，看看他们是否在考试中使用了有效的策略，如对于不会做的题目是否留出时间后面再回来考虑等。

（6）学习方法：可以探讨学生的学习方法是否高效、是否需要改进，以便在下次考试中表现得更好。

总之，多方位地解释评价结果，可以帮助学生更全面地了解自己的表现和学习状态，找出需要加强的地方并制订提高计划，增强学习动力。以下是一位老师向学生解释期中考试分数时的案例。

案例分享

各位同学，早上好！

转眼间半个学期过去了，上周末我们结束了期中考试，同学们现在最关注的话题就是考试成绩，有的同学看到成绩会高兴万分，有的同学拿到试卷会垂头丧气，有的同学会陷于考试的阴影中难以自拔。总之,每次拿到成绩都会有人欢喜有人愁。那么面对试卷和成绩,我们该做些什么呢?

首先,我们要了解考试的真正意义。期中考试的最终目的不是给大家一个分数、一个排名,而是让大家及时分析总结,以便尽快调整自己。面对成绩,我们要静静思考的是自己前半学期的学习和生活是如何度过的,究竟自己投入的时间和精力有多少,是否合理,学习的方法是否正确,学习的效率是否高效。通过分析,肯定优点,找出缺点。唯有如此,我们才能在今后的学习过程中不断进步!

其次,直面成绩,心态平和。考试成绩都是以分数形式呈现的,虽然分数可以从一个侧面反映你半个学期的学习情况,但它只是对你这一个阶段努力的评价。所以不要对这次考试的成绩太介意,不能因为考了高分而忘乎所以、骄傲自满,也不能因为考了低分而丧失信心、自暴自弃。有人把正确对待考试的态度归结为"考前重视,考场正视,考后淡视"。也就是说,在考试前要高度重视、认真对待、复习到位,在考场上要细心审题、认真作答、每分必争,在考完后要淡化分数、调整好心态。

最后,合理归因,吸取教训。我们说考试后不要被分数所左右,但不是不要分析成绩,考试成绩毕竟是检测学习效果的一个重要尺度。我们要认真分析试卷,找出丢分的原因,以便今后能有的放矢,"对症下药"。通常满分卷是很少的,每个同学在考试中都会或多或少有些遗憾,都需要认真总结,找出丢分的原因。因此在听老师讲评考卷时要特别注意他是如何分析解答的,以及自己为什么会错,是知识缺漏,还是解题方法、技巧出了问题?是审题不清,还是粗心马虎?只有分析到位了,我们才能找出自己的优势和不足,并采取有效的措施来巩固优势、弥补不足。

同学们,考试让我们尝到成功的喜悦,失败的痛苦;也让我们得到磨炼、反省、提高与升华。冯梦龙说:"不可以一时之得意而自夸其能,亦不可以一时之失意而自坠其志。"成绩只能说明过去,我们应看重的是未来。明天是美好的,但美好的明天不会从天上掉下来,它要靠同学们的智慧、勤奋和努力才能换来。希望同学们怀着好的心情,以一种平常的心态投入到下一阶段的学习中。只要努力,一切皆有可能,一切皆有希望。

从这个案例中可以总结出一些要点,我们在向学生解释评价结果时可以告诉学生。
- 评价的目的是促进学习。
- 分数的高低受许多因素影响。
- 分数是现阶段的学业效果的一种体现。
- 分数高低并不代表个人价值。
- 分数高低也不代表未来的人生成就。
- 高分、低分都值得拥有幸福人生。
- 学业成就只是生活的一部分。

- 人是在不断发展的。

你还能想到的有：_____

_____

（二）对家长的结果解释

家庭环境对学生的学习效果会产生重要影响，因此家长如何看待学生的评价结果也很重要。学校为什么要将学生的评价结果报告给家长？是因为我们期待家长了解学生的学习情况，并为其提供更加个性化的支持与帮助。在向家长报告学生的评价结果时，我们同步做出如下解释，将更有助于我们达成目标。

1. 向家长描述学生的努力和付出

无论学生的学业表现是进步还是退步，我们都要发现学生在学习过程中的努力和付出，并将自己的认识用温和且饱含希望的方式告知家长。

当学生成绩进步时，我们可以说：

"×××家长，您好，×××在这次考试中成绩有很大进步，这其中每一分的获取都不容易，和孩子的付出密不可分（列举学生的努力），如果你们能看到他/她的努力，并反馈给孩子，有利于增强孩子的自信心和积极性，激发学习热情。"

当学生成绩退步时，我们可以说：

"×××家长，您好，×××在这次考试中成绩有所退步，我们都感到有些可惜和难过。退步是有原因的，但不一定只是不认真或不努力，我看到他这段时间学习挺认真的（列举学生的努力和付出），我想找时间和您面谈，一起找到帮助他/她进步的方法。"

2. 和家长共同找到学生的学习优势

学习最大的心理敌人是无力感。当学生的成绩总是退步时，很有可能是他对学习产生了无力感，使得原本能做好的事情也放弃不做了，即前文所提个体反复受挫后容易进入习得性无助状态。为了防止学生被无力感侵蚀，我们要引导家长一起找到学生的独特优势，努力创造支持学生发挥优势的外部环境，点燃学生的学习自信。当然，前提是我们要先找到学生的优势，并将自己的发现传递给家长。

3. 和家长探讨学生学习结果的原因

我们不仅可以向家长分享自己的观察和建议，还可以与家长一起探讨学习结果的原因。在和家长沟通之前，我们可以先找学生了解其近段时间的学习状态，找到问题所在，并核实学生对结果归因的合理性，再有针对性地与家长探讨。我们可以这样说：

"孩子取得的分数和他/她的努力程度、学习态度等密不可分，但绝不仅仅与这两个因素有关。根据你平日里的观察，你觉得导致他/她成绩下降（或帮助他/她成绩取得进步）的原因是什么？"

这样的提问有助于家长反思，调整家庭支持系统，和学校形成合力，共助学生成长。

4. 引导家长带学生制订合理的学习目标

我们还可以结合自己对学生学科学习情况的了解，引导家长带孩子制订下一阶段的学习目标。学习目标应当落在学生的"成长区域"（图3-3-2），且应具体、有针对性。

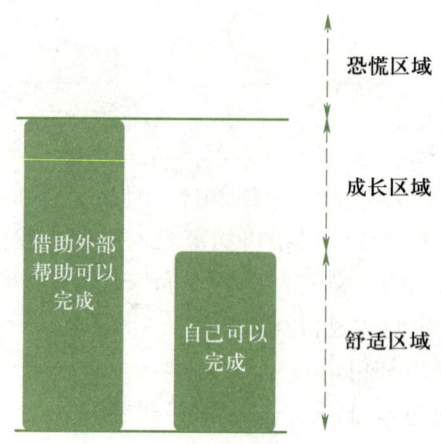

图3-3-2 学生的"成长区域"

5. 与学生一起庆祝取得的成长和进步

在学生取得好成绩或实现目标时，我们应给予适当的鼓励和庆祝，让学生和家长都更加有动力和信心去追求更高质量和更有效的学习。

阅读以下案例，从认可努力、找到优势、探讨原因、找到目标和庆祝进步五个方面与小英的家长沟通她的学业成绩，为小英争取家庭的支持。

小英高一上学期的期中考试成绩较入学考试成绩退步了近30名。作为班主任，你向小英了解情况，经过讨论分析，得出她学习成绩退步可能有如下原因：

1. 入学后人际适应不良，半学期过去了，虽然努力融入集体，但在班上还没有交到朋友。

2. 没有适应高中的学习，之前取得的成绩多是靠刷题，面对高中的学习，缺乏深度思考和思辨能力。

3. 缺乏学习信心，进入高中后，觉得身边高手如云，常常很沮丧，导致上课时经常分心。

4. 上课一直跟不上老师的节奏，十分焦虑，晚上又复习到很晚，导致第二天上课时注意力不集中，陷入恶性循环。

5. 家里父母矛盾很多，常常争吵，担心他们会分开。

6. 原本有理想的大学和专业，但现在上课常常听不懂，对未来感到迷茫。

你可以这样跟小英的父母解释她的学习结果："虽然目前小英的成绩有所退步，但我看到……"

小英一直在努力：_____

小英的优势在于：_____

小英学习效果不佳的原因是：_____

与小英商议的阶段学习目标是：_____

小英希望取得进步时的庆祝方式是：_____

四、用评价为学生赋能

（一）有效地应用反馈

形成性评价的重要作用是能在教师教学和学生学习的过程中不断提供反馈，使教师获得与自己教学效果有关的信息，使学生接受关于自己学习效果的信息。要让反馈成为一种有效的激励因素，促进学生的学习，它应具备以下特点：

1. 明确、具体

明确、具体的反馈能够告诉学生"你在哪些方面做得好或不好""你做对了什么"，这样他们就清楚接下来应该做什么。我们来看看以下这些反馈：

（1）干得不错！我很高兴你能做完作业后仔细检查，这是一个不错的习惯。

（2）我喜欢你的回答，因为你对我讲的有关权利与义务的观点进行了思考。

（3）这是一篇好文章。你先陈述了自己的观点，然后列举了相关的事实来支持你的观点。你在词汇选用方面也很用心，我很高兴。

你使用过哪些明确、具体的反馈？不妨写下来。

_____

_____

2. 及时、经常

反馈及时很重要。如果学生星期一完成的作业，在星期五才得到反馈，那么反馈的信息价值和激励价值就会大大降低。首先，如果学生出现了错误，那么他这一周都会在类似问题上延续这种错误，而这种情况本可以通过及时反馈避免。其次，行为和结果之间的时间间隔过长，也会使学生难以将二者联系起来。例如，学生得到的分数是几天前的作业评价，他们可能已经不太清楚自己为什么得到这个分数了。

此外，经常给予一些小反馈比偶尔给予大反馈更能促进学生进步。例如，经常使用一些简短的小测验来评估学生的进步，其效果要好于每隔一段较长的时间进行一次题量较大的考试；课堂上经常向学生提问，可以使学生及时获得自己理解程度的有关信息，并且他们认真听课的行为也会因此得到强化。

（二）教会学生自我评价

案例分享

四年级的小凡做计算题从来不写过程，只写最终答案，他坚持认为这样比较省时间。他的数学老师也不强求。在一次考试中，小凡又错了两道计算题，他有些懊恼。数学老师借此机会让小凡做个"实验"，让他比较写过程与不写过程两种情况下的计算正确率，结果小凡自己得出结论：计算题写过程正确率更高。之后小凡不仅改变了学习习惯，学习态度也有了较大转变。

自我评价可以让学生学会对自己的学习结果承担责任，认识到"学习是自己的事"，而不再将评价视为外在的压力与负担。但很多时候学生未必知道怎样自我评价可以促进学习。因此，我们要教会学生正确地进行自我评价以及合理归因，特别是在发现学生归因不正确时要进行引导。

学生在自我评价时，常将成败原因归纳为以下六个方面：

- 个人能力，即自己是否胜任该项任务。
- 努力程度，即自己在任务过程中是否尽力而为。
- 任务难度，即凭经验判定该项任务的困难程度。
- 运气好坏，即个人自认为此次成败是否与运气有关。
- 身心状态，即在任务过程中自己的身体与心理状况。
- 其他外界因素。除上述因素外，还有来自外界的因素，如他人的帮助或打分不公平。

 **练习**

期中考试成绩出来了，班上有六位学生英语考得比较好，但数学考得不理想。他们对原因进行了分析。请判断以下原因分别属于以上哪种归因：

A：英语一直是我擅长的科目，但数学完全是没天赋。

B：这次考前准备花在英语上的时间比数学多。

C：英语考得好全靠老师出题出得好，数学老师出题也太为难我们了吧。

D：考英语的运气也是绝了，蒙的全都对了，把我考数学时的所有运气都用光了。

E：头天晚上睡得好，上午考英语时的状态真是不错，但中午没有休息，下午考数学时脑子昏沉沉的。

F：昨天下午考数学时简直太热了，教室里的风扇也坏了，严重影响我的发挥，希望以后天气给力点。

你认为哪位学生接下来最有可能采取积极行动，努力提升数学成绩？为什么？

_____

_____

事实上，学习效果好坏受到多方面因素的影响。但归因不同，结果会大不一样。当学生将原因归结为自己可以控制、可以改变的方面时，他们的责任心和主动性最容易被激发，他们也才有可能通过自己的努力行动改变结果。

此外，我们还可以鼓励学生反思自己的学习过程，评估过程中可以改变的因素，了解自己的改进空间。以下是一些可以引导学生关注自己学习过程的方法：

- 目标设置：学习目标是否明确？学习目标是否可行？学习目标达成情况如何？
- 注重细节：是否仔细阅读了学习材料？有没有做好笔记？学习时是否专注？
- 学习反馈：作业完成情况如何？有没有复习和巩固的习惯？
- 反思总结：哪些方面自己觉得满意？当前的问题和阻碍是什么？有哪些可以帮助自己的资源？接下来的具体行动是什么？

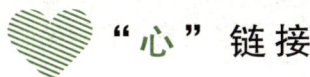 思考

1. 两所学校分别采取不同的教师教学业绩考核方式：一是校领导对每位老师轮流推门听课2～3次，根据听课情况得出考核结果并进行全校排名；二是校领导要求每个教研组内部互相听、评课2～3次，集中研讨修改，在期末分别展示优秀课例。你认为哪种考核方式更有利于引导教师关注自己的教学过程并实现改进？为什么？

2. 如果将这两种考核方式更换为教师评价学生的参考，你认为怎样对学生进行评价更有利于激发学生的学习动力，使其改进学习？

"心"链接

课堂教学评价方法①

美国著名课程设计专家芬克研究了能引起深层学习的教学特点，认为教学目标有六个维度：知识基础、知识应用、知识整合、人文、关心和学会学习。知识基础指课程需要掌握的知识；知识应用指应用知识的能力；知识整合指联系其他学科知识的能力；人文指通过学习对自己和对他人形成新认识；关心指在学习中发展出对课程领域的新兴趣和新爱好；学会学习指在学习中发展出今后能自主学习该学科的能力。如果课程教学能达到这些目标，就属于深度学习。

巴克利和马约尔为这六个维度推荐了一些评价方法。

知识基础：旨在检测学生的知识准备及课程知识和技能掌握情况。例如，上课第一天给学生一个与期末考试类似的考试，并在期末时检查学生最终学到多少；编制问卷检查学生已有的基础知识和预备知识；用三至五个简要问题检查学生课前准备和课堂学习情况；在一个单元课程结束之后，让学生简要综述该单元的知识要点。

知识应用：旨在检测学生思考的批判性、创造性和问题解决能力。例如，让学生阅读若干文献，鉴别和区分其中的事实与观点；从要求阅读的文献中摘出某些部分让学生做

---

① 赵炬明. 关注学习效果：美国大学课程教学评价方法述评：美国"以学生为中心"的本科教学改革研究之六 [J]. 高等工程教育研究，2019（6）：9-23.

评论；给出一个已经学过的概念或理论，要求学生设想新的应用领域；给学生一个问题情境，让他们练习使用"制订方案、寻找资源、得到最佳效果"解决问题三步法。

整合能力：旨在检测学生联系其他学科知识的能力。例如，设计一个留有空格的知识框图或思维导图，让学生填空；给出一个事件、活动或决策过程，让学生按活动顺序绘制步骤图；给出一个真实案例，让学生结合所学知识，撰写一个包括背景、问题、挑战和解决方案的案例研究。

人文：旨在检测学生在学习中对自己和对他人形成新认识的情况。例如，让学生通过集体研究提名一个专业领域重要奖项的候选人，并撰写建议获奖提案；找一篇未发表的文章，让学生以刊物编辑身份给作者写信，告诉作者文章的优缺点以及发表与否的决定及理由；让学生就一个专业伦理困境写一篇论文阐述自己的选择、理由以及思考过程。

关心：旨在检测学生学习中发展新关切、新兴趣、新爱好的情况。例如，让学生调查研究本地区的一个公共问题，提出解决方案，做公开演讲，说服当地人重视并解决这个问题；结合课程内容，让学生就一个相关公益问题制作一个有说服力的公益广告；就学科领域内一些有争议的问题组织学生辩论，其他学生就各方表现做出评价。

学会学习：旨在检查学生发展出为今后深入学习该主题的能力。例如，指导学生就某一单元的学习内容编制一份试卷；指导学生就某一个单元或主要学习活动罗列学习目标，并评估各目标的学习难度；让学生用关系图表现自己在学习时所需各类资源和帮助的来源。

第四章　用"心"助力学生发展

　　什么样的学生能走得更远、更好？成绩好可能是其中一个特质，而并不是全部。正直善良，热爱生活，敢于面对挑战和失败，善于沟通和求助，具有合作意识和团队精神等都是学生发展过程中必不可少的要素。更重要的是，学生在走出学校后还有更漫长的数十年人生。从这个视角看，这些学业成绩以外的特质对学生一生的发展可能有更大的裨益。本章将详细介绍普通老师如何从面对挫折、应对人际关系、提高心理健康素养和团体意识等方面帮助学生在学习和人生道路上走得更远、更好。

第一节　如何提高学生的抗挫能力

　　上海10岁男孩骑平衡车做核酸被拒，拿刀对着工作人员大吼"必须砍死他"；武汉14岁少年因在教室打扑克被老师要求请家长来校配合教育，被母亲打了两耳光，沉默2分钟后从阳台一跃而下；西安9岁女孩因无法按时完成老师布置的作业而楼跳。类似的新闻相信大家了解得并不少。总结起来就是，现在的一些孩子扛不住困难，也受不得批评，稍不注意，不是"玻璃心"碎一地，就是"炸药桶"一点就着。面对这类学生，你是否也常常感到无从下手、无可奈何？有什么方法能让学生更"坚强"呢？本节我们将一起探讨如何帮助学生应对挫折。

♥ "心" 现象

　　你的学生存在以下现象吗？请将你遇到过的勾选出来。

□ 语气重的话听不得，动不动就耍小性子，甚至大吵大闹。

□ 过着衣来伸手、饭来张口的生活，不知道自己什么时候渴，什么时候饿。

□ 情绪说变就变，上一秒还笑哈哈，下一秒就哭得稀里哗啦。

□ 内心敏感，觉得别人的一个眼神、一个表情都可能是在伤害自己。

□ 经常因为一些小事情就否定自己，如作业不会做。

□ 因为一点小摩擦就和同学发生口角或拳脚相加。

□ 老师批评一句就冲出教室，甚至开始讨厌这门学科。

□ 连一些简单的玩笑都开不起。

□ 和同学玩游戏输了就心理不平衡想要绝交。

□ 家长把孩子送进"吃苦夏令营"锻炼，十几天后又把"凯旋"的孩子接回家"好好伺候"。

其他（请补充）：＿＿＿＿＿＿＿＿＿＿＿＿＿＿＿＿＿＿

＿＿＿＿＿＿＿＿＿＿＿＿＿＿＿＿＿＿＿＿＿＿＿＿＿＿

你认为产生上面这些现象的原因是什么？

＿＿＿＿＿＿＿＿＿＿＿＿＿＿＿＿＿＿＿＿＿＿＿＿＿＿

＿＿＿＿＿＿＿＿＿＿＿＿＿＿＿＿＿＿＿＿＿＿＿＿＿＿

作为老师，我们做什么可以减少这类问题？

＿＿＿＿＿＿＿＿＿＿＿＿＿＿＿＿＿＿＿＿＿＿＿＿＿＿

＿＿＿＿＿＿＿＿＿＿＿＿＿＿＿＿＿＿＿＿＿＿＿＿＿＿

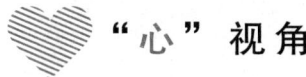 **"心"视角**

一、什么是挫折

挫折，在许多家长和老师的认知里等同于吃苦，特别是吃生活的苦。这些家长和老师可能经历过物质条件相对匮乏的时期，他们有的克服艰苦的学习和生活条件，获得了不错的人生；有的受到条件限制，不得不过早放弃学业。他们认为，当代学生生活在父辈们创造的富足生活环境和优渥学习环境中，不应该有所谓的挫折；现在的学生正是因为没吃过生活的苦才会如此脆弱，所以故意"创造"艰苦环境来磨炼学生。然而，这些对挫折的认知是有失偏颇的。

挫折是指个体在从事某项有目的的活动中，遇到阻碍或干扰，导致动机不能实现或需要不能满足的情绪状态。[①]简单地说，挫折是当一个人想完成某项任务或达到某个目标，却因各种原因未能达成而产生的难过、失望等负性情绪的状态，通常包括挫折情境和挫折反应。挫折情境，即未能达成目标的事件或境遇，如学生考试成绩不理想、受到父母的批评、竞选班干部失利等，它是挫折的先决条件。在经历这些挫折情境后，个体感受到原本的动机或需求在挫折情境中不能得到满足时，产生失望、难过、焦虑、愤怒等多种复杂的情绪反应，即挫折反应。

如何认定某个事件或境遇是挫折呢？一方面依赖于经历事件的个体的主观体验。正如鞋子磨不磨脚只有自己知道，成年人可能体会不到没做完作业、不适应新环境、被同学嘲笑、被父母误会，甚至是几次也没穿上袜子、整理不好头发等这些"小事"给学生带来的沮丧。另一方面，是否判定为挫折还与个体设定的目标高低、需求大小相关。即使是同一情境，目标和需求不同，挫折的判定也有差异。例如，两位学生同时竞选班长，A同学势在必得，一定要当上班长；B同学抱着尝试的心态去竞选，想着即使没选上也无所谓。对于落选这一结果，A同学较B同学更容易遇到挫折、产生负性情绪。因此，我们应该认识到，某个事件或情境是否会导致挫折，主要由每个个体的主观体验和心理设定决定，正如"一千个人眼中有一千个哈姆雷特"一样，我们不能用成年人的视角去认定儿童青少年面临的挫折，也不能用一部分学生的感受来替代另一部分学生的感受。

面对挫折情境，即使挫折程度类似，个体产生的挫折反应也是不一致的。有的学生可以在经历风雨后成长和强大，有的学生可能在经历挫折后出现一定程度的负性体验，还有的学生可能一蹶不振或者出现自伤、暴力等极端情况。挫折反应与学生应对挫折的能力密切相关。

[①] 朱智贤. 心理学大词典［M］. 北京：北京师范大学出版社，1989：14.

二、什么是应对挫折能力

（一）应对挫折能力的内涵

应对挫折能力，又称为抗挫能力、挫折承受力、心理韧性等，通常是指能够经得起打击、承受得了压力，积极寻求方法和支持来克服困难、摆脱逆境，使自己的心理和行为维持稳定和正常的一种能力。它主要包括三种能力，即设定合理目标和需求的能力、解决问题的能力以及应对负性情绪的能力。

通过图4-1-1，我们能更好地理解抗挫能力对挫折应对的意义。挫折的发生包括三个阶段：第一个阶段是从事件发生到被判定为挫折情境的阶段。这主要取决于个体的目标和需求是否被满足，如果个体能够依据自己的实际情况设定合理的目标和需求，那么事件可能不会被判定为挫折情境。反之，则进入第二个阶段，即从挫折情境到负性情绪体验的阶段。若个体对事件的态度是积极主动的，且有较好的问题解决能力，那么个体会更愿意尝试其他方法来应对这个挫折情境，从而解决问题。反之，则进入第三个阶段，即应对负性情绪阶段。如果个体有相对良好的应对负性情绪的能力，他将逐渐缓和负性情绪且有可能通过这个事件获得成长。反之，则可能受到负性情绪的影响，产生不良后果，甚至是极端行为。因此，设立合理目标和需求的能力、解决问题的能力以及应对负性情绪的能力将决定挫折应对中的体验和结果。

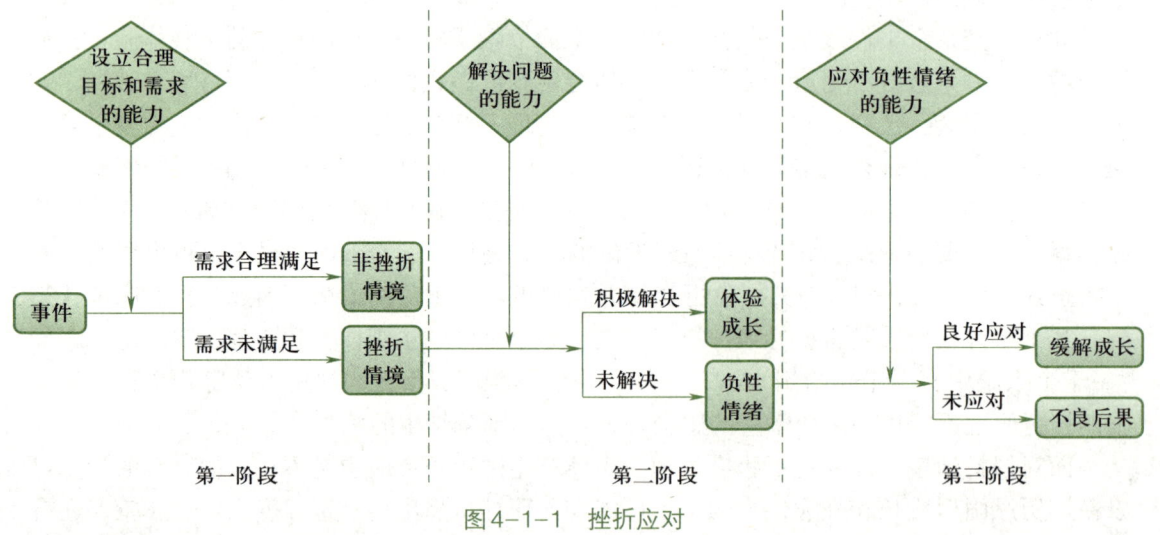

图4-1-1 挫折应对

（二）抗挫能力的意义

通常来说，抗挫能力越弱的人，越容易在挫折面前不知所措，挫折反应越大，甚至出现极端情绪与行为；抗挫能力越强的人，挫折反应越小，反应时间越短，结果较好。良好的抗挫能力，不仅能使个体形成更为客观的自我认识和自我定位，获得更多应对问题、解决问题的方法和经验，从长远看，还能使个体拥有更多面对困难的勇气和意志力。

1. 良好的抗挫能力可以使个体适应复杂变化的环境，实现稳定发展

无论是学校环境还是社会环境，都是复杂且不断变化的，这也是挫折无法避免的重要原因。拥有较强抗挫能力的学生更容易形成清晰、稳定的自我认识和定位，能较从容地面对复杂多变的外部环境，不至于频繁地受到不确定感或挫败感的干扰；学生可以在一次次挫折中吸取经验教训，提高解决问题的能力和调节情绪的能力，磨炼意志品质，获取成长的不竭动力，以适应更大的变化与挑战。

2. 良好的抗挫能力可以使个体勇于面对和接受挑战，实现更优发展

具有较强抗挫能力的学生拥有较高的自我认同感，相信自己有能力解决问题，遇到困难也不会轻言放弃。根据三圈理论（图4-1-2），他们更敢于跳出自己的"舒适区"，克服恐惧，直面困难和挑战，通过自身不断的努力和坚持，在"学习区"获得新技能，然后不断拓展自己的"舒适区"。学生可以从中体会到自我的价值，增强自信心，在面对下一次冲突和挑战时也更有勇气从容应对，实现更优发展。

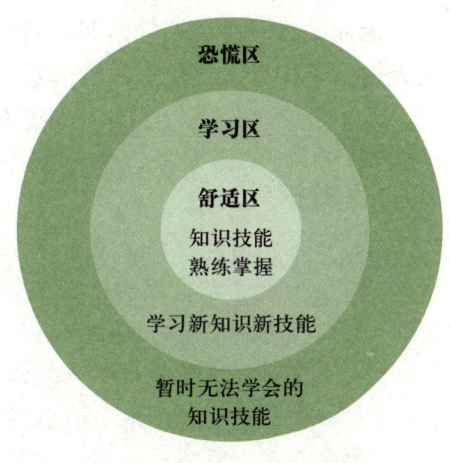

图4-1-2 三圈理论

三、什么是挫折教育

（一）挫折教育的误区

"吃得苦中苦，方为人上人"，人们经常认为挫折、吃苦是人成长过程中不可避免的。摔过跤的孩子能更好地学会如何在摔倒时减少伤害、摔倒了如何爬起来、如何选择道路，经历挫折后能有效提高抗挫能力。从心理学视角来看，以上观点有一定的道理，但如果只经历挫折，却没有相应的支持和教育，效果非但不理想，还有可能使学生发展出极端和偏激的应对方式。因此，挫折教育是学生在家长、老师的有效引导和帮助下，发展良好的抗挫能力的过程。这里我们需要厘清关于挫折教育的几个误区。

1. 挫折教育不等于做学生经历挫折时的旁观者

案例探讨

天天在小区院子里和几个高年级的男孩子玩游戏，玩着玩着，几个大哥哥因为输给了天天不服气，便开始在游戏中耍小聪明，导致天天摔倒在地上，膝盖还擦破了皮，流了点血。天天哭着鼻子回到家，正想找妈妈哭诉，妈妈见没有大碍，回答道："男子汉大丈夫，这点小伤没事的，不要老是哭鼻子，羞死啦。"妈妈说完就去厨房做饭，天天哭得更厉害了。

你如何看待天天妈妈的应对方法？

案例中妈妈的意图是想让孩子学会在逆境中成长，不要因为一点点小事就哭鼻子。但是，她忽略了孩子的心理感受和情感需求，没有看见孩子哭泣背后的原因，甚至将孩子遭遇的挫折轻描淡写。当孩子孤身一人面对自己处理不了的挫折且感受不到来自外界的情感支持时，他们体会到的只有强烈的无助感。同时，她对孩子应对挫折的能力评估不足，未意识到孩子并没有足够的能力应对当下情境。长期缺少正确应对方式引导的孩子将来可能会采用极端的方式应对挫折。

因此，在学生面对挫折时，我们要用爱与耐心去支持学生，鼓励学生，当他们有需要时及时给予帮助，提供有效的应对方法。

2. 挫折教育不等于做学生挫折的制造者

案例探讨

在一档育儿综艺里，凯凯是一位在寒假写了376张试卷的一年级小学生，在谈到孩子做了多少试卷时，凯妈侃侃而谈，显得非常有成就感，脸上也露出了笑容。但节目里的凯凯却表现出自卑。在欢迎仪式上介绍名字时，他说自己"没有名字"，在才艺展示环节他也拒绝表演，还表示自己的妈妈从来没有赞扬和认可过自己。凯妈却觉得这是成功的教育方式，认为自己的孩子经常被其他人称赞，如果她再表扬他，孩子会更嘚瑟，会爬到她头上去。

你怎么看待凯妈的做法？

案例中的凯妈或许还未意识到自己的"良苦用心"已经变成了"打击教育"，是她的打击和批评把孩子的棱角磨得越来越平，变得越发自卑。还有不少家长选择将孩子送去参加"变形计""军事夏令营"等，认为只要体验了农村的艰苦生活，孩子就能吃苦了，就能变得更坚强，结果却是很多孩子变得越发叛逆。现在的"挫折教育"很多是将孩子暴露在创伤下，试图通过人为制造的挫折来提升孩子的抗挫能力，其核心理念是人可以"越挫越勇"。松下电器创始人松下幸之助说过："逆境诚然可贵，然而过分地崇尚逆境，甚至认为非逆境不能造就完美的人，这也是一种偏见。"

当学生长期、频繁地遭遇挫折，却得不到接纳和支持时，他们很难越挫越勇，反而容易陷入"习得性无助"的泥潭。当一个人将不可控的消极事件或失败结果归因于自身的智力、能力时，就会呈现出一种弥散的、无助的和抑郁的状态，自我评价就会降低，心理问题也由此产生。除此之外，过度遭遇挫折的学生容易缺乏安全感。假想一棵树，为了让其更好地适应恶劣的自然环境，如果在树苗阶段就"制造"狂风骤雨让其适应成长，那么树苗很可能在成长为小树前其生命力就所剩无几了，学生也同样如此。我们不是不可以制造挫折，而是应该依据学生的身心发展规律和实际情况合理"制造"挫折，布置一些学生力所能及的任务，必要时可以给予他们支持和帮助，这才是良性挫折。

小贴士

习得性无助是积极心理学之父马丁·塞利格曼在进行动物实验时提出的概念，指个体因为重复的失败或惩罚而造成的一种无动于衷的消极行为和对现实无望的心理状态。

塞利格曼和同事将狗分为两组，并对它们施加能产生痛苦反应的电击，其中一组可以通过越过一个障碍物来停止被电击，另一组无论怎么活动都无法停止被电击。当下一次再施加电击时，前一组狗会更快地越过障碍物来逃避电击，而后一组狗即使在可以逃避电击的条件下（即越过障碍物）也很少活动，稍微挣扎后就会放弃反应，默默忍受，直到电击结束。塞利格曼将后一组狗的现象称为习得性无助。

3. 挫折教育不等于做学生挫折的阻拦者

案例探讨

篮球比赛进行到白热化阶段，教练派出体力较好的小美上场，但没过多久，小美便因犯规达五次而被罚下场。看着裁判的判罚手势以及在一旁替她着急的同学，小美有点不知所措，眼泪在眼眶里打转。在一旁观赛的爸爸不忍心看到小美伤心难过，直接冲进球场带走了小美，还拉着小美的手说："我们走！不用管他们，不打就不打！"

你怎么看待小美爸爸的做法？

从案例可以看出，家长不顾团队合作与比赛规则，只想着不让自己的孩子受到"苦楚"，强行将其从挫折情境中脱离出来。有些家长努力让自己的孩子在"温室"中成长，帮孩子隔绝掉外界那些风风雨雨。但人生在世不如意十之八九，没有人能永远处在"真空"中，永远不遇到挫折。强行回避或过度"温暖"只会让孩子在面对真实世界的那一刻产生更深的挫败感，从而感到失望、痛苦、沮丧，甚至会在挫折的负性情绪影响下产生过激或不理智的行为，给自己或他人带来严重伤害。

综上所述，我们必须要认识到，挫折教育理应是对学生进行充满人性的教育，把握最佳教育时机，适时给予情感、认知、应对方式上全方位的支持，引导学生在危机到来时，能积极、从容地应对，培养他们自信、乐观、坚毅的良好品质。

（二）挫折教育的内涵

挫折教育是当受教育者遇到挫折时，通过采取一定的教育方式或手段，帮助其正确认识挫折、激发潜能、提高抗挫能力而进行的教育。挫折教育可以分为预防性挫折教育和干预性挫折教育。

预防性挫折教育是在学生受挫前开展的教育，即根据学生不同发展阶段有目的、有针对性地设计并开展形式多样的情境模拟训练或教学活动。其实学校的日常教育中就蕴含了预防性挫折教育的内容。例如，体育教师可以在教学中设置长跑练习等具有较大运动量和强度的活动，培养学生的意志力，还可以通过组织篮球、足球等团体竞赛提高学生经受打击、承受失败的能力。在一些学科教学活动中，教师还可以有意识、有目的地设置一些困难和障碍，鼓励学生"再试一次"，培养他们不畏困难、主动坚持的意志品质。

干预性挫折教育是在学生受挫时进行干预和引导。当学生已经无法通过自身努力或调动身边资源应对挫折时，班主任老师或心理老师就要对其进行干预，帮助学生更好地应对挫折。在日常校园生活中处处都有挫折教育的契机。例如，班级比赛输了，学生垂头丧气；重要的考试没考好，学生心灰意冷；进入新班级适应不良，有的学生越来越"孤僻"……如果我们能够留心观察，抓住这些契机，就能"相机而教"，帮助学生扭转对挫折的消极认知，使学生掌握应对挫折的方法，提高抗挫能力。

（三）挫折教育应遵循的原则

1. 民主性原则

学生是发展中的人，有着自己独立的人格尊严，挫折教育应建立在尊重、平等的基础上。我们在开展挫折教育时不能仅凭自身经验，而是要换位思考，从学生的角度出发，考虑学生在挫折中可能存在的情绪体验和可能采取的应对方式，只有这样才能够根据学生的具体情况开展有针对性的挫折教育。

2. 适度性原则

挫折教育应遵循适度性原则，只有当挫折刺激恰好处于不折其志而励其志的范围时，才能充分发挥积极作用。我们在进行挫折教育时，设置的内容应处于学生的"最近发展区"，让他们"跳一跳"就可以习得高于原来水平的抗挫能力；在评价时也应注重适度反馈，不能一味地批评教育，也不能对学生的任何表现都给予表扬，进行无边界的赏识教育。

3. 差异性原则

由于每个学生的性格、身心发展等多方面都存在差异，因此不同学生可接受的挫折程度、可承受的心理压力大不相同。我们在进行挫折教育前，应充分根据不同学生的心理承受能力、情绪状态和反应等设置不同的挫折情境或教育内容。

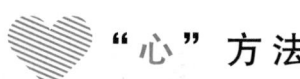 "心" 方法

接下来将从预防性挫折教育和干预性挫折教育两个维度分别介绍一些可操作的、普适性的方法。

一、预防性挫折教育

（一）培养学生正确的认知

正确认识和看待挫折是克服挫折的关键，是促进学生开始改变的"第一步"，也是挫折教育的起点。我们可以开展以挫折为主题的心理健康课或心理讲座，帮助学生树立正确的挫折观，告诉学生挫折是人生不可避免的一部分，随之而来的失望、伤心等负性情绪也

是所有人都会体验和经历的；每个人对挫折的感受是不一样的，设定合理目标和需求的能力、解决问题的能力、应对负性情绪的能力都会影响挫折的形成和感受；挫折不是可怕的，坦然接纳它有时也能助力我们成长；要勇于接受挑战，哪怕失败也没关系；永远只做自己最熟悉的事情，不去试错，虽然可以避免失败，但却无法前进；每个人都是通过不断犯错来学习和进步的。

（二）帮助学生学会应对挫折的方法

1. 学会设定合理的目标和需求

合理的目标和需求可以减少挫折的产生，所以帮助学生设定一个"跳一跳"就能够得着的目标，更能激发学生的行为动机。我们可以通过以下这张卡片帮助学生评估目标。

目标评估卡片

请根据你的目标完成以下问题，在合适的选项前打"√"。

你设定的目标有实现的可能性吗？　　□有　□没有

你设定的目标是否过高或过低？　　□过高　□适中　□过低

你设定的目标是否需要分解实现？　　□是　□否

目标分解：

1. ＿＿＿＿＿＿＿＿＿＿＿＿＿＿＿＿＿＿＿＿＿＿＿

2. ＿＿＿＿＿＿＿＿＿＿＿＿＿＿＿＿＿＿＿＿＿＿＿

3. ＿＿＿＿＿＿＿＿＿＿＿＿＿＿＿＿＿＿＿＿＿＿＿

---

2. 学会多种解决问题的办法

我们可以在日常学习和生活中给予学生充足的思维空间，设置一些趣味性任务，开展一些"头脑风暴"、沙龙、研究性学习等活动，促进学生创造性思维能力和批判性思维能力的发展。

3. 学会应对负性情绪

在挫折情绪中，学生往往不能及时判断和采取合适的方法来应对挫折，所以我们可以在日常学习中设计一些主题课程，提供一些具体的方法和阅读书籍，帮助学生学习如何应对负性情绪。

（1）当学生遇到挫折时，我们可以引导他们通过思考"I think"（积极思维，如坦然接纳、乐观面对）、"I can"（内部资源，如优势、特长）、"I have"（外部资源，如父母、朋友的支持）三个维度来提升应对挫折的能力。

（2）推荐学生阅读相关书籍，如《我想赢，也不怕输》《大脚丫跳芭蕾》《小学生漫画抗挫力》等。

（3）引导学生采取合理的方式处理负性情绪，如呼吸放松法、运动宣泄法、积极的心理暗示、听音乐、看电影等。

（三）营造或提供恰当的环境

我们可以营造或提供恰当的挫折环境供学生练习和体验。在营造或提供环境时，应注意以下几点：

1. 合理"制造"挫折

我们应根据学生的身心发展规律和实际情况合理"制造"挫折，布置一些学生力所能及的任务，如课堂练习题目难度层层递进、先让学生自行处理人际冲突等。但要注意的是，"制造"挫折时要把握好"度"，并且在布置任务后不能撒手不管，而是要密切观察，时刻把握学生应对挫折时的行为和情绪状态。如果发现学生应对挫折的方法不当，可以提供一些助力；如果发现学生的情绪"撑不住"了，要及时鼓励，避免挫折起反作用。

> **? 思考** ------------------------⚬
>
> 你是否在教学中主动"制造"过挫折？如果是，你是如何把握"度"的？

2. 允许学生犯错

失败和错误是不可怕的，我们可以引导学生在失败和错误中学习、积累一定的经验。如果我们允许学生犯错，学生自然就不会有过多的心理压力，而是更可能将关注点放到问题本身，去思考如何才能解决问题，从而更可能培养出解决问题的能力。但要注意的是，我们不能任由学生犯错，而是要在学生犯错后及时给予情感支持，必要时，也可以给学生提供适当的帮助与引导。例如，每周的大扫除，低年级学生可能还不会使用扫把、撮箕等劳动工具，打扫起来不但耗费时间长，整洁度也不高。这时有的老师可能会亲自动手解决，既省时又省事，但这样做不但不能培养学生的劳动技能，还可能使学生产生惰性和依赖性。如果学生不会使用劳动工具，我们可以多花点时间手把手地教，亲自示范，培养学生的劳动技能和习惯。

3. 认可学生

你更倾向于用以下哪种方式表扬学生？请勾选出你的答案。

☐教师A：哇，你拼对了8个拼图，你好聪明呀！

☐教师B：哇，你拼对了8个拼图，你一定非常努力地尝试过，所以才能表现得如此出色！

这是美国斯坦福大学一位教授曾做过的实验。通过几轮测试发现，受到教师A称赞的学生大多数倾向于选择简单的游戏，在超出其能力范围的游戏中表现出紧张、沮丧；受到教师B称赞的学生大多数敢于挑战复杂的游戏，在超出其能力范围的游戏中更积极地投入，努力想办法解决问题。所以，夸赞学生时我们最好夸赞其努力程度和具体行为，强化其成就感，让他们意识到通过自己的努力和意志可以获得成功。

案例分享

表扬，让教育充满温暖

美国教育心理学家盖杰和伯令纳在《教育心理学》一书中指出，对于教师来说，表扬是最实用和最自然的、能有效地形成动机的方法。

刚接四年级时，班里有一个看起来宁静乖巧的女孩子——小熊，但她的骨子里是男孩子性格，时不时制造出各种问题。例如，书包里经常藏有各种小零食，不仅自己上课吃，下课还分给其他同学吃，抽屉、桌子底下总能找到零食碎屑、包装纸；排队时，谁要是弄得她不满意了，她就用脚踢谁，使得队伍中一片喧哗；她还会恶作剧，把其他同学的书本或者钢笔藏起来、用玩具把水喷到其他同学脸上……总而言之，她隔三岔五就会制造一些小麻烦。不管我怎么提醒，她妈妈如何打骂，似乎都难以改变这种状况。这样的状态持续了大半年。直到一次我上课去拿讲台抽屉里的粉笔，发现盒子比平常容易打开了，一看上面居然有个小机关：之前丢失的拉手被一根扭扭棒代替，轻轻一拉，粉笔就出来了。哇！这个方法简直太好了！我不由地问道："同学们，这是谁想的好办法？"

"是小熊！"有同学大声说道。

我似乎有点意外，立马高兴地对全班说："哎呀，小熊真是咱们班的活雷锋，不仅能用心发现教室里存在的问题，还能用这么巧妙的方法轻而易举地解决老师的难题，同学们都要向她学习！"这时班级里响起了一阵掌声，小熊害羞地低下了头。

有了这次表扬，小熊似乎有了一点点变化。在接下来的一段时间里，我发现她好几次在下课后默默地打扫教室后面的走廊，给垃圾桶更换新的垃圾袋。一天中午，我再次向学生们说道："大家看，是谁把班级当成了自己的家？是小熊同学！她为班级做事，从来没有想过要给自己加分，这才是值得大家学习的榜样！"

一次又一次的表扬，就像一阵阵温暖的春风开始融化小熊那颗冰封的心。接下来有意思的事情出现了，有一次学完《落花生》，课后题中有这样一道小练笔："花生会让我们想到那些默默无闻作贡献的人。看到下面的事物，你会想到哪些人？选择其中一个，试着写一段话。"结果很多同学的写话都选择用蜜蜂来表扬小熊同学勤劳肯干，任劳任怨；选择用路灯来称赞小熊默默无闻、发光发热。我把小熊请到办公室，让她自己读一读同学们对她的夸赞。我说："小熊，你看你多棒！你为班级做贡献，你的一举一动大家都看在眼里！"不爱说话的她腼腆地笑了。

教育之"育"应该从尊重生命开始，使人性向善，使人唤起自己身上美好的"善根"。

二、干预性挫折教育

除了进行预防性挫折教育，我们还可以在学生受挫后产生挫败感时，有针对性地进行干预性挫折教育。作为教师，我们平日里也要多观察学生，及时识别学生是否处于受挫状态。

首先，我们可以观察学生的行为和情绪变化。具体而言，学生的面部表情、言行表现、作业表现、活动表现等都在一定程度上反映了学生的内心世界。例如，学生在课堂上注意力不集中，垂头丧气，看起来很郁闷，在室外活动时极少与同伴互动；学生的家庭作业和课堂作业大不如先前认真；学生突然不想上学，或上课时突然跑出教室……当学生有以上表现时，我们可以上前询问，了解具体情况。

其次，我们可以通过学生的人际互动情况了解其心理状态，包括观察学生与教师的互动、学生与同学的互动、学生与家长的互动。有的学生在受挫后可能表现出社交回避，有的学生则可能主动向身边的人寻求安慰……不管是何种表现模式，当学生的人际互动异于往常时，我们就要保持对该生的关注，及时询问和干预。

最后，我们可以注意近期发生在学生身边的重大生活事件，如身体突发疾病或意外伤害、亲人离世或父母离异、学习成绩严重下滑、临时更换教师、班级暴力事件等。这些重大生活事件对学生心理的冲击力极强，不容忽视。

💡 **思考** ------------------------◦

你曾通过哪些途径识别或发现学生正处于受挫状态？

在识别到学生受挫后，我们可以从三个方面入手给予学生有效的支持。

（一）给予学生情感支持

任何人遇到挫折时都会不可避免地产生难过、沮丧、后悔、愤怒等情绪，这是正常的、被允许的。作为教师，我们要给予学生情感支持，认真观察并接纳学生的情绪表现，认真倾听学生的心理诉求。

（二）给予学生认知支持

当学生考试考砸了，与其谈话时你会选择哪种表达方式？请勾选出你的答案。

☐ 教师A：你怎么会犯这么低级的错误！

☐ 教师B：我们一起来分析这次考试为什么没考好，一起来看看怎么做才能在下一次考试中不考砸。

教师A的回答可能会让学生觉得"就是因为我笨，这是我的问题"，使学生在认知上认为"考砸了"这件事是无法改变的。教师B的答复更为积极正向，是与学生一起客观分析"考砸了"的原因，有助于学生将注意力从"我是失败的""想要逃避失败"转移到"我可以为克服挫折做些什么"。

沟通交流后，若学生还不能很好地消化，接下来我们还可以引导学生填写挫折复盘卡片，让学生进行思维训练。

● 挫折复盘卡片

1. 请简单描述一件让你有挫败感的事件。

_____

2. 你当时的具体感受是什么？
□愤怒 □沮丧 □想要逃避 □焦虑 □乐观 □其他_____

3. 你认为它发生的原因主要来自外部还是内部？
□外部 □内部 □都有

4. 给自己在这个事件里的表现打分（满分10分）。
□1 □2 □3 □4 □5 □6 □7 □8 □9 □10

5. 这次事件给你带来的负面影响是什么？

_____

6. 这次事件给你带来的收获是什么？

_____

7. 为了避免将来类似事件带给你困扰，你能够做些什么？

_____

使用挫折复盘卡片时应注意两点：认知支持的过程是漫长的，只有通过不断训练，看待挫折的正确信念才会逐渐建立起来，因此挫折复盘卡片要反复使用；在每一次复盘后，教师若能针对学生的反思和表现给予积极反馈，效果会更好。

（三）给予学生应对方式支持

挫折评估是非常实用的一种应对方式，我们可以利用挫折评估卡片，帮助学生从评估目标、评估困难、评估自己的能力、评估解决困难的方法等方面对过去的某个挫败经历进行分析和总结。若挫折评估环节用于多人活动，则可安排分组讨论解决方案环节，丰富学生的挫折应对方式。

● 挫折评估卡片

评估目标	目标有实现的可能性吗？	目标是否设置得过高或过低？	目标是否需要分解实现？	目标分解： 1. _____ 2. _____ 3. _____
	□有 □没有	□过高 □适中 □过低	□是 □否	

续表

评估困难	在这次失败的经验中我遇到了哪些困难？ 1. _____ 2. _____ 3. _____	
评估自己的能力	我有哪些优势？ _____	我有哪些不足？ _____
评估解决困难的方法	这些困难可以采取哪些可行的策略去解决？ _____	哪些困难是你可以自己解决的？ 哪些困难是你需要通过寻求外部资源解决的？ _____
评估后总结		
你从这次经历中学到了什么？ _____		
你觉得失败的原因是什么？你应该怎样去应对？ _____		

"心" 链 接

什么是挫折商

对于智商（intelligence quotient，IQ）和情商（emotional quotient，EQ），我们可能并不陌生，那么大家知道挫折商（adversity quotient，AQ）吗？

挫折商是美国著名心理学家保罗·斯托茨在其1997年出版的《挫折商：将障碍变成机会》一书中首次提出的概念，用来衡量人们应对挫折、摆脱困境和超越困难的能力。斯托茨将挫折商划分为控制感、主动性、影响范围和持续时间四个部分，分别用这四个维度衡量一个人的自我控制能力、心态的积极程度以及对环境、周围人群和自我情绪的把握能力。

控制感是指人们对周围环境的信念控制能力。面对逆境或挫折时，控制感弱的人会"听天由命"，而控制感强的人相信"人定胜天"。

主动性是指在遭到挫折时，是否能主动承担责任，努力改变不利的现状。挫折商较高的人会主动负责处理事务，不管这件事是否和他们有关，而挫折商较低的人会把自己的问题全部归结到别人头上，并感到无奈和受伤害。

影响范围是指人们在遇到挫折时受到影响的领域大小。挫折商较高的人会将挫折的影响控制在一定范围内，不让其干扰到生活的其他领域，而挫折商较低的人倾向于将一时的逆境认定为灾难性失败，并将这种挫折迁移到其他无关领域。

持续时间是指挫折或逆境将对个体持续多长的时间。挫折商较高的人会让自己尽快从挫折中走出来，而挫折商较低的人会在挫折中纠缠较长时间。

第二节　如何应对学生的人际冲突

有人的地方就会有冲突，学校也是如此。学生之间、师生之间、亲子之间几句刺耳的语言、不相容的意见、竞争性关系都可能是引发冲突的导火索。有的冲突以一方"态度强硬"告终，有的则以"各执一词"结束，还有的因一方"投降"不战而终。人际冲突因为经常带来不良的影响而被大家认为是洪水猛兽，避之不及。然而，对于发展中的学生来说，冲突真的只有负面影响吗？本节将探讨冲突的本质和应对冲突的方法。

❤ "心"现象

请回想日常校园生活，判断以下场景是否存在人际冲突。如果存在，冲突产生的原因是什么？你会引导学生如何应对这些场景？

1. 班级中男生与女生间界限感很强，两方经常处于对立面，互不搭理，互相嘲讽。

□存在　　□不存在

产生原因：_____

应对策略：_____

2. 三个人的友谊太拥挤，即三人友谊小团体中常常有一人落单。

□存在　　□不存在

产生原因：_____

应对策略：_____

3. 班级里的"小霸王"总是欺负班上其他同学。

□存在　　□不存在

产生原因：_____

应对策略：_____

4. 在激烈的班级小组比拼中，组与组之间相互排挤，甚至产生口角。

□存在　　□不存在

产生原因：＿＿＿＿＿＿＿＿＿＿＿＿＿＿＿＿＿＿＿＿＿＿＿＿＿＿

应对策略：＿＿＿＿＿＿＿＿＿＿＿＿＿＿＿＿＿＿＿＿＿＿＿＿＿＿

5. 学生因遭老师批评而采取"报复性"行动，如扰乱课堂、上课不听讲等。

□存在　　□不存在

产生原因：＿＿＿＿＿＿＿＿＿＿＿＿＿＿＿＿＿＿＿＿＿＿＿＿＿＿

应对策略：＿＿＿＿＿＿＿＿＿＿＿＿＿＿＿＿＿＿＿＿＿＿＿＿＿＿

面对上述不同的冲突，你引导学生应对的策略是否相同？如果不同，说说你的理由。

＿＿＿＿＿＿＿＿＿＿＿＿＿＿＿＿＿＿＿＿＿＿＿＿＿＿＿＿＿＿＿＿

＿＿＿＿＿＿＿＿＿＿＿＿＿＿＿＿＿＿＿＿＿＿＿＿＿＿＿＿＿＿＿＿

在解决冲突的过程中，你遇到过哪些阻碍？

＿＿＿＿＿＿＿＿＿＿＿＿＿＿＿＿＿＿＿＿＿＿＿＿＿＿＿＿＿＿＿＿

＿＿＿＿＿＿＿＿＿＿＿＿＿＿＿＿＿＿＿＿＿＿＿＿＿＿＿＿＿＿＿＿

 **"心" 视 角**

一、什么是人际冲突

在生活当中，我们不可避免地会遇到一些不想去处理的关系和不想去面对的人际交往。提到冲突，人们常常会联想到"暴力""破坏""非理性"等词语，也常常自动地与愤怒、悲伤等负性情绪体验联系在一起。冲突究竟是什么，为何冲突总会给人带来不良的体验，要理解这些应先了解人际冲突的相关知识。

（一）人际冲突的内涵

人际冲突是指两人及两人以上因为价值取向不同、需求得不到满足、沟通不顺畅等多种因素而产生的紧张状态，是人际交往的常见状态之一。人际冲突往往具备以下三个特征：

第一，人际冲突发生时一定有对立存在。所谓对立，可以是观点不同、喜好不同，也可以是有利益竞争等。对立可能是外显的，双方都能明确地感知到，如因对立而产生的肢体或语言冲突；对立也可能是内隐的，不一定被明确地表达出来，如因对立而在内心产生对对方的不满、埋怨等。

第二，人际冲突的主体能感知冲突的存在，但体验可能有差异。也就是说，冲突双方知道冲突发生了，但对冲突事件的理解、感受是有出入的。人在感受到对立的存在后，会产生各种各样的情绪，可能是紧张，也可能是不满、愤怒等，至于具体产生何种情绪主要取决于当事人的主观判断和感受。例如，在欺凌事件中，欺凌者可能获得的是胜利的快感，被欺凌者感受到的可能是委屈、害怕或愤怒。此外，教师在调查各类冲突事件时，经常发现学生们"公说公有理，婆说婆有理"。这也是因为在相同的客观情境下，个体基于自己的价值判断所体验到的情绪和感受是不一样的，因此表达出来的内容也有所不同。

第三，人际冲突的发展是一个动态过程。人与人之间没有交集就没有冲突。但随着双方交往的深入，冲突便在交往过程中逐渐孵化，它可能表现为一些小矛盾，也可能表现为爆发性冲突。总的来说，冲突从无到有是需要一个过程的。它不是一个静止的爆发点，而是一个动态的、不断变化的过程。例如，就像物体燃烧一样，在矛盾还未激化前，很多冲突是没有表现出来的，我们能看到的只是一些小火星，可一旦触发导火线或达到临界点，冲突的火焰就会越烧越烈。

（二）学生常见人际冲突及原因

通过思考和回忆与学生相处的场景不难发现，起绰号、竞争名次、议论是非等事件很可能成为学生之间冲突的"引火线"；善意的批评、拖欠作业等事件可能成为师生之间冲突的"导火线"；不好好说话、成绩不理想等可能成为亲子之间冲突的"燃火点"。学生常会因为各种各样的事情与同伴、老师、父母等发生冲突。明晰冲突背后的原因是处理好各种冲突的核心所在。

案例分享

小李是班上的调皮大王。语文课上，小李正走着神，突然，一个声音吸引了他的注意：原来是他的死党奇奇在回头呼唤他，似乎有什么令人兴奋的事情想和他分享。小李刚想用眼神回应奇奇，老师便把小李叫了起来："每次上课就看见你在破坏课堂纪律！能不能认真点！"小李听后涨红了脸，冲着老师大吼："我又没有讲话，是你自己眼神不好看错了人，每次就只知道冲我发火！"说完后小李便趴在桌子上赌气，头也不愿抬。

案例中的小李和老师为什么会发生冲突？可能是小李性格急躁，没有控制好情绪；可能是老师没有顾及小李的心理感受，在全班同学面前大声呵斥他；也有可能是小李觉得老师每次都批评他，对他有偏见……冲突的不同主体看待冲突事件的角度是不一样的，因此在处理冲突时，我们要注意从原因入手寻求解决问题的突破口。那么如何快速识别冲突背后的主要原因呢？我们不妨深入了解以下三种常见的冲突原因：

1. 因认知不同而引发的冲突

案例分享

笑笑和果果是一对很要好的朋友，双方父母也经常在一起谈论孩子的成长，学习之余还常常一起聚餐、旅游。班级要举行班干部竞选，笑笑和果果都想争取班长这个职位。竞选的前一天晚上，笑笑因身体不舒服一宿没睡着，演讲稿背得不是很熟。第二天她一边递给果果她最喜欢的酸奶一边说："果果，我昨晚因为失眠没有准备好，可我又很想当上班长，要不你让让我，你竞选副班长可以吗？你可是我最好的朋友！"果果听了，回答道："你好好表现，相信你可以的，结果就交给投票的同学们吧！"不出所料，笑笑在讲台上紧张得多次卡壳忘词，果果表现得从容不迫，高票当选班长。

　　竞选结束后，果果像往常一样邀笑笑去食堂吃午餐。"我再也不想和你玩了，我们绝交。"笑笑边说边哭着跑出了教室，果果站在原地不知所措。回家后，果果觉得很委屈，将事情的来龙去脉告诉了父母。她问妈妈："我是不是做错了，可我觉得这种事情就应该是公平公正的。"妈妈了解清楚后，向班主任反映了情况，希望能化解孩子之间的矛盾。

　　案例中的笑笑认为果果是自己最好的朋友，所以理所应当地要求果果主动退出班长竞选，将机会让给她。但在果果看来，班干部竞选应该是公平公正的，不应该掺杂其他感情，双方之间因为对待班干部竞选和友谊的态度不一样，导致处理问题的方式也不一样，从而产生了人际冲突。

　　在日常生活中，我们常常看到有人因为对问题的意见不同而发生争执，甚至大打出手。这些争执归根到底是双方的认知不同造成的。认知冲突一般是由双方对待同一客观情境的行为方式和价值观方面的差异引起的。如果双方的认知相近或相同，就说明遇到了"对"的人，但现实中更多是有差异或对立的，这时人际冲突可能就会发生。

　　2. 因需求未被满足而引发的冲突

案例分享

　　亮亮一进办公室便开始抽泣起来，张老师立马上前询问发生了什么。亮亮告诉老师他忍受了很久，但实在忍受不了了。他和小明、天天、辉辉是很要好的朋友，因为住在同一个小区，所以每天一起上学、放学，周末也会约着一起去野餐、运动等。由于学校最近要组织学生参加市级篮球比赛，亮亮作为校篮球队的主力，经常参加训练，因此跟小伙伴们一起玩耍的时间变少了。

　　可最近亮亮的好朋友对他总是爱答不理的，有时候还私下偷偷议论亮亮："有什么了不起的，不就是打个篮球嘛！"原来他们认为亮亮和校篮球队的军军最近走得太近了，"背叛"了他们。亮亮看到好朋友们在一起有说有笑，便主动上前找他们说话，却没有得到回应。亮亮心里很不是滋味，篮球训练也不在状态。

　　案例中的亮亮因为参加校篮球队训练，和好朋友玩耍的时间变少了，他希望得到好朋友的关注和理解，但他的好朋友们觉得亮亮"抛弃"了他们，以冷落的方式来回应，亮亮的情感需求在朋友那里没有得到满足，从而产生了冲突。需求冲突一般是因为关系中一方或双方的需求、目标等没有得到满足而产生的。例如，三人友谊小团体中一人落单，落单者会有强烈的被忽视感；人际双方因争夺物品而产生矛盾；上课时学生举手，因未被老师叫起来回答问题而对老师产生意见。

3. 因信息差异而引发的冲突

案例分享

> 女儿一早起床，穿着一条刚买的新裙子跑去问妈妈今天穿什么衣服，还在床上的妈妈心想：你就不能有自己的主见吗？自己想怎么穿就怎么穿呀，为什么老是问我！但她转念一想，既然女儿在向我寻求帮助，还是帮她参考一下吧。妈妈欣喜地去帮女儿找衣服，由于天气降温，就选了一套比较保暖的。但当妈妈把衣服递给女儿时，女儿却不满意，还说不想这样穿。妈妈听了，大发脾气。原来是因为女儿想穿裙子，不想穿裤子，她只是想让妈妈帮忙参考上衣的搭配。

案例中的妈妈觉得女儿又要自己给建议，但又不听，天气降温了还要穿裙子，所以呵斥了女儿。女儿认为妈妈不理解她，很是委屈，于是和妈妈唱了反调。在妈妈和女儿沟通的过程中，双方都没有接收到对方要表达的正确信息，因而产生冲突。信息差异引发的冲突一般是在沟通交流过程中因一方或双方没有表达清楚自己的想法，导致双方信息接收不对等而产生的。

人际冲突背后的原因是复杂多元的，我们需要多角度思考产生冲突的原因，深入了解当事人的想法究竟是什么，只有这样才能真正理解其行为。

二、人际冲突的意义

不少老师认为，学生与他人发生冲突会破坏班级和校园的秩序、破坏人际和谐，不利于学生良好人际关系的形成和身心发展。所以多数情况下，只要不发生冲突，就认为人际关系是好的，而好的人际关系能使班级氛围融洽。基于这样的理解，许多老师会将快速平息冲突作为处理冲突的首选方法，或竭力避免冲突发生。然而，这样的理解有失偏颇。在人际关系中，冲突可能带来负面影响，但同时也可能是学生成长的契机。

（一）人际冲突助力学生成长

从学生的个人成长角度来说，冲突是学生学习如何与他人相处的重要过程。当学生接触到他人的不同意见时，会开始意识到每个人都是独立的个体，想法也存在个体差异。逐渐地，学生不再以自我为中心去思考人际问题，而是尝试着理解他人，与他人共情，这将在很大程度上促进学生之间相互了解、共同成长。此外，成功化解冲突，对增强彼此的关系具有积极作用。所以，冲突是契机，可以让我们的情感和观点被看见、被理解、被照顾。

我们要引导学生学会建设性地处理冲突，并从中吸取经验教训。这样不仅能促使学生的人际关系向着"不打不相识""求同存异""相互尊重"的方向良性发展，还能培养学生从容不迫的性格品质，提升学生的交往、沟通、谈判能力，促进学生的社会化发展。冲突就像人际交往过程中的一次小感冒，不可否认，它会使人一定程度上产生不舒服的感觉，但妥善处理好"人际感冒"后，人际关系的"免疫力"也会得到增强。

（二）人际冲突有助于班级管理

从班级管理角度来说，适当的冲突可以促进班级和谐与进步。没有冲突固然和谐，但

"和谐"的背后可能是班级成员的真实想法没有得到充分表达，需求没有得到充分满足，这反而容易隐藏许多我们看不见的冲突。相反，适度的冲突更利于班级建设。

班级建设过程中产生的冲突是一个动态、长期的发展过程。在这个过程中，冲突带来的消极因素可以在老师和学生共同协调下被化解和解决；解决后的冲突，如果我们多加引导和总结，又可以逐渐成为促进班级和谐和进步的积极因素。

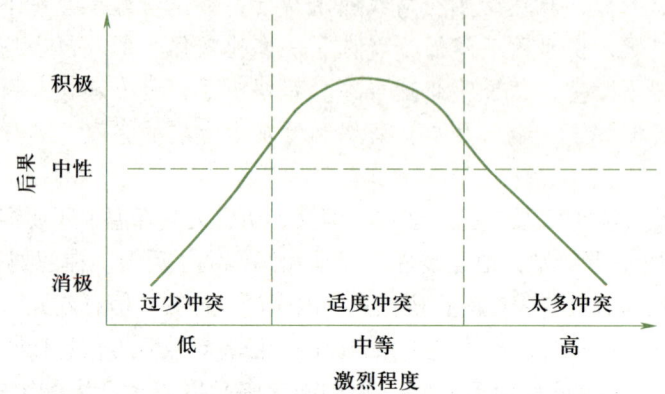

图 4-2-1 冲突的激烈程度与后果之间的关系

如图 4-2-1 所示，当班级冲突太多时，会带来消极影响，老师常常会忙于"救火"，紧急处理一个又一个人际矛盾，而无暇进行心理引导。当班级冲突过少时，带来的后果同样是消极的，其内部成员可能缺乏合作交流，班级氛围可能不活跃，彼此孤立的班级环境不仅不利于教师管理，长此以往还将损害学生的心理健康。当班级冲突的激烈程度控制在适度的范围时，不仅有利于班级内部成员（师生、生生）关系的发展，还可以促进彼此之间的交流，营造互帮互助、互相理解的班级环境。

三、人际冲突的应对策略

当学生与他人发生冲突时，我们应该如何引导学生采用合适的方式处理冲突呢？不妨先来了解一下人在面对冲突时会采用哪些常见的应对策略（图 4-2-2、表 4-2-1）。

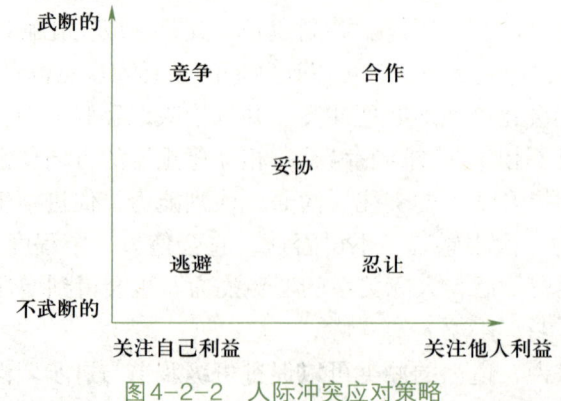

图 4-2-2 人际冲突应对策略

表4-2-1　人际冲突应对策略

策略	简称	表现	益处	弊端
竞争	抢	只满足自己，不考虑他人	能快速做出相应行动；决策方向明确；利益导向清晰；影响力度大	固执己见、缺乏合作；将自己的利益建立在损害他人利益的基础上，长此以往会严重影响人际交往
逃避	不争	不满足自己，也不满足他人；不合作也不竞争	避免当下冲突，为自己赢得时间，或寻找更合适的时机	表面上容忍，内心并未放下，使用不当就会导致问题被耽搁，无法被解决
妥协	一人一半	在对自我和他人的满足程度上进行折中	可以在短时间内做出平衡决策，避免冲突；能满足双方部分利益	可能导致期待的长远目标没有达成，各自利益都会一定程度受损
忍让	让	满足他人但不满足自己	容易达成一致，便于和谐共处	会牺牲自己的利益，时间久了容易导致自己被忽视
合作	讨论	满足自己且满足他人	找到双方都能满意的创意方案	一旦有一方不满意，就要继续寻找更好的方案，由此导致时间拖延

　　以上策略各有各的特点，在不同情况下，它们能发挥各自的优势，但并不存在所谓的"一招鲜"应对策略。因此，我们要理解和把握这些策略的特点和内涵，针对当下的冲突状况，引导学生选择最合适的处理方式和应对策略。例如，当学生按规则进行比拼时（如运动会、知识竞赛），是可以被允许使用竞争策略的。与此同时，我们也要引导学生思考"过度竞争"带来的后果，让学生更多地与人合作共赢，而非与他人进行零和博弈[1]。又如，逃避是一种暂时性策略，它可以阻止冲突愈演愈烈，并为关系的调解争取时间，在双方冲突激烈或力量差异悬殊时，是不错的方法。当冲突双方都处于非理性状态时，我们可以适当引导学生，让他们离彼此远一点，暂时逃避冲突，冷静下来。但是，使用逃避策略无法一劳永逸，日积月累的退避容易使人际关系进入死胡同，引起爆发式冲突。若等矛盾激化，我们再做教育工作，工作量将会骤增，最后的效果也将大打折扣。

🎓 练习 ┈┈┈┈┈┈┈┈┈┈●

　　小畅和小玉发生了激烈争吵，原因是小玉不小心把小畅的书弄破了一个小洞，小畅不依不饶，小玉十分不情愿地把自己的书赔给了小畅。

　　在该案例中，小畅和小玉分别采取了哪种冲突应对策略？请简要评价她们的处理方式。

_____

_____

---

[1] 零和博弈又称零和游戏，是博弈论中的一个概念。在严格竞争下，参与博弈的一方的收益必然意味着另一方的损失，博弈各方的收益和损失相加总和永远为"零"。

如果你需要针对本次冲突进行引导，你会建议她们采取什么样的应对策略？

_____

_____

案例中的小畅采取了竞争的处理方式，而小玉则选择了忍让。尽管小玉最终选择把自己的书赔给小畅使她满意，但她内心深处是不情愿的。这场冲突实际上有更好的处理办法：鼓励小畅和小玉采取妥协或合作的方式来解决该问题，双方之间进行沟通，表达彼此的看法与需求，这样更容易使冲突双方都得到满意的结果。

很多时候，学生不能决定冲突的发生，但可以自己选择应对方式，发挥自己的主观能动性。因此，我们首先要深刻理解和灵活运用这些策略，在与学生发生冲突时，选用合适的策略对待学生。另外，面对学生之间的冲突时，策略上的引导是至关重要的。我们虽然不是学生之间冲突的当事人，但可以充当特殊的"法官"，教会学生主动采取相应的策略，促进双方关系更好地发展。当学生慢慢具备一定的冲突处理能力时，我们要逐渐减少引导次数，把处理权交给学生，并适时给予反馈，培养学生自主解决人际关系问题的意识和能力。我们可以在一旁了解冲突发生始末、观察学生的情绪反应，防止事件恶化、升级，尽可能营造相对轻松的环境，努力构建平等、和谐的师生和生生关系。

四、引导学生应对冲突的原则

助力学生妥善应对冲突，我们要遵循以下三个原则：

（一）民主性原则

学生是发展中的人，有着自己独立的人格尊严，所以我们应在尊重、平等的基础上引导学生解决冲突。独裁型的引导方式会让正处于冲突中的学生无法充分表达自己的真实想法，只能服从老师的训诫。而民主的引导方式不偏袒任何一个人，也不会对学生"指手画脚"，可以使学生的内心想法得到充分表达。

（二）差异性原则

每个学生的个性都不一样，在引导过程中，有的学生可能会大倒苦水说个不停，有的学生却久久不愿袒露心声。这时我们要根据学生的差异性调整引导方式和要求，做到严慈相济。尤其需要留意个别学生，如容易和同学发生人际冲突的、易怒的学生，必要时需要进行个别引导，多了解学生的具体情况，并为其出谋划策。

（三）适度性原则

我们对人际冲突事件进行引导的目的是让学生未来能更好地自行解决冲突、明辨是非，而不是为了进行一次又一次的调解，充当"和事佬"。因此，在引导过程中要遵循适度性原则，不过度干预冲突的细节，而是要教会学生面对人际冲突时知道怎么做，切忌让学生对教师产生依赖。

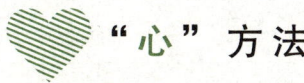 **"心"方法**

一、了解冲突发生原因

当我们需要快速明晰冲突事件发生的来龙去脉时，可采用CRP。CRP即澄清（clarify）+关系（relationship）+模式（pattern）。具体如表4-2-2所示。

表4-2-2 CRP

澄清：给冲突双方机会各自澄清事实	要点	• 教师的神态和言语反馈不宜有偏好性，要保持公正形象。 • 确保双方都表达了自己的所见所闻。 • 交谈内容聚焦事实，当矛盾有升级迹象时及时制止
	举例	• "老师想请你们俩各自说说到底发生了什么。其中一个人说的时候另外一个人不可以插嘴，等别人说完再发表自己的看法。" • "目前你们只需要说谁做了什么，不要评论。"
关系：了解冲突双方的交情、关系	要点	• 结合自己日常观察到的状况得出结论。 • 除了从冲突当事人口中，还可以通过询问其他人来了解情况
	举例	• "所以起因是……，对吗？如果没有这件事发生，你们是不是就不会发生这起矛盾？" • "你们平常也像现在这样吗？"
模式：明确双方的冲突模式	要点	• 判断重点在于双方冲突模式是否可持续。 • 引导学生面对冲突时建立友好的、具有建设性的交流模式
	举例	• "我看以前你们俩也挺好啊，以前是因为什么才玩到一起的？" • "说说你们彼此的优点吧。" • "如果现在闹僵了，你们以后打算怎么相处？" • "现在摆在你们面前的有两种关系模式，你们是选择冲突模式，还是选择友好模式？"

二、提高学生的人际交往技能

（一）处理人际关系引发的情绪

第一步：向学生展示情绪温度计（表4-2-3），询问其所处等级，帮助学生觉察情绪。

表4-2-3 情绪温度计

等级	我的表现	我的感觉	这时我要……
1		我失控爆炸了！ 我尖叫、破坏甚至打人，身体无法控制，脑袋一片空白	停！先离开。 找个安静、舒服的地方，冷静

续表

等级	我的表现	我的感觉	这时我要……
2		我开始失控了。 讲话很大声、乱讲话，但我其实不想这样	慢下来，深呼吸。 找他人聊聊，寻求解决办法
3		我感到厌烦、挫败或不开心。 觉得自己情绪快要失控了	先离开，转换心情。 做让自己开心的事
4		我觉得有点烦、郁闷。 不过还不至于影响我心情太多	给自己鼓励。 再坚持一下，心情会好过来的
5		我现在心情不错。 完全可以控制我的情绪	继续保持好情绪

第二步：根据学生所处的情绪等级，对其进行相应的处理，避免冲突恶化。

若面对的是生生冲突，可将学生转移到可以安全发泄的空间，进行口头安慰，帮助学生平复情绪，引导冲突双方有话好好说，对学生的情绪自控行为予以积极反馈。

若面对的是师生冲突，学生常常会在心里抗拒与老师交流和检讨自己的错误，这时我们可以让学生填写冲突分析卡片，引导学生抓住重点，进行自我反思。

● 冲突分析卡片

这场冲突的源头和起因是什么？

_____

造成目前状况的因素有哪些？

_____

你对目前的状态满意度如何？

□ 满意　□ 比较满意　□ 不满意　□ 没有感觉

老师在与你交流时还有哪些方面可以做得更好？请为老师提一些建议。

_____

（二）澄清人际边界

第一步：围绕以下三个问题让学生自我澄清人际边界。

1. 谁对这件事负有责任？

2. 这件事给你和对方带来了什么样的感受，是否带来了困扰？

3. 请问参与/不参与这件事对你有何影响？

第二步：对学生进行教育。

1. 让学生多观察自己的情绪反应。

2. 引导学生进行温柔且坚定的沟通。

3. 引导学生关注自己可控的部分，为自己的情绪和行为负责，不要被他人的情绪困扰。

（三）冲突后与他人重建关系

当我们需要在冲突后快速重建与对方的关系时，WWC模式可以帮助我们快速找到重建的目标和路径。WWC模式即要知道做什么（what）+谁应该干什么（who）+什么时候检验（check）。具体如表4-2-4所示。

表4-2-4　WWC模式

要知道做什么	冲突双方共同出谋划策，指出为了关系的良好发展，各自可以做些什么。谋划内容包括自己对自己的要求、自己对对方的要求和期望
谁应该干什么	初步的改进措施敲定好后，冲突双方开始沟通哪些措施是自己可以努力做到的，哪些措施是自己不应该做或做不到的，需要对方完成的
什么时候检验	冲突双方敲定一个时间点。在这个时间点，学生对过去这段时间内为改善人际关系所做出的努力进行核验，并反思还有哪些是做得不够的。 教师需要对学生这段时间的表现给予相应的反馈（以正向反馈为主）

人际修复卡片可以帮助我们更好地采取WWC模式来提升学生的人际交往能力。

● 人际修复卡片

冲突发生后，你认为自己可以做些什么？

你希望对方下次用什么样的方式与你相处？（多选）

□竞争　□逃避　□忍让　□妥协　□合作

其他（请补充）：

接下来，请共享卡片，共同讨论你们打算采取哪些行为与对方相处。请写下你们的共同意见。

已经交换完意见了。请写下你们各自的努力方向和共同约定吧！

就这样约定好了，在____年____月____日时，再来回望你们为彼此做出的努力。

署名：_____

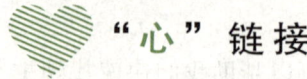 **"心"链接**

应用冰山理论处理师生冲突①

冰山理论由精神分析学派创始人弗洛伊德提出。他认为，一个人的人格就像海面上的冰山，露出来的仅仅只是一部分，即有意识的层面，剩下的绝大部分是无意识的，而这绝大部分在某种程度上决定着人的发展和行为，如图4-2-3所示。

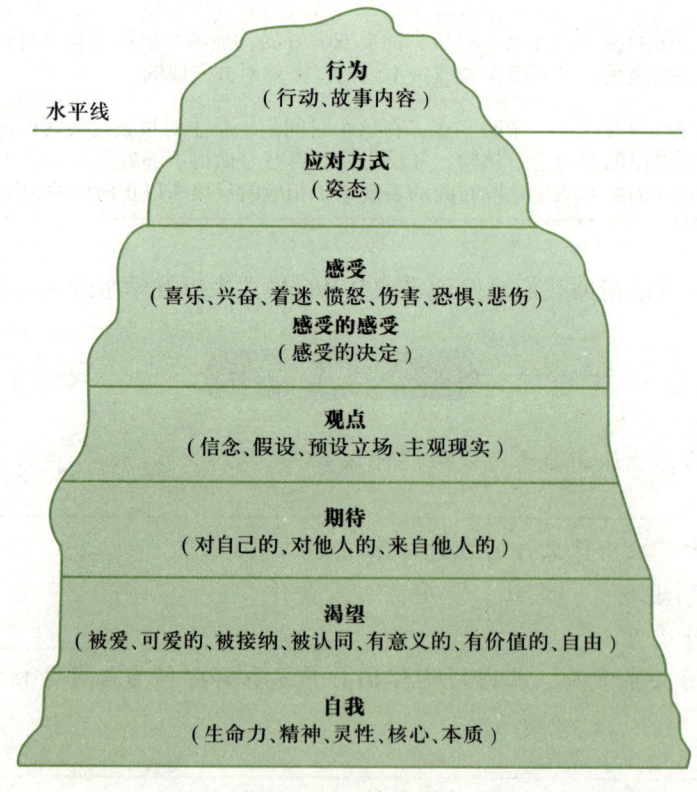

图4-2-3 冰山理论

① 梁慧勤. 冰山理论在处理师生冲突中的应用［J］. 中小学德育，2013（4）：58-60.

面对学生的不良行为，或学生与同学或老师的冲突，老师的即时反应大多是评判冲突是否符合各种规章制度的要求，然后通过讲道理的方式解决问题。这样的做法会使问题仅停留在行为层面。行为的发生已成事实，如果只就行为谈行为，并无益于问题的解决。即使出发点再好，也可能只会引发更多负面情绪，导致问题或冲突更加激烈。如果我们想要有效地解决问题和冲突，就应该跨过学生的行为本身，观察其行为中的应对方式和感受，寻找其行为背后的正面动机，同时觉察对方的内在信念和需求。每一个人因为成长的轨迹不同，所形成的信念系统也各不相同，觉察师生冲突中学生所持有的信念和需求，有助于教师理解学生的行为。另外，我们还要挖掘出负面事件、问题或情绪的积极意义和正面价值，并借助这些正面价值帮助学生从中有所体悟，获得成长。

第三节　如何提升学生的心理健康素养

在日常生活中，我们会有意识地关注促进身体健康的知识和方法，如积极运动、按时作息、少盐少油、定期体检等。当身体不舒服时，大多数人也会寻求医生的帮助，及时看病、遵医嘱服药。通常来说，健康知识和方法掌握得越多，身体也会越健康；缺乏必要的健康知识和方法，可能更容易患病或延误诊疗。其实，心理健康的维护也同样如此。掌握促进心理健康的相关知识和方法，能将心理健康维护在较好的水平上。本节将重点探讨如何维护学生的心理健康和提升学生的心理健康素养。

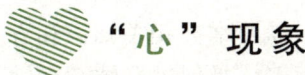 "心" 现象

班主任的知心信箱中收到了一封学生的来信。

班主任老师：

您好！

树上的叶子一片片掉了，光秃秃的树干是那么没有生命力，天空也灰蒙蒙的，一朵云也没有。空气是那么压抑，眼前一片灰暗……我觉得世界太不公平了，我的新同桌一有垃圾就扔给我，我好像就是一个垃圾桶！23号同学还在嘲笑我！我很不开心！我想转学！我在这里很压抑！我现在认为好好活下去都很难！我就是有抑郁症！我一直不是个好孩子！我讨厌所有人，我看到什么东西都觉得恶心！我感觉我病了，或者我就是一个疯子，所有人都不理解我！

如果妈妈让我去看心理医生，我会很高兴，并放弃以下计划：

175

> 1. 离家出走。
>
> 2. 想清楚自己为什么活着，为什么要死去。
>
> 3. 去做完自己想做的事。
>
> 还有，我最近对什么都提不起兴趣，头痛，恶心，失眠，但是我近来并没有和爸爸起什么冲突。老师，请您理解我。
>
> 刘××

你从信件中获得了哪些信息？请根据示例，在横线上进行补充。

1. 学生觉得自己病了，主动向老师写信求助，是在发出求救信号。

2. 学生感到自己的情绪很压抑，对什么都提不起兴趣，觉得恶心、头痛、失眠，所以认为自己得了抑郁症。

其他：＿＿＿＿＿＿＿＿＿＿＿＿＿＿＿＿＿＿＿＿＿＿＿＿

＿＿＿＿＿＿＿＿＿＿＿＿＿＿＿＿＿＿＿＿＿＿＿＿＿＿＿＿＿＿

如果你是这位学生的班主任，你会做些什么来帮助他应对困境？请根据示例，在横线上进行补充。

1. 收到信件后的第一时间报告学校和心理老师，有必要时将学生的具体情况告知家长。

2. 肯定学生积极求助的态度，找到学生进行咨询与辅导。

其他：＿＿＿＿＿＿＿＿＿＿＿＿＿＿＿＿＿＿＿＿＿＿＿＿

＿＿＿＿＿＿＿＿＿＿＿＿＿＿＿＿＿＿＿＿＿＿＿＿＿＿＿＿＿＿

 "心"视角

　　和维护身体健康一样，维护心理健康、预防和应对心理问题，需要掌握相关知识和方法。世界卫生组织、国家卫健委都曾指出，提高人群的心理健康素养，是促进群体心理健康水平最根本、最经济、最有效的措施。对于儿童青少年群体，心理健康素养具有更为重要的意义。

一、什么是心理健康素养

（一）心理健康素养的发展历程

　　心理健康素养最初由澳大利亚学者焦尔姆于1997年提出，是指帮助人们识别、处理和预防心理疾病的知识和观念。最初的定义更多局限在"自我的心理疾病"这个范畴，并且仅限于知识。随着心理健康领域的发展，2012年焦尔姆在原有概念的基础上，从知识扩展到知识和方法，从"自我帮助"扩展到"帮助自我和他人"。同时，另有学者提出，不能只局限在知识和方法上，还应该包括对待心理问题和求助的态度。近二十年来，随着健康定义的发展，心理健康素养的概念从仅关注"心理疾病"扩展到关注"心理健康和心理素质"。至今，已达成共识的心理健康素养是指个体在促进自身及他人心理健康，应对自身及他人心理疾病方面所养成的知识、态度和行为习惯。

（二）心理健康素养的主要内容

心理健康素养的概念包括两个主体——自己和他人，两个方向——心理疾病应对和心理健康促进，以及三个维度——知识、态度和行为习惯。具体内容如图4-3-1所示。

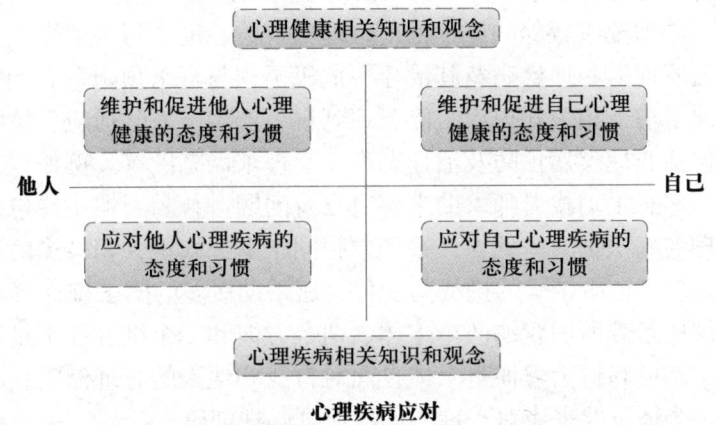

图4-3-1 心理健康素养的概念内涵[1]

案例分享

> 张同学是一名初一学生，在面对不熟悉的同学、陌生的环境以及不同于小学的学业压力时，他感到了前所未有的紧张。这种持续的紧张使其不知所措，慢慢变得焦虑，睡眠也受到了影响。通过半个学期的心理健康课和与心理老师的沟通，他了解到更多有关入学适应、人际交往、情绪调节、学习方法等方面的知识，逐渐适应了初中生活所带来的变化。他通过主动和同学交流结交了更多的好朋友。除此之外，他还自告奋勇当起了心育委员，利用自己从课堂和个体辅导中学到的知识，向更多同学进行心理知识小科普，倾听他人的困扰，帮助同学排忧解难。这不仅让他成为大家心中的"解忧果"，也让班级的氛围变得愈加和谐积极。

案例中的张同学通过心理健康课掌握了心理健康相关知识和技能，提高了心理健康素养。

案例体现了心理健康素养的两个主体，即自己和他人。拥有良好心理健康素养的个体不仅对心理疾病和心理疾病患者具有相应的知识和正确的态度，同时自身也具备良好的心理状况觉察、情绪管理等能力。案例中，张同学通过从心理健康课上学到的知识觉察到自

---

① 江光荣，赵春晓，韦辉，等. 心理健康素养：内涵、测量与新概念框架设 [J]. 心理科学，2020（1）：232-238.

身的心理困扰后，积极应对并做出改变，同时又利用自己所学的心理知识和方法帮助他人排忧解难，获得了更多的心理能量。

案例也体现了心理健康素养的两个方向，即心理疾病应对和心理健康促进。心理健康素养不仅包含心理疾病应对，还包含心理健康促进。案例中，心理老师在处理张同学的入学适应和人际交往问题时，不是单独针对这些问题表现来解决问题，而是在咨询与辅导的过程中为学生提供解决问题的方法，通过课内课外的活动和张同学自己的求助意愿为其赋能，提升张同学的心理健康水平，并维护其发展良好心理健康素养的态势。

案例还体现了心理健康素养的三个维度，即知识、态度和行为习惯。知识主要包括心理健康基本知识与原理、心理疾病及其治疗、危机干预与自杀预防等。例如，案例中张同学通过心理健康课了解了相关知识后，能意识到自己产生了入学适应、情绪等方面的心理困扰。态度主要包括心理疾病预防及治疗态度、心理求助态度等。例如，案例中张同学在掌握一定知识后，愿意主动找老师求助来解决自身问题。行为习惯主要包括情绪调节、信息获取、特定心理疾病识别等。例如，案例中张同学掌握知识并积极求助后，不仅交到了更多朋友，逐渐适应了初中带来的挑战与变化，还帮助更多的同学排忧解难。

综上，心理健康素养所内含的两个主体、两个方向和三个维度并不是割裂的，而是相互融合的。知识、态度和行为习惯是个体在面对自我和他人的心理健康状况时所具备的心理健康素养要素，个体以此来应对心理疾病、促进心理健康。

二、心理健康素养的积极意义

（一）个体层面

1. 心理健康素养能够促进自我预防和求助

提升心理健康素养能增强个体对心理健康知识的理解与掌握，以及对心理疾病的识别。心理健康素养良好的人出现了心理困扰时能够及时觉察、积极求助、采取有效措施，从而维护心理健康。还记得本节展示的那封学生写给班主任的求助信吗？正是因为班主任具有良好的心理健康素养，在班会课上向学生普及了关于抑郁症的基本知识，播放了心理健康宣传短片《我们如何对抗抑郁》，学生才觉察到自己情绪低落、对什么都提不起兴趣，从而主动向班主任求助。

2. 心理健康素养能够帮助他人预防和求助

个体的心理健康素养得到提升后，当他人出现心理困扰时同样也能及时给予提醒，以帮助他人觉察、预防、求助，从而维护心理健康。在前面的案例中，张同学在自身心理健康素养提升后，又将自己在课堂上和个体辅导中学到的心理健康知识传递给更多同学，这种心理健康素养的输出在一定程度上会使班级中的其他同学获益，即既能提高其他同学在遇到心理困扰时的求助动机，又能帮助他们理解和掌握心理健康知识，从而预防心理疾病、促进心理健康。

（二）群体层面

当学生的心理健康素养普遍良好时，班级的心理问题会相对减少，成员之间互帮互助，班级环境变得和谐积极。当人人都知晓心理健康知识、人人都接纳和包容心理问题时，可以减少对心理疾病的污名化和歧视，减少个体的病耻感，促使学生在觉察到心理困扰时更愿意主动求助。在前面的案例中，当张同学利用各种形式将自己在课堂上和个体辅导中学到的心理健康知识对更多同学进行输出后，整个班级对待心理问题的态度更积极了。

（三）个体与群体相互促进

当个体心理健康素养提升时，个体所处的群体的心理健康素养就能得到相应的提升；当群体心理健康素养提升时，又会反过来促进个体心理健康素养提升。个体和群体之间相互促进，这是心理健康素养培育的特点，也是我们希望在学校心理健康素养培育中能够看到的正向循环体系。

三、提升学生心理健康素养的策略

（一）多方合力，全员提升

学生心理问题发生的原因比较复杂。学生身处多个环境系统中，其发展受到家庭、学校、社会等多方面因素的影响。只有凝聚多方力量，形成合力，才能在提升学生心理健康素养过程中真正达到全面育人、用"心"育人的效果。

学生对心理知识的了解与掌握是提升心理健康素养的基础。学校作为教育学生的主阵地，是提升学生心理健康素养的主战场。学校要开设心理健康教育课程、定期普及心理健康知识、开展心理健康教育活动、提供专业心理健康服务等，以此引起学生对心理健康的关注，促进学生对心理健康知识的掌握，从而提升学生的心理健康素养。

教师的榜样示范作用和导向作用是提升学生心理健康素养的助力。教师的一言一行都影响着学生的身心发展。尤其是处于他律道德发展阶段的学生更容易注意和模仿教师的行为，因此教师不仅要有意识地提高自身的心理健康知识水平和健康的生活态度，还要将心理健康素养的魅力散发出来，通过时时处处的熏陶使学生的身心更为健康地发展。例如，一名初中语文教师在听完一节心理名师讲座后，学会了"每日三件好事"[①]这一积极心理学方法，并将其每日记录的三件好事在语文课堂上与学生分享，该举动逐渐带动学生一起记录生活中发生的小美好，使得学生的心态愈加乐观向上，班级氛围也越来越积极融洽。

良好的家庭环境是提升学生心理健康素养的催化剂。父母是孩子的第一任老师，他们所示范的家庭关系、营造的家庭氛围会影响孩子对世界的初步认知。毫无疑问，良好的家庭氛围能使孩子从家庭中获得健康的心理支持，而糟糕的家庭氛围对孩子的负面影响可能是深远的。我们常看到这样的情况，学生出现心理问题后，在班主任、心理老师的辅导下得到了明显好转，但回到家庭系统中，问题就会出现反复，难以从根源上得到解决，甚

[①] "每日三件好事"这一方法出自克里斯托弗·彼得森的《打开积极心理学之门》一书。具体操作是在每天睡觉之前花十分钟写下今天遇见的三件好事，记录的内容包括三个部分：① 简述事件；② 个人感受；③ 事件发生的原因。这三件事不一定要惊天动地，只要是让你感觉开心快乐的就可以。

至会因为家庭的影响而更加严重。因此，我们在进行心育工作时，切不可忽视与家长的沟通。

案例探讨

一位学生认为自己有心理问题，且有强烈的求助意愿，但他拒绝班主任告知家长，说："父母不会理解，还会骂我作妖。"学生宁愿让班主任带他去看心理医生，由班主任替他保管药物并督促他吃药，也不愿意家长知情与帮助。

遇到这样的学生和家庭，你通常会怎样做工作？

上面的案例体现了提高家长心理健康素养的重要意义。遇到这样的情况，我们要积极与家长沟通，向家长普及心理健康知识和信念，提高家长的心理健康素养。只有这样，家长才能更好地理解学生的情况，积极配合老师一起帮助学生。

社会积极的心理健康氛围是提升学生心理健康素养的保障。通过社区宣传、提供社会心理健康服务、医教结合等构建积极的心理健康氛围，可以提升全民心理健康素养，提高公众对学生心理健康的关注度以及对心理健康的维护与促进意识。

（二）提供多个"课堂"，全方位提升

"课堂"是学校教育的主阵地，这里所指的"课堂"不仅仅局限于课程表上安排的课程学习，还包括心理健康教育活动和心理健康教育服务。我们应该通过多个"课堂"全方位提升学生的心理健康素养。

心理健康教育课程是第一"课堂"。在课程学习中，我们可以将理论知识、案例故事和咨询辅导技术进行融合，创新课堂活动，增强课堂的趣味性。学校还可以针对本校学生的心理健康状况因地制宜地开发和设计心理健康校本课程，最大限度地发挥心理健康教育课程的作用。

心理健康教育活动是第二"课堂"。学校可以通过心理健康活动月，围绕考试焦虑、青春期异性交往、生命教育、挫折教育等主题，结合本校学生实际发展需要，举办专题讲座、团体辅导活动、心理情景剧、心理广播、心理微电影、心理板报等活动，寓教于乐。

心理健康教育服务是第三"课堂"。学校的心理老师可以为学生提供专业的个别辅导和团体辅导，学校可以招募心理志愿者进行公益心理咨询或心理讲座，还可以通过建立心理健康发展中心为学生提供更完善的心理健康服务。

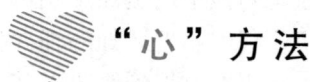 **"心"方法**

一、提升教师心理健康素养

中小学教师作为学生的"重要他人"，其心理健康状况在影响自身的同时也会对学生产生潜移默化的影响。我们可以通过以下方法来提升自己的心理健康素养：

（一）积极参加心理健康培训

教师作为教育者，同样也需要接受心理健康教育。教师可以积极主动参加一系列项目培训，为自己"充电蓄能"。心理健康教育培训主题主要集中在知识、技能、教研等方面。知识类培训包括心理健康教育国培项目等，旨在向教师普及心理健康知识；技能类培训包括中小学班主任心理健康教育能力提升研修班等，旨在向教师传授心理健康教育的具体操作方法和技能，以便解决实际工作中的问题和困扰；教研类培训包括中小学心理健康教育观摩研讨会、校区市级心理健康教育研讨活动等，旨在通过集中研讨心理健康教育课程及心理辅导案例，提升教师的心理健康教育能力。

（二）主动学习心理健康相关知识

书籍是教师直接获取心理健康相关知识的重要途径。我们可以通过阅读理论类书籍，如《儿童发展心理学》《积极心理学》《心理学与生活》等，了解最基本的心理学知识；可以根据自己的兴趣选择阅读技能类书籍，如《儿童心理画》《关系的评估与修复》等，深入了解某项心理辅导技术；可以阅读教学类书籍，如《教学中的心理学》，掌握理论与教学实践相结合的方法。书有千千万，我们可以选择合适的、适用的心理健康书籍进行学习。

（三）进行积极的自我心理调适

从教师自身的角度来说，我们应发挥教育主体的作用，积极主动地进行自我心理调适。心理健康是幸福生活和工作的前提与基础，我们只有尽力维持好心理健康状态，才能愉悦地生活和工作，做到了解自我、接纳自我，保持良好的人际关系，正确处理工作与家庭的关系，为全身心投入工作提供保证。

（四）主动寻求专业帮助

受职业特点、社会期待、家庭压力等诸多因素的影响，教师的工作要求越来越高，心理压力也越来越大。我们察觉到自身存在心理困扰时，可以到医院就诊或寻求心理咨询帮助。

二、提升学生和家长心理健康素养

（一）提升学生心理健康素养

1. 普及心理健康相关知识

学生需要了解的心理健康相关知识主要有心理健康的定义及标准、中小学生常见的心理问题及具体表现、调节情绪的具体方法、人际交往的沟通技巧等内容。这些知识能帮助学生主动觉察自身心理健康状况，并初步应对自身困扰。

❓ 思考 ------------------

你向学生普及过哪些心理健康相关知识？除上述知识以外，还可以普及哪些知识？

2. 减少班级中的病耻感

心理疾病患者可能会因为自身存在心理问题而产生自卑、羞愧、耻辱等情绪反应。在班级中减少学生的病耻感，学生对自己会更包容和接纳，求助意识也会相应得到提升，班级的包容性也会提高，从而降低其他同学对有心理问题的学生的歧视与偏见。我们可以通过分享心理科普文章、举办心理健康知识竞赛、观看心理健康宣传短片、召开心理健康主题班会、建立互帮互助机制等方式来提高学生对心理问题的认知度和接纳度，营造积极和谐、平等包容的环境氛围。

3. 培养学生的求助意识，增加求助行为

首先，我们可以组建心理社团，丰富学生参与心理健康教育活动的途径。其次，我们可以增设心理求助途径，如给学生提供心理老师的联系方式、带领学生参观心理健康发展中心、设立心理信箱、开通学校心理热线等，这些都可以帮助学生在必要情况下及时寻求心理帮助。

案例分享

长沙市第一中学的赵靖老师认为，大多数学生只是在一定时间内存在心理冲突或困扰，这些问题完全可以由经过培训的班级心理委员来处理。班级心理委员进行心理帮助有亲近性、无偿性、相互性、便利性、有效性的优势，儿童青少年遇到心理困扰时，更愿意向他们倾诉。所以，培训班级心理委员不仅有利于提升班级心理委员的心理健康水平和问题解决能力，满足学生的多层次心理援助需要，完善校园心理援助体系，还有利于营造良好的同伴互助班级氛围。具体安排如表4-3-1所示。

表4-3-1 班级心理委员团体辅导安排

阶段	活动目的	活动主题	活动安排
创始阶段	1. 成员迅速相互认识并熟悉。 2. 建立团体契约与规范。 3. 初步形成团队合作意识	温暖的遇见	1. 分组并介绍活动目的。 2. 制作专属姓名牌，促进彼此认识。 3. 绘画接龙，促进团队合作意识
过渡阶段	1. 让成员知晓心理委员的职责范围。 2. 掌握识别心理异常征兆的方法	小小侦查员	1. 以抢答题的形式，明确心理委员的职责范围。 2. 角色扮演，分小组对不同案例给出应对策略。 3. 讲授如何发现心理异常征兆
学习阶段	1. 了解朋辈心理辅导过程中的基本态度。 2. 提高挖掘个体内外部资源的能力	能量探索	1. 完成能量纸盘，探索课内外资源。 2. 小组探讨，除了积极关注以外，在朋辈心理辅导中还应有基本态度

续表

阶段	活动目的	活动主题	活动安排
工作阶段	1. 让成员掌握朋辈心理辅导的基本技能。 2. 学会从不同的视角看待问题	技能进阶	1. 体会不同的倾听姿势以及目光接触所带来的不同感受。 2. 体验从不同视角看待同一事件
结束阶段	1. 展开对未来工作的美好期待。 2. 让成员深化助人意识。 3. 团体形成互相帮助的氛围	再见不再见	1. 绘画接力"我们的愿景",展现美好期待。 2. 填写《为心筑堡·温暖前行》团体成员自评量表。 3. 授聘书

（二）提升家长心理健康素养

1. 普及心理健康相关知识

家长需要了解的心理健康相关知识主要有心理健康的定义及标准、儿童青少年常见的心理问题及具体表现、孩子出现心理问题的信号及成因等。这些知识能帮助家长主动觉察孩子的心理健康状况,在孩子出现心理问题或困扰时及时给予支持与理解。

> 🌿 小贴士
>
> 青少年正处于叛逆期,学业压力、亲子矛盾等易引发一些心理问题。我们可以从以下五个方面观察孩子的变化:
> 1. 生理变化:孩子出现不想吃饭、暴饮暴食、吃完又吐、失眠早醒、内分泌紊乱等情况。
> 2. 情绪变化:孩子由活泼开朗变得多愁善感等。
> 3. 行为变化:孩子的行为与此前明显不同。
> 4. 学业变化:孩子上课时注意力不能集中、听不进去。
> 5. 人际关系变化:孩子没有朋友或同学关系发生明显变化时,要重点关注。
> 一般来讲,孩子出现上述问题两周以上,我们就要正视孩子存在心理问题的可能性。

2. 召开家长会,共同探讨家校合作

我们要充分利用好家校合作平台,通过各种有效方式引导家长积极融入学生心理健康工作中,如召开家长会就是一种很好的交流沟通渠道。在召开家长会之前,我们要对班级的所有学生做一个整体摸排,以便后期问题的反馈与交流。同时我们要充分利用家长会,与家长共同探讨和交流近段时间本班学生的心理健康状况、学生在学校和家里最突出的问

题、如何共同助力孩子发展等，这可以助力家校协同育人。

3. 邀请专家开展心理健康讲座

专家讲座可以更好地指导家长掌握科学的家庭教育方式，进一步形成家庭教育和学校教育的合力。我们可以提前收集家长关于家庭教育主题方面的困惑，针对家长的困惑或需求商定讲座主题。例如，如果家长不知道如何与孩子沟通，总是与孩子发生言语上的矛盾，就可以有针对性地开展家庭教育与亲子沟通专题讲座。

案例分享

学校邀请专家以家庭治疗理论为背景，从情绪、关系、语言三个层面剖析了亲子关系中常出现的问题，给予了"情绪有生理基础""情绪不是一个人的""关系先于教育，关系决定沟通""修炼语言技巧"四个建议。

家长反馈：

● 讲座对我们日常与孩子沟通起到了直接有效的指导与帮助。例如，讲座中提到，要与孩子好好说话，自我对照反省发现，确实还有很多值得改进和修炼的地方。要从把对孩子的直面指责变成委婉的、耐心的、相互尊重的谈"我"的感受和想法开始，有技巧地与孩子真诚沟通，更有效地表达对孩子的关心和爱护，让孩子在有爱的环境中形成强大的内心，让孩子感受到父母是他永远的支持者。

● 通过讲座，我明白了孩子的情绪主要与孩子的年龄、气质有关。孩子在高激动区时，就会产生"战斗—逃走"的自动化反应，这时的孩子会与家长对立，甚至冲动出走。当孩子处于冻结区时，无论家长怎么"晓之以理、动之以情"都会无动于衷。只有孩子处于压力窗之间，我们才有可能和孩子进行有效沟通。我家孩子是典型的粘液质型气质，所以平时就比较安静的她，在我控制不住大发脾气时会变得更加木讷，现在回想起来真是懊悔不已。以后，我要多抱抱孩子、夸夸孩子，学会慢慢放手，先建立良好的二元关系再去言说其他问题。尽管已是第二次做母亲，但9岁"母龄"的我走得磕磕碰碰，经常不是在孩子的磨蹭中爆发，就是在她的沉默中绝望，其实一切源头终是自己，情绪还得慢慢控制，说话还得逐步训练，希望和孩子的爸爸共同努力，营造健康的亲子关系。

三、全员构建积极心理健康氛围

（一）学校层面

学校是孩子成长的生命场，也是孩子们心驰神往的乐园。学校可以通过普及心理健康相关知识、开展主题形式丰富的心理健康活动、建设温暖的心理发展中心和心理咨询室、美化校园文化环境等方式来构建和谐积极的心理健康教育氛围。

（二）家庭层面

家庭是孩子的天然学校，家庭氛围带给孩子的影响是潜移默化的。家长要注重营造和谐、尊重、温馨、有爱的家庭氛围，家庭成员之间要互相尊重、认真倾听对方的想法，定期召开家庭会议或建立家庭知心小信箱。

（三）社会层面

社会是孩子成长的资源库，孩子可以从社会中汲取无限的力量。从社会层面而言，开展社区心理大课堂、提供公益心理咨询、拍摄心理科普宣传短片、定期推送相关视频和文章等，都有助于构建和谐积极的心理健康教育氛围。

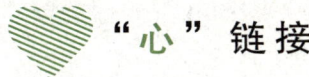

"心"链接

加拿大学校的心理健康教育模式

加拿大的学校基于"心理健康素养"开展心理健康工作，主要内容如下：

1. 框架搭建：主要围绕心理健康知识、态度和行为三个要素展开教育教学。

2. 课程依托：课程内容包括纸质材料和网络资源两种形式，学生和教师可以先通过相关题目自测心理健康素养水平，再针对性地学习必备的心理健康知识和技能等。

3. 授人以渔：课程开发者负责培训团队的组建和培训，培训团队成员再培训学校普通教师，普通教师再在课堂中教授学生，营造"全员心育"的氛围。

4. 科学心育：研究者和实践者都按照科学研究的范式，针对该模式的实施开展与效果评估进行系统考察。

该模式可以促进儿童青少年心理健康各种资源的横向整合，利用多种媒介提高心理健康素养的普及率，通过多种途径降低学生对心理疾病的污名化，提高学生的求助效能感。

加拿大学校的心理健康教育模式对我国中小学心理健康教育的改进与完善提供了一定的借鉴和参考。我们应关注心理健康素养在心理健康教育中的基础地位；强化预防性和整体性的学校心理健康教育理念；强化学校心理健康教育的操作性；重视教师心理健康素养的提升；加强学校心理健康教育的科学研究。[①]

第四节　如何构建班级共同体

每位老师都希望自己的班级班风良好、学习氛围浓厚、班级凝聚力强，管理起来得心应手。可现实总是"骨感"的。在相对完善的班级文化建设、班规制度等的辅助下，班级

---

① 李永鑫，陈珅. 加拿大学校心理健康教育：经验与启示［J］. 课程·教材·教法，2020（5）：138-143.

问题依然层出不穷：明明强调不要追逐打闹，却还是不断有孩子受伤；一直呼吁学生要齐心协力，可还是有不少孩子对班级事务漠不关心；一个孩子在课堂上多次违纪，整个班级被贴上"差乱班"的标签……面对着"神散形不散"的班级，老师纵然有"十八般武艺"，也时常觉得无能为力。本节将探讨如何建设"神形皆聚"的班级共同体。

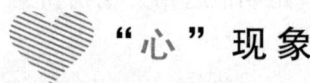 "心"现象

回想班级的日常表现，勾选你曾遇到过的情景。

☐ 学生对班级事务漠不关心，只注重自己的学习。
☐ 部分学生喜欢抱团玩耍，形成多个小团体。
☐ 老师认为学生不听话，学生则认为班级制度过于严苛，故意和老师唱反调。
☐ 学困生、问题学生等边缘群体感觉自己被孤立，在班上属于"透明人"。
☐ 班委在多数活动中把握主导权，较少听取班级其他同学的建议。
☐ 学生在集体活动中参与感不强，兴趣不高。
☐ 学生之间"各自为政"，不会合作，明争暗斗。
☐ 班级只有极个别学生表现突出，其他学生多数情况下选择沉默。
☐ 经常被科任老师"吐槽"班级不好上课，学生调皮纪律差。
☐ 学生之间经常因为一些小事斤斤计较，相互打小报告。
其他（请补充）：_____

_____

根据你的经验和理解，产生以上现象的原因有哪些？
_____

_____

回看自己的班级，你对班级的哪些现象比较满意？你采取了哪些有效措施？
_____

_____

 "心"视角

一、什么是班级建设和班集体建设

何为班级建设？有学者将班级建设直接等同于班级管理、课堂教学、班级文化建设等，也有学者从班级凝聚力、班级文化、班级制度、班级目标等角度谈班级建设，以上观点都是基于班级建设等同于班集体建设提出的。随着时代的发展与教育改革的深入，有学者认为班级建设和班集体建设是有区别的，班级建设强调学生个性与社会性的健康发展，

而班集体建设强调集体对于个体的制约与管控。

　　班集体建设现在被认为是班级建设中的一种范式。班集体是由所有班级成员组成，以完成学校教育任务为共同目标，有一定的组织机构、规章制度的学生共同体。[①]也就是说，班集体成员在一定组织团体的带领和规章制度的约束下一起学习和生活。过去的班集体是一个相对封闭的群体组织，强调个体对集体、权威、命令、纪律的强制性认同与服从，对学生情感、个性、交流的关怀不足。如果过多聚焦于对集体的建设，而忽略了对个体的关注和个体情感需求的表达，则可能形成一个缺乏安全感、信任感、温馨感的集体。

　　随着素质教育的不断落实与普及，班集体建设已不再契合教育的需求。第一，班集体建设不符合新时代对人才的要求。班集体强调循规蹈矩和服从，学生自我实现度低，这与新时代培养具备创造性和批判性人才的目标不相符。第二，班集体建设不符合当代教育改革方向。班集体建设着力培养"好学生"，而在强调素质化和多元化的教育中，"好学生"不再是唯一标准。第三，班集体建设达不到育人的预期效果。其标准化、统一化模式培养出来的学生多以自我为中心，追求个人利益的获得与发展，人与人之间缺少信任和互助，导致出现一批"精致的利己主义者"。因此，新时代的班级建设应从共同体理论视角出发，让学生融入集体生活中，同时尊重学生的个性，在平等的基础上进行交流与交往，构建班级共同体。

二、什么是班级共同体

（一）班级共同体的内涵

　　班级共同体不是老师和学生的简单组合，而是由以完成共同学习任务为目的的老师和学生组成的，是相对和谐统一、团结有爱、互帮互助的教育共同体。班级共同体不再强调外在的班集体目标，而是强调班级成员共同追求的目标和愿景；不再强调权力的制约，而是强调班级成员对班级的认同感和归属感；不再强调班主任的个人权威，而是强调师生关系、生生关系的平等。班集体和班级共同体的区别如表4-4-1所示。

表4-4-1　班集体和班级共同体的区别

	班集体	班级共同体
班级目标	强调个体服从集体目标	强调成员共同追求的目标
师生关系	不平等的师生关系，以教师为主导，存在边缘性学生群体	平等的师生关系

---

① 顾明远. 教育大辞典［M］. 上海：上海教育出版社，1998：475.

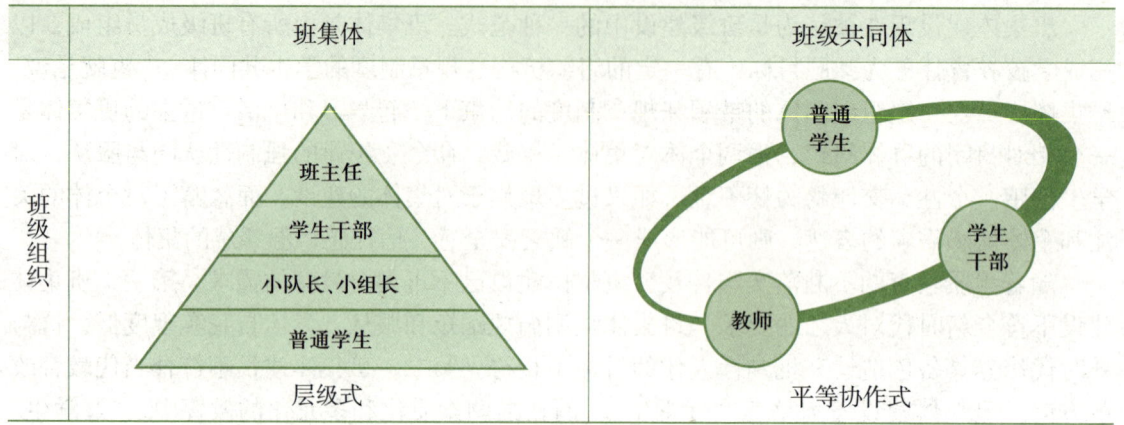

续表

班集体	班级共同体
班级组织 层级式	平等协作式

（二）班级共同体的特征

班级共同体也是班级建设的一个范式，是对班集体范式的超越，更适合当下学生发展。它具有以下三个特征：[①]

1. 公共性

班级共同体的公共性主要体现在两个方面：一是环境公共性，二是管理公共性。

环境的公共性不仅指班级成员共同生活的物理环境，还包含班级成员共同营造的心理环境。也就是说，班级成员共享共同体中的所有资源，以平等的身份存在于共同体中。每位成员既应该保护自己的利益，追求自己的发展，也应尊重他人的想法，考虑集体的利益。只有这样，班级共同体才能形成自由平等、公正自治的环境氛围，成员才能尊重自我需求，但也要有边界意识，自由而不散漫，自治而不压制。

管理的公共性主要体现为老师和学生都是班级治理的主体，共同参与班级管理。在班级共同体中，学生自主自愿参与班级事务，以主人翁的姿态与老师一起将班级建设得更为稳定，同时学生和老师之间保持一种平等、互助、信任的师生关系。

2. 共在性

共在即共同存在。班级共同体的共在性主要体现在两个方面：一是班级中的学生共性与个性共在，二是班级活动中的学生形神共在。

（1）班级中的学生共性与个性共在。学生之间是存在差异的，当老师希望学生都能成为表现优秀、成绩优异的"好学生"时，往往会引导学生向所谓的"好学生"看齐，这时不符合"标准"的学生会因为得不到老师的喜爱或关注而被边缘化，"好学生"可能也会瞧不起比自己差的同学，这些潜在的矛盾会影响学生之间、师生之间的交往和个体的发展。而班级共同体鼓励在共性中发展个性，既不追求标准化，也不否定差异化。班级共同体在面对学生的共性和个性问题时，其态度是以学生为本，因材施教。学生在共性中发展

[①] 李慧. 班级建设的范式变革：由"班集体"到"班级共同体"［D］. 山东师范大学，2017.

个性，学生个性的发展又反过来促进其共性的发展，如此班级共同体就形成了一个良好的循环效应。

（2）班级活动中的学生形神共在。学生对班级甚至学校活动的参与，不再只是形式主义，而是发自内心地、专注地参与。学生在活动中心神合一，形神共在。"育人"是教育的本体功能，学校育人活动必须基于教育性目的，不应为了活动而活动。如果只走形式、只堆材料、只讲空话、只追求活动的数量和排场，学生就会沦为学校发展的工具，活动的设置就违背了教育的初衷和班级建设的宗旨。

3. 情感性

班级共同体的情感性是指班级成员之间关系亲密、信任、坦诚、包容，班级氛围温馨且充满安全感。在班集体的层级管理下，班级成员奉班规班纪为"金科玉律"，崇尚权威和权力，默认优胜劣汰，容易形成不良的人际关系和竞争氛围等。而班级共同体强调情感性，强调师生之间、学生之间的情感交织，每一个成员在班级共同体中都可以体会到爱与被爱，学会关心自己、关心他人、关心共同体，同时能够在学习生活、休闲生活和精神生活中得到充分发展与满足。

三、班级共同体的积极意义

（一）最大可能满足每个成员的发展需求

班级中的个体之间存在差异。他们在学习能力、学习动机、性格品质、家庭环境、成长经历等方面都可能有着各不相同甚至截然相反的状况，这些差异使得每位学生有着不一样的需求。

班级共同体尊重差异性，并提供适宜的安全和支持性环境来支持学生的差异性发展。在班级共同体内，成员可以大胆、自由地表达想法，不需要迁就统一的标准，当其独特见解得到肯定时，他可能更自信，并产生更高的学习动机和学习兴趣，被尊重的需求得到满足；成员之间互相帮助、相互关爱、彼此信任的关系使得成员更愿意参与班级活动，为营造团结互助的班级贡献自己的力量，归属与爱的需求得到满足；当成员认可班级共同体，其想法与目标也能在共同体中得以实现时，可以获得更高的满足感和成就感，自我实现的需求得到满足。班级共同体让每个成员自由生长，最大化实现自身发展需求，而不必追求标准化的统一。

（二）让成员习得适宜的人际交往能力

班级共同体的成员拥有共同的目标和信念，并以平等的方式进行交流和沟通。他们在保护自身利益和追求自身发展的同时，也学会尊重他人的想法、考虑集体的利益。成员不会以自我为中心，更多时候会考虑他人的感受，团结协作，不损害他人利益。在此过程中，每个成员会发现彼此之间是存在差异的，为了实现共同目标，就需要学会和自己不一样的人相处，甚至合作。在此环境中成长的个体能够学会如何与他人相处、如何尊重他人，从而使自身的人际交往能力得到提升。

（三）更容易实现共同体的发展目标

当成员之间能够团结协作、和谐相处，自身发展需求也能得到满足时，班级的共同发展目标就更容易实现。

案例分享

> 初三8班的孩子们最后一次参加运动会。在筹备阶段，班主任就动员全班同学行动起来，相约早自习前10分钟一起在操场上跑步锻炼，同学们也积极响应号召。选拔运动员时，每位同学都根据自身特长和优势报名了相应的项目，且每位同学参加的项目不超过两项，把机会留给更多的同学。未能选上的同学也自发组建了啦啦小队、物资保障小队、医疗服务小队等。运动会期间，大家各司其职，参加项目的运动员均获得名次，老师和啦啦队员们在赛场上呐喊助威，物资保障小队及时送去水和巧克力，医疗服务小队时刻观察运动员的身体状况，赛后有不少同学自发围坐在操场上总结失败的原因，还有一些热心的同学留在操场拾取垃圾……最后，8班在运动会中获得了团体总分第一名的好成绩。

从案例可以看出，每个成员在运动会中都根据自己的优势和意愿确定了自己的职责与目标，也都愿意为班级目标付出自己的努力，承担相应的责任，自觉维护班级的荣誉。学生在参与活动的过程中，很容易将班级的共同目标转换成自己的目标。在共同目标的指导下，如果学生觉得共同目标对自身而言是有意义和价值的，那么他将更愿意将共同目标内化为自己的个体目标，并付诸行动去完成。成员之间互帮互助，团结友爱，当共同目标达成后群体能获得一定的成就感，个体的集体荣誉感也会相应提升。除此之外，个体感受到共同目标符合自己成长阶段的需要时，对班级的关心和参与程度更高，个体的利益也得到了保障。在班级共同体内，成员在相互合作与认同的过程中感受到了班级的魅力，对班级的认同感和归属感提升，班级氛围和谐温馨，更能促进共同体目标的实现。

♥ "心"方法

师生在班级中相遇，在相遇中共同生活和学习，在共同生活和学习中找寻自己的价值、彰显自己的个性。那么，如何构建班级共同体，促进学生更好地发展呢？下面就给大家介绍班级共同体构建过程中的一些普适性方法和实例。

一、引导学生正确认识自我

学生对自我有正确的认识是构建班级共同体的前提，我们要引导学生认识到每个人都是独一无二的，每个人都有自己的优势与特长，找到适合自己发展的方向最重要。我们可以设计与自我认识相关的课程活动，邀请学生填写下面的"认识自我"卡片。

```
● "认识自我"卡片
```

请同学们根据自己的实际情况，填写以下内容：

我是：＿＿＿＿＿＿＿＿＿＿＿＿＿＿＿＿＿＿＿＿

我喜欢：＿＿＿＿＿＿＿＿＿＿＿＿＿＿＿＿＿＿＿

我擅长：＿＿＿＿＿＿＿＿＿＿＿＿＿＿＿＿＿＿＿

别人眼中的我：＿＿＿＿＿＿＿＿＿＿＿＿＿＿＿＿

填完卡片后，我们可以组织学生分享和讨论，引导学生认识自我、发现彼此之间的差异，并学会接纳自我、尊重差异。

二、构建和谐民主的班级环境

（一）师生共同制定班级目标

班级成员拥有共同的目标后，能逐渐在学习、思想和生活上达到共鸣，从而形成较强的班级合力。当然，班级共同体作为一个特殊的群体，其成员之间同时存在着合作与竞争的关系，因而共同目标的制定既要满足成员的共性需求，又要保证个体的发展。

我们可以利用开学第一课、主题班会等，让学生自主填写个人目标卡片，并分享各自的目标，然后引导学生一起探讨班级的共同目标，同时思考自己能为班级共同目标的实现做些什么。

（二）师生共同创建班级文化

班级文化是班级所有成员共有的信念、价值观、态度的复合体。师生共同创建班级文化，如一起商讨班徽、班歌等，可以彰显班级的魅力，提高成员对班级的归属感与认同感。我们可以利用主题班会课让学生填写"我为班级文化代言"卡片，并组织学生分享讨论，师生一起创建班级文化，为构建班级共同体贡献力量。

```
● "我为班级文化代言"卡片
```

班名：＿＿＿＿＿＿＿＿＿＿＿＿＿＿＿＿＿＿＿＿＿

班徽：＿＿＿＿＿＿＿＿＿＿＿＿＿＿＿＿＿＿＿＿＿

班歌：＿＿＿＿＿＿＿＿＿＿＿＿＿＿＿＿＿＿＿＿＿

班旗：＿＿＿＿＿＿＿＿＿＿＿＿＿＿＿＿＿＿＿＿＿

班级口号：＿＿＿＿＿＿＿＿＿＿＿＿＿＿＿＿＿＿＿

教室布置：＿＿＿＿＿＿＿＿＿＿＿＿＿＿＿＿＿＿＿

其他：＿＿＿＿＿＿＿＿＿＿＿＿＿＿＿＿＿＿＿＿＿

三、制定民主的班级制度

规范的行为是构建和谐班级必不可少的要素。班级成员共同参与制定班级的规章制度，不但可以增加成员之间的情感交流和信任度，避免成员我行我素，还可以增强成员对班级的归属感、对制度的认同感，使其形成自觉遵守、自觉维护班级制度的意识。我们可以利用主题班会课让学生填写"我们的共同约定"卡片，让学生参与讨论、制定班级制度，深化其集体观，使其自觉规范自身和他人的行为。

● "我们的共同约定"卡片

尊己	人要获得他人的尊重，首先要尊重自己。我们需要做到： 1. 珍爱自己的生命，保护自己的身心健康。 2. _____ 3. _____
尊人	班级成员只有相互尊重、相互帮助、相互关心才能维持班级和谐。我们需要做到： 1. 平等对待他人。 2. _____ 3. _____
尊物	"万物皆有灵"，学会与万物和谐相处。我们需要做到： 1. 爱护公共物品，不破坏校园环境卫生。 2. _____ 3. _____
·尊规	作为社会公民，我们需要做到： 1. 讲文明，有礼貌。 2. _____ 3. _____

四、优化班级组织结构

班级共同体需要有合理的组织结构。任何一个群体都会产生领袖，领袖的一言一行影响着整个群体，是群体的核心力量。班主任的管理风格一般分为民主型、放任型和专制型，不同的管理风格对班级所产生的影响也不一样。目前大多数教育专家建议教师采用民主型管理风格，即教师以学生为主体，充分尊重学生，与学生之间建立和谐融洽的师生关系。例如，与学生共同制定班级的班规、设计班级的班徽、商定奖惩措施等，共创班级文化；充分听取学生的建议，合理的予以采纳，不合理的及时调整；不仅关注学生的学习，还关心学生的生活，及时给予学生鼓励和关爱；留意班级的边缘群体，多关注多陪伴，帮助他们融入班级，增强其主人翁意识和归属感；建立积极良好的师生关系，提倡师生之间平等互助。

班委作为班级的次级领袖也发挥着重要作用。班委应在班主任的组织下，按照公平公正原则，由共同体成员投票产生。班委应积极向老师反映班级的情况和问题，协助老师组织和安排各项班级事务。与普通同学相处时，班委应该尊重每位同学的意见和想法，关注同学们的需求和困难，并及时支持和帮助他们解决问题。老师也可以通过平日对班委的观察以及班级表现，及时对班委做出相应调整。

接下来为大家展示长沙市"优秀中队辅导员"获得者湖南第一师范学院第二附属小学谭旦老师的班委建设实例。

案例分享

在每个学期开学不久，谭老师都会制作一张较大的班委招聘表并贴在班级大门上，就像古时候的张榜一样吸引着大家的注意力。下课后，孩子们就纷纷围在一起查看这个学期班委的岗位及职责有哪些变动，然后根据自己的喜好和能力，选择相应的岗位竞选。

经过几天时间的准备后，每一位竞选者都上台发表自己的竞选演说，最后结果由所有班级成员投票决定。谭老师的举动使班委竞选全过程公开透明、公平公正。

除了有担任重要岗位职责的班委以外，班级还设立了许多小班委岗位，争取每人一岗，使每一个同学都有为大家服务的机会，都能参与班集体建设，都能获得成长的体验。学生的责任意识一旦培养起来，他们就会把职责当成责任，执着地付出，他们的品德和意志就会随之得到良好的发展。

有段时间班级作业总是收不齐，到了交作业时，组员喊，组长催，教室里半天安静不下来，而且有的同学缺乏自主意识，把作业本放在书包里，就是不愿意主动交给组长，结果使得组长一本本查，费了不少时间。对此，老师和组长多次提醒，收效甚微。后来谭老师想到了组长轮换制：班级座位两周一换，每个小组横向纵向不断滚动，每组第一位同学为大组长，收语文和数学作业，第二位同学为副组长，收其他科目的作业，只要座位一变化，组长也随之跟着变化，这样每一位同学都有当组长的机会。当那些经常不主动交作业的学生当组长时，再相机与其沟通，他们就能体会到组长的辛苦，收作业的情况也得到了好转。同学之间，将心比心，相互体谅，既提高了个体的责任感，也让班级变得更加和谐、团结了。

五、巧用活动提高成员归属感

陶行知先生曾说过：生活即教育。我们要开展贴近学生生活的各种活动，让学生在实实在在的班级活动中感知、触摸和践行集体规则，帮助他们树立正确的集体观和价值观，潜移默化地影响班级共同体中的每一个学生，促进个体和集体全面协调发展。一般的校园活动主要分为两种:一种是学校活动,指由学校组织策划、面向全体师生的活动;另一种是班级活动,指班级内部针对班级情况有目的、自发组织开展的活动。

(一)学校活动巧利用

学校一般会定期组织常态化活动,如科技节、艺术节、运动会、读书节等,我们要抓住这些活动的机会,确定班级的共同目标,让学生成为活动的主人,找到自己的价值所在。例如,在学校举办运动会之前,我们要做好以下几项工作:确定哪些比赛项目需要学生尽早做准备,这要提前跟学生沟通好;确定哪些环节需要家委会成员帮忙,以便形成三方合力;帮助运动员规划好训练时间,尽可能不耽误他们的学习;合理安排不参加个人项目的学生,让他们自行选择加入啦啦队或后勤保障队;动员学生积极参加集体项目,充分发挥全体学生的作用。

(二)班级活动巧构思

每个班级在不同的阶段都会出现不同的问题,此时我们可以抓住班级中具有教育意义的事件开展独具特色的班级活动。例如,近期班上老是有学生掉东西,我们可以相机开展以"我是大侦探""我是收纳专家"等为主题的活动,巧妙借助班级活动解决班级问题,同时提高班级成员的归属感。

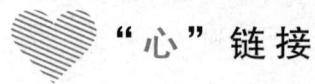 "心" 链 接

我们需要建设一个怎样的班级[①]

在班级建设过程中,我们应该传递一种怎样的价值观?应该建设一个怎样的班级?应该打造一种怎样的班级生态?这是所有班主任都关心并时刻思考的问题。

班级生态是指与班级相关的人(学生、班主任和科任教师)在班级环境里的生活和发展状态,以及班级内部的人际关系状态和班级环境状态。良好的班级生态对身在其中的学生人际交往和自我价值认同方面都有着或显或隐的积极影响。我们所倡导的班级生态,是以促进班级内部每个人根据自身特点和需求而发展为宗旨,建构一种指向师生幸福生活的教育性班级建设体系。同时,班级里的每个人在班级生活中的一言一行又直接影响着班级生态环境,即每个人既受到班级生态的影响,也是班级生态的一部分。基于此,班级建设不仅仅是完成各类工作任务,还应关注班级中每个个体的感受和需求;班级建设的目标不只是要打造出一个秩序感强的规范班级,还要创造一个能够促进每个学生共同发展的班级共同体。

① 王怀玉. 我们需要建设一个怎样的班级 [J]. 新班主任,2020(8):1.

第五章 用"心"建构积极的校内外环境

　　万物蓬勃生长离不开良好的环境，学生成长也一样。但"良好的环境"是什么样呢？老师们的理解可能各不相同。"良好的环境"并不能简单概括为没有负面影响和挑战的环境，水至清则无鱼，无菌的环境长不出参天大树。良好的环境应该是能为学生成长提供必要的养分、关爱、挑战和帮助的环境。本章将详细介绍老师如何构建有利于学生发展的环境，以及如何团结家长和社会资源，共同为学生打造支持性环境。

第一节　如何维护校园安全

校园安全对很多教师来说可能既熟悉又陌生。熟悉，是因为学校的许多工作部署、会议培训都涉及校园安全的主题，如消防安全、交通安全、食品安全等。陌生，是因为很多教师未曾意识到，校园安全还与学生自伤、自杀、校园欺凌等事件密切相关。本节主要探讨如何维护校园安全。

 **"心" 现象**

1. 这是学校内一栋教学楼五楼转角的窗户（图5-1-1），你看到了什么？你觉得哪个设置与校园安全有关？

这个窗户设置了窗户限位器，它是一种能限制门窗开启宽度的装置。限位器通过限制窗户开合宽度来保护人员的安全。

2. 这是学校内一栋宿舍楼的阳台（图5-1-2）。你看到了什么？你觉得哪些设置与校园安全有关？

这栋宿舍楼的所有阳台都装了不锈钢防盗网。但是，这样的设置真的合理么？这个问题我们将在后面进行讨论。

图5-1-1　教学楼五楼转角的窗户

图5-1-2　宿舍楼的阳台

3. 请观察学校中的以下地点有无安全设置，如果有，又是如何设置的？还能如何改善？

三层以上教学楼的走廊：_____

三层以上教学楼的阳台：_____

三层以上教学楼靠外墙的窗户：_____

三层以上教学楼的楼顶：_____

池塘：_____

化学实验室：_____

围墙：_____

4. 请观察学校中的以下地点是否有隐秘的角落？存在何种安全隐患？

卫生间：_____

图书馆：_____

学生宿舍：_____

地下室：_____

其他（请补充）：_____

"心" 视 角

一、什么是校园安全

校园安全是指校园作为一个公共环境，必须做到让其中的成员可以自如地生活、工作、学习、娱乐和活动，并且能够一直保持平安的状态。校园安全所限定的范围是指学校以内，以及学校开展相关活动时所在的地点，如校外研学基地。校园安全所涉及的人员主要是教职员工和学生。

与校园安全相对应的是校园安全事故。校园安全事故是指学校在实施教育教学活动或者组织校外活动的过程中，在学校负有安全管理责任的设施、场所内发生的对学校正常运转、师生生命财产安全及正常学习生活产生伤害或不良影响的事件。校园安全事故的表现形式各异，一般按照事故发生地点分为校园外事故和校园内事故两类。校园外事故包括交通安全事故、校园周边安全事故、外来暴力侵害事故、集体外出活动安全事故、校车安全事故等。校园内事故包括校园内教育教学活动安全事故、教学设施安全事故、消防安全事故、饮食卫生安全事故、暴力侵害事故、性侵害事故、自伤自杀事故等。

二、校园安全的"心"议题

校园暴力、自伤自杀等是心理健康领域中的重要议题，也是严重的校园安全事故。仅仅依靠心理健康教育无法有效避免这些事故的发生，要预防与干预这些事件，还需要校园安全设置与管理的参与。

（一）校园安全与自杀行为

自杀包括产生自杀想法（也称为自杀意念）和采取自杀行动两个主要阶段。调查数据显示，学生中有自杀想法的比例达到17%，但最终采取自杀行动的人数不到3%[①]。也就是说，绝大多数有自杀想法的个体并不会最终采取行动。克朗斯基的新自杀理论提出，个体是否采取自杀行动，与个体对自杀工具的可获得性密切相关。举例来说，医生中麻醉师的自杀率高于其他医生，因为他们更容易接触到致死性麻醉剂；曾经，我国农村的自杀死亡率显著高于城市，是因为农村家家户户都储备有高致死性农药，当禁止售卖高致死性农药后，农村人群的自杀死亡率明显下降。从这些例子可以看到，减少自杀工具的可获得性，虽然不能减少自杀想法的产生，但能十分有效地减少自杀行为的发生，也就减少了自杀未遂和自杀死亡事件。

根据我国现行的教育制度，学生每周基本上有5天在学校，每天在校时间可能超过八小时，学生大部分时间，特别是清醒的时间在学校度过。从学生自杀的相关数据来看，在采取自杀行动的学生中，选择学校作为自杀地点的不在少数，且相对于在校外自杀，校园内的自杀行为对其他学生的影响更大。因此，减少校园环境中自杀工具的可获得性，能在很大程度上减少学生在校内采取自杀行动，给干预自杀争取了时间和可能性；也能最大程度减少学生自杀事件对学校和其他在校学生的影响。学校需要对楼顶、高楼窗户、池塘、隐秘的角落等场所和药品、绳索、刀具等物品进行有效管理，在最大程度上减少校园自杀事件发生。

（二）校园安全与校园欺凌

校园暴力是指在校内外发生的，可能造成受害者身体、心理等方面伤害的一种攻击性行为，校园欺凌是其中一种常见表现形式。校园安全对校园欺凌的预防和干预具有至关重要的作用。大量研究表明，校园欺凌大多发生在学校内部较为隐秘的地点，如寝室、厕所、设备间、储物室或其他鲜有人迹的地方。增加对隐秘场所的巡查、监控，可以使欺凌者因顾虑被曝光而减少或停止暴力行为。另外，增加巡查、安装报警装置可以方便受欺凌者求助。

此外，与预防自杀行为类似，限制校园中使用可能造成暴力伤害的工具，如刀具、绳索等，可以减少暴力行为的伤害程度，甚至减少暴力行为的发生。限制暴力工具的可获得性还有另一个重要意义。达纳·阿彻等人曾在不同国家的青少年中开展相同的实验，即请他们猜测同一个故事的结局。结果发现，在允许持有枪支的国家，青少年更倾向于认为故事中的冲突是用暴力，特别是用枪支来解决。而在枪支被禁止的国家，青少年则倾向于认为冲突是可以用相对温和的方式解决。这一实验表明，限制暴力工具的获得性能促使青少年选择相对温和的方式解决问题。

三、校园安全事故发生的原因

（一）校园安全建设不足

1. 校园环境的布局缺乏安全考虑

在很多校园安全事故中，我们发现校园环境的建设只考虑了当下教育教学工作的需要，并未考虑校园安全。例如，有一些学校因为校园面积较小，就将运动场所设置在建筑

---

① 董永海，刘芸，刘磊，等. 中国中学生自杀相关行为报告率的Meta分析［J］. 中国学校卫生. 2014（4）: 532-536.

物的顶楼并且未加高护栏，极易造成意外坠落事故。

2. 建筑物和设备存在质量问题

一些建筑物和设备在建设时就没有达到相关的国家标准。例如，《中小学校设计规范》明确规定，临空窗台的最小允许高度为0.90米；《中小学理科实验室装备规范》要求实验室换气次数应该符合GB 17226的有关要求不低于4次/小时，宜采取各种有组织的自然通风措施，使室内二氧化碳浓度低于1.5‰；《实验室危险化学品安全管理规范》规定易燃易爆性危险化学品存放总量超过50升或50千克就应该设置专用仓库，但实际上大部分学校并未严格执行这些标准和规范。

3. 建筑物和设备老化和超负荷使用

学校的建筑物和设备会随着时间和使用频次的增加而老化或耗损，缺乏定期排查和维护会产生房屋渗水、墙体老化、通道狭窄等安全隐患。学校建筑物和设备超负荷使用的情况也是需要关注的。例如，在一些人口密集的地区，大班额现象较为严重，本来设计为40～50人使用的教室，被塞进60～70个学生，这必然会造成教学设施超负荷运转，给学校安全带来隐患。

（二）校园安全管理缺失

维护校园安全的关键在于校园安全管理。发生在校园内的事故往往与校园管理中的制度建设、设备维护、人员管理、安全教育、技术保障等多种因素有关。校园安全管理缺失主要体现在以下四个方面：

1. 制度规划不系统，内容不实用

制度的规划和内容涉及校园安全管理的整体设计和责任落实。从我国校园安全管理规划现状来看，学校常常是为应付检查而制定相关制度，或根据经验编写，或从网上抄录，比较随意，制度内容缺乏科学性、时效性和可操作性，自然效果不佳。例如，学校按照安全管理条例安排了安保人员、安装了监控设备，但是安保人员巡逻的频率、地点、时间并不合理，造成校园内存在高危险性盲区，或者并没有对安保人员的巡查工作以及监控的管理做明确规定。

案例探讨

不少校园自杀事件发生后，调查人员翻看监控视频时发现，当事人曾多次"考察"自杀地点，或事发前在该地点长时间徘徊。然而，这些被监控记录下的场景并没有引起相关人员足够的重视，甚至在事发前都无人知晓。

针对这一问题，你的建议是什么？

2. 制度建立与实施脱节

部分安全制度在建立后就被高高挂起。学校在实际工作中并未按规定办事，存在制度执行不严格、落实不到位的现象。对学校而言，这种与实施脱节、形同虚设的制度很难起到制约、管理作用。例如，学校制定了监控制度，但是监控并没有起到实时监护的作用，往往只被用于安全事故发生之后的追责。

3. 岗位责任不明确

学校所有教职员工都是学校安全管理的责任人。只有大家各司其职、各负其责，才能有效促进学校安全管理工作全面、健康、可持续地发展。但现状是除了安保人员以外，其他人员所担负的安全管理责任并不明确，也无从执行。

4. 安全知识和技能欠缺

很多学校规定了各个岗位的安全职责，但未对员工进行安全工作的专业培训，导致其安全意识不强，安全知识缺乏，安全技能不足。因此，即使学校存在安全隐患，也并不能引起足够的重视，或采取有效的行动。

> **案例探讨**
>
> 某地一名中专学校的女生被同校的三名女生在宿舍走廊内殴打欺凌。家长找到学校告知此事，班主任仅简单安抚，未采取其他措施，导致该女生再次被殴打。家长与学校沟通，校方以宿舍走廊没有监控实证为由搁置问题。最终家长选择报警。
>
> 你觉得学校可以采取哪些措施来预防这类事件的发生？如果发生类似事件，学校和教师应该如何应对？

四、提升校园安全的原则

（一）平衡冲突

校园安全涉及的范围很广，当落实到解决具体问题时，难免会遇到各种冲突。不同类别的安全问题之间可能存在明显的冲突。例如，高层建筑走廊的监管一般存在两种不同且矛盾的做法：一种是将走廊完全敞开，以符合消防安全的需求；一种是将走廊用防盗网完全封闭起来，以避免学生坠落。

监管与隐私之间的冲突常常被忽略。所有人都有隐私，也需要适当独处的空间。但是，无论是一个人单独学习、放松的地方，还是和朋友聊天或与老师进行一对一谈话的地方，都会涉及隐私与监管的冲突。目前，很多学校都在图书馆等地方为学生提供了独处的空间，同时通过安装摄像头来解决监管问题。但是，校园内也存在一些不能安装摄像头的空间，如卫生间、学生公寓的浴室和房间内。如何在保证学生隐私的前提下提高这些区域的安全性，是需要进一步思考的问题。

（二）权衡"代价"与"收益"

安全环境设置的"代价"与"收益"比是校园安全管理必须尽力权衡的问题。还是以高层建筑走廊的监管为例，将走廊用防盗网完全封闭起来以预防自杀或坠楼事件的做法，除了与消防安全要求有冲突以外，还可能带来其他"副作用"，如完全封闭的走廊会让学生感到压抑和焦虑，可能会在一定程度上增加学生的情绪问题。因此这一做法的"代价"可能会大于"收益"，需要谨慎使用。

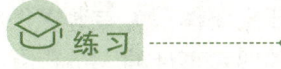

"心" 方法

一、遵循校园安全管理相关法律、制度和标准

国家有关部门针对校园安全从各个方面制定了相关的法律、制度和标准。《中华人民共和国未成年人保护法》《中华人民共和国校园安全法》从法律层面规定了学校在学生安全方面的责任与义务。《中小学幼儿园安全管理办法》《学生伤害事故处理办法》《学校体育运动风险防控暂行办法》等文件为学校落实校园安全管理的责任提供了指导。《中小学校设计规范》等标准则从建筑设施的建造、学校安全环境的营造等方面对校园安全环境的建设提供了准则。

从宏观上讲，熟悉相关法律、制度和标准，我们就能明确学校在校园安全管理方面的责任与义务，了解校园安全事故防治的体系和途径。例如，《学生伤害事故处理办法》明确规定，因学生自杀、自伤造成的学生伤害事故，学校已履行了相应职责，行为并无不当的，无法律责任；《中小学校设计规范》明确规定，中小学校应装设周界视频监控、报警系统。从微观上讲，熟悉相关法律、制度和标准，我们就能了解学校安全建设的具体标准、安全事故的预防与处理方法。例如，《中小学校设计规范》明确规定，临空窗台的最小允许高度确定为0.90米，这在一定程度上限制了学生获得自杀工具（小学生无法轻易翻越高0.90米的障碍而跳楼）。

练习

查阅以下法律、制度和标准，找出其中与校园安全管理有关的内容。
- 《中华人民共和国未成年人保护法》
- 《中小学幼儿园安全管理办法》
- 《学生伤害事故处理办法》
- 《学校体育运动风险防控暂行办法》
- 《中小学校岗位安全工作指导手册》
- 《中小学校设计规范》

相关法律、
制度和标准

二、因地制宜建设校园安全环境

校园安全环境建设很难有一套现成的、适合所有学校的方法，多数情况下，应该根据每个学校现有的特征和结构来设计安全策略。如前所述的高层建筑走廊的管理，全封闭或全开放会引发不同的安全隐患，有的学校在现有护栏的基础上，将高度加至学生头部，提高了攀爬和翻越护栏的难度，降低了自杀工具的可获得性，既达到了预防自杀的目的，又符合消防安全的要求，还不会沉闷压抑。

案例探讨

因地制宜地进行安全建设

某市一所重点高中在易发生坠落的校园角落增高了护栏高度，还在护栏内侧种植了植物，并且在植物附近展示了一些有"温度"的提示，如"如果有需要，欢迎你和心理老师谈一谈"。

某市一所中专学校的校园欺凌情况非常严重，特别是女生寝室常常会发生欺凌现象。学校为解决问题在寝室加装了 AI 报警器，在校园欺凌发生过程中，受欺凌者只要喊"救命"等敏感词，报警器即可实时识别并自动触发声光报警，对现场欺凌者进行震慑警告，第一时间干预欺凌行为以降低伤害；同时，报警信息会被发送到学校相关安保人员的手机上，以便他们及时赶到现场进行处理。这种"技防"策略很好地权衡并解决了隐秘角落监管与隐私之间的冲突。

你还见过哪些因地制宜的安全策略？

三、全方位的校园安全管理

（一）全员共同承担校园安全管理的责任

校园安全责任人是全校教职员工。校园安全不仅是保安的责任，一般教师、班主任、生活教师甚至保洁人员都是一岗双责。共同承担校园安全管理的责任主要体现为首遇责任制，即首先遇到危害本校师生安全、影响学校稳定、存在安全隐患的偶发事件的人员负有及时制止不良事件发生、引导和帮助解决问题等责任，而且要负责到底。首遇责任制要求首遇人员在遇到上述相关情况时，不管是不是该问题的直接责任人，都应视自己为该事件的第一责任人，在第一时间内尽自己最大的努力按照有关规定及时处理。首遇后不能当场处理事件的，要向当事人明确后续事项，并争取在最短的时间内解决；首遇人不能完全解决的，要及时移交相关部门或相关人员进行解决，并一直关注事件的进展。首遇责任制并不代表首遇人需要承担全部责任。校园安全问题的上报制度可以很好地解决这一矛盾。学校应该明确各类安全问题的责任部门以及负责人，当发现校园安全问题和隐患时，相关教师应明确自己的责任与义务，并了解何种程度的问题应该向谁反映、由谁处理。当发现存在安全隐患的学生时，应该及时上报并将其移交给相关责任人。

练习 --------------------

某天晚自习时，你路过学校某一楼栋的顶楼，发现一个学生站在窗台旁，向外不断观望，看上去比较悲伤。你觉得情况比较危急，在上前实施干预前，你最多有五分钟的时间上报情况并获得支持，你会如何做？你准备打电话上报给谁？他的电话号码是多少？若电话未接通，你的第二选择是什么？当电话接通后，你会报告哪些内容？

- 危机事件发生的具体地点。
- 有关危机事件的已知事实和简单判断。
- 提醒对方继续致电危机干预中的其他指定人士，并给予相同资料。
- 提醒对方暂时对事件保密，直至校方有进一步的指示。

参考答案

（二）鼓励学生参与校园安全管理

对学生而言，他们虽然不是校园安全管理的责任人，但是可以成为校园安全管理的参与者，协助教师"扫描"安全隐患。在实际工作中，我们可以使用影像发声技术实现这一目标。例如，我们以"学校不安全的地方"为主题，请学生去寻找和拍照，并明确阐述不安全的原因和改进建议。我们还可以将校园安全"微观察"调查表（表5-1-1）发放给学生，鼓励学生对校园及周边存在的安全隐患（包含交通、食品、用电、运动、心理等）进行排查，并提出安全建议。

表5-1-1　校园安全"微观察"调查表

年级		班级	
"微观察"团队名单			
校园内的安全隐患			
校园周边的安全隐患			
团队的安全建议			

（三）有的放矢地关注校园安全管理"热点"

校园安全管理是一项涉及面广的工作，我们只有关注"热点"才能有的放矢。一方面关注"热点"地区，让学校的安保人员通过监控、巡逻等方式重点关注校园的隐蔽之处；另一方面关注"热点"时间，让全校教职员工特别是德育队伍在这些特殊时间点关注学生的安全状况。

1. "热点"地区

校园的隐蔽之处，如卫生间、地下室、图书馆、学生公寓房间，容易发生学生伤害他人或伤害自己的行为。如果在这些地方发现有单个学生长时间逗留，且神情恍惚等，则存在自伤、自杀的可能性；如果从这些地方传出打斗、大声吵闹等异常响声，则存在校园欺凌的可能性。

校园"高危"的地点，如三层以上建筑的开放式走廊、阳台、窗户，容易发生学生坠落。如果发现有学生长时间在这些地方逗留且神情恍惚，可能存在自杀风险；学校池塘附近是容易发生学生溺水事故的地点。

2. "热点"时间

关注重要考试前后。师生最看重的往往是学习。特别是在重要考试前后，我们往往会把更多精力放在学习上。这一方面会减少师生对于安全的关注度，另一方面也会加重本身就有心理健康困扰的学生的心理负担，更容易发生安全事故。因此，重要考试前后更需要我们关注学生安全。

关注入学或重新分班的时间点。学生进入一个新环境后，往往需要一些时间来适应，同时很可能出现适应不良、学习和人际关系较差等情况。因此，在学生入学或进入新的年级和班级时，我们要关注其适应情况。

案 例 分 享

学校的安全检查是班主任维护学生安全最常用的手段，何时应该进行安全检查？安全检查要查什么？我们通过表5-1-2简单地了解一下。

表5-1-2　学校每日安全检查记录表

时段	具体时段	检查项目	检查情况
上午时段	早读（晨会）	学生是否到齐，有无群体疾病；是否联系过未到校学生的家长并了解相关情况	
	上课	学生是否到齐，任课教师是否到位	
	课间	有无学生哄闹、聚众，走廊是否畅通	
	课间操	学生是否安全有序下楼参加课间操，学生是否有拥挤、推搡、打闹现象，请假的学生是否在教室	
	上午放学	学生是否安全有序下楼，学生是否有拥挤、推搡、打闹现象，在校就餐学生的用餐情况	
下午时段	课前	学生是否到齐，是否联系过未到校学生的家长并了解相关情况	
	上课	学生是否到齐，任课教师是否到位	
	体育锻炼课	学生是否安全有序下楼参加体育锻炼，学生是否有拥挤、推搡、打闹现象，请假的学生是否在教室	
	放学	学生是否安全有序下楼，学生是否有拥挤、推搡、打闹现象，在校就餐学生的用餐情况	
晚上时段	晚自习	在校晚自习的学生是否按时到位，中途是否有学生离开教室，离开教室的学生是否存在特殊情况	
	晚就寝	寄宿生是否按时到位，有无身体异常	

四、针对全校师生进行安全教育

（一）对学生进行安全教育

1. 将安全融入日常教育教学活动

所有老师在日常的教育教学活动中都应该考虑将安全教育融入其中。一方面，我们可以在某些课程中直接讲授与该课程有关的安全知识。例如，在化学实验教学中，结合化学实验知识，对学生进行防火、防意外伤害等基本安全知识教育。另一方面，我们应该在日常的校园生活中注意自身行为的安全示范作用。

2. 专门的安全教育

每年3月份最后一周的星期一是全国中小学生"安全教育日"。学校可以以此为契机进行专门的安全教育。

组织一次以"安全"为主题的班会，提高学生的安全意识。班会内容可以包括：学习制定班级关于安全的基本规则；排查发现校园生活中的安全隐患；给朋辈一些关于安全的建议。在班会结束时，我们要提醒大家，人人都有责任让学校成为一个安全的学习场所，鼓励学生发现安全隐患并及时告知老师。

开展一次以"安全"为主题的活动。各校可以根据实际情况进行校园内的安全疏散演习、心肺复苏安全技能学习、校园周边环境综合治理等活动。

（二）对教职员工进行安全教育

1. 学会识别安全问题的信号

一些安全问题在发生之前或者发生过程中有一些信号。例如，一些自杀身亡的学生在自杀前会反复表达"活着没意思""我很痛苦""不如死了好"等很明显的自杀想法。如果这些信号得到有效识别，就能为干预提供可能。在一些校园欺凌案例中，被欺凌的孩子会经常出现物品不明原因丢失的情况。因此，我们需要一些定期、系统的培训，一方面将安全的基本知识教授给每一位教职员工；另一方面，及时补充和更新安全知识，巩固安全技能。

🌿 **小贴士**

安全事故在发生前往往会有一些预警信号，这些信号是以往安全事故的"经验"总结。因此，识别与重视这些安全事故的预警信号是一线教师应该落实的第一件事情。以下是校园欺凌可能出现的预警信号。需要注意的是，并非所有遭受欺凌的学生都会出现预警信号。

- 出现不明伤痕。
- 衣服、书籍、电子产品等丢失或毁坏。
- 经常头痛或胃痛，感觉不舒服。
- 经常装病，以逃避上学。
- 饮食习惯改变，如突然不吃饭或暴饮暴食。

- 难以入睡或经常做噩梦。
- 成绩下降、对功课失去兴趣或不想上学。
- 突然与朋友断交或逃避社交场合。
- 无助感增强，自尊心降低。
- 出现自毁行为，如离家出走、自残或谈论自杀。

2. 学习应急处理安全事故

安全事故的应急处理能够有效减少事故不良后果。因此，教职员工需要学习应急处理安全事故的技能，如在火灾中如何使用干粉灭火器，发现学生有自杀想法时如何与学生进行沟通等。

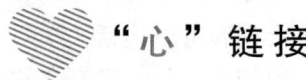 **"心"链接**

校园安全建设有"章"可循

2013年，教育部发布了《中小学校岗位安全工作指导手册》。手册立足学校管理实践，本着合理性、科学性、普适性、可操作性的编写原则，从学校岗位安全职责、学校安全工作流程（日常安全工作流程、突发事件应急流程）、学校安全工作文件范本等三个方面对中小学校岗位安全教育和管理工作进行了全面梳理。手册内容主要包括学校主要岗位安全职责，学校相关安全工作流程，学校安全工作文件范本，相关法律法规摘抄等。

中小学校岗位
安全工作
指导手册

手册总结了广大中小学校安全管理的实践经验，吸收了地方教育行政部门的意见和建议，汇聚了编写专家的智慧，体现了国家层面对学校安全教育和管理工作的要求，具有较强的针对性和可操作性，对提高中小学校安全教育和安全管理水平具有普遍指导意义，是当前和今后一段时期广大中小学校加强安全教育和管理的工作指南和良师益友。

第二节 如何建设友好校园

作为教师，我们应该对自己所在的校园非常熟悉。回想一下，校园里有没有这样的地方，当你经过或驻足时，会感到安全、舒适、惬意，愿意安静地坐下休息；有没有这样的地方，让你浑身充满了能量，能支持你高效处理工作。再回想一下，有没有这样的地方，你非常不想去，当你不得不去时，可能会感到恐惧、焦虑甚至情绪低落。现在，请你仔细回忆一下，在这些地方你分别看到了什么？听到了什么？闻到了什么？感受到了什么？经历过什么？

其实，校园里的一草一木、一个色彩、一张宣传画等每天都在潜移默化地影响着我们的心情、思维，甚至工作效率，对学生亦是如此。本节将深入探讨如何建设有助于学生身心健康发展的校园。

 **"心"现象**

各地的校园看上去似乎都大同小异。学校的宣传栏大多展示着社会主义核心价值观、学校简介、办学成就等，有的还会张贴学生成绩"红榜"和"黑榜"。能容纳50人左右的教室，里面是整齐的八行七座，教室后面的黑板上绘制着板报。这些大同小异的布局和设施是如何影响师生的呢？

请看下面两幅图片，图5-2-1是校园内的一块电子显示屏，它用精确到秒的倒计时记录了距离高考的时间。图5-2-2是校园里的宣传栏，上面写着"窗外有风景，笔下有前程"，同样提醒学生即将到来的高考。这两处地方都是提醒学生时间的紧迫性，告诉学生要全力以赴迎接高考。

图5-2-1　电子显示屏

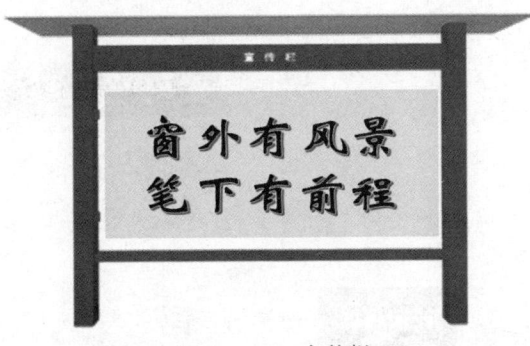

图5-2-2　宣传栏

1. 你对这两种"提醒"方式的第一印象是什么？

2. 为什么会有这样的印象？

3. 如果你无法改变校园内不友好的环境设置，你打算做些什么来帮助学生？

4. 在你的校园里还有哪些环境设置会对学生产生影响？这些影响是积极的还是消极的？

_____

_____

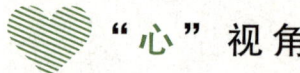 **"心"视角**

一、什么是友好校园

（一）校园的概念

谈及校园，人们更多想到的是学校建筑、花草树木，这是对校园的狭义理解。广义上来说，校园既包括物品设施，也包括其中蕴含的人文环境和氛围。校园环境，可以分为硬环境和软环境，更细致的分类如图5-2-3所示。

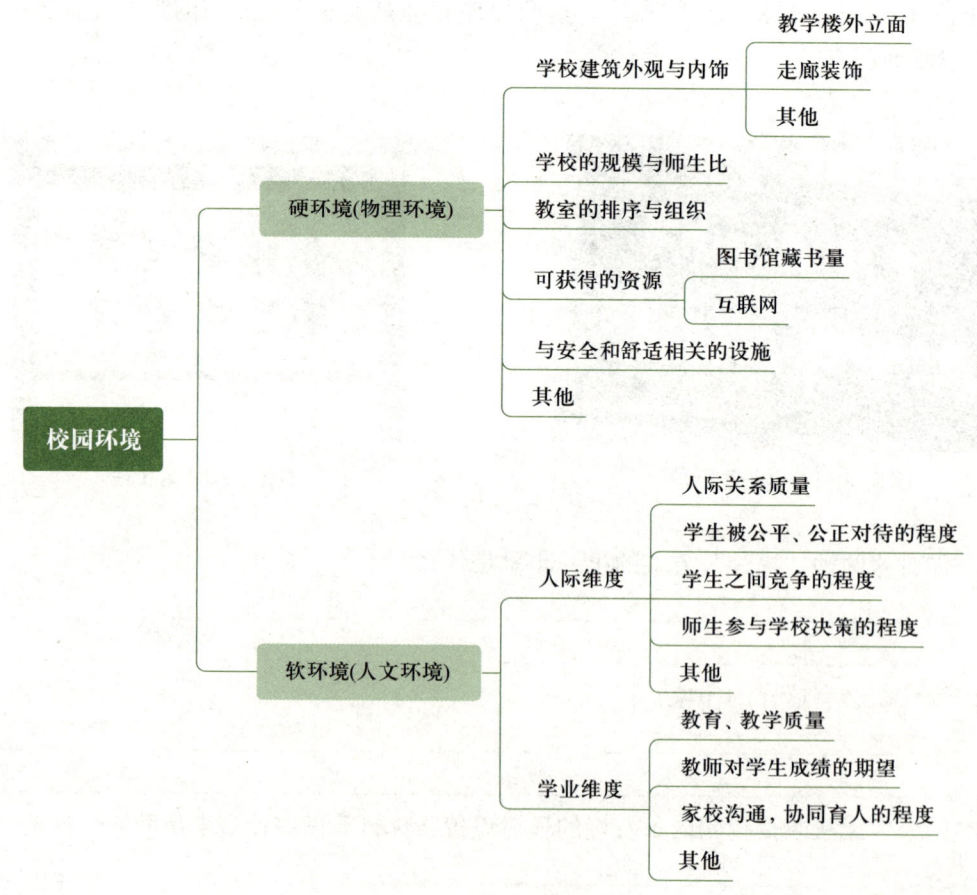

图5-2-3 校园环境分类

　　硬环境，也称物理环境，指校园环境中客观存在的物理设置及其组织方式。它是校园环境的基础，其好坏也会影响校园软环境。硬环境包括学校建筑外观与内饰、学校的规模与师生比、教室的排序与组织、可获得的资源、与安全和舒适相关的设施等。图5-2-4展示的是传统教室布局，它更多强调教师的中心位置；图5-2-5展示的是合作型教室布局，更利于学生开展小组合作和讨论，已经在许多学校的心理教室和智慧教室开始应用，未来可能会应用到更多的教育教学场景中。图5-2-6、图5-2-7所示的校园后门和校园入口安全门也是校园重要的硬环境。

图5-2-4　传统教室布局

图5-2-5　合作型教室布局

图5-2-6　校园后门

图5-2-7　校园入口安全门

　　软环境，也称人文环境，包括人际和学业两个维度。人际维度的软环境是学校系统中所有与人际关系相关的环境，既可以通过校规校纪、校风学风、培养目标等显性的内容体现，也蕴含在教师、学生群体的价值观和行为方式等学校文化中。学业维度的软环境是与学生学习相关的环境，既体现在教师的专业技能、教学策略以及学校的课程设置等与一线教学相关的因素上，也体现在教室布置、班级管理、家校协同等支持学生学习的外部条件上。

长沙市第一中学的"石文化"

石刻是中华民族传统文化的瑰宝。长沙市第一中学通过"种石头"使校园硬环境中的石头承载起校园软环境下的校园文化。

校园中心立的石刻碑文是校友毛泽东现存最早文稿《商鞅徙木立信论》（图5-2-8）。这一碑文与后面的樟树园融为一体，既体现出独特的美育特征，又呈现出"以天下国家为己任"的校园文化。

除此以外，校园内各式各样的石头巧妙地融入校园环境中（图5-2-9），成为校园的景色，并与其他校园景色共同讲述着丰富多样的校园文化。

图5-2-8 毛泽东文稿石碑

图5-2-9 校园石头景色

校园中的硬环境和软环境各司其职，相互影响，共同作用于身处其中的学生和教师。校园里那些让我们感到舒适或紧张的场所，很大程度上都是由这两种环境的状况决定的。

（二）友好校园的特征

既然不同的校园能对个体产生不一致甚至完全相反的影响，那么建设有利于学生发展的校园环境自然成为教育环节中不可或缺的一环。有利于学生发展的校园，又称学生友好校园，即友好校园，是指通过对校园中硬环境的设置和软环境的塑造，形成能使学生可持续全面发展的校园环境。友好校园具有以下特征：

1. 保障安全和有序

安全和有序是维持校园运行最基本的要求，也是友好校园最基本的特征。它既包括生理层面，也包括心理层面。生理层面的安全和有序是客观存在的，指学生身体上不受侵害，生活作息符合生理特点。心理层面的安全和有序是相对主观的，指学生在校园环境中体验到的安全感和秩序感。

思考

常见的欺凌类型有言语欺凌和身体欺凌。言语欺凌包括辱骂、讥讽、嘲弄、挖苦、起外号、恐吓威胁等言语行为。一般情况下，言语欺凌不会造成受欺凌者生理上的损伤，主要危害的是心理层面的安全。身体欺凌包括打、踢、抓咬、推搡、勒索、抢夺和破坏物品等身体动作行为。

想一想，身体欺凌会对学生的安全造成了哪些层面的影响？

2. 促进包容和接纳

包容和接纳的核心是尊重和允许学生的差异性。每个学生都是独特的，他们具有不同的生理特征（如性别、形体、容貌、健康状况等）、心理特征（如能力、性格、价值观等）和社会文化特征（如民族、文化、家庭结构和经济状况等）。这些差异应该被允许存在，且不应被强求改变。学生也不能因为这些差异被歧视、嘲笑、孤立或区别对待。教育的目标不是培养一模一样的"好"学生，而是使每个学生成长为符合自己特征的"最好自己"。

案例探讨

北京红莲小学是一所主要由外来务工人员子女就读的学校。外来务工人员子女约占全校学生的90%。为了让每个学生感受到被接纳和包容，学校精心打造了文化墙，张贴了中国五湖四海的风土人情图片，让每个学生都能在文化墙里找到自己家乡的信息。同时，学校针对学生来自全国各地的情况，开发了独特的多元地域文化校本课程，以通识＋走班、课程＋专题活动的形式开展教育。学校在教师和干部培训时，强调包容和接纳的理念和规范。这些工作体现了对生命个体的尊重和对人生价值的认同。

你所在的学校是否有体现"包容与接纳"理念的措施？

3. 维护公平和公正

公平和公正既指学校不偏颇地对待每一位学生，为他们提供符合需求的学习资源和学习机会。更重要的是，学校为处于弱势的学生提供更多的支持和帮助，使他们不会因为弱势而落后于其他学生。例如，为经济困难的学生提供生活补助，为残疾学生提供无障碍通道，为受虐待的学生提供避难场所或法律援助，对单亲学生或留守学生提供必要的学业支持和情感支持等。

案例探讨

厕所设置体现的公平性

你是否观察过校园中男生和女生厕所里厕位的数量及位置？你是否观察过下课或开运动会时学生上厕所排队的情况？通常是谁在排队？是什么原因导致的？

在许多校园中，男生和女生的厕位数量是一致的。但人流量大时，排队上厕所的总是女生，有时候队伍可以很长。这是因为男女生生理结构存在差异，导致女生上厕所的时间远长于男生。这一看似平等布局的背后，女生却需要付出更多等待时间和经历更多不便利。

其实，我国已经出台的校园建筑和公共设施规范都明确规定男女厕所的厕位数量应以 1∶3 左右的比例建设。有不少新学校在建造时就考虑了这一点，一些学校也通过旧楼改造逐渐达到这一标准。男女生厕所建设是校园中非常不起眼的工作，却体现了校园建设的公平性。

在你的学校里，哪些措施体现了不公平性，哪些措施体现了公平性？

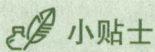 **小贴士**

平等与公平有什么差异

平等是指数量上的一致。公平是社会属性的概念，指在最大程度上消除了不同个体因外部原因造成的差异（图5-2-10）。例如，贫困的孩子，不能因为缺少资源而比富有的孩子发展差。平等分配可能并不公平，公平也不一定是平等的。

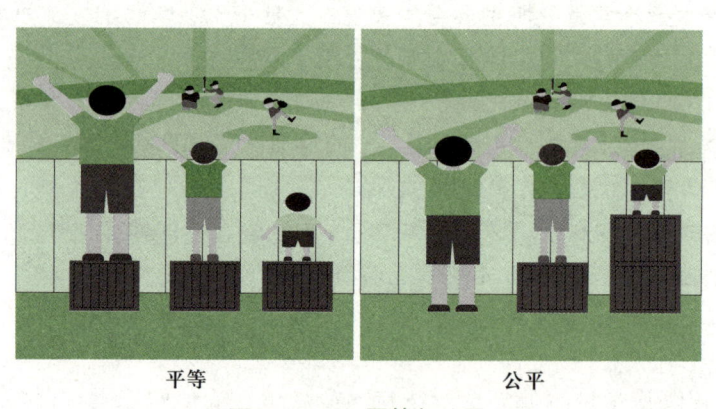

平等　　　　　　　　公平

图5-2-10　平等与公平

4. 鼓励参与和合作

参与和合作既包括学校管理活动，也包括教育教学环节。其核心是学校和教师不再是绝对权威，学生也不再只服从和听话。在学校管理、教育教学全过程中，学校都应该在一定程度上邀请学生参与，使学生在真正意义上为自己负责、为班级负责、为学校负责。同时，应促进学生以合作的形式与教师互动、与其他学生互动，提升学生的自主意识和合作精神。

案例分享

高考临近，同学们的学业压力较大，是不是应该在高三年级开设心理课程来疏导同学们的心理困惑呢？近日，宁波镇海中学举行新一期的"校长有约"活动，校长与6位来自不同年级、自愿报名参与的学生面对面谈心，让学生们在平等轻松的氛围里向校长提出问题和困惑，也借此培养学生积极主动参与学校管理的意识。

6位学生带着自己最关心的问题与校长"零距离"交谈，还从学生视角出发提出了一些合理建议。对于学生提出的合理建议，校长马上联系了有关职能部门进行处理。同时，对于学生提出的一些不成熟的问题，校长也进行了耐心解释和教育引导。

据了解，该校的"校长有约"活动已持续开展了十年。十年间，校长认真倾听学生的心声，积极回应学生的诉求，同时鼓励学生积极参与自己、班级和学校的重大事务，体现了"我的学校我做主"的理念。

（三）友好校园与传统校园的区别

在教育体制方面，传统教育体制具有二元性，对于有特殊需求的学生，一般由特殊教育来完成。而友好校园允许差异化发展，包容各类特征，且支持有特殊需求的学生学习。当然，友好校园并不完全等同于合并特殊教育，所谓的"正常"与"特殊"其实也并没有绝对的界定。友好校园的本质是对学生多元化的接纳和对学生特殊需求的支撑。

在教育观念方面，传统校园希望按照统一的标准来培养"人才"，对于学生的行为举止都有评价标准。而友好校园希望将每个学生培养成完整且独特的自己，而不是一模一样的"好"学生。

在教育实践方面，传统校园的师生是要求与服从、教育与被教育的关系。教师处于绝对领导地位，学生处于从属地位。而友好校园提倡学生的参与和合作，师生关系平等，互相尊重，各项活动相互协商合作，充分体现学生的主体性。

尽管友好校园建设对传统校园存在诸多挑战，但友好校园对学生有更多积极的意义，也更符合新时代的教育目标和社会需求。

二、友好校园的积极意义

校园环境对学生的影响十分显著，因为校园是学生最主要的生活和学习场所。调查显示，学生每年平均在校时间达到210天，每天大量清醒时间在学校度过。友好校园能给学生带来以下两个维度的益处：

（一）友好校园能促进学生的学业表现

研究表明，有效的学习受到个体因素的直接影响，而环境因素通过影响个体因素间接影响学习效果。安全有序、鼓励参与和合作的友好校园，本身就能形成良好的学习氛围，影响学生的学业成就。同时，友好校园还能直接影响个体的学习兴趣、学习动机、学习方法等，从而有效提高学业表现。安全、有序的校园能使学生处于稳定的状态，有利于学生注意力集中和身心发展；鼓励参与和合作可以促使学生从被要求学习变为主动要学习，也更有利于找到适合自己的学习方法；包容和公平的环境允许学生以适合自己的方式发展，成为不一样的"好"学生，如竞赛生、体育生、艺术生，还能使因困境暂时落后的学生有足够的资源取得好成绩。

案例探讨

案例 1

"学校频繁发通知，还每次都不一样，我们的网课秩序被严重干扰。""在家上网课真的没法保证学习效率，现在对自己的成绩真的很没信心。""班里的同学一个比一个卷，大家都在拼命地努力，可是我真的好累啊，老师和家长总是骂我，不知道自己还能坚持到什么时候……"

当学校环境无序时，学生的学习动力和效果都会大打折扣。在这种情况下，作为老师，你会采取什么措施？

案例 2

李老师的班上有50多个学生，这就意味着在一堂课上无法叫所有的学生起来回答问题。于是，她运用了小组合作学习的方法。在课堂上提出问题后，让学生小组讨论，然后再由小组代表分享讨论的结果。布置的练习，也在小组内互相检查，学生互相帮助，告诉对方错在哪里、正确的做法是什么。

李老师采取了什么教学方法？这种方法是如何影响学生学习的？

案例 3

小明是初一的学生，有段时间上学经常迟到，上课也总是走神。问及原因，他会以天气、交通等各种原因推脱。班主任强调纪律的重要性，每天督促小明，但效果不好。后来，班主任才了解到发生了令小明害怕的事情。小明在上学路上被索要钱财，还被威胁不许告诉老师和家长。了解到这个情况后，班主任及时找小明谈话，和家长一起解决了问题，小明的状态才逐渐恢复。

当学生学习状态不好时，你考虑过哪些原因？采取过哪些措施？

（二）友好校园能维护学生的身心健康

1. 友好校园可以有效调节学生情绪，减少学生的情绪问题和危险行为

友好校园环境最基本的作用是对情绪的调节，在本节最开始的体验活动中，我们就已经通过回忆体验到了友好校园环境对调节情绪的作用。在安全、舒适的环境中，人的负性情绪（如焦虑、抑郁等）会减少，正性情绪（如快乐、幸福等）会增加。在公平和公正的

环境中，踢猫效应的影响也会有效减少。

> ### 小贴士
>
> 踢猫效应是指对弱于自己或者等级低于自己的对象发泄不满情绪而产生的连锁反应。踢猫效应是一种典型的负面情绪传染，人的不满情绪和糟糕心情一般会沿着由等级和强弱组成的社会关系链条依次传递，由金字塔尖一直扩散到最底层，无处发泄的最弱小的元素则成为最终的受害者。公平和公正的环境可以消除学生之间的等级划分，让处于相对弱势的学生不易受他人的不良情绪影响。

另外，友好校园环境还能减少情绪问题和行为问题，如手机成瘾、攻击性行为等。积极的校园氛围能够满足学生对安全感的需要，进而引导其与同伴线下交往，最终降低问题性手机使用的风险。同时，积极的校园氛围能够显著降低攻击性行为。

2. 友好校园可以提升学生的环境适应能力，促进学生个性和社会化发展

一个接纳、支持的校园环境可以为学生的人际交往奠定良好的基础，学生可以通过人际交往活动发展自己的个性，也能更好地进行社会化发展。良好的学校氛围还有助于学生发展良好的自我概念。

（三）友好校园环境有助于处境不利的学生的发展

相较于其他学生，不良的校园环境对本身就处境不利的学生（如残疾、曾受虐待或歧视、患病和家庭贫困的学生）影响更大。友好校园环境会为有需要的学生提供更多帮助，从而减少学生因困境造成的不足或落后的现象。

三、建设友好校园的策略

（一）以学生特点建校园

学生是未成年人，他们在生理和心理上有别于成年人。因此，从学生视角出发意味着友好校园建设规划要符合不同学龄儿童的身心特点。例如，游戏是儿童最重要的活动和学习方式，因此我们要在幼儿园和小学的校园建设中为学生进行游戏提供足够的时间、空间，满足这个年龄段学生成长的独特需求，促进其全面而富有个性地发展。

学生是有个体差异的，差异性是非常宝贵的资源。因此，从学生特点出发意味着友好校园建设规划要尊重、包容和接纳学生的差异性。每个学生背后都有独特的故事，怎样去认识这些学生，怎样去发掘他们的价值，怎样让他们都能融入学校并获得更为有效的教育，是建设友好校园的出发点。

（二）以优化方案替代重建

建设友好校园是每一所学校的课题，但在现实中，学校的"友好"并非处于"有"或"无"的状态，即每一所学校都既有"友好"的地方，也有"不友好"的地方。

学校可以与现实结合，做出一些微小而又重要的改变，包括设置上的变化和认知上的

变化。例如，面对不同特点和能力的学生完成作业的问题，有的学校就提出了"九点熔断机制"，即超过晚上九点，学生可以无条件停止做作业，未完成的作业第二天也不用补做。还有的学校设置了"免作业券"，每个学生每个学期可以领两张"免作业券"，让学生自行决定何时使用。又如，我们可以跟进对学生的教育，明确告知学生作业的意义是为了帮助他们更好地检测当天学习的内容是否理解，同时告知学生，有些同学能够很早完成作业，是因为他们通过先复习再作业的方式提高了效率，或者利用自习、课间等零散时间提前完成了一些作业。

"心" 方法

一、如何发现校园环境的不足

要建设友好校园环境，首先要了解现在的校园环境与友好校园环境之间的差异，也就是现有环境的不足。并且，这些不足应该基于学生的视角和感受。

我们可以通过活动引导友好校园中的主角——学生参与到友好校园建设中。请学生填写"我眼中的学校生活"卡片，听一听他们的想法。

● 我眼中的学校生活

课堂上＿＿＿＿＿＿＿＿＿＿＿＿＿＿＿＿＿＿时，最让我感到紧张。

回家路上＿＿＿＿＿＿＿＿＿＿＿＿＿＿＿＿时，最让我害怕。

＿＿＿＿＿＿＿＿＿＿＿＿＿＿＿＿＿＿＿＿时，我感到非常无序。

＿＿＿＿＿＿＿＿＿＿＿＿＿＿＿＿＿＿＿＿时，我感到自己是独特的。

老师＿＿＿＿＿＿＿＿＿＿＿＿＿＿＿＿＿＿时，最让我感到羞辱。

同学们＿＿＿＿＿＿＿＿＿＿＿＿＿＿＿＿时，最让我感到不友好。

我最喜欢的老师是＿＿＿＿＿＿＿＿，因为＿＿＿＿＿＿＿＿＿＿＿。

我最不喜欢的老师是＿＿＿＿＿＿＿，因为＿＿＿＿＿＿＿＿＿＿。

一天的学校生活中，我感到最累的时候是＿＿＿＿＿＿＿＿＿＿＿＿。

一天的学校生活中，我最喜欢的是＿＿＿＿＿＿＿＿＿＿＿＿＿＿。

一周的课程中，我最期待上＿＿＿＿＿课，因为＿＿＿＿＿＿＿＿。

一周的课程中，我最担心上＿＿＿＿＿课，因为＿＿＿＿＿＿＿＿。

整理学生们的回答，学校可以发现校园内对学生产生负面影响的环境，与学生和学校管理部门合力寻找改善方案，努力改善校园环境；当然，通过这些问题也能发现学校环境建设好的一面，总结经验在校园其他方面或其他学校应用推广。

二、如何建设友好校园环境

（一）校园环境的设置

硬环境的设置要着力打造安全和有序的校园，同时也涉及公平和公正。因此既要考虑环境的设置是否符合人体工程学原理，也要考虑环境对有需求的学生的支持性，如无障碍通道等。硬环境的设置还应该支持学生参与，如学校应有足够的讨论空间供学生交流和合作。

软环境的设置决定着学校是否能够包容和接纳每一位学生。以校园内的宣传栏为例，若只宣传"成功"的案例，会让学生觉得"失败"是不能被接纳和包容的。因此，宣传栏里不仅要展示"成功"，更要展示学生的多元风采；不仅要展示"结果"，还要展示学生学习成长的策略和努力的方法及过程。

校园环境设置可适当引入美育，既可以在软硬环境设置时融入美育元素，潜移默化地影响学生，如雕塑、建筑、园林等；也可以通过各类美育活动，邀请学生参与设计和建设校园环境，如设计文化墙、设计校园一角、设计校服等，提升学生的审美意识和美学素养。

（二）校园规章制度的制定和执行

校园规章制度体现了学校运行的规则。我们先来看一份班级管理规章制度。

案例探讨

六年级一班班规五十八条（节选）

总则

第一条 "一日为师，终身为父"，每位同学都要尊重每一位老师。

第二条 六年级一班是一个相亲相爱的大家庭，我们应该彼此关心，互相帮助。

第三条 国有国法，班有班规。每位同学都要牢记并遵守班规。

第四条 班干部就代表老师，班干部有颁布命令、实施惩罚的权利。

第一章 课堂纪律要求

第一条 每一堂课都应约束好自己，不讲小话，不搞小动作，违反者罚写反思500字，抄课文1篇。情节严重者在此基础上请家长。

第二条 课堂发言应讲规矩，凡是接嘴严重者罚写反思500字，抄课文1篇。

第三条 课堂上不允许玩小玩具，违反者没收玩具，罚写反思500字，做清洁1周。

第四条 上课铃声响起后应及时回到教室，做好上课准备，安安静静地等候老师上课，违反者罚写反思300字，静坐30分钟以上。

第五条 晨会课8：05分开始，凡是8：05分还未开始读书或者未到教室的同学做清洁1天，情节严重者罚写反思300字，抄课文1篇。

第六条 下午自习14：08分开始，凡是14：08分还未开始看课外书或者做作业的同学，罚做清洁1天，情节严重者罚写反思500字，抄课文1篇。

第七条 在课堂上偷偷做其他科目的作业、不认真听讲者一律撕掉作业，罚写反思300字，抄课文1篇。

……

班干部宣言：

×××，因为你（你们）违反了班规第××条，我决定按照相关规定对你（你们）进行惩罚，你（你们）有权保持沉默，也有权进行反驳，但你（你们）无权对我进行人身攻击，你（你们）可以找×老师解释或在周记里澄清，希望你（你们）能理解并配合！

阅读这个班级的班规，在安全和有序、包容和接纳、公平和公正、参与和合作四个维度上按照0~5分的标准打分（"1"代表很不符合，"5"代表很符合），并思考有什么方法能够将四个维度的分数提高。

我们常常从管理者的视角选择最便于管理的规章制度去"约束"学生，很少从学生的视角去评估这些规章制度在制定和执行时的友好程度。当我们转换为学生的视角时，会很自然地发现上面这份班规中的不友好之处，如违反规定就会受到惩罚，这样不具备教育意义，还有可能让学生将学习中那些枯燥但重要的基本功练习与惩罚等同起来，从而影响学习兴趣。

不论是校规还是班规，我们在制定内容时，都应充分考虑学生的需求和规章制度的价值、意义、目的，同时鼓励学生参与到制定过程中，使规章制度更符合实际需要。执行规章制度过程中的友好性也很重要。任何规章制度的执行都需要平衡好一把尺子量到底和容错率之间的关系。就某一条具体班规的执行而言，必然会出现不同的学生遵守同一条班规的难易程度不同的情况，这就需要我们在执行过程中更多地看到学生的成长和改变，用发展的眼光看待学生变化。

（三）日常活动的组织

日常活动的组织也是建构友好校园的重要事件。首先，在组织学校活动或班级活动时，要判断活动是否会影响学生的生命、财产安全，并针对风险做好预案。例如，研学旅行存在车辆安全风险，需要提前购买保险、对学生进行安全教育等，如果研学旅行在水边，还存在溺水风险，需要提前在路线设计中规避涉水安排。其次，要考虑活动会对学生产生多大程度的扰动或影响，并关注学生能否和如何适应或平复这种扰动或影响。例如，研学旅行会让学生很开心，甚至过于浮躁，但是也有可能让学生感觉耽误、影响了学习，这就需要教师重点关注学生的状态，当学生无法自主调整适应时，就要进行适当的引导。

再次，要考虑活动是否涉及特殊学生，特殊学生是否因为其特殊性而无法参与活动或产生困扰，同时要思考应对措施。例如，当研学旅行涉及收费时，家庭贫困的学生可能会因为无法承担费用而不能参与活动，这时学校应该有相关的减免政策。最后，组织活动还要考虑活动的参与面，学生之间是否会产生冲突以及应对措施，如何让大部分学生乐在其中，如何调整传统活动对学生不友好的地方等问题。

（四）与学生的日常交往和教育

友好校园是能够允许差异的，我们在与学生的日常交往和教育中，应摒弃统一的"好"学生标准、摒弃偏见，让每个学生都成为最好的自己。例如，当你知道班上一个不太聪明的女学生想要选物理时，会有什么思考？如何判断自己的思考内容具有一定的友好性和接纳性？首先，我们可以再考虑一下"不太聪明"这个词是否恰当，以什么为标准；可以思考是否持有"女生不应该学物理""不太聪明的孩子不应该学物理""考虑选择某个学科的唯一标准是这个学科的学习成绩"等偏见。其次，也是更重要的，应该深入了解这个学生选择物理的原因。经过反思后，我们也许会采用不同的教育行为。

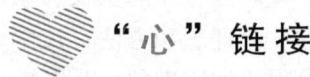 "心" 链接

影像发声技术在建设友好校园建设中的应用[①]

影像发声技术是一种参与式活动方法。它通过邀请活动的主体围绕现有照片或拍摄的照片进行讨论，生动、真实地呈现某一主题。常用于弱势群体或隐蔽性问题的发现、发声和应对。这一方法在国内外许多社区健康项目中有较好的效果，也非常适用于友好校园建设。

影像发声法的实施包括以下五步：

第一步：确定目标与主题。影像发声法实施前需要确定研究的目标与主题。提倡让行动者自己发现问题。

第二步：招募行动者。根据目标与主题的不同，需要选择不同的行动者。因为影像发声法是用照相机拍摄照片并讨论照片，所以对行动者的年龄、教育水平、表达能力等没有太多要求。

第三步：拍摄前的准备。招募行动者后需要向其解释研究的目标、所担任的角色、研究持续多长时间、需要做什么等信息。在确认行动者已了解该研究并且愿意继续参加后，向行动者发放照相机并教其如何使用，也可以用行动者的手机代替照相机。

第四步：照相与讨论活动。照相与讨论是影像发声法的核心环节，影像是促进讨论的工具与媒介，讨论是对影像做出的回应。每位行动者分别分享照片的内容、自己的发现、

---

① 曲映蓓，辛自强. 影像发声法的设计思路及在心理学中的应用［J］. 心理技术与应用，2017（8）：493–499.

照片反映的问题或优势等。

第五步：结果分析。将每次讨论活动的成果整理成文本资料，根据行动者拍摄的照片以及文本资料，分析行动者的改变。

第三节 如何促进家庭与学校协同

网络上一句"老师您睡了吗？我儿子的作业还没做完，您怎么能睡呢？"引起了广泛的关注。近年来，反对学校要求家长检查作业、反对每天班级群打卡的呼声引起了广大家长的共鸣。因为在一些家长看来，这些要求是学校在推卸应承担的教育责任。但当视角切换给老师后，会听到完全不一样的故事。例如，学生出现了一些学习上的问题，老师希望家长能协助应对，但多次沟通后家长并没有采取行动。另外，一些"强势"的家长、家委会过度要求掌握孩子的每一个细节，甚至试图影响和改变学校的教育理念和方法，让学校和老师苦不堪言。为什么原本应该互利互助的家庭和学校常常出现不和谐现象，甚至冲突频发呢？家庭和学校应该如何统一战线，共同为学生的发展助力？这是本节重点探讨的问题。

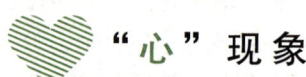 **"心"现象**

皮皮是一个五年级男孩，他经常扰乱课堂秩序，下课后经常与同学打架，且屡教不改；作业常常完不成，成绩垫底，让老师很头疼。班主任多次约谈父母，还曾在公开场合严肃地对其父母说："教这样的学生很辛苦，家长太不负责任了。"然而，沟通的效果并不好。家长逐渐不接老师的电话，开始挑剔学校，还曾向教育行政部门投诉学校和老师。皮皮小学毕业后去了农村中学，初中毕业后就外出打工了。多年后，这位班主任偶然得知，皮皮从小留守，小学期间一直寄居在县城里的远房亲戚家，父母过年才接他回家住几天。

请根据上面的案例，结合个人经验，回答以下问题：

1. 皮皮的行为表现与哪些因素有关？

2. 在教育皮皮的过程中，家长为何没有全力配合学校？

3. 如果你是皮皮的老师，你觉得应该怎样帮助皮皮？

❤"心"视角

苏霍姆林斯基曾说，没有家庭教育的学校教育和没有学校教育的家庭教育，都不可能完成培养人这一极其细致而复杂的任务。[①]随着时代的发展，家校协同这一概念在教育领域也是常谈常新。从学生发展阶段来看，家庭和学校在不同阶段有着并不完全相同的协同方式。例如，从出生到学前，家庭是教育的主要执行人，其教育目标之一是为后续学校教育夯实基础，此时家庭与学校是一种承前启后的合作关系。到学龄期，实施教育的主要场所变成学校，此时家庭与学校的协作方式是并行关系，即同时影响学生发展，都是学生成长的重要环境。本节主要介绍家校并行协作的关系。

一、为什么学生的发展需要家校协同

学生的发展，无论是身心健康还是学业成就，其过程中的需求都是多样和复杂的。学校教育和家庭教育具有不同的特征，当两者形成合力时，更容易形成积极的环境，满足学生发展的多种需求。

（一）家校协同能满足学生发展的共性与个性需求

学校教育是依据国家、省市统一的课程设置要求开展的。尽管学校教育考虑了不同学段、不同学科的差异，也从学制、学校类别设置方面最大限度地满足学生的多样化需求，但学校教育的公共属性和群体属性注定了它更多地满足不同学段学生发展的共性。然而，每个学生都是独特的，其个性、行为习惯、认知发展程度、学习兴趣和能力等都不尽相同。在同样的学校教育方式下，学生会呈现出不同的学习效果和心理水平。要达到理想的发展水平，一部分更为个性化的需求应通过家庭教育来满足。

案例探讨

> "我们在课堂上奉献了全部心力，可是，还是会有家长给我们提出各种教学'建议'。"小A这样说道。
>
> 小A是一个初中老师，因为业务能力出色，多次获得省、市级教学比赛一等奖。平时，她认真备课，针对所教学生的情况调整教学难度、教学方法，尽力做到最好。但是，在她的班上，仍然会有学生觉得老师讲得太快，无法跟上节奏，希望老师慢慢讲；还有学生觉得启发式教学太多，知识点讲解不够详实，对学习成绩提高没有太多帮助，希望老师多讲习题。
>
> 如果你是小A老师，你会怎么想？又会怎么做？

其实，我们要正视教学过程中不同学生需求之间的差异。课堂教学只能够针对一个班级的学生在认知、个性方面的共性，但无法针对每一个学生的特点。因此，家庭教育的协

---

① 苏霍姆林斯基. 家长教育学［M］. 杜志英，吴福生，张渭城，等译. 北京：中国妇女出版社.

助能帮助学生更好地适应老师的课堂教学，还能针对学生特点提供个性化的支持，如帮学生找到个性化的学习方法，树立个性化的学习动机，培养个性化的学习兴趣。

（二）家校协作能满足学生发展的挑战性与包容性需求

从个体来看，无论是身心发展还是学业发展都将经历挑战、挫折，甚至困境，这些既无法避免，也是个体成长过程中必须经历的环节。通过经历挑战和挫折，学生可以发展良好的自我认知、有效解决问题的能力和应对负性情绪的能力。在学校教育中，无论是课程体系的设置、教育目标的要求，还是相对复杂的环境，都能在一定程度上给学生提供成长过程中需要经历的挑战和挫折。然而，学生在成长过程中不能只经历挑战和挫折，学生经历挫折时还需要获得充分的理解、强大的支持和温暖的接纳。相对于学校，家庭能更好地为学生提供支撑和包容。

案例探讨

学校为了提高大家对音乐活动的兴趣和参与度，要求每个人都要参加今年的班级合唱比赛。涵涵这段时间情绪很不好，原来她虽然学习成绩非常拔尖，但五音不全，每次在班里唱歌都会引起同学大笑。班主任发现后，与涵涵的家长进行了沟通并达成了一致，即由家长陪伴孩子在家进行练习，家长多鼓励她的每一次小小的进步，使她接纳和允许挫败感。之后，家长还主动与班主任沟通，推动班级组织"敢于挑战自己的短板是勇者"主题班会，营造安全接纳的氛围。经过这件事，不会唱歌的涵涵成长了，班级的所有同学也更懂得包容和接纳了。

你遇到过类似的事件吗？当时你是怎么处理的？有没有更好的解决方法？

二、什么是良好的家校协同

良好的家校协同并不是简单的各司其职，而是在促进学生全面发展的理念下，在充分的信息共享和相互理解的基础上，学校和家庭分工合作，形成育人合力，实现最佳育人效果。良好的家校协同通常具备以下三个特征：

（一）目标层面：尊重差异，形成共识

关于育人目标，尽管全社会都提倡"以人为本、以德为先、能力为重、全面发展"的科学成才观和终身发展观，但落实到每个学生却并不完全一致。每个学生都是独特的，其成长环境——家庭也是独特的。在科学和终身发展的育人大方向下，学生具体的发展目标和家庭对学生发展的期待都存在差异。例如，有的家长期望学生能有治学的才能，未来能工作在科学人文前沿领域；有的家长期望学生有经商的智慧，未来能富裕无忧；有的家长期望学生不被社会流行文化影响，寻找到自己真正热爱并愿意为之努力的领域。因此，我们的教育不是培养出成千上万一模一样的个体，而是尊重个体差异，并提供能满足这些差异需求的教育方式。良好的家校协同是学校与家庭在充分沟通和理解的基础上，尊重学生、家庭的个体化差异，形成对每个学生个性化发展目标的共识。

（二）关系层面：平等尊重，合作共赢

在过去很长一段时间里，主要由学校主导教育，家庭协助学校参与教育。随着时代的发展，这种主从关系发生了变化。一方面，随着"破分数、重素质"教育理念的提出，以及家长素质的普遍提高，学校在全面实施素质教育方面已经没有绝对优势。另一方面，家庭教育不是简单执行学校要求，如在家庭里需要观察什么、了解什么、如何与学生互动、如何提供帮助等。在很多情况下，学校仅仅能提供框架和基本方法，具体实施需要家长更多积极、主动的思考和行动，也就是要求家长具有较高的能动性。如果学校与家庭是主从关系，家庭教育就会过于被动，达不到效果。

在良好的家校协同背景下，家庭与学校的关系是互相平等、互相尊重的。一方面，平等的关系有利于明确职能与责任，学校不需要大包大揽，可以有更多时间提升学科教学质量，家长也可以履行自己的教育职能，承担相应的责任。另一方面，学校不再是指导者、管理者和命令者，平等尊重的关系使家庭和学校双方都可以自由表达自己的需求，并且倾听、理解、接纳对方的需求，充分沟通、达成共识和协作。当决策由双方共同商讨制定、家长的需求被充分尊重时，家长才更有可能表现得积极和主动，家庭教育才能见成效，家校间的冲突也才有可能减少和被化解。

案例探讨

　　面对学生经常迟到的问题。如果学校和家庭分别以教育主导者和从属者的关系出现，学校就可能会批评家长"没有尽到督促学生按时到校的责任"，并要求学生"无论什么原因都应该按时到校"。这样的沟通非但达不到好的效果，还极有可能引发家校矛盾；如果家校双方构建了平等关系，学校就会主动了解学生迟到的具体原因，了解家长在这个过程中的难处和需求，同时，从学生发展的角度来提出建设性意见，与家长共同寻找解决方法。这可能比简单的批评和要求效果更显著。

　　你是否遇到过类似情况？当时是如何处理的？是否有更好的方法？

（三）功能层面：各司其职，相互补充

家庭与学校在教育功能上各有所长。学校在学科教育和素质教育方面具有体系化和专业性的优势，在学生社会化教育上也有得天独厚的集体性环境，如在学校学生可以参与集体活动、学会与人合作、进行师生互动、学习解决问题。家庭在培养学生情绪调节、建立和维护亲密关系、习惯养成等方面更具备优势，如学生能在与家人的互动中释放天性，享受爱与被爱，悦纳自我。因此，良好的家校协作能在教育功能上形成良好互补，促进学生的全面发展。

三、家校协同育人应遵守的基本原则

（一）以学生的全面发展和终身发展为基础

家校协同首先要改变"唯分数论"的片面成才观和错位的育人价值观，将实现人的全面发展和获得终身幸福的能力作为育人的核心追求。当家庭与学校的育人视角聚焦于"学生是一个成长中的个体"时，就能尊重学生自身的成长规律和成长轨迹，而不仅仅是眼前的作业、分数和升学。

（二）以家校互相信任为前提

家校互信是构建家校协同育人共同体的前提条件，能使家庭与学校之间产生认同感和归属感。家庭通过对学校教育理念和方法的了解，相信学校能为学生提供良好的教育环境和资源，相信教师的教学水平和育人能力；学校通过对每个学生家庭的基本情况和教育期待的了解，相信家庭会为学生的成长负责。了解和信任是一个动态的共建过程，只有将有效的家校沟通贯穿始终，才能保持家校间相互信任的动态平衡。

（三）以家校间清晰的边界为保障

在家校协同育人过程中，学校和家长要明确各自的职责边界。学校应充分利用自身的教育优势和专长，提供科学的教育方法，有效促进学科教学，协助学生解决在学习和生活中遇到的难题，也为家庭教育提供有价值的信息和指导；家长要为学生提供温暖、包容的支持性环境，并为学校提供有价值的学生信息，与学校一起寻找最适合自家孩子的学习方法。家长不能强行干扰学校的教学理念和方法，学校也不能强行要求家长承担与教学相关任务和责任。

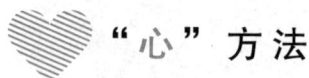 **"心"方法**

良好的家校协同是构建学生发展积极环境的重要环节，是实现学生全面发展和终身发展的基础。下面将介绍实现良好的家校协同的具体方法。

一、家校充分有效沟通，拉近"心"距离

沟通是形成良好家校协同关系的重要途径。要想使沟通充分和有效，可以从以下三个维度来思考：

（一）沟通的目的

沟通的主体是家庭和学校，围绕的对象是学生。当前，家校沟通大多数发生在学生出现问题时，如成绩下降、不交作业或情绪低落、脾气暴躁，甚至自伤自杀。此时沟通的目的是为了解决学生的问题。以解决问题为导向的工作大多是亡羊补牢，虽然未晚却绝非良策。因此，以解决学生问题为目的的沟通，只是家校沟通的次要目的。

家校沟通最主要的目的有两个：一是将学生在学校和家庭的各种状态、变化客观完整地呈现出来，以便双方能够全面了解学生的现状、优点和困境，并在此基础上形成教育方案，为学生身心健康和学业发展减少障碍、提供有利环境；二是客观呈现各自的教育理念、教育方法、教育优势和需求，形成互相理解和信任的关系。

（二）沟通的内容和形式

因为沟通的目的不再局限于学生发生的各类问题，所以沟通的内容更为广泛，形式也多种多样。表5-3-1列举了不同沟通目的所涉及的内容和形式。

表5-3-1 家校沟通的目的、内容和形式

目的	内容	形式
促进家长了解学校	让家长了解学校的办学理念、办学特色	单向沟通：宣讲会 单向沟通：学校公众号
促进家长了解教育	让家长了解不同年龄学生的特点、亲子沟通的方法、家庭教育的方法	单向沟通：讲座、家长群分享 双向沟通：家长沙龙
促进家校共同了解学生	让家长了解本班级学生的总体特点和最近发生的事情，以及后期的学校生活安排；让学校了解学生家庭的基本情况和学生在家的情况	双向沟通：家长会
促进家校共同辅导学生	通过家校合作，有针对性地给予学生支持，促进学生全面而有个性地发展	双向沟通：电话、家访等
支持处于困境的学生	通过家校沟通澄清学生困境和家校在应对困境时的责任与义务	双向沟通：家校恳谈会

家校沟通的形式可以总体划分为单向沟通和双向沟通。学校面对家长的单向沟通，因为覆盖面广，人力物力要求不高，所以被普遍采用，如宣传学校教育理念和政策、传达通知、告知重要活动和要求、培训科学的教育理念等，形式上可以是写信、发放宣传页、举办讲座或报告（图5-3-1）。新媒体时代使单向沟通更为便捷、覆盖面更广，学校举办一场线上讲座，听众可以达到数万人。

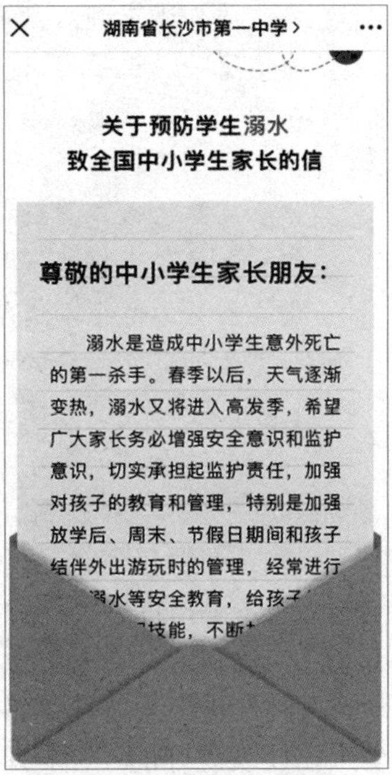

单向沟通的不足也很明显，当沟通内容相对复杂或需要深入沟通时，就需要双方的参与。常见的双向沟通包括文字或语言交流，形式上有家长会、家访、家长沙龙等。新媒体时代同样使双向沟通更为便利、及时和有效。

（三）沟通的语言选择

语言不仅传达信息，还传达态度和情绪，因此家校沟通的语言选择应更为谨慎。有效的沟通往往不是从"我"出发，如"我希望""我认为"等，而是从对方的需求点出发，如对学生会有什么影响、家长可以看到什么等。因此，沟通视角的选择很重要，教师从家长的需求、孩子的需求来表达，更容易达成育人共识。

前面谈到了家校沟通的目的、内容、形式和语言选择。下面我们以家校沟通中常见的家访为例，展示如何应用这些方法。

图5-3-1 单向沟通形式
（学校公众号致家长的信）

案例探讨①

　　班主任李老师刚接手一个三年级班，这个班级"问题学生"较多，有学生喜欢拿别人的东西，有学生经常在课堂上调皮捣蛋，有学生既不读书也不写作业……为了让工作更加有的放矢，开学后第二周，李老师决定对学生进行家访。

　　这天，借着上班会课的机会，李老师对学生说："老师想去你们家里做客，可是先去哪个同学的家，老师也没主意。不如我们找出进步最大的同学，老师先去他家里做客，好不好？"孩子们一致通过了李老师的提议。这时，李老师把目光投向班上那个喜欢拿别人东西的孩子，走到他面前高声说道："听说你在家里经常搞小发明、小制作，老师能去看看吗？"话音刚落，孩子们都把羡慕的目光投向了他。他害羞地点点头，答应了老师的请求。

　　随后，李老师联系了家长。当知道要家访时，他的母亲很吃惊，连忙问孩子是不是在学校里闹事了。李老师笑着告诉她，只是过去看看孩子制作的小玩具。

　　放学后，李老师和学生一起步行回家。路上，老师轻声地问学生："你希望老师和你妈妈聊些什么呢？"他低着头，沉默了许久，说道："老师，请您不要和我妈妈说我拿同学的东西，好吗？她肯定会打我的。"老师微笑着点点头。

　　得知李老师只是来看看孩子制作的小玩具时，家长放松了许多，将孩子在家里的情况一一说了出来。李老师耐心地听着，把重要事件记了下来。当家长询问孩子在学校的表现时，李老师笑着一一列举孩子在学校里表现出色的地方，孩子紧张的神情一下子放松了。

　　家访进入尾声时，李老师看着孩子的眼睛说："每个人都有做得不够好的地方，都有一些不太好的习惯，老师也有，我们一起努力调整，好吗？"随后，她拿出事先准备好的笔记本送给孩子，希望他在以后的学习和生活中将自己每天做得最好的一件事和没有做好的一件事记录下来，以时时提醒自己，同时李老师也请家长配合工作，一起支持孩子改进。

　　从这个"问题学生"的家访过程中，你受到了哪些启发？

　　首先，要明确家访目的。家访最核心的目的是促进家校沟通，形成合力解决学生的问题，而不是指责、批评和提要求。因此，沟通的内容和方式应该保护学生和家长的自尊心，以构建和谐平等关系为前提。案例中，李老师尊重学生的意愿，理解家长的心情，推动沟通有效进行。值得我们借鉴的是，李老师先向家长了解学生在家的情况，随后介绍了学生在校表现好的一面，最后为孩子指出不足和努力的方向，请家长给予配合。言之有情，言之有据。

　　其次，要调整沟通的方式与语言。有效的沟通不是"我希望"，而是从家长的需求、

──────────
① 赵福江，王飞. 更好的家校沟通策略［M］. 上海：上海教育出版社，2021.

孩子的需求出发来表达。案例中的李老师在家访前，分别站在学生和家长的视角，解释了家访只是看看孩子的小玩具，让学生和家长打消了顾虑。在家访过程中，李老师全程耐心倾听、认真记录，充分体现了对家长的尊重。这些都是这次家访出彩的地方。

事实上，家访作为家校沟通的重要手段，除了解决学生的问题以外，也是老师全面了解学生和家庭的重要方法。通过有效的家访，在老师脑海里，学生会从一个个名字变成一个个鲜活的个体和家庭。

思考

除此之外，你还在这个案例中找到了其他值得学习的地方吗？你觉得哪些地方可以进一步完善？

二、制定家校协同方法，促使家校协同落地

协同不能只停留在沟通阶段，还需要有可操作的活动来促使家校协同落地。具体方法有以下两种：

（一）组织家长进校园活动

家长义工社团是家长进校园的常见形式之一，由学生工作处和家委会负责管理，有明确的组织架构、工作制度、工作职责。家长义工社团主要做两方面工作：

1. 学校重大活动的"保障队"

学校在开展艺术节、科技节、读书节、运动会、课外实践活动、校庆日等重要活动时，可由家长义工们负责接待、维持秩序、摄影摄像等工作，甚至学校开放日的讲解员也可以由家长义工来担任。借助家长的力量为各项活动的顺利开展提供有力保障。

2. 校本课程的讲师

学校可以通过"请进来""领出去"的方式，充分利用家长资源。一方面，把家长请进校园，向学生展示交流他们的专长，如举办金融知识、民间艺术、经典阅读、生涯规划等领域的讲座等；另一方面，家长可以将学生领出校门，领到自己工作的环境中，给学生提供更多校外实践的机会，如参观自来水厂、体验模拟法庭等，让学生亲身感受和体验校园以外的真实生活场景和职场环境。

邀请家长进校园，不仅可以丰富和拓展学校教育的内容，提高教学活动的生动性，还能促进家长对学校、学校教育的深度了解和参与，增进家长对学校的信任，更好地促进家校协同落地。

小贴士

家长职业分享会

家长职业分享会是学校生涯教育中一个非常有代表性的活动，也能很好地展示家校社共育如何助力学生生涯发展。一场家长职业分享会一般包括以下流程：

1. 了解学生需求。学校通过发放调研问卷，了解学生最感兴趣的职业和行业。

2. 邀请相关家长。根据学生最感兴趣的职业和行业，邀请相关职业、行业领域的家长来校进行职业分享。

3. 确定分享内容。通过线上方式和家长沟通，传达学生的诉求、生涯教育的基本内容和方法，再结合家长的意见共同确定最终的分享内容。

4. 正式分享交流。学校提供平台（线上＋线下），组织学生参加分享会。

（二）建立家校长效对话机制

1. 家长委员会制度

家长委员会是由学校组织家长，按照一定的民主程序，本着公平、公正、公开的原则，在自愿的基础上，选举出能代表全体家长意愿的在校学生家长组织。家委会是家长与学校、班级对话的桥梁，是家长参与学校管理、进行家校沟通和提升家庭教育水平的平台。

2. 主题性家长沙龙

家长沙龙通常由家委会负责组织，班级的任课教师一起参与。学校一般会根据家长的需求聚焦2~3个话题，让家长们在体验式的学习场景中互动交流。沙龙具有主题针对性强、互动体验性强的特点，往往能吸引很多家长报名参加。

案例分享

参加完学校举行的家长沙龙后，家长们记录了以下感受：

活动感受1：这次沙龙以同学们在学校的不同表现划分成7个小组展开，每一位家长的困惑在其他家长身上几乎都是经历过的，这样的分享让大家感觉很亲切也很有效。听了小组中几个爸爸的分享，我突然感到爸爸不能再做孩子教育的旁观者。我们与任课老师一起分析和探讨问题，明确了和谐的家庭气氛对孩子性格的形成很重要。

活动感受2：我们组的话题是学习积极性和自觉性不高的孩子的教育，会议还没开始我就搜寻了如何提高小孩成绩的方法。但跟这些家长聊了一会儿后，我觉得家长们应该先转变自己的观念。家长们还在用一种母鸡育儿的方式教育孩子，孩子能接受吗？发现问题就是解决问题的最好契机。家长沙龙让我很受启发，使我更有信心陪伴孩子解决问题。

在沙龙活动过程中，学校管理者、教师和家长聚焦孩子、研究问题，形成了更为紧密的教育共同体。

三、化解家校冲突

案例探讨

　　一位爸爸在孩子刷牙时，突然没理由地扇了孩子两巴掌，孩子瞬间吓哭。起因是当晚老师给他发语音："你家孩子上课老搞小动作。你养了十年了，管不了孩子，这孩子在我这儿才待三个月，我也管不了。"他越想越气："这是在说我当爸的没管过娃？"愤怒之下，他伸手就给了孩子两耳光，还直接拍视频发到班级群里，向老师证明自己管教了孩子。

　　你认为家长为什么这样做？如果你是孩子的老师，你会怎么处理？

（一）家校冲突的成因与意义

　　随着社会的发展，人们对高品质教育的需求越来越迫切，家校合作也越来越深入和频繁，但随着家长的参与意识和维权意识提高，家校之间的冲突仍是无法完全避免的。家长与学校教育理念和方法的不一致、对学生现状了解的不一致、对学生期待的不一致，都可能是家校冲突的内在原因。

　　家校冲突并不是只有负面影响。事实上，正是有了这种冲突，才会引起学校教育者和家长的反思，在解决冲突的过程中两者都会产生思想认识的提升。在动态平衡中，良性的协同教育局面才会逐渐形成。从这个意义上讲，家校冲突有着积极的意义。但如果冲突处理不当，将会削弱家校双方的积极性和创造性，给家校协同带来沉重打击，直接影响学生的健康成长。

（二）面对家校冲突时的沟通原则

1. 接纳认可原则

　　在家校协同育人的过程中，冲突不可避免，但承认和接纳家校冲突或许能够让我们保持理智思考，从中反思自己的不足，习得教育的新技能，从而有效促进学生发展。接纳和认可冲突并不是漠视家校合作，也不是在家校合作过程中不积极、不作为。接纳和认可冲突的意义在于，让教师在努力工作的过程中面对家校冲突能够泰然处之，从而能平和地采取有效沟通、合理化解的方式，并从中受益。

案例探讨

　　学生的座位编排常常是学生和家长关注的事情，有一些学生家长会因此和老师发生冲突。但是，如果仔细思考，我们不难发现家长和老师所处的立场不同。家长一般考虑的是自己孩子的利益，而老师要考虑的是班里所有孩子的情况。对此，只有接纳差异，并彼此认可。家校之间的冲突不在于关不关心学生，而在于关心哪些学生以及如何关心，才能形成较为公平的解决方法，从而化解冲突。

　　你遇到过类似情况吗？你是如何解决的？

2. 同理共情原则

学校教育和家庭教育的关注点都是学生。家校冲突发生时，大多数情况下，双方的目标可能是一致的，都是为了学生的发展，只是方式方法不同引发了冲突。对此，我们要尽量去理解家长的情绪和行为背后的原因，试着把自己放到家长的位置上，想家长之所想。面对冲突，当我们有同理共情能力时，问题就不难解决了。

案例探讨

小明和小王是同桌，某天两人因为一点小事动手，小王误伤了小明。小明的家长知道后非常气愤，要求班主任叫小王的家长到学校谈赔偿问题，并放话这件事处理不好，小王就得"以血还血"。

班主任觉得这种做法很不妥当，但她知道小明的家长此时激动的情绪都是因为心疼孩子，所以没有直接拒绝他的不合理要求，而是将话题转向小明的身体，表示关心和心疼，并说起自己的儿子也因为"顽皮"经常"挂彩"的事情，站在为人父母的角度安抚小明的家长。等小明的家长情绪平稳一些后，班主任又从人际沟通的角度，建议父母首先帮助孩子学会处理同伴关系。小明妈妈的态度明显缓和了许多，最后双方家长握手言和。

在这个案例中，你觉得班主任做得好的地方是哪些？哪些地方可以进一步完善？

3. 共利协行原则

学生的发展是家校双方共同的追求。在家校冲突的沟通中，我们要善于运用这个原则，使复杂的问题简单化。

（三）应对家校冲突的策略

教师在与家长沟通时应始终保持"客观中立"，并有效运用以下三种策略，达到化解冲突的目的。

1. 用"我"句式平等对话

马歇尔·卢森堡发现了一种沟通方式，依照它来谈话和聆听，能使人与人之间和谐相处，这就是著名的"非暴力沟通"。遇到矛盾与冲突时，我们可以尝试用非暴力沟通中的"我句式"来与家长沟通，主动说明我们对这件事的感受。

- 我看到……（说出事实，不评价）
- 我感到……（表达感受，不批评）
- 我希望……（看清需要，不贪求）

例如，我看到×××最近多次没有交作业了，我感到有些担忧，不知道他是在学习上遇到了困难，还是有其他原因？我希望和你们一起来帮助孩子。

2. 巧用"三明治"同理共情

网课期间，很多家长会面临这样的情况，一边在单位上班一边担心孩子上网课走神，晚上回家还要督促孩子写作业，焦虑烦躁成为家长的常态，抱怨和投诉也变得特别多。如何与家长同理共情？如何让家长认同、接受、配合呢？我们可以巧用"三明治"技巧，做到有效沟通，为家长赋能。

"三明治"技巧就像三明治一样，分三个步骤：第一层是认同、欣赏、肯定、关爱对方的优点或积极面；中间层是分析、建议或提出不同的观点；第三层是鼓励、希望、信任、支持和帮助。我们可以通过以下案例来进一步了解"三明治"技巧。

案例分享

　　一天网课结束后，老师给小贾妈妈打电话："小贾妈妈，我看到平时老师们在群里发布的信息你都及时关注了，钉钉里你也跟我沟通了孩子的情况，看得出来你很重视孩子的学习。""这段时间，小贾上网课挺准时的，这是适应网络学习的一个好的开始。"（充分认同、欣赏、肯定孩子的优点或积极面，与家长建立积极联结）

　　接着，老师继续说："小贾这几次作业交得有点晚，科学老师说他没有交昨天的科学作业。小贾最近在学习方面是不是遇到了什么困难？""小贾妈妈，我们是不是可以把解决问题的权力交给孩子，尝试与孩子一起制定一些学习规定，因为孩子更愿意遵守他们自己参与制定的规则。"（指出学生有待改进的地方，并提出建议和需要家长配合的要点。这是与家长沟通的关键部分）

　　老师最后说："线上教学是新事物，孩子需要一个适应过程，其实老师也和家长一样。我相信只要家校密切合作，多沟通，我们一定会慢慢看到小贾的改变和进步。"（再次肯定孩子积极的一面，给家长支持与信任，让家长看到希望）

"三明治"技巧把建议、问题夹在表扬认可中，不仅不会挫伤家长的自尊心和积极性，还会让家长愉快地接受教师的建议，正确对待孩子身上存在的问题，自觉关注孩子的成长，从而达到家校协同促进学生发展的理想教育效果。

3. 调动资源协同应对

学校和教师一般根据冲突事件的严重程度和双方的意愿，采用校内协商解决、第三方调解和司法诉讼三种解决途径。

首先，学校和家长应在合法合理、互相理解、平等对话的原则下，进行校内协商解决，充分发挥冲突的建设性作用。这也是大部分家长最愿意采取的方式。

其次，经过协商无法解决的家校冲突，学校可以成立校级家校冲突调解委员会。调解委员会一般由政府牵头，由教育行政部门、学校、法治副校长、法律专家、心理专家以及街道社区干部组成。当家校冲突协商无果时，可以请家校冲突调解委员会介入调解。调解委员会解决家校冲突的优势在于：它将司法行政部门作为第三方，具有相当的公信力；调解委员会的调解员拥有各领域的专业能力，在处理家校冲突时可以发挥各自的优势，既能有效防止矛盾激化，又能加速冲突的解决；调解协议书一旦经过司法确认就具有一定的法律效力，不可反悔，因此可以大大提高可执行性和效率。

最后，如果双方未能达成调解协议，则可通过司法诉讼予以解决。

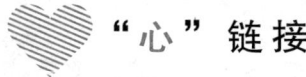 **"心"链接**

用好微信平台，助力家校协同

随着信息技术的发展，微信平台能够提供微信群、微信朋友圈和微信公众号等诸多交流功能，在家校协同育人中起着不可忽视的作用。

微信平台应用于家校协同可能存在一定问题。首先，不规范地使用微信平台可能增加或放大家校冲突，如家长可以随时、随意在微信群里发起沟通，很容易突破边界随意质疑或挑战老师或其他家长，甚至制造舆论压力。其次，还可能出现信息和隐私安全问题，如家长断章取义地截取群聊信息误导他人，未经他人同意传播群里的图片等。

在使用微信平台开展家校协同时，学校要制定规范和准则约束教师和家长。教师应该加强网络安全意识和相关法律的学习，注重培养互联网职业道德，避免让微信群"工具化"，避免信息量超载给家长造成焦虑。家长要遵守微信平台使用公约，尊重他人隐私，给予老师更多的理解和信任。

第四节 如何促进社会与学校联动

你游览过A站和B站吗？你听说过蓝鲸游戏吗？你知道学生口中的"三坑"是指哪三种文化衍生品吗？这些都不是学校的产物，是社会文化、环境对学校影响的体现。它们之所以会出现在校园里，是因为学校甚至整个教育系统从来都不是孤岛。无论是学生的身心健康，还是学业发展，都离不开社会的影响和参与。作为一线教师，我们应该如何看待社会对学生的影响呢？应该如何利用社会资源促进学生发展呢？应该如何减少社会环境对学生的不良影响呢？本节将深入探讨这些问题。

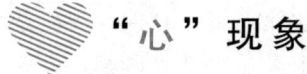 **"心"现象**

遇到下列情形时，你通常会怎么做？

1. 在网络文化盛行的当下，小明的人生目标是成为"网红"，因此无心学业。如果他是你的学生，你会如何与他沟通？

2. 部分教育管理者和教师特别信奉企业中的"狼性文化"，并有意将"狼性文化"中敏锐的"嗅觉"，不屈不挠、奋不顾身的进攻精神和群体奋斗的强烈意志运用到对学生的教育教学上。你如何看待这种文化？你的教育教学行为受到过这种文化的影响吗？这种文化对学生会产生哪些影响？

_____

_____

3. 如果你是班主任，你的班级需要组织一次社会实践活动，你会联系哪些社会机构？你打算如何寻求社会资源的帮助？

_____

_____

4. 你发现学生小李在网络上加入了一些QQ群，这些QQ群会定期组织所有加入者进行一些伤害自己的事情。除了教育学生远离这些组织以外，你还可以寻求哪些社会资源去帮助小李？

_____

_____

5. 一些影响全球的重大事件发生后（如新型冠状病毒感染），你会做些什么去尽可能地保护学生的身心健康？

_____

_____

6. 作为教师，在应对上面这些问题时，你觉得最大的挑战是什么？最需要什么样的支持和帮助？

_____

_____

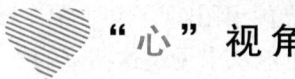 **"心"视角**

一、为什么学校需要与社会联动

过去，学校被称为"象牙塔"，读书人被形容为"两耳不闻窗外事，一心只读圣贤书"。但随着社会的发展，特别是信息化时代的到来，教育系统的独立性已经被打破。学校作为社会系统中的一部分，大到社会的一次发展、一次变革，小到一段新闻、一个新研发的产品，都可能对学校产生深远影响，也将影响身处其中的学生。

（一）社会文化在很大程度上影响和决定校园文化

社会文化是人类一切精神财富的总和，包括思想意识、文学艺术、规范、习俗等，其核心是价值观。它包含主流文化和亚文化。主流文化是指一个社会、一个时代受到倡导的、起着主要影响的文化。在校园中，教育理念其实在很大程度上承载了一个时代社会的主流文化。每一次教育改革的实质都与社会生产结构的转型或精神文明的提升密不可分。因此，主流的社会文化主导着校园文化。

当然，校园也是社会亚文化流行的地方，特别是在当下这个新媒体、自媒体"爆炸"的时代。亚文化是指与主流文化相对应的那些非主流的、局部的文化现象，属于某一区域或某个集体所特有的观念和生活方式。从"哈韩""哈日"到二次元，从蒸汽朋克到赛博朋克，从文艺青年到古风少年，没有一种文化现象不是发源于社会，又在校园流行的。内卷、躺平、佛系，这些文化当然也无法被隔绝在校园以外。流量主播靠带货或打游戏"轻松"就能月入过万。在学生看来，这些是"成名""暴富"的途径，这也意味着人生不再只有读书这条"辛苦"的道路。有些时候，这些多元的社会亚文化甚至比主流文化更容易被学生接受。因此，校园文化也受社会亚文化的影响。

社会主流文化和亚文化深深地影响着校园文化。这样的影响不是靠学校或教育系统单方面的引导就能改变的，营造出更适合学生发展的校园文化，需要社会其他力量的共同参与和支持。

（二）社会经济水平在很大程度上决定了学校的资源

社会经济是人类赖以生存的物质基础，社会经济发展不仅是指社会财富增加，还包括与财富相关的一切人力、物资和信息等资源的丰富。通过一个简单的比较，我们就能很好地理解社会经济水平对学校的影响。在经济发达地区，大部分学校都配备了完善的教学设备，师资力量雄厚，有的学校还配备了生涯指导师、营养师等教育相关领域的专业力量。这些学校的学生家长大多相对富足、有一定的社会资源，可以为学生提供研学旅行、听专家讲座、看展览、参与科研项目甚至发表论文的机会。反观一些经济落后地区的学校，数百人共用几台电脑，有些学校甚至缺乏通风、采光合格的教室。这些学校的师资匮乏且流动性大，一位教师同时负责多个学科教学的情况并不罕见。这些学校的学生家长通常难以为学生提供课外资源，有些贫困家庭甚至只能让孩子完成义务教育阶段的学习。可见，社会经济水平很大程度决定了学校的资源。2017年全国高考卷语文作文题中因出现了共享单车、高铁、移动支付等内容而被很多人诟病。因为经济落后地区的学生可能从未见过这些事物。

当然，在相同的社会经济水平下，社会对教育的投入和支持也会影响学校的资源和教育效果。以湖南省桃源县为例，桃源县的经济发展水平与湖南省其他县相比并无明显优势。但是，其教育水平特别是反映在高考成绩上的情况却较其他县有一定的优势。2019年，湖南省教育厅发布《关于学习推广桃源一中办学经验发展素质教育落实立德树人根本任务的决定》。这与桃源县委县政府高度重视教育，提高对教育的投入与支持紧密相关。以家校社合作为例，桃源县把家庭教育纳入"十四五"规划、绩效考核和财政预算。为了吸引家长们学习家庭教育知识，桃源县在全省首创"电商平台＋家庭教育"线上学习平台，将课程放在电商平台"供销之家"上，家长凭学习积分可领证、定级、打折等，极大地提升了家庭教育的质量。

（三）社会突发公共事件显著影响学校教育教学行为

社会突发公共事件是指突然发生，造成或者可能造成社会危害，需要采取应对措施的事件，通常包括自然灾害、事故灾难、公共卫生事件和社会安全事件。新型冠状病毒感染就是社会突发公共事件的典型代表。以新型冠状病毒感染为代表的社会突发公共事件不仅可能会打乱学校的原有教学计划，还会带来一些心理应激。后疫情时代师生心理问题和心理危机增加已经被许多研究证实。当然，我们也发现，在公共事件发生时，获得更多社会资源支持和帮助的学校能更为平稳地度过。

> 🌿 **小贴士**
>
> 联合国教科文组织的数据显示，因新型冠状病毒感染影响，世界上超过60%的学生接受的教育发生了变化。186个国家和地区的学校曾经停课，近13亿学生在学年突然中断后被困在家里。学生们开始尝试远程学习。与此同时，其他人的角色也悄然改变，老师们转向了虚拟教室，父母们也开始承担新的角色。许多居家学习的学生不得不为食物、上网设备、网络而苦恼。许多学生错过了重要的里程碑，如毕业典礼。他们不能参加课外活动，如朋友聚会或体育运动等。

社会对学校有着无处不在的影响，与此同时，学校对社会的影响也不容忽视。学校培养的是未来社会的公民和未来社会建设的主力军。当下学生的价值观和精神面貌将决定未来社会的样子和未来社会发展的方向。因此，学校与社会的联动不仅是学校的需求，也是社会的需求。

二、良好的学校与社会联动具备哪些特征

社会是很宽泛的概念，当我们在谈学校与社会联动时，大部分时候是指学校和社会中的各种团体，如政府职能部门、专业技术组织、社会团体或经济体等的联动。社会与学校的联动只有满足以下三个特征，才能做到有效果且可持续开展。

（一）联动应符合学生发展的需求

良好的学校与社会联动是基于学生发展的需求，而不只是基于社会组织和团体的认知，即他们认为学生和学校应该需要哪些方面的支持。当然，政府职能部门、专业技术团队基于自己对教育和学生的理解，结合自己的优势，主动向学校提供支持，是被鼓励和欢迎的。但这些支持最终是否被学校采纳或执行，需要结合学生的需求和学校的实际情况，由学校来主导。一方面，学校有自身的运行规律和规则，外界的强势介入可能会打乱原有的秩序，反而不利于学生和学校的发展。另一方面，学校主导的社会联动能减少所有资源和工作的堆砌、重复。例如，近年来，学生心理问题受到社会各界的密切关注，许多政府职能部门、学术团队、社会组织都希望为学生和学校尽一份责，但是，由于缺乏沟通和协调，不同的社会组织和团体开展了许多相同或类似的工作。例如，曾有一所学校的学生在

一个学期内被不同的团队重复进行了多次心理调查，不仅学生有怨言，调查结果也并不可靠，还浪费了社会资源，没有达成良好的联动。

案例探讨

"教育名师"演讲时被高中生轰下台

2023年2月18日下午，合肥某高校一位副教授陈某前往一所中学进行感恩主题演讲。陈某大肆宣扬功利主义，引起了在场学生的不满。一位学生上台从陈某手中拿过话筒，反驳道："学习是为了中华民族的伟大复兴！"这引发全场听众热烈反响，讲座也因此终止。

这也为广大教育工作者提了个醒，当我们与社会资源合作，请来专家授课时，一定要关注授课的内容是否符合学生的需求，专家的言论或价值导向是否正确。

你怎样看待这件事？

（二）合作有清晰的职责和边界

家校协作时各有职责和边界，学校与社会联动时，职责和边界更为重要。学校能通过与社会的联动获得更多的指导、支持和帮助，但并不意味着社会团体可以代替学校完成相应的工作。以学生心理健康教育工作为例，学校是开展心理健康促进和心理问题预防的最佳场所，社会专业资源可以指导和培训学校教师，帮助他们将这项工作完成得更好，但不宜进入校园代替学校开展工作。社会专业资源应充分发挥自身优势，各司其职，如社会心理服务机构和精神医疗机构是治疗心理问题的最佳场所，民政、妇联等可以为处于困境中的青少年提供托底的支持，学术团体可以将研究结果转化为建议或决策报告。学校与各种社会团体各自完成应尽的责任，既边界清晰又相互支撑、补充，是一种理想的合作模式。

🌱 **小贴士**

深圳市基于学校、社区的儿童青少年心理健康服务体系

根据《深圳市民政局社会心理服务体系建设工作实施方案》，深圳市建立了基于学校、社区医疗系统资源的儿童青少年心理健康服务体系。该体系中的各种团体分工明确，边界清晰，相互支撑和补充。

深圳市成立了由市委政法委、组织部管理，包括区（中心）、街道（站）、社区（室）工作站的党群中心，网络100%覆盖的深圳市社会心理服务协会。该协会由深圳市卫生健康委主管，深圳市民政局监督，依托深圳市康宁医院联合了卫健、教育、公安、媒体、高校、企业社会组织、基层服务机构以及政府有关部门力量，组建了11支多学科专业团队。该协会是目前我国跨机构、跨部门、跨领域覆盖最广的社会心理服务协会，很好地黏合了学校、医院、社会心理服务机构等与儿童青少年心理健康有密切关系的第三方。

其中，政府制定相应的政策法规，健全管理体系；教育主管部门协同政法委、组织部等组织调研和专题研讨会；财政局负责提供专项经费支持；共青团、妇联、地方心理学会等发挥组织优越性与学校对接。

（三）合作有规范或制度做保障

中小学生是未成年人，和他们的互动应与成年人有差异。制定规范是为了让社会团体了解学校的行为准则和要求，提供更有益的帮助，避免发生潜在伤害。例如，许多地区对进入学校的团队有明确的资质要求以及清晰的行为和伦理规范要求，这能有效减少对学生的伤害。另外，学校与社会联动要持续开展，相关的制度或法律是最好的保障。

2018年，国家卫生健康委牵头发布了《全国社会心理服务体系建设试点工作方案》，要求各省、自治区至少选择1个设区市展开试点工作，各直辖市以城区为基础，尽可能覆盖区县，明确试点地区的工作目标和工作内容，并在经费支持、政策优惠等方面给予保障。随后三年，国家卫生健康委、中央政法委等9个部门联合印发当年重点工作任务，初步搭建起我国社会心理服务网络。在地方层面，2020年，深圳市民政局印发《社会心理服务体系建设工作实施方案》；2020年，武汉市人民政府办公厅也出台了《武汉市社会心理服务体系建设试点工作实施方案》，明确规定组建四级社会心理服务平台，完善教育系统心理服务平台，建立心理服务行业监管机制等内容，保障了社会资源与学校的联动。

社会心理服务体系建设的相关文件

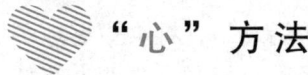　“心”方法

许多老师可能认为学校与社会联动是学校或教育行政部门应该完成的工作，与自己关系不大。但事实上，时代发展迅速，日新月异，很多时候，教育行政部门需要综合多方因素并经过试点后，才会将成熟的联动机制推广，时效性相对滞后。作为一线教师，我们不能坐等教育行政部门将"答案"交到手中，而是要发挥自己在一线工作的优势，主动开展社会联动。

促进学校与社会联动要实现两个目标：一是提升教育的质量和效果，二是减少社会对学生的消极影响。要达到这两个目标，我们可以采用"走出去"和"引进来"这两个策略来开展工作。

一、"走出去"：让社会更了解学校

尽管学校受到社会因素的影响较大，但其运行方式和规律仍有其独特性，且因涉及未成年人，学校不能随意对外开放。因此，学校和学生中发生的很多事情和现象，校外人员很难知晓，但这些重要信息却是社会为学校提供帮助的重要基础。为了让社会更全面地了

解学校和学生，我们可以采用以下方式：

1. 通过多种渠道展示学生情况

我们可以通过当地电视台等媒体、学校官方公众号、官网或自媒体向学生、家长和所在社区宣传班级、年级和学校情况。一方面，我们可以直接展示班级学生目前的需求，呼吁社会直接给予支持，如通过多种媒体呼吁医疗部门开设学校绿色通道，呼吁媒体减少对自杀事件细节的报道，呼吁社会加强对网络自杀游戏的管控等；另一方面，我们可以通过展示学生学习和生活的现状以及学校的教育教学政策和成果，让社会了解学生群体的现状和学校的发展情况，让社会上的更多人以不同视角关注学生，并发现学生的需求。

案例分享

近年来，抖音、快手、B站等视频平台上出现出了不少身份为乡村教师的博主。这个独特的群体通过日常记录让越来越多的人了解乡村教育和乡村教师。90后乡村教师朱文洁的另一个身份是"很努力的班主任"的博主。

没有精致的剪辑与设计，没有特定的脚本，展现出一群小学生争论哪个奥特曼更帅气，面对老师突然家访时的手足无措，以及在办公室和老师"斗智斗勇"的真实片段……

网友的一个关注，一个点赞，一句评论，对这个学生群体和参与其中的老师都是一份支持。这些点点滴滴的支持汇聚到一起，有可能就会带来质变，给乡村教育和留守儿童带来实际支持与帮助。

2. 组织和参与社会活动

我们可以通过组织班级或学校开放日、亲子活动日、科普日等活动，让社会更好地了解学校和学生的现状。也可以参与由社会各部门组织的活动，如民政、妇联、文明办等部门组织的座谈会，让这些部门更了解学校和学生的需求。

案例探讨

"双减"政策的落地给家校社联动带来了新的命题。上海市甘泉路街道与甘泉社区教育联盟共同体通过家校社联动工作座谈会，联系市、区、街道领导及相关科室负责人与一线教师、学校负责人就社校融合、未成年人保护、校园周边安全、课后服务等社区教育的热点难点工作开展交流。

通过联动工作座谈会，学校能够听取街道和第三方社会组织有关未成年人保护工作的情况，更重要的是，街道和第三方社会组织可以更加了解学生在学校的情况，从而更有针对性地对接学生需求，提供更符合学生特点的课后服务。

如果你有机会参与联动工作会交流，你打算交流哪些内容？

3. 参与教育学会或其他学会组织的交流活动

我们可以在教育学会组织的活动中，主动报告学生、班级、学校的相关情况，探讨目前教育教学工作面临的困惑。这样的交流可以加深相关机构对学生校园生活的理解，我们也可以从教育学会成员多元、专业的视角中获得解决问题的方案。

二、"引进来"：邀请社会资源和专业技术参与教育教学

在教育教学过程中，如果遇到教育系统无法独立完成的工作时，我们就应该考虑与社会资源联动。教育行政部门或者学校有责任牵头与各部门形成长效合作机制。然而，这并不代表一线教师不需要采取行动。事实上，许多事件和个案都是由一线教师发起并处理的。当遇到无法独自应对的案例时，我们应该积极主动地寻求社会资源帮助。

（一）开展实践教育活动时

学校是对儿童青少年进行专门教育的专业机构，是育人的主阵地。在涉及生涯体验等实践活动时，各类社会资源能起到很好的补充作用，让活动达到更好的育人效果。具体而言我们可以这样做：

1. 建立相对稳定的社会实践教育基地和资源目录清单

我们可以结合不同基地的资源情况，联合开发社会实践课程，常态化开展共青团和少先队活动、劳动教育、综合实践教育、志愿服务、法治教育、安全教育、职业探索和研学活动等。

2. 邀请相关社会资源进入学校开展教育宣讲活动

我们可以充分利用团委、关工委、科协、体育、文化和旅游等方面的资源，通过"请进来"的方式开展教育宣讲活动，有效丰富学校的课堂和课后服务内容，更好地满足学生的多样化学习需求。

案例探讨

为积极应对新高考新形势，增强学生的生涯规划意识，助力学生对职业的深度了解，你们班准备开展"生涯人物进校园"职业分享活动，让学生在认真聆听与积极互动中思考自己的未来发展方向，点亮青春梦想。

你会选择哪些生涯人物？你可以通过什么渠道邀请到生涯人物？

（二）应对处于困境中的学生时

许多困境并不是教师和学校能独立解决的，如贫困、留守儿童、事实孤儿、家庭暴力、重病等。我们应该意识到，这些问题需要相关部门一同解决。事实上，民政、妇联、团委等部门对处于困境中的学生都有相关的帮扶责任，且已有一些相对成熟的项目。我们应该熟悉这些部门的工作内容，了解联系方式，以便有需求时能及时寻找到资源，从而有效帮助学生应对困境。

案例探讨

六年级学生小周从四年级开始出现各类违纪行为，如偷拿他人钱物，无法控制情绪爆发甚至做出攻击行为。班主任深入了解其家庭情况后，发现小周的父亲多次家暴他和母亲。

如果你是班主任，你会如何帮助这个学生？你可以向谁寻求支持和帮助？

（三）社会文化带来不良影响时

当发现学生翻看"有毒"书籍、在网络上与陌生人组CP、租手机上网等情况时，学校要借助有关部门的力量共同应对。公安局、文旅广体局、市场监管局等部门有责任开展图书、音像等出版物的清理整顿，有责任健全网络综合治理体系，打造有利于儿童青少年健康成长的网络文化生态。这些部门也有责任配合落实学校安全工作机制，加强校园周边环境治理，强化安全风险防控，加强学校周边营业性娱乐场所（如酒吧、网吧等）的监管。我们如果发现类似事件和个案，应及时向相关部门报告求助。

（四）学生出现心理问题时

个体的心理健康受多个系统的影响，学生的心理问题如果只由学校或教育部门单独应对是不够的。我们发现学生存在被欺凌、自伤、自杀等行为时，可以联合相关部门共同为学生提供帮助。例如，发现学生通过网络参与他人组织的自杀游戏时，要及时联系网络公安采取封号、管制等行动；发现有自杀意念的学生失踪时，要及时和公安部门联系，锁定学生位置，为干预提供可能；知道学生有严重的心理问题后，要及时联系心理专业机构或精神科进行转介。

案例探讨

小王是一名确诊了心理问题并伴有自杀意念的中学生。他某天下午未按时到校上课，班主任联系其家长，家长说他已经离家去学校了。接着，班主任和家长均发现联系不上该学生。同时，小王的同学在他的QQ空间发现定时发送的遗言。班主任立刻拨打110报警，在警察的帮助下，锁定了小王的手机位置，并顺利地在江边找到了他。班主任及时寻求警察帮助，为进行危机干预提供了可能性。

如果你是这位学生的老师，你觉得还可以采取哪些方法和措施？

医教联合是学校与社会较为常见的联动方式，内容主要包括医疗系统为学校开通就诊绿色通道、对学校老师开展心理问题相关培训、定期与学校开展案例分析、定期与学校交流在临床中发现的与学生有关的问题。我们可以进一步了解学校是否与地方医疗系统开展联动，如果没有，可以呼吁学校加强相关合作。

案例探讨

　　某三甲医院急诊科在整理近期病例时发现，近一个月青少年中毒的案例显著增加，且中毒的原因是非常少见的物质。询问学生后得知，这些物品都是从网上购买的。医院立即撰写报告，递交给当地教育行政部门。教育行政部门迅速布置学校对相关情况进行摸排，发现了一批高危学生，有一部分学生已经买到相关物品。医院的这一举动挽救了许多条宝贵的生命。

　　你是否经历过类似的学校与社会协作的事件？你觉得还有哪些事应该与社会资源紧密协作？

 **"心"链接**

中国香港的"成长的天空计划"①②

　　"成长的天空计划"（Under Standing Adolescent Program，UAP）是中国香港特区政府针对当地青少年心理与行为问题提出的面向香港中小学生的心理工作计划。这个计划生动诠释了学校与社会如何联动，共同促进学生心理健康。

　　"成长的天空计划"包括识别机制和综合课程两个主要内容。识别机制可以识别出有可能在未来的成长过程中出现偏差行为的那一部分学生。综合课程包括发展课程和辅助课程，前者针对每个年级的所有学生开设，每级9课教材，教授情绪管理、社交、问题解决以及目标制定等生活技能，由学校的班主任及教师负责。后者则专为被识别机制甄别出来的学生而设计，为学生开设了成长小组，学校协同家长、社会机构的辅导人员共同辅助学生成长，并进行个案跟进。辅助课程还设计了家长工作坊、亲子活动，以提升家长和子女的沟通相处技巧。

　　在"成长的天空计划"中，政府机构、科研机构、学校、社会服务机构形成了分工明确、权责对等且符合学生发展需要的合力。学生辅导规范由政府机构和科研机构协商制定，服务由学校系统外的社会服务机构提供。学校通过政府津贴向社会服务机构购买服务，社会服务机构派专业人员到学校开设辅助课程，并开展一系列的跟进工作。

---

① 谢明辉. 香港推出"成长的天空计划"［J］. 思想理论教育，2010（6）：96.
② 钟宇慧. 香港抗逆力辅导工作及其启示：以"成长的天空"计划为例［J］. 广东青年干部学院学报，2009（3）：29-35.

第六章　用"心"应对学生心理问题

　　心理问题泛指一系列从轻到重的认知、情绪和行为紊乱，而严重程度达到诊断标准即可称为精神障碍。所以，当我们谈论中小学生心理问题时，既包括严重的如抑郁、焦虑等精神障碍，也包括因为学校适应、人际冲突、考试失利、被欺凌等而出现的不良体验和发展性困惑。作为普通老师，我们并不需要谈"心理问题"色变，因为并不是所有"心理问题"都需要或只能由专业人员应对。本章将详细介绍学生不同程度心理问题的表现，以及作为普通老师可以如何有效帮助他们渡过难关。

第一节　如何支持学生应对困境

　　在你从教的这些年中，是否遇到过这样的学生？他们有的身患特殊疾病或经历过严重的特殊事件，有的失去了父母或家庭极度贫困，有的无法适应学校生活或在校园里遭受欺凌，有的经历过重大社会危机事件，等等。面对这样的学生，你一定思考过怎样能够更好地让他们融入学校生活，更好地成长，甚至已经付出行动去帮助他们。接受过你帮助的学生后来发展得如何？你的哪些帮助效果很好，哪些帮助似乎看不到成效？是否还有其他学生处在困境中你却不知道？实际上，学生所面临的困境远比上面谈到的要多。如何发现这些处于困境中的学生，了解他们的真实需求，以及如何向他们提供适宜的支持以应对困境，都需要应用到心理学知识和技能，而不仅仅是简单的关爱。本节将探讨这些问题。

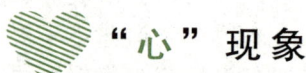 **"心"现象**

　　两所农村小学希望为本校的留守学生提供帮扶，于是分别开展了两个完全不同的活动。

　　一所小学组织了一场帮助留守学生的捐赠活动，邀请了热心公益的企业和团体。为了让更多人了解这些学生的不易，引起更多人的关注，学校请留守学生中最困难的几位在现场一一介绍自己的苦难经历。活动很成功，留守学生获得了不少物质捐赠，部分贫困学生的营养餐也得到解决。

　　另一所小学的留守学生有60%住校，年龄最小的仅10岁。年轻的班主任每晚都主动去不同年级的学生寝室，给学生们讲睡前故事。她还奖励每周表现得最好的几位学生用她的手机给家长打视频电话。学生每晚都期待老师的到来。下雨的夜晚，孩子们守在窗前，期待老师来给他们讲故事，又担心雨夜路滑。许多听过老师睡前故事的学生毕业后也一直和老师保持联系，在寒暑假期间还会主动回到学校，陪伴学弟学妹们成长。

　　1. 两个学校采用了不同的策略和方法帮助留守学生，这两种方法带给你的感受分别是什么？基于你的感受和经验，你觉得两种方法的效果有何不同？

_____

_____

　　2. 基于你的经验，还可以用什么方法为留守学生提供帮助？

_____

_____

　　3. 除了留守学生，你觉得还有哪些学生可能处在困境中？

_____

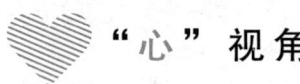

"心" 视 角

一、什么是学生常见的困境

（一）困境的概念

困境也可以称为负性生活事件，是指学生遭遇的重大或长期慢性的不良处境或事件。与挫折相比，困境的程度更严重，并且往往靠学生的个人力量难以摆脱。《国务院关于加强困境儿童保障工作的意见》指出，困境儿童包括因家庭贫困导致生活、就医、就学等困难的儿童，因自身残疾导致康复、照料、护理和社会融入等困难的儿童，以及因家庭监护缺失或监护不当遭受虐待、遗弃、意外伤害、不法侵害等导致人身安全受到威胁或侵害的儿童。本节谈到的困境，既包括政策里提到的比较极端的情况，又不局限于此。

（二）困境的类别

根据困境产生的原因，困境可以分为以下四类：

1. 因个体原因形成的困境

个体原因可能是学生个人特殊的躯体状况，如患有重大或先天性疾病、残疾等；或者有特殊的经历，如遭遇过虐待、车祸、亲人过世等重大事件。

> **案例分享**
>
> 小艺是一个开朗的女生，一直以来都热情待人。但是经历了一次意外事件后，小艺的脸上留下了一道明显的疤痕。自此之后，小艺就开始变得沉默寡言，不再那么爱和人交流，大部分时候都一个人默默地坐在座位上，尽量和其他人保持距离，她总觉得自己的容貌会遭人嘲笑。她不再自信，以前擅长的活动也不愿意参与。同学们很想帮助她，但是小艺对同学们的热情反而表现得有些不适，甚至越来越退缩。

2. 因家庭原因形成的困境

这类困境通常是学生家庭的特殊状况或特殊经历造成的，包括家庭贫困或特别富有、父母外出打工、父母离异、家庭重组等，也包括父母入狱、父母去世、被遗弃等原因导致的监护缺失。

> **案例分享**
>
> 小敏一直是一名品学兼优的学生，但是她的家庭情况十分复杂，父母都是文盲，每次老师布置要家长检查签字的作业时小敏都不知道该怎么办，因为父母无法给她检查，甚至没办法签字，所以她只能请邻居叔叔帮忙签字。可是这也不是长久

之计，她也不想因为这件事情让老师给予她特殊待遇。老师了解了她的家庭情况后，便不再检查她的家长签字，但是小敏觉得自己好像和其他同学有些不一样，开始有些自卑。

3. 因学校原因形成的困境

这类困境通常是学生在学校的负性经历造成的，如遭遇校园暴力、遭遇校园欺凌、被班集体孤立、被老师歧视、转学至新学校无法适应、受处分、重大考试竞赛失利等。

案例探讨

小方是一位很内向的学生，在学校里从来不大声说话，因为他的成绩很好，所以班上的同学都叫他"大佬"。小方自己却不太喜欢这个绰号，觉得好像和其他同学有些隔阂，自己也没有优秀到能被人叫"大佬"的程度。但是他又不知道怎么向其他同学表达自己的想法，渐渐地所有人都开始叫他"大佬"，有些同学是确实觉得他很优秀，还有些同学难免有些阴阳怪气。面对他们，小方不知该如何相处，开始变得越来越内向、沉默寡言。老师也很奇怪，明明是大家眼中"别人家的孩子"，小方为什么会变成现在这样？

4. 因社会原因形成的困境

这类困境通常是学生所处社会环境发生了重大变故造成的，如重大自然灾害、国家重要政策变化、特殊社会事件（如新型冠状病毒感染疫情）等。

案例分享

小红的父母与小红的关系非常好。在新型冠状病毒感染疫情期间，作为医护人员的父母经常前往一线，无法陪伴小红，无奈之下只能将小红送去外公外婆家，之后的很长一段时间都没和小红联系。小红一开始能够理解父母的辛苦，可是随着时间的推移，小红非常期盼能与父母团聚，但是这个简单的愿望很难实现，每次她满心欢喜地和父母打电话，得到的都是电话那头无人接听。疫情形势有所好转后，小红与父母团聚了，但是她觉得与父母之间产生了严重的隔阂，不再想和父母交流，经常与父母发生冲突。

二、困境会对学生产生哪些影响

（一）困境可能引发心理问题

困境是影响心理健康的重要因素之一，处在困境中的学生发生心理问题的概率比其他学生高，是心理问题的"高危个体"。处在困境中的学生能感受到强烈的痛苦感、较高的压力和较低的生活满意度，严重时会出现各类情绪和行为问题，如焦虑和抑郁情绪、成瘾行为、自我伤害行为等。困境儿童心理问题检出率更高，其抑郁和社交焦虑水平都显著高于常模；父亲或母亲服刑儿童的心理健康状况更差，在情绪、人际交往和品行等方面都明显差于正常儿童。更重要的是，如果得不到有效的应对，这些困境不仅会对学生当下的心理健康水平产生负面影响，还有可能影响其成年期甚至一生。"幸福的人用童年治愈一生，不幸的人用一生治愈童年"，大抵说的就是这个意思。

（二）困境可能阻碍学生发展

困境尽管各种各样，但总的来说，处在困境中的学生受到的有效帮助不够，能利用的资源不足。困境中的学生发展（包括学业发展）显著落后于其他学生。多项研究表明，离异家庭的儿童自我控制能力差，在情绪、性格、品德和学习等方面出现问题的人数比例均大于正常家庭的儿童，他们的社会性发展明显受到阻碍；[1] 留守儿童未按规定接受义务教育的情况远高于非留守儿童，学业完成情况也比非留守儿童差；[2] 流动儿童认知能力较低，在认知能力、家校关系上均处于弱势地位。[3]

三、帮助困境学生的基本原则

（一）尊重原则

困境有不同类别，处在不同困境中的学生的需求也存在差异；即使身处相同的困境，不同学生的需求也不尽相同。需求与学生的认知和主观体验密切相关。只有尊重和满足学生的主观需求，帮助才能真正起效。简单地说，就是要满足学生自己感受到的需求，而不是老师认为的需求。

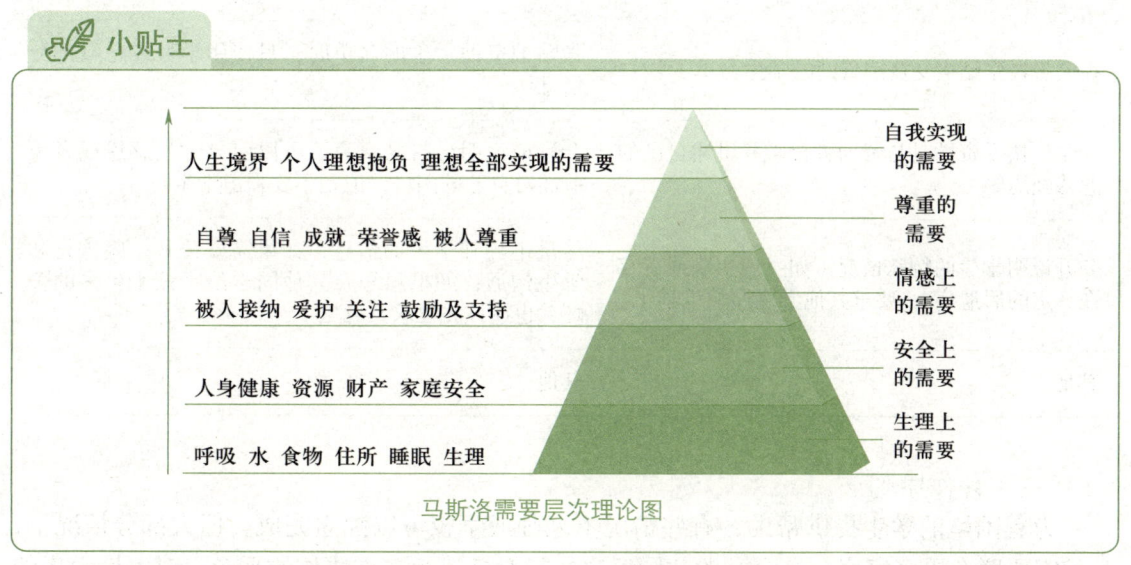

马斯洛需要层次理论图

---

① 陈会昌，张东，张慕蕴，等. 离异家庭子女的社会性发展特点［J］. 心理发展与教育，1990（3）：173-177＋139.

② 段成荣，赖妙华，秦敏. 21世纪以来我国农村留守儿童变动趋势研究［J］. 中国青年研究，2017（6）：52-60.

③ 李媛，曹连喆. 家校合作如何影响流动儿童的认知能力：基于中国教育追踪调查数据的分析［J］. 教育学术月刊，2023（5）：27-32+39.

（二）不伤害原则

案例探讨

小明的父亲很早就因病过世了，母亲随后改嫁。小明一直由爷爷奶奶抚养，家庭经济拮据。班主任了解情况后，每次收取班费或者其他费用时，总是说"小明家里条件不好，小明就不用交了。"甚至当小明获得全校运动会跑步冠军，请班上同学吃雪糕时，都被班主任制止。她批评被请的同学说："小明家里条件不好，你们怎么要他花钱。"结果，班主任的这些行为并没有得到小明的感激，反而让小明非常反感。虽然小明获得了经济上的"减负"，但他在集体中的归属感被剥夺了，自尊也被忽视了。

如果你是小明的班主任，你觉得可以采用哪些方法帮助小明？

处于困境中的学生确实需要帮助，但在帮助的过程中，如果方法不对，反而可能会对学生造成伤害。因此，我们要多站在学生的角度思考，尽量采用对学生影响小的帮助方式。在帮助困境学生的过程中不建议使用的方法和推荐使用的方法如表6-1-1所示。

表6-1-1 两类不同的方法对比

不建议使用的方法	推荐使用的方法
在公告栏张贴接受贫困资助的学生名单	张贴被资助学生的名单时，只使用学号或隐藏部分信息
让学生接受资助时与资助者合影并讲述自己的悲惨经历等	合影前说明会打马赛克；可以引导学生感恩或者勇敢面对自己的困境，但是不要强迫学生
公开说明学生的特殊情况（如身患疾病或者存在一定的后遗症），要求其他学生照顾该学生	尽量不公开学生的信息，如果需要公开，应该先和学生沟通；如果想号召其他同学给予该生更多的关怀，也应该先征求其意见
其他：	其他：

（三）协作原则

为有困境的学生提供帮助，有些情况下老师或学校可以独立完成，但大部分情况下，学校需要联合更多家庭、社会资源共同解决。只有搭建起多方协作的平台，对困境学生的帮助才能更加有力。政府制定相关保护政策，非政府组织和专业福利机构提供专业指导，家庭照顾和社区照顾作为补充。表6-1-2列举了一些可以协作的资源及可以采用的协作方式。

表6-1-2 可以协作的资源及可以采用的协作方式

可以协作的资源	可以采用的协作方式
家长	尝试改变与家庭相关的困境，如学生缺少陪伴就多陪伴学生，学生缺少独立空间就给他更多自由等
学校的心理教师	通过课程、活动提供专业的心理支持和帮助，引导学生改变认知、提高技能、调整心态等
民政、妇联	给予贫困学生资助，提供免费或优惠的心理健康服务，开展家长学校活动
团委	组织青少年公益活动
公安	解决家庭暴力、校园暴力等违法犯罪问题
医院	提供专业的健康服务

♥ "心"方法

作为老师，我们应该及时发现处于困境中的学生，明确他们的需求，并及时提供有效的帮助，以减少困境对学生的影响。

一、如何发现处于困境中的学生

要了解处于困境中的学生，我们必须对困境有一定的认知和识别意识，即知道哪些情况可能是困境，且能识别是因为何种原因导致的困境。在具备了困境的认知能力和识别意识后，我们还要善于发现处在困境中的学生。例如，可以通过不同渠道和方法收集相关信息，包括学生基本信息（学生和家长共同提供）、台账信息（民政、妇联提供）、日常观察和了解（日常沟通、家访）、学生作文和日记等。

下面的学生困境信息收集卡片主要用于整体信息收集，可以反映学生的整体情况。若学生在多项问题中都体现出较大的问题，则需要进一步了解学生情况。我们收集的学生信息要严格保密。

● 学生困境信息收集卡片

个人情况						
姓名		班级		性别		出生年月	
民族		籍贯		家庭住址		

续表

兴趣特长	
健康状况	□很好 □良好 □普通 □较差 □很差,请具体描述:_____
过往病史	□无 □脑炎 □癫痫 □心脏病 □哮喘 □过敏症 □肺结核 □小儿麻痹 □其他:_____

曾经看过	□心理咨询师 □精神科医生 □没有看过		
是否正在服药中	□是 □否	是否想过自杀	□是 □否

家庭情况

家庭成员	称谓	姓名	年龄	职业	个性特点	你对他(她)的喜爱程度			
						喜爱	较喜爱	无所谓	不喜爱
	父亲								
	母亲								

父母关系	□和睦 □不和 □分居 □离异 □其他:_____
家庭气氛	□和谐 □普通 □欠和谐 □沉闷 □其他:_____

是否独生子女	□是 □否	家中排行		教养方式	□民主 □专制 □放任

重大生活事件

序号	时间	事件经过
1		
2		
3		
4		

二、如何了解学生的客观和主观需求

当发现处在困境中的学生后，明确学生的客观和主观需求是提供帮助的前提。交流和沟通是获取信息不错的方法。运用共情的方法与学生进行交流和沟通能获得更有效的信息，也有助于建立良好的师生关系。

共情是个体能够以他人为中心识别和接纳他人的观点并能够亲身体验他人情绪的一种心理过程。只有以学生为中心，体验其感受，并在与其交流和沟通中确认这种感受是否准确，才能更好地明确学生的真正需求，给予学生最需要的帮助。不建议使用的表达与推荐使用的共情表达如表6-1-3所示。

表6-1-3　不建议使用的表达与推荐使用的共情表达

不建议使用的表达	推荐使用的共情表达
你为什么这么想呢？	原来你有这样的想法呀，能告诉老师原因吗？
你应该这样想/做	你可以尝试这样想/做，看看结果
到底发生了什么事情？	看起来你经历了一些不太好的事情，能和我聊聊吗？
我要做什么？	我觉得你可能需要我的帮助，我可以怎样帮助你呢？
你怎么总是这样？	看起来有些品质你一直保持着，能分享一下是什么让你一直坚持吗？

三、提供社会心理支持

社会心理支持也称社会支持，是个体从所拥有的社会关系中获得的精神支持和物质支持的总和。已有大量的实证研究证实，社会心理支持能有效帮助个体应对困境和压力。因此，为学生提供社会心理支持是帮助困境学生的首选方法。

案 例 分 享

社会支持应对负性生活事件的研究案例[①]

范方等人历时两年追踪了汶川地震后都江堰地区的1 573名青少年，研究了地震后发生的负性生活事件、不同类型的社会支持与创伤后应激障碍症状之间的相互关系，结果发现：不同类型的社会支持与震后继发负性生活事件、创伤后应激障碍症状存在不同的作用关系；震后继发负性生活事件不仅直接影响个体的心理健康，

还对个体的社会支持系统有损害；震后负性生活事件、主观支持与创伤后应激障碍症状存在联动效应，即三者中任一方面的变化都可能引起其他方面的变化。

社会心理支持可以分为三类：工具支持、情感支持和信息支持。

工具支持是指能够帮助个体直接使用的支持，包括提供财力帮助、物质资源或所需服务等。例如，给予贫困生助学金或助学贷款，帮助其完成学业，通过爱心午餐工程和爱心衣物捐赠等公益项目让学生能吃饱穿暖。

情感支持是指能够帮助个体感受到积极情绪的支持，包括向个体表达关心和接纳、营造和谐人际关系等。例如，见到学生时给予他/她一个温暖的微笑，学生遇到挫折时的一句鼓励的话语，学生获得成绩时的一次具体的表扬，这些都能让学生产生积极的情绪体验，从而获得情感支持。

信息支持是指能够帮助个体获取更多信息的支持，包括提供解决困境的建议、获取帮助的渠道及联系方式等。例如，帮助家长不作为的学生联系当地未成年人保护中心，当学生迷茫时给出具有建设性的指导意见，这些信息支持能够帮助学生获得应对困境的物质资源和心理资源。

案例分享

　　小华因父亲入狱，母亲离家，从小就一直跟着爷爷奶奶生活，家庭贫困。班主任了解到小华的情况后，先与小华进行了深入交流，并结合小华现阶段的生活状态，提出了几种帮助小华的方案，和小华一起讨论。在取得小华同意后，班主任帮小华向学校申请了助学金，并且还联系了当地的妇联为小华申请到一笔补助金，帮助小华改善了生活。考虑到小华的自尊需求，班主任从未在班上公开给予小华特殊待遇，一些款项的减免也都是在非公开场合将钱退还给小华的爷爷。班主任在日常生活中也会给予小华更多的关心与鼓励，小华喜欢跑步，班主任就鼓励他好好练习，在小华获得校运会的跑步冠军时，班主任还带领全班同学一起为小华庆祝。有一次，小华向老师求助，说爷爷的低保不知为何突然停发了，这导致经济条件本就不好的小华家雪上加霜。班主任了解具体情况后，帮助小华的爷爷联系上了当地的民政部门，协助办理相关手续，很快停发的低保就补发到了爷爷的手上。虽然小华的家庭条件不好，但是在班主任的关怀下，在与同学们的和谐相处中，他从没有感觉到自己和其他同学有什么不同，小华自信、乐观、乐于助人，在学业上也比较优秀，最终考上了当地最好的高中。

　　从这个案例中我们可以感受到，尽管小华身处困境之中，经历了很多负性的生活事件，但是在班主任的帮助下，小华获得了工具支持（助学金、补助金）、情感支持（班主任的关心、班上同学的正常平等对待）和信息支持（班主任协助小华爷爷解决低保停发的问题）。这些支持给了小华足够的力量，让他能够很好地应对生活中的负性事件，最终获得了良好的发展。

四、典型困境应对案例

前面谈到，在帮助处于困境中的学生时可以寻求校内外资源的帮助。下面提供几个常见困境的应对流程和方法。

（一）如何帮助学生应对校园欺凌

校园欺凌具有蓄意性、重复性、长期性和力量不均衡性等特点。在中小学校园中，校园欺凌的现象并不少见。研究发现，经历校园欺凌行为的中学生占比为19.3%，其中单纯受欺凌者占比为13.7%，单纯实施欺凌者占比为1.9%，农村的情况比城市更为糟糕。[①]

校园欺凌可能出现在校园的各个角落，会对学生的身心健康造成巨大伤害。我们将从普遍预防和定向干预两个维度分别提供一些可操作的、普适性的方法，以减少校园欺凌的负面影响。

1. 普遍预防

普遍预防是通过一些常规措施，降低校园欺凌的发生率，阻止校园欺凌的发生和发展。

（1）制定相应的制度和规范。学校应该出台预防校园欺凌的相关制度。教师可以在学校制度的基础上与学生共同制定班规，如适度开玩笑、不能用暴力解决问题、发现欺凌行为主动上报等，在班级中营造反对校园欺凌的氛围。

（2）具备校园欺凌识别和干预的基本意识和技能。校园欺凌一般分成四类：肢体欺凌，指针对他人实施暴力行为、运用暴力手段胁迫他人等；言语欺凌，指恶意评价、叫侮辱性外号、嘲笑他人等；社交欺凌，指传播谣言、故意疏远等；网络欺凌，指在社交平台上公布他人隐私、发表攻击他人的言论等。欺凌行为起初可能与学生的冲突或玩笑类似，有一部分会逐渐加剧和升级。很多时候，欺凌可能不是单一行为出现，往往是多种欺凌行为同时存在。我们在日常管理中发现学生间的冲突或玩笑时，应该进一步观察和了解具体情况，判定是否为校园欺凌。

校园欺凌一般具有三个特点：一是力量不均衡。力量相当可能导致学生冲突，而力量悬殊则可能导致欺凌；双方都觉得某件事有趣是玩笑，只有一方觉得有趣就是欺凌；可以互相开玩笑是玩耍，只有一方能开另一方的玩笑就可能是欺凌。二是可能存在蓄意伤害。做某件事的目的是开玩笑可能是嬉闹，但如果目的是伤害则是欺凌。三是重复发生。重复发生的过分行为是欺凌。

需要注意的是，判定校园欺凌是一个复杂的过程，需要根据实际具体情况来判断，不能简单套用一个标准。被欺凌者的感受往往是判定的重要依据之一，所以我们应详细了解被欺凌者的感受和想法。

（3）定期开展反校园欺凌主题班会。我们可以定期开展相关主题班会，让学生了解校园欺凌的危害性，在生活中主动与校园欺凌说"不"；培养学生的责任感和担当意识，告

[①] 刘小群，杨孟思，彭畅，等. 湖南省校园欺凌现况及不同角色间影响因素分析［J］. 中国公共卫生，2020（6）：870-874.

诉学生在发现欺凌行为时要主动报告，成为老师的信息员。

案例分享

"反校园欺凌"主题班会

一、因为懂得，所以慈悲

1. 视频导入。

播放校园欺凌相关视频片段，激发学生的同理心，让学生感受被欺凌者的心情。思考：被欺凌时是怎么样的心情？

2. 欺凌大调查。

在校园欺凌事件中，你曾经扮演过什么角色？（欺凌者、被欺凌者、旁观起哄者、旁观冷漠者、旁观怜悯者、帮助支持者）用埋头举手的方式，进行调查，学生均看不到其他人举手，只有老师能看见。老师记录并出示现场调查数据。

二、因为善良，集思广益

被欺凌者往往会一直处于被欺凌的状态，因为他们找不到应对欺凌的方法与策略。我们今天一起来想想，有什么办法可以帮助被欺凌者。

1. 分组讨论，总结策略。

2. 教师小结：刚刚同学们想了很多策略来解决这个问题，相信那些曾经被欺凌的同学已经学到了一些处理的方法和策略。被欺凌不是你的错，要让欺凌自己的人和旁观者知道你自己的感受；适宜地求助，每一个人都是自己的援助资源；集思广益，人多办法多，总能找到解决的办法。

三、运用策略，应对欺凌

1. 情境再现，运用策略。

小柔是一名初一学生，被宿舍的舍友排挤、孤立。她们常常背地里说她的坏话，当面也给她难堪。小柔觉得在学校待不下去了，想退学。小青是小柔的同学，刚开始不敢站出来，后来终于鼓足勇气站在小柔这边为她说话，当晚就被宿舍同学泼了一盆水在床上，导致她无法睡觉。小柔担心小青，但也不敢喊小青一起睡。

分角色讨论：

（1）如果你是小青，你有哪些解决策略？

（2）如果你是小柔，你可以怎么帮助自己？

（3）如果你是小柔的好友，你打算怎么帮助她？

（4）你作为一个旁观者，打算如何与排挤小柔和泼水的同学沟通？

2. 小组合作探究，交流解决策略。

四、总结

1. 学会应对欺凌的关键。

（1）适当的表达：适当表达自己的情绪和想法。

（2）正确的态度：被欺凌是危机，也是学会应对欺凌的机会。被欺凌不是错，学会求助是强者的行为。

（3）适当的方法：掌握应对欺凌的策略。

2. 推荐书籍：《谁都不敢欺负你》《非暴力沟通》。

五、课后作业

设计一条反对校园欺凌的标语。

（4）采取校园欺凌环境监控措施。校园欺凌大多都发生在校园内或校园周边。为减少校园欺凌行为的发生率，学校应采取校园欺凌环境监控措施，安排安保人员观察监控中是否存在异常情况，同时设立校园欺凌行为举报信箱和电话，定期巡查监控盲区（如树林、操场角落等）。

2. 定向干预

预防工作做得扎实、充分，在一定程度上可以减少校园欺凌事件的发生。当校园欺凌事件发生后，我们要第一时间采取针对性的干预措施来降低欺凌的影响和危害。

（1）了解校园欺凌事件应急处理流程，知道校园欺凌行为发生时应第一时间向谁报告，以及自己需要做的工作，如制止欺凌行为、安慰被欺凌者、让欺凌者原地等候等。

（2）引导欺凌者树立规则意识，对实施校园欺凌行为严重者绝不姑息。若出现轻度校园欺凌行为，可根据学校规章制度进行处理，并对欺凌者进行批评教育，使其不再实施校园欺凌行为。若出现严重校园欺凌行为，则应根据相关法律法规协助相关部门进行处理，让欺凌者了解校园欺凌行为的后果，不再实施校园欺凌行为。

（3）为被欺凌者提供社会心理支持。在校园欺凌行为发生后，被欺凌者可能会受到严重的身心伤害，还可能伴随厌学、害怕融入集体等情绪。此时我们应主动给被欺凌者提供完备的社会心理支持：第一，与学校心理老师合作，引导学生与心理老师进行沟通，通过心理咨询的方式让学生明确自身状态，逐渐减少负面情绪，尽快从被欺凌的阴影中走出来。第二，给予学生更多情感支持，在日常生活中向学生表达关心，如在路上遇到学生时给予温暖的微笑，发现学生情绪状态不佳时多安慰鼓励，在学生有进步时及时给予具体的表扬。另外，还可以开展集体活动或组织提升团体凝聚力的主题班会，让学生在互动中感受到积极情绪，尽快回归正常的生活节奏。第三，与家长一同给予学生切实需要的帮助。在经历校园欺凌后，学生可能会产生某些具体的需要，如对校园安全、自身健康、友情、自尊的需要。此时，我们应该切实了解学生的需要，并尽量满足其合理需要，只有这样才能让学生更好地学习和生活。

（二）如何帮助留守儿童

留守儿童是一群特殊的学生，他们的父母大部分时间都无法陪在他们身边，而他们正处在最需要家长陪伴的时期，因为缺少父母的陪伴与关爱，他们更可能在遭遇困境时出现心理问题。下面这些方法可以给予他们一定的帮助。

1. 建立亲子沟通桥梁

我们要积极与学生家长进行沟通和交流，告诉家长陪伴孩子的重要性，如果因现实原因实在无法陪伴孩子时，建议家长经常通过电话、视频等方式与孩子进行沟通和交流，让孩子感受到父母的关爱。

2. 凝聚集体力量

通常，留守儿童的状态是非常相似的，大部分时间寄宿在学校，放假也不怎么回家。因此，我们可以将他们组织到一起在校自习，在假期一起开展集体活动，如户外踏青、户外素质拓展活动等，让他们互相支撑，成为彼此的陪伴者，遇到困难时一起面对，并在长期相处中不断创造更多积极的情绪体验。

3. 建立自愿集中管理制度

很多留守儿童家中只有老人，没有人可以帮助或指导他们管理好自己的生活，这就导致有些留守儿童在生活习惯方面存在较大问题，如每天都把大量时间用于睡觉或娱乐。学校可以在条件允许的情况下将留守儿童集中起来管理，帮助他们养成良好的日常生活习惯，以帮助他们更好地发展。

（三）如何在校园封闭时帮助学生

新型冠状病毒感染疫情期间，很多学校都遭遇过封校，全体学生和教职员工无法离开学校。面临此类困境时，我们可采取以下方法：

1. 提供充足的生活保障和安全保障

生活保障包括饮食丰富、作息规律、提供一定的运动和人际交往机会等。安全保障通常是指降低与事件相关的危险，如为减少感染，勤消毒、提供口罩、保持人际距离等。

2. 设计一堂主题班会课

我们要引导学生发现自己在校园封闭时自身情绪状态的变化，感受情绪变化背后隐藏的需求，鼓励学生接纳现状，适应变化，并在此基础上介绍一些激发积极情绪的方法，如记录生活中让自己感受到积极情绪的事件，每天花一些时间进行自己喜欢的运动，主动向他人释放善意，从而建立积极思维方式，主动看到事件的积极方面，即使在校园封闭时也能保持乐观心态。

3. 播放心理广播

我们可以利用周会或午休时间播放心理广播，科普心理常识，为学生提供投稿、交流的平台，让学生感受到虽然学校封闭，但是大家能够互相支持，共同面对难关。

4. 进行冥想训练

我们可以利用午休时间，播放冥想音频，带领学生进行冥想训练，用科学的方法降低学生的焦虑情绪，让学生感受冥想和积极情绪的力量。

 **"心" 链 接**

国家政策为帮助困境学生提供了依据和支撑

我国出台了一系列帮扶困境学生的文件，如《国务院关于加强困境儿童保障工作的意见》《关于进一步健全农村留守儿童和困境儿童关爱服务体系的意见》等。文件不仅强调了提升未成年人救助保护机构和儿童福利机构服务能力的必要性，要求加强基层相关工作队伍的能力建设，还鼓励各类社会力量共同参与到困境学生的帮扶工作中，同时建议在村里建设儿童督导员、儿童主任等职位，并明确了这些职位的工作内容和职责。

这些文件是开展困境学生帮扶工作的有力支撑和政策依据，我们可以在这些文件的基础上，结合学校的各项日常工作，为处在困境中的学生提供及时、有效的帮助。

国家帮扶困境学生的相关文件

第二节 如何识别有心理问题的学生

心理问题在校园里是一个非常有色彩的名词。有的老师听到学生有心理问题便心惊胆战，认为学生一定是"疯"了或者离"疯"不远了，又或者小心翼翼不敢多说半句，担心有心理问题的学生受到刺激后出现自伤、自杀或者暴力行为；有的老师将心理问题奉为万能法宝，将学生调皮难管或特立独行均归因于心理问题，认为不是老师教不好，而是因为心理问题所致；还有少部分老师至今还不重视心理问题，觉得这只是学生矫情、没吃过苦或者不听话的借口，甚至认为这是心理医生人为制造的毛病，多此一举。有效帮助学生应对心理问题的前提是要对心理问题持有科学、正确的认识和态度，了解有心理问题的学生的表现。本节将探讨这些内容。

 **"心" 现 象**

请你根据以往经验判断下列哪些表现提示学生可能存在心理问题。

□总是觉得自己身体不适，但是每次去医院检查都一切正常。

□一学习就犯困，玩起来就不知疲倦。

□不能接受批评，每次被批评后就大哭一场。

□总是高兴不起来，对什么事情都提不起兴趣。

□非常逆反，总是和老师对着干。

□总是认为周围的人对自己抱有恶意，总觉得有人要害自己。

□非常敏感，容易紧张，总是在担心一些小事。

□上课时非常容易走神，经常和同学说话。

□非常内向，几乎没有朋友。

□每次考试前后都非常焦虑，直至知道成绩后才有所缓解。

□喜欢出风头，经常在课堂上发出怪叫，每次回答问题都故意说一些与问题无关引人发笑的话。

□很爱整洁，桌上的书必须由大到小堆叠得整整齐齐，稍微歪了一点就要重新摆放。

□一段时间内精神不太好，总觉得疲劳，容易打瞌睡。

□脾气很大，经常因为小事与他人产生较大冲突，且控制不住情绪和行为。

□害怕在公开场合发言，不愿意举手回答问题。

□喜欢钻牛角尖，经常耗费大量时间和精力思考一些极端问题，如先有鸡还是先有蛋。

你认为学生还有哪些常见心理问题表现？

_____

_____

你判断学生是否存在心理问题的依据是什么？

_____

_____

你通常从哪些方面判断学生是否存在心理健康问题？

_____

_____

对于有心理问题的学生，你认为可以通过哪些途径了解他们的相关信息？

_____

_____

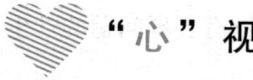 "心"视角

一、学生心理问题的常见误区

对于心理问题的认知，无论是家长还是老师可能都存在一些共有的误区。这些错误的认知妨碍了我们敏锐地发现可能存在心理问题的学生，或导致我们错误地将一些具有独特个性的学生判断为有心理问题的学生，使我们最终采取了错误的应对方式。

（一）认为所有心理问题都有显著的表现

我们曾经对2 000余名来自40多个班级的学生开展心理健康评估，同时邀请他们的班主任报告了这些学生的心理健康状况。结果显示：大部分班主任能够发现存在多个心理问

题且外在表现明显的学生，如严重的抑郁、焦虑或者自伤行为，同时也漏判了部分有心理问题但更多以内心痛苦体验为主或刻意隐藏症状的学生。此外，班主任还误判了部分没有心理问题的学生，这部分学生往往过于活泼、成绩垫底或者个性独特、不太合群。

事实上，学生是否有心理问题与学生外显的表现以及他自己和别人受影响的程度并不是完全一致的。一些学生可能因为独特的个性或者打乱教学进程的行为，很容易进入老师的视野，但他们不一定有心理问题。而另一些学生平时默不作声，乖巧听话，成绩也不错，但内心痛苦万分。他们可能曾表达过痛苦，但因过于含蓄而未被理解和发现；他们可能觉得他人无法帮助自己而选择独自承担；他们还可能怕被当成怪物，不敢说出实情。要想识别这样的学生，我们需要对心理问题的表现有更深刻的认识。

（二）认为心理问题可以通过仪器或者心理量表测出来

有的家长或老师希望通过仪器测量来判定学生是否有心理问题，就像通过验血来检测身体状况一样。十分遗憾的是，到目前为止心理学和精神医学领域还没有一种仪器或生理学指标能够准确地诊断人的心理问题。目前，精神科医生和心理咨询师主要通过问诊和观察获得患者的全方位信息，以此来判断其是否有心理问题。

心理量表的作用与问诊和观察类似。它是基于某种心理问题判别标准制作的标准化工具，通过自我报告或他人观察后报告形成结果。其准确性与信息的准确度、真实度密切相关，如果观察错误或学生有意隐瞒，测量的准确性就会大打折扣。测量的准确性还与心理量表使用的规范性有关，如果使用过程不科学或者量表不适用于学生群体，测量结果就会有偏差。因此，用心理量表测出的结果需要科学和客观地看待。

（三）将心理问题过于简单归因

当学生的心理问题发生时，我们总希望找出一个确切的原因，如转学导致的、和朋友争执导致的、考试失利导致的。然而，心理问题的产生受个体、家庭、学校、社会等不同维度、不同层面、多个因素的影响，其机制十分复杂。一些情况下，重要的影响因素与心理问题的产生之间甚至间隔了数年时间，心理问题的产生也可能与基因等生理因素密切相关。我们找到的很多"原因"可能只是导火索，甚至可能是心理问题产生的后果或呈现出的症状。因此，过于简单地给心理问题归因，可能南辕北辙，无益于后续有效应对学生的心理问题。

案例分享

小童一直是班上的"开心果"，总能给其他同学带来欢乐，班里的所有同学都很喜欢他。小童还非常乐于助人，对同学有求必应。可是有一次，小童和一位同学开玩笑的时候没有把握好尺度，惹得那位同学非常生气，两人大吵了一架，班主任知道后严厉地批评了小童，要求他以后在开玩笑的时候一定要注意其他人的感受。本以为事情就这么过去了，但是从那天起，小童就好像变了一个人一样，再也不像之前那样乐观开朗了，也不愿意和其他同学交流。班主任了解到情况后，以为是自己的批评和那位同学的指责给了小童很大的压力，于是就和那位同学一起开导小童，让他不要因为一次不好的事就全盘否定自己。小童当时答应得很好，但在之后的时间里仍然没有任何变化。后来班主任实在没办法，引导小童去了学校的心理咨询室。经过几次心理咨询后，心理老师才得知，原来小童从小就一直被家长、老师、同学灌输一个错误的信念：你很优秀，优秀的人是不会出错的，所以无论在什么方面你都必须做到完美。小童看起来非常积极乐观，也经常帮助他人，实际上他心里一直认为自己是在"扮演"一个优秀的人，他的一切行为也都是自己"演"出来的，而经过这次事件后他觉得自己已经不再"优秀"了，那些"演"出来的行为也没有必要再继续下去，所以小童才会像变了个人一样，每天闷闷不乐，也不与其他人交流。经过一段时间的心理咨询后，小童慢慢发现优秀的人并不是不会犯错，而且自己的很多行为也不是"演"出来的，自己早就将这些优秀的品质内化为自己的一部分了。小童慢慢放下自己错误的认知，又变回了那个"开心果"。但这一次小童明白这一切都不是自己"扮演"的结果，这就是最真实的自己。

二、学生心理问题的常见表现

学生如果有心理问题，大多数会在情绪、认知、行为和社会功能四个方面表现出变化或异常。

（一）情绪异常

情绪是指个体对客观事物的主观体验。基本情绪包括欢乐、悲哀、愤怒、恐惧四类，分别产生于个体对需求被满足、重要丧失（如亲人过世）、由于阻碍或干扰无法达成愿望和无法驾驭或摆脱危险的反应，在此基础上还可衍化成更为复杂的情绪和情感。情绪在人类发展历程中具有重要作用，因为拥有情绪，所以人类可以适应环境，可以认识和改造客观世界，也可以创造文明，并推动文明不断向前发展。情绪有其基本的特性，一是情绪并非固定不变的，它会随着外界环境和内在需求的变化而波动（图6-2-1）；二是情绪不仅会影响人的其他心理活动，如记忆、注意力等，还会影响人的行为表现，如情绪低落时，可能会出现注意力不集中、行动变缓或活动减少等。

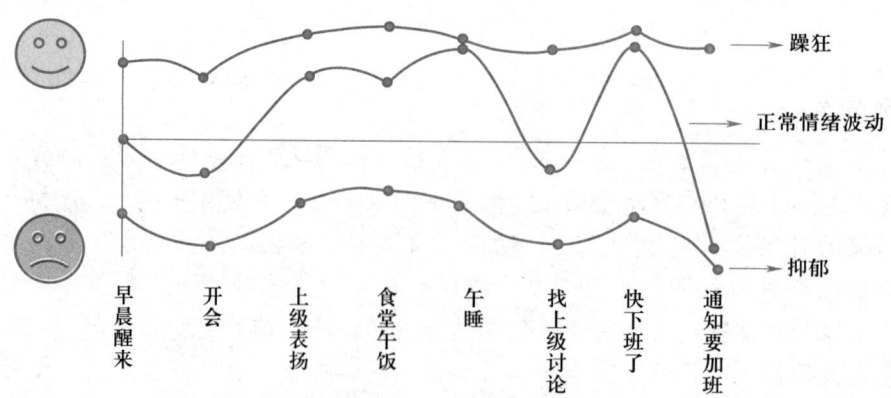

图6-2-1 正常情绪波动、抑郁和躁狂的情绪变化示意图

　　情绪异常是学生心理问题最常见的表现，主要分为以下两类：

　　一是某种情绪持续的时间和强度超过正常范围。喜怒哀惧是正常的基本情绪，也呈现一定的波动。在一段时间里，如果某种情绪显著，并且持续了很长时间，应考虑为情绪异常。抑郁的主要表现是情绪低落显著，频繁出现，且连续几周甚至数月，可能还伴有兴趣丧失、脾气很大等表现。与抑郁相反的是躁狂，主要表现为情绪过于高涨，且一段时间里频繁出现，还伴有吹牛、语速增快和活动增多等表现。比较常见的还有焦虑情绪，其主要表现为恐惧不安频繁出现，且无法控制，常说的考试焦虑、人际交往焦虑就是指的这种情况。

　　二是情绪与客观现实不符合。情绪与客观现实不符合的情况相对少见，常发生于比较严重的精神病性精神障碍，如精神分裂症。主要表现为该高兴的时候情绪低落，该悲伤的时候欢天喜地，还可能表现为淡漠，即对外界环境没有任何情绪体验。

（二）认知异常

　　认知是人们获取、加工和应用信息的过程，包括感觉、知觉、记忆、注意、思维等。常见的学生认知异常分为以下两类：

1. 与精神病性精神障碍相关的认知异常

　　精神病性精神障碍，即精神分裂症一类精神疾病。与它相关的常见认知异常包括幻觉和妄想。幻觉即没有感觉信号，但产生了感觉体验。例如，没有人说话，却听到了说话的声音，这是幻听；在墙上看到了不存在的蚂蚁、蟑螂，这是幻视。幻觉还有幻嗅、幻触。

　　妄想是一种思维内容的异常，是一种不符合事实的歪曲信念，且无法被纠正和改变。常见的有被害妄想，即坚信有人要伤害自己，即使没有任何证据；关系妄想，即坚信环境里或电视里、报纸上报道的内容与自己有关；影响妄想，即坚信自己被某种物理或电磁设备影响或控制。妄想内容越脱离现实，越容易被发现；当妄想与现实事件有一定关联时，有时会被忽视。曾有一位学生坚称自己被校园欺凌了，但老师经过长时间调查，结合学生后期的其他表现，才认定他产生了被害妄想。与精神病性障碍相关的认知异常还包括思维破裂、语词新作等。

　　需要注意的是，幻觉、妄想等表现也可能在人出现抑郁、焦虑等非精神病性精神障碍时发生。例如，人严重抑郁时，可能出现与情绪一致的、内容悲伤的幻听，随着情绪的好转，这类异常会随之消失。

2. 与情绪问题相关的认知异常

　　与情绪问题相关的认知异常包括思维速度、思维方式和思维内容的异常。人在抑郁情绪下可能出现思维速度变慢，感觉脑子转不动，很难做决定，想问题总是消极的、甚至灾难化的，如这个题做错了，以后这类题都做不对，成绩不好就上不了大学，人生就完了。与之相反，人在躁狂情绪下可能出现思维速度增快甚至奔逸，思考问题都朝向最好的方向，认为自己无所不能。人在焦虑情绪下会毫无理由地担心各种各样的事件，还可能思考一些完全没有意义的主题，如先有鸡还是先有蛋。

　　值得注意的是，有些学生会诉说自己记忆力下降了。事实上，记忆力减退主要是脑外伤、脑器质性疾病等因素导致的，学生记忆力下降，可能是情绪不好引起专注力下降的结果，这种情况会随着情绪好转而得到缓解。此时，我们应告诉学生不要过度担心，并引导学生及时调整状态。

（三）行为异常

行为是内心活动的外部表现，是我们可以观察到的外在活动。大部分行为异常是学生情绪问题和其他心理问题的外在表现。行为异常分为以下三类：

1. 与日常生活相关的行为异常

如果饮食、作息等日常生活行为出现明显变化且持续一定时间，可能提示学生存在心理问题，特别是可能发生了与情绪相关的问题。进食异常通常表现为暴饮暴食、厌食或进食后催吐，伴随的可能有体重迅速增加或减轻；睡眠异常主要表现为入睡困难、容易醒、早醒、嗜睡等。睡眠异常的学生往往伴随白天无精打采和疲倦感。还有一些特殊的行为变化，如与焦虑相关的坐立不安、抖腿等，以及与强迫症相关的反复出现的刻板动作或仪式动作（反复检查关门、反复洗手等）。

2. 成瘾行为

成瘾是指个体对某种物质或行为有强烈的、无法克制的渴求，并将之作为最优先考虑的事项。常见的成瘾行为包括精神活性物质成瘾，如吸烟、饮酒或其他物质成瘾。学生中常见的成瘾行为主要包括游戏成瘾、手机成瘾等。成瘾行为的产生有复杂的社会心理因素，成瘾行为背后很可能是内心痛苦或内心需求未得到满足。

3. 与伤害相关的行为

与伤害相关的行为是指学生对自己或他人可能造成威胁或伤害的行为，包括暴力以及无法控制的冲动、自伤、自杀等。

另外还有一部分行为问题通常发生在更小的年龄阶段，如孤独症往往在3岁前就有症状，注意缺陷多动症、对立违抗、抽动症等往往出现在10岁以前。有的问题在进入青春期后有所缓解，有的问题可能伴随终身。

（四）社会功能异常

社会功能异常并不是心理问题的症状，而是心理问题带来的影响，是有心理问题的学生的重要表现，比较容易被发现。社会功能良好主要体现在四个维度上，即能照料自己的生活起居，能维持基本的人际关系，能完成基本的学业要求，能基本遵守规范习俗。如果存在心理问题，社会功能的一个或多个维度可能会表现异常，如频繁发生人际冲突、成绩下滑、完不成作业、旷课逃学、违反校纪校规、刷牙洗脸要催、常常蓬头垢面等。导致社会功能异常的原因还有很多，并不是所有的社会功能异常都是心理问题，我们在实际操作中要全面考量。

三、识别学生心理问题应该遵守的原则

（一）尽量通过多种方式获取全面的信息

我们很容易发现学生显著的变化和异常，但事实上有许多心理问题的表现是含蓄、隐晦或被隐藏的。如果想要敏锐、及时地发现有心理问题的学生，不能仅依靠一般的观察或几年一次的心理测量，而是要经常观察学生的情绪、认知、行为和社会功能各方面的表现，如关注学生在作文、日记、自媒体上的文字或图片的表达，还要向其他老师、学生和家长了解相关信息。

（二）评估时兼顾横向比较和纵向比较

评估学生是否有心理健康问题时，应兼顾横向比较和纵向比较两个维度。横向比较是指将学生当下的表现与其他同龄学生进行对比，了解两者的表现是否存在较大差异。例如，学生脾气有点大，我们想了解他是否有心理问题时，可以进行横向比较，如果情况与班上大多数学生类似，并不存在太大的差别，可能就是这个年龄段学生的特点而非心理问题。纵向比较是指将学生现在的表现与其过去的表现进行对比，评估学生出现了多大程度的变化。例如，学生最近沉默不语，我们想了解他是否有心理问题时，可以与学生过去的表现进行比较，如果他过去是个开朗活泼的孩子，该学生近期出现心理问题的可能性就比较大。评估时采用横向比较和纵向比较相结合的方法能相对客观和准确地呈现学生的状况。

（三）心理问题评估应保持连续性

学生的心理健康水平与外界环境和内在需求相关，处于不断变化的状态，这就要求我们无论是对有心理问题的学生还是对未发现心理问题的学生，都要保持连续性，及时收集信息并进行动态评估。

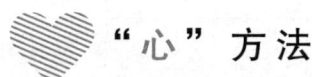 **"心" 方法**

一成不变地关注班上的某几个学生，或者草木皆兵地将任何一点变化都当成心理问题，均不是最佳策略。掌握心理问题的信号、学会收集信息的方法，能最大限度地帮助我们及时有效地发现有心理问题的学生。

一、我们应该关注具备哪些特征的学生

（一）存在心理问题的危险信号

心理问题的危险信号是指与心理问题密切相关的表现、异常或变化，主要涉及认知、情绪、行为和社会功能四个维度，如情绪低落、有奇怪的说辞、突然开始与老师对抗、成绩下滑、作业无法完成等。无论是与同班同学比存在显著差异，还是与个体自身比有显著变化，都应该被视作危险信号，需要进一步观察和了解。危险信号是识别有心理问题学生最重要的特征，也是相对容易被老师关注到的。然而，只观察危险信号是不够的。有些信号可能比较隐蔽或被隐藏了，有些信号在早期并不明显，所以识别有心理问题的学生时，还要结合对重要危险因素的关注和对既往心理健康评估结果的了解。

（二）具有重要的危险因素

危险因素是指对心理健康影响重大的因素，主要包括重大或长期的负性生活事件，如身患重病、父母离异、家庭贫困、被欺凌、重要考试或竞赛失利等。处于困境中的学生更

容易发生心理问题，因此及时了解处于困境中的学生，我们就能及时有效地发现有心理问题的学生，并给予帮助。

（三）有心理问题史或既往心理测评结果异常

绝大多数有心理问题的学生经过有效的辅导和帮助后都能够恢复正常。但是，存在心理问题病史或既往心理测评结果异常的学生再次发生心理问题的可能性相对高一些。这部分学生应该是我们重点关注的对象。

二、如何收集高危个体的信息

从内容上，我们需要收集与高危个体心理问题症状相关的信息，如情绪、认知、行为和社会功能等方面的信息；从方法上，我们可以采用观察、沟通等方法收集信息。下面重点介绍收集信息的方法。

（一）观察

详细了解学生的心理健康状况最常用的方法是观察。观察的对象可以是学生，主要观察他在日常生活和学习交往中的表现；观察对象也可以是学生的作品，如日记、作文、图画作品等；观察对象还可以是学生社交媒体上的信息，如微博、微信朋友圈等。学生日常表现观察清单如表6-2-1所示，学生在社交媒体上的信息观察清单如表6-2-2所示。

表6-2-1 学生日常表现观察清单

维度	日常表现
认知	经常与他人产生冲突和矛盾；总是走神，无法集中注意力
情绪	情绪波动大；对某些事物或做法有明显厌恶感；长时间处于某种极端情绪下（极端快乐或者极端悲伤）；经历某类事件后总是产生不良情绪（如和父母发生争吵，和同学发生争吵等）
行为	不再举手回答问题；总是不在教室；将自己的珍藏物品送给别人；总是独自一个人
社会功能	对自己的要求突然变得很高或很低；成绩一落千丈；上课不认真听课；上课回答问题哗众取宠；不按时完成作业；沉迷于不良兴趣爱好；与好朋友绝交；频繁请假

表6-2-2 学生在社交媒体上的信息观察清单

序号	信息内容
1	特殊时间发表的微博、微信朋友圈（如凌晨4:44分发微博，内容与死亡相关）
2	头像或者微信朋友圈背景等发生变化（如头像突然改成全黑，微信朋友圈背景突然变得阴暗、配图突然变得非常阴森恐怖或者悲伤低落）
3	社交媒体的关注或好友列表中多了很多陌生人（如加入了某个自杀讨论组，并和其中很多人都加了好友）
4	突然清空所有社交媒体上的内容（如把微信朋友圈、微博等的内容全部清空）

序号	信息内容
5	发言习惯变化（如突然开始大量使用黑暗色调表情包或包含血腥元素的表情包）
6	时间很晚的撤回消息（如凌晨撤回的消息）

图6-2-2、图6-2-3分别举例说明如何通过学生的作品判断其是否存在心理问题症状。我们可以翻看学生的作品或社交媒体，找找是否存在类似的情况。

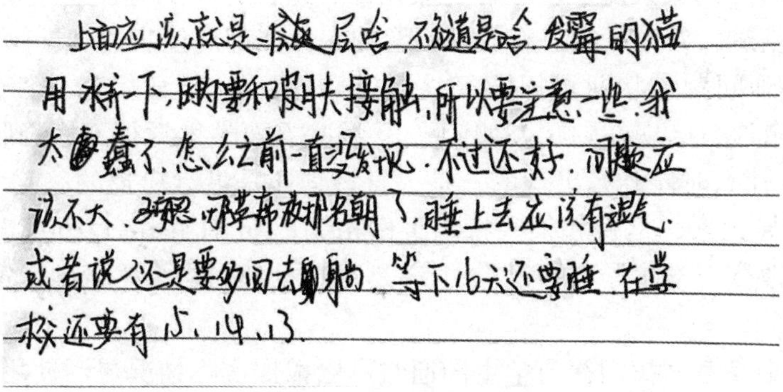

图6-2-2　反映学生认知不良症状的作品内容

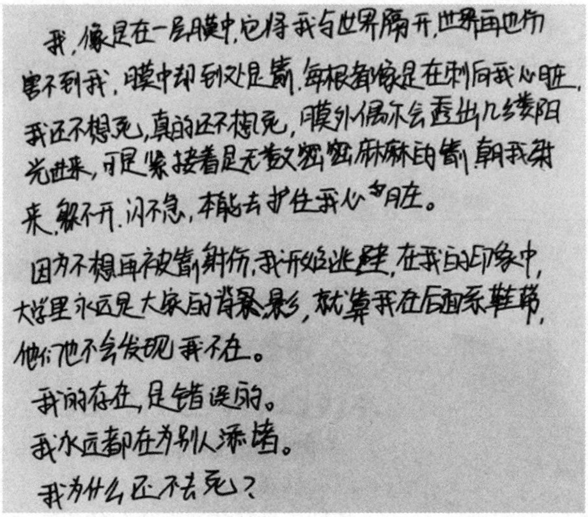

图6-2-3　反映学生情绪不良症状的作品内容

从图6-2-2中我们能观察到，学生写出来的话语明显存在逻辑混乱、前后矛盾等问题，这通常表示学生可能出现了认知方面的不良症状。

图6-2-3所示的这一篇学生作品出现了大量对自身的否定，否定自己的价值，否定自

己存在的意义，还有对自身负面情绪的描述，这通常表示学生可能出现了抑郁情绪。

（二）沟通

通过观察收集的信息是有限的，我们还要通过询问、交流进一步明确学生的症状是否存在、严重程度和持续时间，同时还可以了解学生的社会心理支持、可使用的资源、诱因或导火索，为下一步应对提供参考。

1. 与学生本人沟通

有老师认为询问学生心理问题症状可能产生伤害，对此有顾虑。的确，使用错误的语言可能会产生不良影响。老师掌握一定的沟通技巧后再向学生询问心理问题，不仅没有危害，还会让学生感受到被关爱、被理解、被允许表达，有利于与学生建立信任关系，让学生表达更多真实信息。研究证实，有心理问题的人大多都渴望表达和被倾听。

询问学生心理问题症状时可以遵循这样的顺序：① 与学生建立信任关系（闲聊几句）；② 让学生自评自己现在的状态如何；③ 哪些方面学生觉得不太舒服或者感到困扰；④ 这种情况是从什么时候开始出现的，是一直持续还是最近出现的；⑤ 这种情况的出现有没有诱因或者导火索，是否和某些特定事件相关；⑥ 有哪些方法可以尽量减少这种情况，哪些方面的改变对学生是有帮助的；⑦ 是否感觉到周围人（老师、家长或其他同学）的支持。

这个顺序只是参考，我们在与学生沟通时可以根据实际情况灵活使用。提问时，我们原则上应尽量用开放式提问，封闭式提问仅用于确认信息，如"你刚刚说最近不开心，是吗？"；原则上避免使用"为什么"（听上去带有批评的味道），而改问"什么原因呢？"（更为中立）；原则上不评价学生的回答，避免说"你怎么能这么想""你这样做不对"等，而改为"我听到你是这样想的""我听到你有这样的感受"。表6-2-3中列举与学生沟通的询问方式。

表6-2-3 与学生沟通的询问方式

类别	避免使用	推荐使用
开场话术	说吧，最近怎么回事？作业也不交，上课也不听，来学校干吗的？	老师注意到你最近状态好像不是很好，能和老师说说你最近的情况吗？
情绪症状询问	怎么感觉你天天都不开心，老是闷闷不乐的，为什么会这样？	老师发现你最近的情绪状态好像和之前有比较大的变化，老师的感觉是对的吗？（若学生的回答是"对的"，则可追问）是什么原因呢？是和某些特定事件有关系吗？
认知症状询问	怎么每天都无精打采的，是不是又偷偷熬夜玩手机了？	老师感觉你最近精力好像不是很充足，你最近的睡眠质量如何？你觉得自己的睡眠时间够不够？（若学生回答睡眠质量不好、时间不够则可追问）你最近每天睡多久呢？入睡困难吗？起来之后会不会感觉特别疲劳？

续表

类别	避免使用	推荐使用
行为症状询问	怎么突然拿把刀出来划自己的手臂啊，搞成这样吓唬谁啊，我已经和你的家长沟通过了，下次再出现这种情况就回去反思几天再来学校	上次老师注意到你手臂上有一些小伤疤，后来才了解到那是你自己划伤的，老师特别担心，不知道为什么你会这么做，能和老师说说到底发生了什么事情让你做出这种危险行为吗？
社会功能症状询问	最近怎么总是沉默寡言的，学生哪有那么多不开心的事情，开朗一点，乐观一点，别想那么多有的没的	感觉最近你好像总是一个人坐在座位上，也不做什么具体的事情，也不和其他同学交流，你平时不是经常和几个朋友一起聊天玩耍吗？是什么原因导致你这么做呢？
时长询问	你什么时候变成这样子的？	（当学生表示自己在某个方面出现了一定的异常症状后）听起来情绪波动大（可替换成其他症状）已经给你带来了比较不舒适的体验，给你的生活带来了一定的负面影响，那老师想知道，大概是什么时候开始出现这种情况的呢？是在某个具体事件后吗？大概的时间节点你还有印象吗？
诱因或导火索询问	你怎么搞成这样的啊？是什么事情导致你变成现在这样的？	看来情绪波动大（可替换成其他症状）已经给你带来了一段时间的负面影响了，那么我们就一起想想办法看看接下来能否找到导致你情绪波动大的原因。你还记得自己第一次情绪波动大的时候是发生了什么事情吗？你最近有没有观察一下自己是在什么样的情况下容易出现较大的情绪波动呢？
可用资源询问	现在都已经到这个程度了，老师也帮不到你什么了，你自己说，接下来怎么办？	听完你刚才的叙述，老师已经基本了解了你现在的状态以及这个状态持续的时间和出现这个状态的原因，接下来老师想请你和我一起思考一下，面对现在的这个状态，你可以借助哪些方面的力量来帮助自己呢？老师先举个例子，你来找老师交流就是一种能够帮助你的方式，老师会努力和你一起想办法解决这个问题。除了老师之外，你觉得还有哪些力量可以给你帮助呢？
社会心理支持询问	你能感受到我们大家是想帮助你的吧？爸爸妈妈、科任老师、其他同学，大家都愿意帮助你，你为什么就要选择这个样子呢？	老师还想问问你，在你面对困难或者让你不舒服的情况时，你是否感受到有力量在支持着自己呢？如爸爸妈妈对你的爱，老师们对你的关心，同学们对你的善意，这些有没有给你带来一定的力量？你觉得哪些力量还可以更加有力？

　　值得注意的是，沟通的主要目的是为了获取信息，但不能只停留在获取信息上。在沟通过程中，我们要通过表达关心、共情与学生建立信任关系；要通过提供社会心理支持安抚和包容学生的负性情绪。

2. 与其他学生沟通

与其他同学沟通的主要目的就是获取更多信息。最好能让其他同学成为信息员，让他们发现异常情况时第一时间向老师报告。

与其他学生沟通时需要注意以下四点：

第一，和学生建立信任关系。只有获得学生信任，学生才会说出真实情况，所以最开始应该先和学生交流他本人的一些情况，然后再引导学生说说他身边的事情，如果有提到需要获取信息的学生，则可以运用追问的方式了解相关信息，如老师刚刚听你说到某某同学，他最近状态怎么样？你观察到的这个现象经常出现吗？

第二，不要将所掌握的信息和判断透露给学生。我们要为学生的隐私保密，只有这样才能让沟通更加有效，才能保护当事人不再遭受二次伤害。

第三，不要要求学生承担太大的责任。让学生多关注可能有心理问题的同学确实可以有效获取更多信息，但是这对其他学生而言并不是一件轻松的事情，可能会给他们带来较大的压力。我们可以考虑让学生成为危险信号信息员，让学生在发现身边的同学出现非常危险的行为，或者在日常交流的过程中听到有人想伤害自己或他人时及时向老师报告。

第四，给予学生一定的承诺，让学生能放心沟通。学生对于"打小报告"行为都比较抵触，我们要告诉学生其中的利害关系，让学生理解这并不是"打小报告"，而是对其他同学负责的表现。同时也向学生承诺，不会将其所说的话告诉其他人。只有这样才能让学生放心大胆地将自己所知道的情况如实报告。

3. 与家长沟通

与家长沟通的目的主要有三个：其一，获取学生信息。学生除了在学校外，大部分时间都是与家长一起生活，所以家长掌握了很多与学生相关的信息。与家长沟通也是补充了解学生信息的重要手段。其二，将学生信息告知家长。家长是学生的法定监护人，当学生遇到无法解决的困难或者有心理问题时，家长有权了解学生的具体情况。同时，与家长沟通也能给家长反馈学生在学校的整体情况、可能遇到的困难或可能遭遇的风险。其三，与家长协作。家长是助力学生成长的重要力量，具有不可替代的作用，与家长沟通，形成家校合力，能更有效地帮助学生解决心理问题。

与家长沟通时需要注意以下两点：

第一，和家长建立信任关系。当老师和家长沟通学生可能遭遇心理问题时，许多家长可能会有这样的反应：是不是想让我家孩子休学？孩子在学校出现了心理问题，学校得负责任。因此，我们要先和家长说明沟通的目的，让家长了解学生出现心理问题并不代表需要休学，出现心理问题的原因是多方面的，沟通主要是为了更清楚地了解学生情况，然后一起想办法帮助学生，学校会严格保护学生的隐私，不会给学生贴上"心理问题"的标签。只有获得了家长的信任，接下来的沟通才能有效开展。

第二，明确需要获得的信息。家长不一定了解学生真实的心理状况，对此我们要给予一定的指导，可以结合情绪、认知、行为和社会功能四个维度的内容向家长了解学生的具体情况，如果家长也不清楚，则可以提供观察清单给家长参考，请家长收集信息并及时反馈。

三、如何根据信息判断心理问题类别

按照症状表现、严重程度、持续时间和社会功能受损情况，心理问题可以分为一般心理问题、严重心理问题和精神障碍。其中精神障碍又分为非精神病性精神障碍和精神病性精神障碍。我们可以根据标准进行初步判断，当学生达到或超过严重心理问题的标准时，应转介给学校的心理老师或其他专业人员来做判断。

案例分享

求助者，男，14岁，独生子。家长表示学生非常不爱学习，总想着上网玩，而且经常与家长顶嘴，情绪很暴躁。自己表示无法和家长进行沟通，性格确实比较暴躁。

观察学生发现，学生仪容及服饰均正常。询问学生最近是否有困扰时，学生表示自己主要是情绪状态不佳，感觉自己每天过得浑浑噩噩，不知道自己未来的路到底要怎么走。回忆自己在小学时候成绩非常优秀，进入初中后不太适应学习节奏导致成绩一落千丈，后来想要努力追赶时发现已经追不上了。自己其实很着急，也想好好学习，但是尝试了多种调整方法后效果都不佳，心烦意乱，只能通过上网打发时间。半个月以来，上床后迟迟不能入睡。父母虽然一直很宠爱自己，但是很难和他们交流自己内心的真实感受，总是说不到一起去，因此经常向他们发脾气。父母早就建议自己找老师交流，但是自己觉得很不好意思，有点自卑，反复思考后还是想请老师帮助自己走出困境。

心理教师的分析如下：

该生出现了一定的异常症状，需要进一步了解其既往病史，先确认他是否因为生理疾病而出现异常表现，排除器质性病变的可能性。

该生的异常症状有明显的原因，症状强度与现实处境相符合，并不是特别严重，也没有出现其他精神病性症状（如幻觉、妄想等严重的异常症状）。而且该生的情绪问题仅局限于努力学习但是成绩无法提升，以及和家长无法进行良好沟通，没有泛化到对所有事件都出现情绪问题，因此可排除严重心理问题。

该生出现的异常症状持续时间大约两周，据此可以判断他无法自行解决，需要帮助。

该生可以照顾自己，人际交往正常，能正常完成学业，遵守规章制度，据此可以判断其社会功能没有受到严重影响。

根据以上分析，初步诊断该生为一般心理问题，但是因为持续时间较长，所以需要老师介入，给予该生一定的帮助。

四、识别学生心理问题时的伦理要求

我们在识别学生的心理问题时，要遵守伦理要求。伦理原则主要有三点，即尊重自主、不伤害和有利公正。具体做法如下：

（一）知情同意（体现尊重自主原则）

知情同意是指明确告知对方你将要做的工作，并在获得对方同意后开展。学生是未成年人，我们在开展心理测评等工作前要让学生及其家长知情并同意。心理测评结果等也应该在第一时间反馈给学生和家长。

心理普查家长知情同意书

尊敬的家长：

您好！

为了解全体学生的心理健康状况，我校将于×年×月×日开展学生心理普查。现将具体情况向您介绍如下：

1. 心理普查将会包括一系列与心理健康、社会状况相关的问题。普查的结果将以易懂、易接受的方式告知学生，且不会有"抑郁阳性"等贴标签的字眼。告知结果时还会附上有针对性的建议和帮助。

2. 除校内相关心理健康工作人员外，学校其他人员无权查看普查结果。如结果显示学生可能存在伤害自己及他人的风险，或严重的心理问题，学校将在第一时间与您沟通。除了上述情况以外，如果您想了解学生的评估结果，需征得学生的同意。

3. 心理普查并不是专业诊断，普查结果仅供参考。若普查结果出现异常也并不代表学生一定出现了某种问题，我们会在与您沟通后对学生进行进一步访谈，以确认学生是否真的有心理问题。

4. 此次心理普查遵循自愿原则。如果您不同意，请您在收到此通知后与班主任说明退出心理普查的原因，若同意则请您签署该知情同意书并由学生带到学校统一上交。

祝您身体健康，阖家幸福！

监护人签字：

学生签字：

×年×月×日

（二）保护学生隐私（体现不伤害原则）

与学生心理健康相关的任何信息不能在公开场合公布或与无关人员交流；应妥善保管学生的心理健康信息，如采用加密、上锁、个人身份信息与心理健康信息分离或转换成编码等形式，避免信息泄露。

当学生有伤害自己或他人的风险时，我们要突破保密原则，将信息有限地报告给可以帮助学生的人。

（三）及时向专业人士求助（体现不伤害原则）

我们应尽快将存在严重心理问题及精神障碍的学生转介给心理老师、专业机构或专业人员。当对信息的判断有疑问时，我们可以向专业机构或专业人员寻求帮助和建议。

（四）心理健康信息不用于评优评先（体现不伤害、有利公正原则）

任何与学生心理健康相关的信息都严禁用于评优评先，即不能因为学生有心理问题或心理问题史而拒绝其参与评优评先。

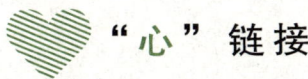 **"心" 链 接**

拿走悬在头上的利剑——减少心理问题的污名化

污名化和病耻感是悬在青少年心理健康问题上的两把利剑，它们对青少年心理健康问题的识别和干预有着不可估量的消极影响。

污名是一种标志或标签，也是一种偏见。当我们以一种负面、错误的社会态度去看待个体或群体身上的某些身体特征或行为特征时，污名便产生了。污名使某些特征的拥有者在他人眼里丧失社会信誉或社会价值。心理健康问题的污名是指人群对心理问题错误且偏见的认识。例如，人们常用"精神病"骂人，而不用其他疾病，原因就在于"精神病"的污名标签。这一"标签"使出现了心理问题的个体遭到不同程度的歧视，甚至被排挤和孤立。心理问题的病耻感是指有心理问题的个体内心产生的耻辱体验。病耻感往往和自我及他人的污名化有关。

污名化和病耻感会严重影响青少年在遇到心理问题时的求助态度和行为。病耻感越高的青少年，产生心理健康问题后的求助态度越消极，求助行为越少。环境中的污名化越严重，人们对有心理问题的青少年就越不友好，甚至排斥或欺负。这也会导致有心理问题的个体极力隐藏自己的问题。因此，我们要提高自身和学生对心理问题的认知，减少对心理问题的污名化和病耻感，不要乱贴标签，而是要为有心理问题的学生创造更为友好、接纳的环境，只有这样才能及时、有效地帮助有心理问题的学生。

第三节　如何支持学生应对心理问题

当我们身体出现问题时，会先自行调整，如喝热水、清淡饮食、规律作息。如果调整效果不佳，可能会针对症状使用一些药品或前往医院看病，遵医嘱治疗。那么，当学生出现心理问题时，我们应该采取什么措施帮助学生应对呢？学生的心理问题能自己恢复吗？指导学生采取一些自我调节的方法，他们就可以恢复心理健康吗？学生需要求助心理医生吗？是否一定要吃药？本节将一一回答这些问题。

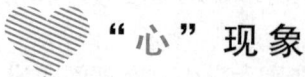 **"心"现象**

当学生出现心理问题时，你认为下列哪些做法是正确的，请将它们勾选出来。

☐ 不用采取什么措施，等学生自己想通就好了。

☐ 密切观察这个学生。

☐ 给学生一定的包容，允许他上课期间请假或减少部分作业。

☐ 害怕他出现极端行为，满足他提的一切要求。

☐ 把他有心理问题的情况告诉全班同学，要求大家不要刺激他。

☐ 向心理老师报告该生的情况。

☐ 告诉其他科任老师该生的情况。

☐ 和学生谈心，告诉他庸人自扰，要他想开一点。

☐ 和学生沟通，表达老师的关心和支持。

☐ 鼓励学生和家长去寻求专业帮助，如找心理老师或心理医生。

☐ 劝家长尽量不要给学生吃药，因为药物可能会影响智力或上瘾。

☐ 劝学生休学，恢复了再回学校。

☐ 让家长来校陪读，全程陪伴学生。

☐ 让学生自己选择是否来上课。

请补充你认为正确的其他做法：＿＿＿＿＿＿＿＿＿＿＿＿＿＿＿＿

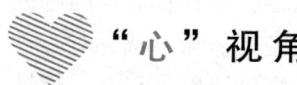 **"心"视角**

一、应对学生心理问题时的常见误区

在介绍如何应对心理问题前，先澄清几个常见误区。只有走出这些误区，我们才有可能采取正确方法帮助有心理问题的学生。

（一）心理问题不需要处理，想通了就好了

有人认为，心理问题和普通的情绪波动、紧张烦躁没有区别，不需要特殊处理，只要自己想明白了，或者这个事件过去了就能好。事实上，除了一般心理问题通常能自行好转以外，大部分严重心理问题和达到诊断标准的精神障碍很难自行好转，需要接受专业的帮助，甚至是药物治疗。即使是一般心理问题，我们也不能袖手旁观、任由其发展，而是要

提供包容和支持的环境，及时提供社会心理支持。

（二）心理问题只需谈谈心，解开心结即可

有人认为，"心病"只需"心药"医。只要找到会说道理的人开导一下，就能"药"到"病"除。这一认知也是偏颇的。大部分达到诊断标准的精神障碍患者都需要药物治疗。严重心理问题的一些症状也可以用药物帮助缓解，如助眠的药物可以用于缓解睡眠问题。此外，即使不使用药物，心理咨询和心理治疗也不是一般意义上认为的"谈话"，而是专业技术人员应用心理学知识和技能开展的专业服务，即不是一般人可以进行的，其目的也远不是"开导"和"解开心结"。

（三）有心理问题的学生不能"受刺激"，不然会出现极端行为

有心理问题的学生应对生活事件的能力要比其心理健康时低一些，因此需要更多的包容、理解和支持。然而，日常生活、学习中普通的交往并不会造成所谓的"刺激"。此外，有人认为询问有心理问题的人相关心理症状，也是一种"刺激"，会使其病情加重。事实上恰恰相反，有心理问题的个体更希望向他人倾诉自己的症状和感受。采用合理的方式向有心理问题的人询问心理症状，会让对方感受到被关心、被理解，有利于病情好转。

（四）服用与心理问题相关的药物不安全，会影响智力或上瘾

许多家长拒绝给孩子服用精神类药物，认为孩子会"吃傻"或者药物上瘾，一辈子不能停药。这其实是精神障碍歧视和污名化的一种表现形式。因为所有的正规药物在投放市场前都需要经过严格的临床实验来保证它的安全性和有效性。所以，精神类药物并不会导致智力受损。少部分个体在服用精神类药物后会出现一定程度的嗜睡、没精神或者注意力不集中等情况，这是短期内的药物不耐受现象，1~2周后就能逐渐适应。此外，部分助眠的药物确实存在上瘾的可能性，但只要在正规的医院就诊，且遵守医生的要求吃药和复查，并不会产生严重的成瘾问题。

（五）有心理问题的学生必须休学

不少学校只要发现学生有明显的心理问题就会劝其休学，要求学生完全康复后再返校。这一做法虽然有利于学校管理，但不利于学生健康。大部分心理问题并不需要休学，只要学生能应付基本的学校生活和学习，且自己愿意留在学校，我们都应该鼓励学生继续上学。心理环境对人的心理健康状态有较大的影响，并且人与周围的环境存在共生关系。学校熟悉的环境、老师和朋友的支持、规律的作息都有利于学生的康复。如果学生病情严重，且存在一定的自杀危险性和伤害他人的倾向性，或者学生自己不愿意留在学校，此时可以考虑让学生在家休息，但也不需要等症状完全消失后才能返校。心理问题的康复时间较长，即使存在一些症状也不会影响学生复课。让学生尽早返回学校有助于学生更好地康复。

二、应对心理问题的常见方法

通过澄清应对心理问题时的常见误区，我们对于如何应对心理问题有了初步的理解。所有心理问题都需要应对，根据问题的严重程度应对的方法有所差别，无论是心理谈话还

是药物治疗，都是应对心理问题安全、有效的方法。下面介绍几种应对心理问题的常见方法。

（一）社会心理支持

社会心理支持也称为社会支持，是目前应用最为广泛、最为基础、效果也比较明确的一类帮助心理问题学生的方法。社会心理支持虽然不能治疗严重的心理问题和精神障碍，但它通过提供情感支持、信息支持和实际帮助，能有效缓解痛苦感受、建立信任关系。它既能防止心理问题继续恶化，也能为后续向专业人员求助建立基础，同时还能帮助心理问题康复。社会心理支持是一类几乎可以应用于所有心理问题，且适用于心理问题各个阶段的最基础的方法。

与其他方法相比，社会心理支持并不要求提供支持者是专业人员，提供支持者也不需要接受非常复杂和长期的训练。只要掌握基本的心理沟通技能并理解社会心理支持这种方法，普通老师都可以成为社会心理支持的提供者。

（二）心理咨询和心理治疗

心理咨询和心理治疗也是应对心理问题时较常采用的方法。它们与我们通常说的"谈心"有本质区别，是运用心理学专业知识、原理和技术帮助有心理问题的个体缓解情绪、减少症状，最终实现个体成长的方法。虽然谈心和心理咨询、心理治疗看上去都是谈话的形式，但心理咨询和心理治疗要求提供者是受过长期训练的专业人员。谈话的内容、提问和回答的方式都是根据专业目的和需求确定的。心理咨询和心理治疗也是有区别的，相对来说，心理治疗面对的问题更严重，对提供者的专业要求更高，不过在现实操作中并未严格区分。下面介绍几种心理咨询和心理治疗中常见的方法或流派。

1. 认知疗法

认知疗法是指通过改变错误认知方式缓解负性情绪和相应症状的治疗方法。其核心理论认为，个体的情绪与认知密切相关，只要改变错误的认知就能调整情绪。以半杯水为例，如果我们认为"只有半杯水了"，情绪是低落和负性的，但如果将认知转换为"还有半杯水"，则体验到的情绪是积极的。认知疗法通过帮助个体识别自己不适合的认识方式和内容，并进行调整，从而改善情绪及相应症状。

> **小贴士**
>
> 情绪ABC理论指直接影响我们情绪的并不是事件本身，而是我们对事件的看法及产生的信念，如图6-3-1所示。该理论广泛用于认知疗法中，可以帮助人们理解自身情绪产生的认知过程，从而学会调整认知。[1]

---

[1] A.艾利斯，D.J.艾利斯. 理性情绪行为疗法［M］. 郭建，叶建国，郭本禹译. 重庆：重庆大学出版社，2015：25-27.

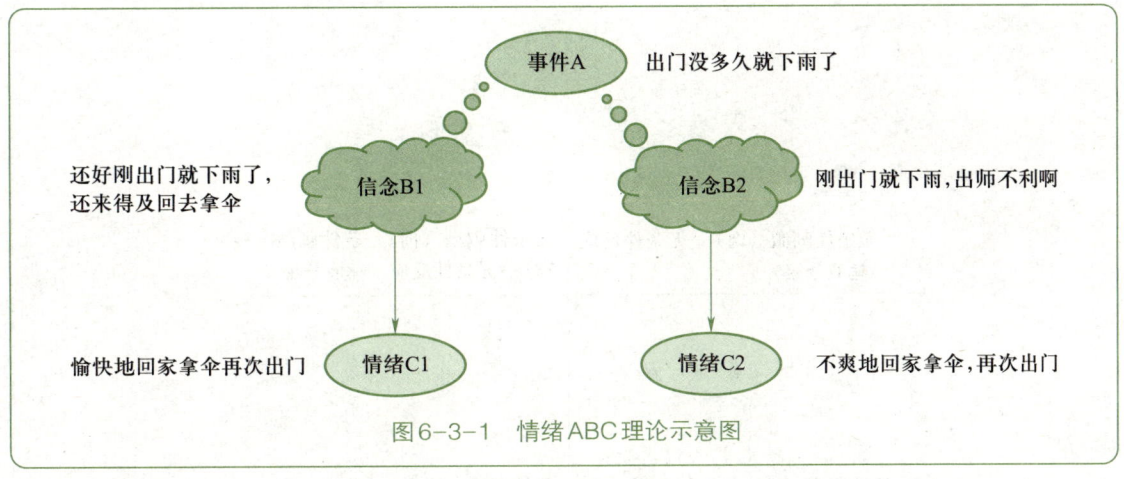

图6-3-1　情绪ABC理论示意图

2. 行为疗法

行为疗法是基于实验心理学的成果提出，用以改变或消除某类行为问题的方法。其理论基础是条件反射原理和学习的联结理论。常见的方法有系统脱敏、厌恶疗法、行为强化法、放松训练等。行为疗法常用于行为问题的矫正，如用厌恶疗法或行为强化法来戒烟、戒酒；也可用于形成某种良好行为，如用强化法通过多次、及时赞许来形成好习惯；还可用于缓解紧张的情绪，如通过暴露疗法、系统脱敏或放松训练来缓解考前焦虑、社交恐惧症等。

🌿 小贴士

学习的联结理论认为学习就是在刺激和反应之间建立联结，这种联结也可称为反射。

经典条件反射：人生而就存在一些无条件反射（如食物吃到嘴里会引起唾液分泌），而我们可以通过学习让人对某些特定刺激也产生类似无条件反射的效果，这种新的反射被称为经典条件反射（图6-3-2）。

值得注意的是，经典条件反射并不是形成后就完全固定的，随着时间的流逝它也会出现变化，但是我们仍可以利用它来帮助我们矫正学生的行为问题。例如，针对青少年吸烟行为可以使用厌恶疗法进行戒除。具体操作方法如下：

第一步：设定厌恶刺激，如使用催吐药物等能引起人不良反应且不对人的身体造成伤害的药物，或者使用皮筋弹手腕等不良物理刺激。

第二步：形成条件反射。在学生吸烟时不断使用厌恶刺激来刺激学生，让学生逐渐将不良刺激与吸烟行为联结起来。

第三步：减少厌恶刺激。当学生的吸烟行为明显减少时，逐渐减少厌恶刺激的强度和频率，让学生逐渐回归正常生活节奏。

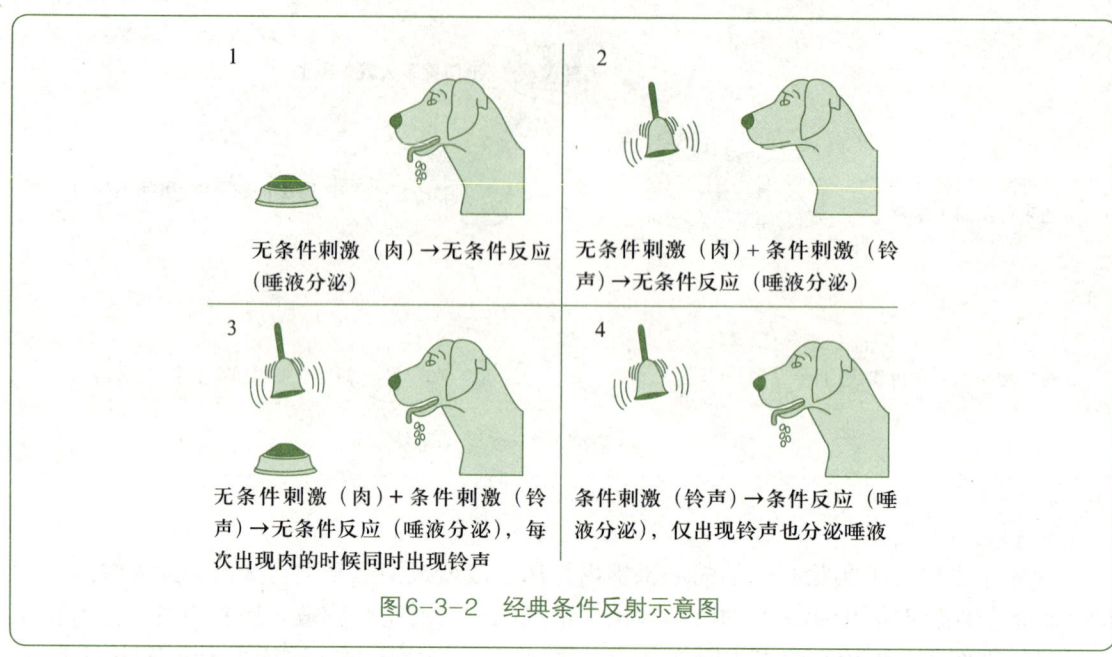

图6-3-2　经典条件反射示意图

认知疗法和行为疗法经常联合使用，适用范围会更为广泛。例如，应对抑郁情绪时，可以采用作业法，通过写日记记录和分析日常生活中有价值和意义的事件，以改变抑郁下自动化的负性思维。当下很流行的正念疗法也属于这一类方法。

3. 家庭系统疗法

家庭系统疗法是以家庭为单位，从家庭的视角来理解和改变心理问题的方法。其核心理念是将每个家庭看成一个自然系统，每个成员都会影响这个系统以及系统里的其他成员。要处理个体的心理问题，不能只局限于个体本身，还应关注其所在的家庭系统，并对家庭系统中的关系加以调整，只有这样才能从根本上解决个体的心理问题。这种方法在应对中小学生的心理问题时意义更为重大。

4. 箱庭疗法

箱庭疗法也叫心理沙盘。它是一种基于投射的方式分析和应对心理问题的方法。在治疗者的陪伴下，有心理问题的个体通过在沙盘中摆放有象征意义的玩具和物品，在不受现实世界规则限制的情况下充分宣泄内心世界，以缓解症状和完善发展。这种方法适合低龄的孩子，也适用于不愿意用语言表达的中小学生。心理沙盘是许多学校心理咨询室的标准配置。

心理咨询与心理治疗是非常专业的方法，对提供者的专业能力要求很高。相对于心理专科医生，目前对心理咨询与心理治疗从业人员的监管还不完善，行业标准不清晰、不规范，行业内鱼龙混杂。因此，在选择治疗团队时应谨慎。

（三）药物疗法

药物疗法主要用于达到诊断标准的精神障碍。当未达到诊断标准但某个症状对个体产生严重影响时，也可谨慎考虑使用药物，如助眠药物可以帮助长期或严重失眠的个体。常见的精神类药物包括抗精神病药、抗抑郁剂、心境稳定剂、抗焦虑药和助眠药。是否需要服药、使用哪类药和如何服用，都是十分专业的问题，普通老师不需要掌握。但我们应该具备以下用药基本常识：

- 精神药物只能由医生开具，切忌自行购买服用。
- 大多数精神药物在刚开始服用时要缓慢增加剂量，停药时也要缓慢减少剂量直到停止。用药应遵照医生要求，切忌自行加量或停药。
- 大多数治疗抑郁的药物要服用两周才开始起效，切忌觉得没有效果而自行停药。
- 大多数精神药物的服药时间以月计算。例如，抑郁障碍通常在症状完全消失后还需要服药3~6个月，而精神分裂症一类障碍需要服药1~2年，有些患者甚至需要长期小剂量服药，以避免复发。切忌自行停药。

三、应对心理问题时应该遵守的基本原则

（一）早判断早治疗

当我们发现可能有心理问题的学生，并通过观察和沟通获得了全面信息后，应尽早判断问题的性质。如果超过了一般心理问题，应尽早告知家长，尽早将学生转介给专业人员接受后续帮助。治疗延误不仅会延长学生的痛苦，还可能造成病情迁延不愈或使病情变得复杂，从而加大治疗难度。更严重的是，延误治疗还可能增加发生自伤和自杀的危险性，危害生命。

（二）遵从专业意见

应对心理问题是一项相对专业的工作。采用什么方法应对、治疗频率、是否服药、多长时间复诊都需要遵从专业意见。在治疗前期可以多听几位专家的意见，但一旦确定了方案，就应该坚持一定的治疗时间，不要随意调整方案，也不要随意更换治疗专家。

（三）遵守伦理要求

在应对学生心理问题时要遵守伦理要求。首先，明确告知学生你要做的工作，并在获得学生同意后开展。其次，保护学生隐私。与学生心理健康相关的任何信息，不能在公开场合公布或与无关人员交流。再次，及时向专业人士求助。尽快将存在严重心理问题及精神障碍的学生转介给心理老师或其他专业人员。最后，不把心理健康信息用于评优评先。不能因为学生有心理问题或心理问题史而拒绝其参与评优评先。

❤ "心" 方法

下面将从心理问题发现、治疗和康复三个阶段来介绍我们可以做哪些工作来帮助学生应对心理问题。

一、心理问题发现阶段

（一）判断心理问题的性质

不同严重程度的心理问题需要不同的帮助，我们可以根据症状表现、严重程度、持续时间等来判断心理问题的程度，并确定患者应该获得什么类别的服务。如果对判定没有把

握，可以和学校心理老师或其他专业人员讨论。

（二）告知相关人员

1. 尽早告知家长

家长是学生的监护人，对学生的情况拥有知情权。当学生出现心理问题的征兆或者风险时，我们要第一时间告知家长学生的情况。家长是学生最有力的支持力量，告知家长学生情况有利于促进家长与学校协作，共同给予学生帮助，并为接下来的工作打下良好的基础。

在工作中，我们可以使用家校合作书来告知家长学生现阶段的情况，并向家长说明接下来需要他们如何配合学校。

● 家校合作书

尊敬的家长：

您好！

您的孩子最近在学校出现了一些心理健康问题的征兆，可能提示您的孩子正面临着心理问题的困扰，现将学生的具体情况向您说明，同时也邀请您一起关注孩子的具体情况，期待和您一起更好地呵护孩子健康成长。

一、情况说明

就读于某学校某年级某班的某同学近期情绪持续低落，并且出现了一定的自伤行为（手臂上有自伤留下的伤痕），这些信息表示学生可能存在较大的安全风险。

二、学校已采取的工作

班主任在观察到学生的情绪变化后，先对学生进行了观察，以收集更多信息。学生从某月某日开始出现了情绪持续低落的现象，持续了××天，且随着时间的推移，情绪低落的严重程度逐渐提高（甚至出现了自伤行为）。

班主任在观察一段时间后，引导学生前往学校心理咨询室，让学生与校内负责心理健康教育的教师进一步沟通。心理健康教师与学生进行了×次心理辅导，初步判断学生现阶段的状态为严重心理问题。

三、需要家长配合的工作

保持观察与陪伴。注意以平常心对待孩子，同时多观察孩子的状态，在孩子需要时给予更多陪伴与理解。

向专业人士求助。在征得孩子同意的前提下，带孩子去三甲医院的精神卫生专业机构进行评估，明确孩子是否需要更加专业的帮助。

上报学校。考虑到学生现在的状况可能会有一定的危险性，我们希望获得您的同意后将学生的具体情况向年级组和校领导汇报。

提升监护责任。若学生有非常高的自伤、自杀风险或者可能伤害别人，请家长来学校陪读。

监护人签字：

日期：

2. 尽早告知心理老师

许多学校都按比例配备了专业的心理老师，他们的重要工作之一就是对有心理问题的学生进行记录和相对专业的干预。将学生情况告知心理老师，既可以让他们从专业角度给出一定的分析与建议，也可以让他们了解学校里有较高风险的学生的情况，并给予个体化干预，同时掌握全校高危学生的情况，以确定学校心理健康工作的重点和方向，在有重大事件发生时，也能及时关注这些高危学生，评估危险性。我们可以与心理老师一起建立重点学生心理健康台账。

重点学生心理健康台账

序号	班级	姓名	家长联系方式	家庭情况	其他特殊情况	心理问题记录	备注

3. 有必要时告知年级组或其他任课老师

出于隐私保护，除了有自杀危险性以外，通常情况下我们不能将学生的心理问题情况告知年级组或者其他任课老师。但是如果满足以下条件，我们就应该有针对性地告知其他老师，让更多人一起来帮助学生。首先，告知他人可以更好地帮助有心理问题的学生。其次，该学生目前的心理问题已经严重影响到他人，导致其他同学正常的学习和生活都受到了较大影响。最后，该学生本人及其监护人都充分了解班主任的告知对象以及所要告知的信息情况，并同意班主任与年级组和相关任课老师进行沟通交流。

4. 有必要时告知少数同学

与前面一样，大多数情况下，我们不会将学生的心理问题情况告知其他同学。但是如果满足以下条件，我们也可以告诉少数同学，以便帮助学生应对心理问题。首先，告知其他同学的信息有助于去污名化，可以避免其他同学给有心理问题的学生贴标签。其次，告知其他同学可以更好地帮助该学生应对心理问题，一方面可以给予该学生更多的关爱，让学生感受到身边同学的支持与陪伴，另一方面可以通过同学的关注及时发现心理危机。最后，该学生本人及其监护人都充分了解班主任的告知对象以及所要告知的信息情况，并同意班主任与其他同学进行沟通交流。

（三）转介

1. 转介的方式

当学生的心理问题已经处于严重及以上程度时，就需要及时推荐学生去寻求更加专业的帮助，这一过程就是转介。一般来说，转介方式有以下两种：

（1）将学生转介至心理老师处。发现有心理问题的学生后，我们要先征求学生的意见，然后引导学生去学校的心理咨询室与心理老师进行进一步沟通和交流。在学生去之前，可以先和心理老师进行一次简单的沟通，将所掌握的学生信息与心理老师共享，然后再让学生独自或者由班主任陪同前往。

（2）将学生转介至专业机构或者医院。在转介之前，我们要和学生的家长取得联系，向家长出示家校合作书，让家长了解学生现阶段的情况和求助专业机构的必要性。一般情况下，应由家长亲自带学生求助。有特殊情况时，如情况紧急或家长在外地，经家长同意后，可以由学校派老师陪伴学生一起寻求专业帮助。在这个过程中需要注意及时与家长沟通并告知情况，相关决定应该由家长做。在出示家校合作书的同时，可以给家长推荐合适的转介机构，由家长自行选择。

2. 应对转介阻碍

转介时可能会遇到一些阻碍，通常有以下两种原因：

（1）家长不配合。家长可能并未掌握一定的心理学知识，对心理问题存在误区，认为求助不是必要的。这时我们就要向家长科普心理健康知识，告诉家长心理问题对学生的危害，延误治疗可能带来的影响，以及求助专业机构的必要性。

家长不配合可能还与不信任有关。一些家长可能对学校的管理制度存在一定的误解和不信任，担心孩子转介后会被强制要求休学，或被学校和老师贴标签，影响学生后续正常的学习和生活。此时，我们要和家长建立良好的信任关系，给家长介绍学校的相关规章制度。

中华人民共和国家庭教育促进法

总之，转介一定要获得家长的支持，要让家长充分了解到转介的作用与意义，并让家长尽快带孩子寻求专业帮助。我国现已颁布了《中华人民共和国家庭教育促进法》，如果家长了解情况后仍然不愿意肩负起监护人的责任，我们还可以借助当地民政部门或妇联的力量共同督促家长肩负起责任，给予学生应有的帮助和支持。

（2）缺乏资源。部分家长主观上愿意让学生转介，也很希望学生能尽快获得专业帮助，但因为家庭条件所限或者没有较好的转介渠道，导致客观上无法完成转介。针对这种情况，我们要给他们提供一定的资源，如果家庭条件较为贫困，可以联系当地妇联、民政局或者未成年人保护中心争取物质支持，推荐去公益或者低价的机构接受帮助；若没有较好的转介渠道或者挂不到号，则可以借助学校的力量，使用绿色通道，或者在心理老师的帮助下寻找其他的转介渠道。

二、心理问题治疗阶段

（一）督促学生遵医嘱

因为精神类药物有一定的特殊性，所以患者在服用药物的早期可能会出现一定的不耐受反应，从而可能会自行增加或者减少药量，这种行为是非常不利于心理问题康复的。对此，我们要与家长沟通，强调遵医嘱吃药的必要性。若学生有显著不适，我们要提醒其及时去医院复查。

（二）为学生提供其他帮助

学生在治疗期间，可能会因心理问题的症状、治疗反应等影响到正常的学习和生活。此时我们要结合学生的状态有针对性地给予帮助，如帮学生补上因治疗耽误的课程，为寄宿学生管理药物，督促学生按照医嘱定期服药。

三、心理问题康复阶段

（一）提供适宜的环境帮助学生康复

1. 减少歧视

由于缺乏心理健康知识，班上的其他同学对心理问题可能会存在一定的认知误区。例如，心理问题就是精神病，有心理问题的人随时都可能发疯；与有心理问题的人待在一起自己也会出现心理问题；吃精神类药物可能会导致智力下降。这些误区可能会让其他同学对有心理问题的学生产生歧视，甚至孤立该学生。此时我们要对学生进行一定的心理知识科普，引导学生正确对待有心理问题的学生。还可以通过开展主题班会、素质拓展等活动让班级氛围更加包容和谐。切忌公开要求其他同学不歧视某位同学，或者要求其他同学都主动帮助某位同学，这种做法很有可能不仅达不到效果，还会给当事人带来伤害。

2. 降低要求

在治疗过程中，学生可能会出现状态不佳的情况，如注意力难以集中、每天都比较疲惫、所需睡眠时间明显变长等。这些症状对学生的学业、生活、人际关系都可能产生负面影响。针对这类学生的各项要求（学业成绩、作业完成情况等）均应进行相应调整，必要时可以降低标准。此处提到的降低标准并不是从老师的角度出发的，而是应该从学生的视角出发，和学生交流他最近状态如何，学业方面是否有较大的压力，如果学生无法适应，我们可以适当降低对学生的要求，让学生有宽松的环境恢复。

正在服药的学生可能会因为服药而产生某些特殊反应，如偶尔上课走神或打瞌睡。对此，不管是老师、家长还是同学，都要有更高的包容度。提升老师、家长和同学的心理健康素养，可以使有心理问题的学生获得足够的关爱与包容。

（二）持续观察

随着时间的推移，在老师、家长和同学的不断支持下，学生的心理问题会逐渐得到缓解，学生也会回归正常的学习和生活，但此时并不代表不需要继续关注了。因为心理问题像感冒一样可能再次发生，在遇到某些特定事件的时候，学生可能又会有所反应。我们要持续观察学生的状态，特别需要观察的是学生应对困难和挫折时或遭遇失败后的状态及变化。我们只有持续观察学生的状态才能及时做出调整，并与学生一起更好地应对心理问题。

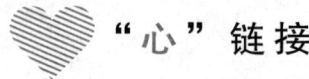

"心"链接

我应该向精神科医生寻求帮助吗？

在许多人的印象中，精神科医生治疗的是非常严重的精神障碍，如精神分裂症等。所以人们发生严重心理问题时不愿意或者拒绝向精神科医生求助。这样的认知是偏颇的。

我国精神卫生法中提到的心理健康从业人员主要包括心理咨询人员和精神科执业医师。精神卫生法规定，心理咨询人员不得从事心理治疗或者精神障碍的诊断、治疗；精神障碍的诊断应当由精神科执业医师作出。简单地说，任何精神障碍，包括精神分裂症、抑郁障碍、焦虑障碍等，都应该由精神科医生处理。此外，因为精神科医生具有处方权，一些需要药物治疗的心理问题，如睡眠问题，也需要向精神科医生求助。随着我国精神科医生接受心理治疗、心理咨询等系统培训人数的不断增加，许多精神科医生也同样能够提供心理咨询服务。精神科医生的从业场所大多数在公立医院或民营医院，其可靠程度远高于良莠不齐的心理咨询服务机构，因此向精神科医生寻求帮助是更为稳妥的选择。

第四节　如何应对学生心理危机

你是否看到过学生手臂的伤口？你是否在学生日记里或朋友圈看到过"死亡"信号？你是否应对过向你表达"自杀想法"的学生？校园心理危机是近年来的社会热点之一，社会各界都在呼吁加强校园心理危机预防和干预。那究竟什么状态是心理危机？心理危机是否会导致自杀行为？心理危机产生的原因是什么？目前采取的措施究竟是否有效？有心理危机的学生能否继续上学？能不能和有心理危机的学生谈自杀？本节将基于这些困惑进行深入探讨。

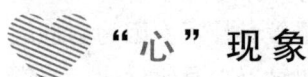

"心"现象

请根据以往经验，判断下列哪些学生可能发生了心理危机？请将你的答案勾选出来。

□升学后，觉得环境陌生、课业繁重，连续失眠2周，每天唉声叹气。

□放假的时候情绪很正常，一到开学就情绪低落，连平时喜爱的运动也不参加了。

□还有两天就要期中考试了，感觉很紧张。

□曾被同学欺凌，现在与人交往都非常谨慎。

□两年前父母离异，今天开家长会爸爸没来，很失望。

□亲子关系不好，不愿意和家长交流沟通。

□一直照顾自己的奶奶去世了，非常悲伤，不愿意和任何人说话。

□一起参加补课的同学前一天自杀身亡了。

□经常和同学开玩笑说："这个事太难了，我死了算了。"

□两周前在日记里写下遗书。

□其他（请补充）：_____

你判断学生是否出现心理危机的依据是什么？

_____

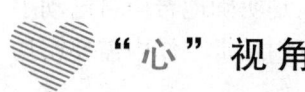 **"心" 视 角**

一、什么是心理危机

心理危机是指当个体面临困难或挑战，且认为超过了自己现有资源和应对能力时，所产生的认知、情绪、行为紊乱或崩溃的状态，常常伴有极度痛苦体验。自杀行为是心理危机最为常见、也最为严重的后果。存在心理危机不一定都会产生自杀行为，但产生自杀行为一定是因为存在心理危机。

根据影响的范围，心理危机可分为个体危机和系统性危机。个体危机影响的是个人，系统性危机影响的是群体。例如，校园里一个学生自杀身亡，对于这个学生来说是个体危机；当学校师生知道他自杀死亡的消息，甚至有人目睹时，这起自杀事件便引起了学校的系统性危机。这也是学校出现学生自杀身亡事件时，整个学校都需要进行心理干预的主要原因。

根据我国国家卫生健康委员会发布的卫生统计年鉴，2021年我国10—14岁年龄组的自杀死亡率为1.70/10万（城镇）、1.66/10万（农村），15—19岁年龄组的自杀死亡率为3.34/10万（城镇）、3.65/10万（农村）。根据2021年中国统计年鉴数据，10—14岁年龄组和15—19岁年龄组占总人口比重分别为6.18%和5.32%。

近年来，青少年自杀死亡率呈现上升趋势，全球各地青少年自杀率都在上升。2019年至今，我国青少年自杀死亡率呈现小幅度上升，部分省份和地区的数据也显示升高，有的地区甚至增加2~3倍。

青少年自杀身亡的影响巨大，不仅会给家庭和社会造成很大的负担，还会给家庭带来无以复加的悲痛。有的父母在孩子自杀身亡后也选择结束生命，有的父母一辈子都活在深深的悲痛和内疚中。

二、什么是自杀

自杀是一种以结束自己生命为目的的自我伤害行为。判定学生的行为是否为自杀，并不是看行为的结果（死亡或未死亡），也不是看行为对躯体造成损伤的程度（严重或轻微），而是需要具备三个特征：行为发生时有结束生命的想法，行为发生时意识清楚，明确知道自己的行为将造成死亡。

自杀通常包括两个阶段，即自杀意念（包含意念的上升，即自杀计划和自杀准备）和自杀行动（包含两种结局，自杀未遂和自杀身亡）。

自杀意念也称自杀想法，是指明确地希望结束自己生命的想法。它是所有自杀行为的基础和前提。几乎所有的自杀未遂或自杀身亡案例都是先产生自杀意念，再采取行动。即使是看上去临时起意的"冲动性"自杀，如被批评后立即跳出窗户，也是先产生自杀意念再采取行动，只是从意念到行动的时间间隔非常短而已。

有些人并没有意愿自己动手结束生命，而是觉得如果自己因意外或车祸被动死亡也挺好。这一类被称为消极的自杀意念，其危险性相对较低。另一些人是明确地希望自己动手结束生命，这一类被称为积极的自杀意念，其危险性较高，也是我们日常工作中需要密切关注和应对的。

有些自杀意念是转瞬即逝的。大多数人可能都曾在身处困境时产生过一闪而过的自杀想法，其危险性相对较低。而有些人的自杀意念持续时间较长，并进行过认真思考，其危险性相对较高。通常来说，自杀意念出现频率越高，程度越严重，危险性越大。

自杀计划和自杀准备通常被认为是自杀意念程度的上升。有自杀计划的人不仅有自杀的想法，还曾想过用何种方法、在什么场所实施自杀。计划越具体，实施可能性越大，危险性越高。例如，学生说希望在国外某个标志性建筑上自杀，这类方法实施起来难度较大，危险性相对较低；如果学生说希望在学校教学楼楼顶自杀，则计划很具体，实施的可能性大，危险性也很高。

自杀准备是自杀计划的升级。这类自杀者不仅有具体的想法，还为此做了准备，如勘察过场地、购买过工具等。在回看一些自杀死亡案例的监控时，我们常常能看到自杀者在事发前多次在该地点徘徊，这是他在为自杀做准备。

自杀未遂和自杀身亡都是自杀行动的结局，只是程度有差异。自杀未遂是采取了行动但未导致死亡，自杀身亡是采取了行动且成功结束了生命。有人错误地认为自杀未遂是因为自杀的决心不够强烈、不够坚定。的确，部分自杀未遂可能是因为自杀者决心不够，但还可能有其他因素影响，如运气，曾有学生从四楼跳下却只造成腿骨骨折，因为他被挂在楼下的大树上了。自杀未遂还可能与自杀方式相对柔和有关。研究发现，女性通常采取较为柔和的方式自杀，而男性更多采用致死性高的方法，所以女性的自杀未遂率高于男性。

三、自杀的原因

案例探讨

小明同学在学校失踪引发社会广泛关注。小明在小学和初中阶段成绩都很好，上高中后进入重点班，成绩却排在倒数几名，班主任把情况汇报给家长，一家人商量之后决定让小明转到一所私立高中。小明开始了寄宿生活，成绩一直没有起色，他也没有什么朋友。他曾在日记里写下"新环境真难适应，我这内向的性格真烦"，也曾在作业本和课本上写下"情绪不好，消极，睡不好，我不存在了会怎么样"等字样。暑假期间，小明回家找妈妈玩，在妈妈手机里留下了很多照片，并删掉了他小时候的照片。返校后的一天晚上，直到就寝大家也未见小明的行踪。几天后小明的遗体被发现，公安人员在现场发现了一支录音笔，录音笔中的两段音频清晰地表达了小明的自杀意愿。

请思考：小明自杀的原因有哪些？如果你是他的老师，你会在哪个阶段关注到他？你还可以做些什么？请带着这些思考阅读下面的内容。

（一）自杀理论的革新

自杀理论经历了旧时代到新时代的变革。经典的自杀理论认为，自杀行动的发生是自杀意念频率和强烈程度不断上升的结果。经典理论的不足在于，很难将自杀意念中最终会采取行动的那部分个体区分开来。在有自杀意念的人中，最终会采取自杀行动的人可能只有5%。如果无法准确找出这部分高危个体，自杀预警的效果和干预的准确性就会大打折扣。在后续研究中，学者们开始意识到，采取自杀行动（包括自杀未遂和自杀死亡）并不直接与自杀意念的强烈程度有关，还受其他因素影响。至此，自杀理论开始进入新时期。

新自杀理论又称从"意念"到"行动"的理论。该理论提出了"自杀能力"这一概念，并初步证实它是影响自杀意念向自杀行动转变的重要因素。新理论不仅有助于我们从有自杀意念的人群中区分出可能会采取自杀行动的那部分个体，提高预防自杀的准确性，还可以为减少自杀行动提供新线索和新方向。

（二）新自杀理论中自杀发生的原因

新自杀理论的种类较多，本书主要介绍克朗斯基的自杀三阶段理论，以帮助老师们理解自杀形成的原因。

如图6-4-1所示，多个维度的多个因素，如考试失败、亲子冲突、个性脆弱等互相作用，使个体产生痛苦体验。当个体认为痛苦体验没有解决的办法，且永远不会结束时，就会感到绝望，从而产生自杀意念，如癌症晚期患者常常有自杀的想法。痛苦和绝望也是抑郁的常见症状，所以抑郁患者也常常有自杀意念。人的本性是趋利避害的，当人觉得活着会一直痛苦下去时，一部分个体会希望通过死亡来摆脱痛苦。

我们结合小明的案例来理解。小明在事发前是痛苦的，无论是他在作业本上写的文字，还是录音笔里的留言，都体现了他痛苦的感受。从表面上看，他痛苦的原因是成绩不理想和转学，但事实上远不止如此。他从小个性内向，父母长期不在身边，缺少朋友等，都是他痛苦的原因。当他倍感痛苦又找不到缓解痛苦的方法时，他就可能感到绝望，从而产生自杀的想法。

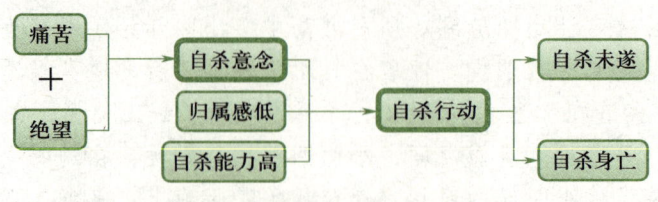

图6-4-1 自杀行为的理论模型

然而，仅有自杀意念还不足以使人产生自杀行动。自杀行动的实施还需要另外两个因素参与，即自杀能力和归属感。

自杀能力是指能够采取自杀行动的能力，包括克服死亡恐惧的能力、忍耐痛苦的能力和获得自杀工具的能力。害怕死亡是人的本能，一个人想结束自己的生命需要克服这种恐惧，对生命越冷淡或曾经历过生死事件，对死亡的恐惧越小，自杀能力也越高。自杀行动会带来躯体上的痛苦，个体对这种痛苦的忍耐力越高，自杀能力也越高。所以，生患重病或经常被暴力攻击的孩子，自杀能力往往较高。另外，自杀未遂的个体因为曾经克服了恐惧，忍耐了疼痛，尝试了自杀行为，所以也具备较高的自杀能力，是非常高危的个体。采取自杀行动需要一定的自杀工具，个体是否会采取自杀行动与自杀工具的可获得性密切相关。减少自杀工具的可获得性，虽然不能减少自杀的想法，但能十分有效地减少自杀行动的发生。如果个体仅有较高的自杀能力，没有自杀意念，通常不会采取自杀行动。只有当自杀意念和自杀能力同时较高时，个体才可能采取自杀行动的可能性就较大。

归属感是指个体对世界的留恋，可以是对某个人，也可以是对某个动物、某件物品、某件事或某种爱好。当个体认为世界上没有任何值得留恋或自己不被他人需要时，也会有较高的可能性采取自杀行动。

结合小明同学的案例来看，他长期和父母分开，朋友也不多，可能原本就没有较好的归属感。他放假回家后删除了妈妈手机里自己小时候的照片，可能是他想切断与世界的联系的信号。

案例探讨

小美，八年级女生，妹妹2岁，母亲全职在家带妹妹，父亲脾气暴躁，心情不好时爱发脾气甚至辱骂母亲和小美。小美对父亲怨恨已久，因疫情期间长期居家，网课学习不积极，与父亲冲突加剧，父亲对其有辱骂和暴力行为。开学后，小美情绪低落，对生活中的事情提不起兴趣，多次与父亲争吵，并爆发激烈冲突，于是拿小刀在手臂上划出了一道道口子。小美在网上搜索过自杀的多种方法，父母并未觉察到小美的这一行为。母亲天天忙于照顾妹妹，也没时间听小美倾诉，小美最终离开了这个世界。

你认为小美自杀的原因可能是什么？

案例中的小美最终实施了自杀行动，一方面，她采取过自伤行为，也在网上搜索过自杀方法，不仅有较强的自杀意念，还借助网络搜寻自杀方法，提高自杀能力。另一方面，她与父亲的关系极其糟糕，冲突不断，母亲忙于照顾妹妹也无暇顾及小美，小美对整个家庭感到十分绝望。她觉得自己不属于这个家庭，所以最终实施了自杀行动。

四、自杀预防和干预策略

预防自杀最好的方法是什么？很多老师认为，用筛查工具将有自杀意念的个体找出来进行干预，就能预防学生自杀。其实，这也是过去许多危机干预专家们一直在努力的方向，但结果并不理想。在有自杀意念的人群中只有5%最终会采取自杀行动，在这些采取自杀行动的人群中只有10%会自杀身亡。这当中究竟哪些人会采取自杀行动呢？如果只使用单一维度的筛查工具，准确性较低；如果对有自杀意念的个体都进行干预，这就意味着为减少1例自杀案例，需要干预许多个体，不仅投入太高，而且收效甚微。更重要的一点是，情绪是波动的，自杀意念也是。除非每天都做评估，否则当下的评估结果无法识别第二天及以后出现自杀意念的人。

另一个常用策略是干预与自杀密切相关的因素，如通过治疗抑郁障碍来预防自杀。但实际上，与自杀相关的危险因素多达几十个，关系紧密的都有十余个，且单个因素有多种结局。例如，抑郁患者中最终死于自杀的比例约为15%，而自杀死亡者中因抑郁自杀的不超过40%。也就是说，即使将全部抑郁患者治疗好，也只能解决自杀死亡者中40%的个体。要想通过穷尽所有因素达到有效预防自杀的目标是很难做到的。

因此，简单地将自杀高危个体筛查出来并进行干预不是有效的预防策略。更多的研究认为，综合性全人群的预防干预策略可能才是最佳选择。如果找出高危个体并进行干预，只能影响高危个体；如果针对全人群进行干预，所有人的心理健康水平都将提高。

常见全人群自杀预防策略包括减少自杀意念和减少自杀行动两个部分。

（一）减少自杀意念

减少自杀意念是预防自杀的基础工作。自杀意念的产生是个体、家庭、学校和社会多个维度多个因素的综合作用。要有效减少自杀意念，应该干预相关危险因素，使全体学生的心理健康水平提高，痛苦和绝望感减少。总的来说，就是所有能够提高全体学生心理健康水平的方法都可以有效减少自杀意念的产生。

（二）减少自杀行动

减少自杀行动是守住自杀前的最后一道防线，让有较高自杀意念的个体最终无法采取行动。识别和干预已有自杀意念的学生也是有效减少自杀行动的策略之一，但这样做还远远不够。减少自杀行动还需要从以下三个维度入手：即提高个体对生命的珍惜和敬畏，如进行生命教育；减少个体对疼痛的忍耐力，如减少家暴、校园欺凌；减少自杀工具的可获得性，如提高校园安全性。

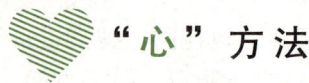

"心" 方法

一、识别自杀高危个体

识别自杀高危个体的方式主要有两种：发现具有自杀危险因素的个体和出现了自杀信号的个体。

（一）自杀危险因素

常见的自杀危险因素有五类，如果学生具有或经历了自杀危险情境中的一类或多类，那么他就可能存在自杀危险性。

1. 患有精神障碍

精神障碍，尤其是抑郁障碍、双相障碍、创伤后应激障碍、人格障碍、精神分裂症、物质滥用等都与自杀有密切关联。

> **小贴士**
>
> 对青少年而言，患有抑郁障碍往往暗示着未来可能出现更多的问题，如物质滥用、双相障碍以及自伤自杀行为等。其中，2%~12%抑郁障碍患者终身自杀身亡的风险是一般人群的20倍。一项对青少年精神病患者的元分析显示，与自杀未遂相关性最强的是抑郁障碍。韩国一项针对12—18岁青少年自杀情况的网络调查显示，青少年抑郁障碍患者越多，自杀行为发生率越高。[①]

2. 遭受重大／慢性生活事件（处于困境中）

困境会产生压力、痛苦和应激。当人经历的事件程度过于强烈或经历长期的慢性痛苦，都可能产生自杀想法，并最终采取自杀行动。常见困境有亲人朋友过世，丧失名誉、地位、金钱、健康，学业失败等。

3. 患有躯体疾病

与生活事件类似，当人患有严重或慢性躯体疾病，特别是遭受慢性疼痛、丧失功能、毁容毁形、晚期癌症等疾病折磨时，疾病造成的痛苦和绝望感容易使人产生自杀想法。

4. 被欺凌或隔离、排斥、歧视

被欺凌或隔离、排斥、歧视的经历不仅容易使人产生痛苦感，还会使人因为被群体排斥或歧视而产生不被需要的感受，归属感降低，从而容易产生自杀想法。

---

① 刘创，李媚珍，李秀红. 抑郁障碍青少年自杀行为预测因素研究进展［J］. 中国学校卫生，2023（2）：316-320.

案例分享

> 小明是一位大二男生，高中时被同班的三位同学欺凌、殴打，求助当时的班主任不但没有效果，反而被变本加厉地欺负。因为怕家长担心，他也没有告知家长。终于忍受到高中毕业上了大学，原本就没有完全从被欺凌的阴影下走出来的小明，又发现欺凌他的其中一个同学跟他读同一所大学。在接下来的两个月中，小明从晚上间断性地做噩梦，逐渐发展到白天看到与欺凌者相似的身影、面庞，甚至听到别人吵架就会心惊胆战、整夜失眠。最终小明因受不了欺凌阴影所带来的心理创伤的折磨而选择了自杀。

5. 经历熟人或名人自杀事件

自杀是需要勇气的，当原本有自杀意念的个体经历了亲人、朋友或名人自杀事件，特别是那些有详细的自杀过程和方法描述的事件时，自杀危险性就会增加。常说的"模仿效应"就是这个原理。因此，当校园里发生一起自杀事件后，即使学生没有目睹，或者根本不认识对方，也一样有可能成为自杀高危个体。此时，学校应邀请心理健康教育专家对全体学生进行心理干预。

（二）自杀信号

有自杀危险的个体在行动前，或多或少会有一些可以被观察或了解到的信号。熟悉这些信号，在日常工作中有意识地留意这些信号，我们就能找到高危个体。常见的自杀信号包括以下几类：

1. 自杀意念

学生在任何场合或不管采用何种方式表达的"希望结束生命"的想法都应该被重视。有的自杀意念表达比较直接，但更多的时候是非常含蓄的。表达的对象不一定是父母，可能是朋友、同学，甚至陌生人。有的时候可能包含在一段对话中，也可能写在朋友圈、QQ、微博、日记、作文中。作为老师，我们应该对这类表述有一定的敏锐度和了解，在发现学生有类似描述时，不要轻易将其判断为"乱说"或"开玩笑"，而是要以"宁肯错杀，也不放过"的原则对待。自杀意念的表现形式如图6-4-2、图6-4-3所示。

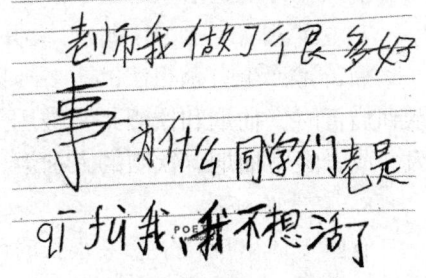

图6-4-2　自杀意念的含蓄表达　　　　图6-4-3　自杀意念的直接表达

2. 严重的应激状态

应激状态是指认知、情绪和行为紊乱的状态，常常出现在重大或长期的生活事件后。

案例分享

> 小红是一名15岁初中女生。自从随爸妈出去旅行遭遇一次车祸后，她就再也不敢坐车了。家里人无论怎么劝她，她都不敢上车。随着时间的推移，她的情况越来越严重，每次看到车都会恐慌、紧张到发抖，情绪瞬间低落，甚至会在当天晚上梦到自己被车撞死的画面，最后发展到不敢出门，只要闭上眼睛她的脑海里就会出现车祸情景。这严重影响了小红的正常学习和生活。由于长时间处于自我封闭状态，加之看到父母的内疚、自责，小红感到非常压抑，最终选择了自杀。

3. 主动谈论自杀

曾有位听众在一场自杀预防的讲座结束后，私底下问老师哪种自杀方式最无痛。此人看上去一切正常，老师便随意说了几种方法，并随口说其中哪种"最舒服"。两周后，这位听众就以"最舒服"的方式自杀身亡了。这样的例子并不少见。没有人会无缘无故地主动讨论自杀，特别是自杀的细节和方法。如果有人主动谈论自杀，我们必须将其看成自杀的危险信号，并积极应对。同时也要切记，除非进行自杀危险性评估，否则不要在任何场所和任何人讨论自杀细节。

4. 探索自杀方法

武汉有位老人，每个周末都在长江大桥上来回巡视，17年间救下403名准备自杀的人。这些人大多是在大桥上徘徊探索自杀的方法。此外，那些勘查高楼、在网上搜寻自杀方法的行为，都可能是在探索自杀方法，应引起警惕。

5. 拒绝接受外界帮助

有些学生明明有非常严重的情绪问题或非常痛苦，但却拒绝任何人提供的帮助。此时，他可能有很强烈的绝望感，并希望用死亡来结束一切。

6. 与世界告别

不少自杀身亡的个体，在行动前都会将自己心爱的物品转赠他人，如把自己心爱的自行车送给好朋友，把每天喝的牛奶送给同寝室同学，把自己的衣服鞋袜洗干净、叠整齐，或者给父母留下遗书或遗言。这些行为都象征着他想与世界告别，对此我们要有所警惕。

7. 突然开始或加剧抽烟、饮酒

痛苦是产生自杀想法的主要原因，决定采取自杀行动其实也是十分痛苦的过程。当人感到痛苦时，抽烟和饮酒是常被用来缓解痛苦的行为。当不抽烟、不饮酒的人开始这些行为，或者经常抽烟、饮酒的人抽烟、饮酒的量突然增加，都可能是内心痛苦剧增的表现。

8. 突然的好转

有些个体出现自杀念头很长时间，一直处在痛苦状态，某天突然情绪好转，看上去很轻松。此时，不要错误地认为其情绪好转了，不想自杀了。恰恰相反，这可能是做好了自杀决定，不再纠结的表现，危险性极高。

（三）获得自杀危险因素和自杀信号的方法

与识别心理健康问题类似，这些自杀危险因素和自杀信号可以通过与学生日常交往中的直接观察和沟通来获得，也可以通过向家长和同学了解来获得，还可以通过了解学生作品、社交媒体来发现。

学校开展的心理健康测评也是一个获取信息不错的方法，前提是测评涉及了相关内容。要注意的是，心理测评的对象通常为新生，在条件允许的情况下可能是一年一次，这个测评频率会遗漏一部分可能有心理问题的个体。表6-4-1所示的测评维度和变量出自湖南省"数据驱动教育主动资源联动——新时代中小学心理健康促进模式与实践"项目，可供老师们参考。

表6-4-1　测评维度和变量示例

层面	维度（13个）	因素（38个）
个人	心理健康相关行为	情绪症状、品行问题、睡眠状况、成瘾（药品、游戏）、运动状况
	个人特征	社会情绪能力、人格特质、应对方式、性取向、孤独感
	心理健康素养	心理健康知识、心理健康态度、心理问题求助行为
	生活现状	生活满意度、学业压力
	自杀能力	疼痛的耐受度、对死亡的态度、躯体虐待
家庭	经济水平	父母受教育程度、父母职业、家庭收入
	家庭关系	亲子关系、父母关系、家庭冲突、留守及留守经历
	家族史	精神障碍家族史、自杀家族史
	社会支持	主观支持、客观支持
学校	同伴关系	同伴交往、欺负经历
	师生关系	师生交往、老师与班级的紧密程度
	学校氛围	压力、竞争、教育方式
社会	网络媒体接触程度	手机程序使用类别和频率、交友软件的使用和频率

二、评估自杀危险性

当发现可能存在自杀危险性的个体时，我们应该尽早对其进行评估，以采取有针对性的措施。

小贴士

评估自杀危险性的误区

误区一：害怕与想自杀的人谈自杀，担心对其产生刺激而引发自杀行动。研究证实，想自杀的个体其实非常希望获得关注和理解，希望有人听他倾诉，只是往往害怕被人嘲笑和批评，难以开口。如果我们以正确的语言和关心的态度与其沟通自杀这件事，对想自杀的个体来说往往是安慰和支持。

误区二：能把"我想自杀"说出来的人并不会自杀。自杀意念的表达是显著的危险信号，无论以何种方式和频率表达，都具有自杀危险性。

误区三：自杀未遂的个体在短时间内不会再次自杀。事实上，自杀未遂的危险性是最高的，7%～13%的自杀未遂者会再次采取自杀行动。自杀未遂后第一年的自杀比例最高。自杀未遂的个体往往具有自杀意念，因为采取过行动，所以自杀能力也比较高。再加上自杀未遂与自杀决心的强烈程度无关，所以自杀未遂者非常有可能在近期再次采取自杀行动。曾经发生过不少这类悲剧，自杀未遂患者被送往急诊救助，等恢复到可以活动时，在医院再次自杀并最终死亡。

（一）评估内容

评估自杀危险性的内容包括自杀意念、自杀计划、自杀准备、自杀未遂、对疼痛的忍耐、对死亡的恐惧、归属感、社会支持和缓解痛苦的方式九个方面（表6-4-2）。

表6-4-2 评估自杀危险性的具体内容

内容	具体信息	询问方式
自杀意念	频率、强度	你是否曾认真地考虑过结束生命？ 你是从什么时候开始考虑的？ 每天有多少次？ 这种感觉有多强烈？
自杀计划	方式、地点	你是否考虑过用某方法结束生命？ 你还考虑过哪些方法？ 你有没有计划过采取行动的时间、日期或地点？
自杀准备	是否准备、如何准备	你是否为结束自己的生命做过准备？（如是否勘查过自杀地点，或购买过自杀工具） 你做过哪些准备？ 接下来的两周，你觉得你采取自杀行动来结束自己生命的可能性有多大？
自杀未遂	是否有实施过	你是否采取过结束自己生命的行动？ 你最近一次采取自杀行动是什么时候？

续表

内容	具体信息	询问方式
对疼痛的忍耐	被欺凌、被虐待、重病经历等	你是否有被人欺凌的经历？是谁欺凌你？他们用什么方式欺凌你？他们欺凌你的频率是怎样的？每次持续多长时间？他们通常在哪些地方欺凌你？你觉得他们欺凌你的原因是什么？ 你是否被成年人虐待过？是谁虐待你？他们用什么方式虐待你？他们虐待你的频率是怎样的？每次持续多长时间？他们通常在哪些地方虐待你？你觉得他们虐待你的原因是什么？ 你曾经得过什么重病？你治疗了多久？经历了哪些治疗方式？这些治疗方式给你带来了多大程度的痛苦？
对死亡的恐惧	亲人离世、自杀事件	你是否经历过亲人离世？ 当时是什么样的情境？ 你的感受是怎样的？ 你是否听说（经历）过周围的人自杀？ 当时是什么样的情境？ 你的感受是怎样的？
归属感	牵挂的人或事	目前，有什么事情让你牵挂？ 如果你突然离世，你最牵挂的是什么？你觉得对谁的影响最大？如果你发生不幸他/她会怎么样呢？
社会支持	朋友数量、亲子关系等	你有多少朋友？你有多少关系密切的，可以给予你支持和帮助的朋友？ 你和班上同学的关系如何？ 你和父母的关系如何？ 遇到问题时，你会找谁？
缓解痛苦的方式	积极、消极	你感到痛苦时会做什么？ 你不开心时会做什么？ 你做什么事情时感到轻松？ 你做什么事情时感到充满能量？

（二）评估注意事项

1. 建立信任关系

信任关系是获得准确信息的基础。我们在评估自杀危险性时要特别注意避免对自杀行为的批判，避免说"你怎么这么傻？"或"你死了你爸妈怎么办？你怎么对得起他们？"之类的语言，应更多表达你对他的理解和认可。

2. 提供社会心理支持

社会心理支持能帮助学生获得直接支持和积极情绪支持以及指导性建议，能有效帮助学生应对困境。我们在评估自杀危险性时，不能只关注评估，而不顾及评估对象当下的情绪体验和需求。针对评估过程中了解到的信息和需求，如贫困、家庭暴力、欺凌、亲子矛盾等，我们要积极回应，并在后续工作中提供解决策略和方法。

三、应对自杀高危个体

（一）保障安全

在任何情况下，面对有自杀危险性的个体最重要的是保障安全，必要时可以采取强制方法。这里说的保障安全不是简单地陪着他，在危险性高时，应24小时不离人，即使洗澡、上厕所也要有人守护。趁上厕所的时候自杀身亡的案例并不少见。另外，要防止自杀高危个体获得自杀工具，如将刀具和绳索上锁、管理药物、封闭窗户等。在自杀危险性很高，且老师和家长觉得难以保障孩子安全时，可以考虑送其住院治疗。并不是所有家长都有保障自杀高危孩子安全的意识和方法，我们在与家长沟通时一定要告知和强调保障孩子安全的重要性，介绍相应的举措，以便家长能有效应对有自杀危险性的孩子。

（二）告知

我们要将学生自杀的危险性告知家长（需要保密的例外）。因此，当发现自杀高危学生后要在第一时间通知家长，最好能约家长面谈，实在无法实现的可以电话沟通。沟通过程和内容要有文字记录，既为未来实施干预提供依据，也是学校有所作为的证据。下面的家校合作书模版可供参考。

◉ 家长联络告知书

_____年级_____班_____家长：

　　您好！

　　您的孩子已于_____年____月____日与_____老师就其心理健康状况进行了心理咨询。孩子存在_____（行为、情绪、生理、人际交往等）方面的心理健康问题，已影响到在校学习、生活，需给予特别关注。为帮助孩子尽快调整状态，促进孩子心理健康发展，学校建议您带孩子向专业心理机构或心理咨询师/治疗师寻求帮助。

　　_____老师会在两周内与您及孩子进行沟通。

家长签字：

联系电话：

老师签字：

联系电话：

日期：_____年____月____日

> ● **学生心理健康安全家长反馈单**
>
> _____学校：
>
> 　　我是贵校_____年级_____班_____同学的家长。由于_____同学出现心理健康问题，因此学校对其进行了一系列干预辅导，后转介到_____（医院心理专科或心理咨询人员），经诊断为_____（需要附诊断病例），医生/心理咨询师建议_____，学校建议_____。
>
> 　　孩子希望继续在校正常学习，对此本人特作如下承诺：
>
> 　　一、每周与班主任沟通孩子的心理状况，每_____（周、日）定时带孩子进行心理咨询，家长负责其个人安全问题。
>
> 　　二、每天接送孩子上下学并到校陪读，照顾好孩子的生活起居。
>
> 　　三、如果孩子在校学习期间出现较大情绪及行为波动，立即带其到医院继续治疗，直至状态稳定。
>
> 　　承诺人将严格遵守上述承诺。
>
> 　　希望贵校给予批准。谢谢！
>
> 　　　　　　　　　　　　　　　　　　　　家长签名：
>
> 　　　　　　　　　　　　　　　　　　　　联系电话：
>
> 　　　　　　　　　　　　　　　　　　　　日期：

　　另外，预防和干预自杀不是一位老师可以完成的。除了家长以外，可能还需要心理老师，甚至任课老师、其他学生的帮助。发现自杀高危学生时，我们要及时报告心理老师，请求协助。同时，可以将信息告诉能够提供帮助的其他老师和学生。

（三）转介

　　自杀干预是专业工作，必须由受过专业训练的人员开展。我们应协助家长尽快将学生转介给心理老师或其他专业人员接受帮助。

　　以长沙市为例，可提供心理咨询转介的专业机构有湖南省第二人民医院的儿少心理门诊、抑郁专科门诊、睡眠障碍门诊，中南大学湘雅二医院的儿童青少年精神心理门诊等。

四、生命教育

　　生命教育应该在自杀危险性发生之前开展，这是心理健康教育的重要组成部分。学校发生自杀事件后也可以开展各种形式的生命教育。生命教育切忌教条化、鸡汤化，应采用适宜的、学生共同参与的、能表达真情实感的活动。

案例分享

长沙市岳麓区实验小学喂养了两只羊驼"棉花糖"和"巧克力"，前不久"棉花糖"意外死亡。工作人员发现，"棉花糖"的胃里有还没有消化的塑料和一些树叶，腿部还有轻微骨裂。孩子们获知消息后十分难过，发起了给天堂的"棉花糖"写一封信的活动。

"棉花糖，你还好吗？在天堂吃得饱、穿得暖、睡得好吗？不会有人再欺负你了吧？我很想念你。第一次见到你的时候，我与你那双可爱又纯洁的眼睛对视，心情很舒适。你就像一幅充满生命的治愈系漫画，我每次一看见你就无法挪开眼睛，只想多看你几眼。我想，现在看似快活的'巧克力'肯定也在想你！不知如何表达了，愿你在天堂丰衣足食！"

"棉花糖，你好！你现在已经到另外一个世界了吧？对于你的离开，我深感震惊与悲痛，你是第一只出现在校园的小动物，我有幸见过你，叫过你的名字。你高大、软萌的可爱模样我至今还记得。你在学校的这段时间里，给我们带来了无数快乐。请你放心，我们一定会照顾好'巧克力'！"

"生命是可贵的，同时，生命也是脆弱的。生命是用来呵护的，而不是用来摧残的。'棉花糖'已经永远离开了我们，去了另一个世界。但'巧克力'还在我们身边。我希望它能在我们学校继续生活，我会尽我所能号召同学们保护好它，不再让它受到伤害。"

"生命只有一次，人是如此，动物也是如此。希望我能从白云中见到你！希望你下辈子成为我们学校的同学！"

看了孩子们写给"棉花糖"的信之后，一幅幅生动的画面浮现在我眼前：下课后和好朋友一起去看羊驼，受伤了不能上体育课时有羊驼默默地陪伴，心情不好时被羊驼治愈……这些画面构成了我们对"棉花糖"的美好回忆，对生命的美好回忆。生命的逝去，给生者留下的是难过与惋惜，但有了这些回忆，它就会一直活在我们的记忆里，成为我们生命的一部分。正如电影《寻梦环游记》中的台词："死亡不是生命的终点，遗忘才是。"以适当的方式与逝者保持适度的联结，通过对逝者的回忆，使我们的爱得以延续，这既是对逝者的告慰，也是对生者的安抚和激励。

同时，我从信里看到很多孩子对如何养护好"巧克力"的建议，甚至有的孩子自发给校长写信：希望学校建一座"棉花糖"纪念碑，并成立一支羊驼护卫队，对"如何养护好校园里的羊驼"开展项目式研究。逝者已矣，生者犹在，生命依然要继续，生活也依然要前行。从"棉花糖"的离开，我们得到了来自生命的警醒：生命是可贵的，也是脆弱的；生命要用来呵护，而不是摧残；生命如此短暂，要珍惜好当下的每一天……重新分配逝者曾经担负的那份责任，努力重建新的生命价值与意义，并努力活得更加精彩，以尊重逝者曾经的生命光辉。

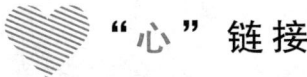 **"心" 链 接**

学生自杀死亡事件后的危机干预案例报告①

学校发生自杀事件后，应该及时采取干预措施，以降低事件对其他学生的负性影响，减少学生心理问题的发生，避免模仿性自杀行为。下面介绍一例小学五年级女生自杀死亡后对学校相关人员进行危机干预的案例。

干预以美国儿童创伤应激网络和创伤后应激障碍中心2012年发布的《学校心理急救现场操作指南》为基础，干预的核心内容包括快速评估、保障安全、稳定局面、安抚情绪、建立社会联系与提供社会支持、帮助解决问题和提供应对策略、转介其他服务等。通过深入访谈，从自杀意愿、自杀的基本线索、对抗自杀的内部和外部资源等方面评估学校内受影响个体的自杀危险性。对受影响个体开展初步哀伤辅导，以解释、理解和社会心理支持为主，缓解受影响个体的负性情绪。学校与专业机构建立联系，为学校内自杀高危个体提供转介服务，同时对学校自杀事件信息发布的形式和内容予以指导，以预防模仿性自杀的发生。

自杀事件后干预是一个系统性和持续性工作，需要全校教师参与，覆盖全体师生甚至家长。时间上，在事件发生后48小时内开展，一直延续到事件发生后1—3个月。自杀事件发生后，学校非必要不停课，且应尽快恢复正常的教学活动。同时应加强校园内的安全巡查和安全薄弱区域的管理，避免悲剧再次发生。

---

① 胡宓，梁珊，肖水源. 小学生自杀死亡事件后的危机干预案例报告［J］. 中国心理卫生杂志，2019（7）：493–497.